GUÍA DE CAMPO KAUFMAN A LAS AVES DE NORTE-AMÉRICA

KENN KAUFMAN

Con la colaboración de
RICK y NORA BOWERS
y
LYNN HASSLER

traducida por
PATRICIA MANZANO FISCHER

Voces de las
aves descritas por
HÉCTOR GÓMEZ DE SILVA

Ilustrada con
más de 2,000 imágenes
editadas digitalmente
por el autor

HOUGHTON MIFFLIN HARCOURT

ÍNDICE DE CONTENIDOS ILUSTRADO

CUANDO VEA UN AVE QUE NO CONOCE:

1. Intente determinar a qué grupo pertenece. (Sugerencia: al definir estos grupos, la forma de un ave es más importante que sus colores.)
2. Revise la sección correspondiente del libro. Encuentre las fotos que más se parezcan.
3. Revise el mapa de distribución del ave que haya escogido.
4. Lea el texto de esa ave para obtener mayor información.

AVES TERRESTRES DE TAMAÑO MEDIANO, PÁGINAS 194–219
COLIBRÍES, VENCEJOS Y GOLONDRINAS, PÁGINAS 220–233
MOSQUEROS, PÁGINAS 234–249
AVES CANORAS TÍPICAS, PÁGINAS 250–301

GUÍA RÁPIDA PARA LOS MAPAS DE DISTRIBUCIÓN

Los colores en los mapas muestran donde puede encontrarse un ave en cada temporada. Sólo hay tres colores para recordar: Rojo para el verano, azul para el invierno y gris para la migración. Para más detalles, vea la página 16.

Los colores son más claros si el ave es rara.

Dedicatoria

A TRES QUE YA PARTIERON
PERO NUNCA SERÁN OLVIDADOS

JOHN YATES KAUFMAN
JOAN BADER KAUFMAN
ROGER TORY PETERSON

TODOS, EN SU PROPIO ESTILO, LOS MEJORES MAESTROS

Visite nuestro sitio en la red: www.houghtonmifflinbooks.com.

DATOS EN FORMATO CIP ESTÁN DISPONIBLES TAMBIÉN.
ISBN 0-618-57424-7

Diseño del libro por Anne Chalmers
Tipografía: Minion, Univers Condensed
Las ilustraciones y mapas de esta guía fueron producidos en Tucson, Arizona, por Hillstar Editions L. C. y Bowers Photos.

IMPRESO EN CHINA

SCP 10 9 8 7 6 5 4 3

FUNDAMENTOS DE LA OBSERVACIÓN DE AVES

La observación de aves—encontrar y reconocer diferentes tipos de aves en vida silvestre—está entre los pasatiempos más placenteros en el mundo. Puede ser un reto para la mente y físicamente extenuante, o puede ser casual y relajado. A cualquier nivel, nos aleja del estrés y lo trivial de la vida moderna, poniéndonos en contacto con el mundo real de la naturaleza.

En Norteamérica viven más de 700 tipos de aves, más de 10,000 en el mundo, variedad suficiente para mantener interesado a cualquiera durante toda una vida. He observado aves desde que tenía seis años y aún veo cosas asombrosas cada vez que estoy al aire libre. Después de todo, las aves tienen alas. Aparecen en lugares totalmente inesperados. Nunca se sabe con seguridad lo que se puede encontrar. Se puede ver algún ave exótica que se ha alejado de su distribución normal, o puede ver un ave familiar haciendo algo completamente inesperado. Por otro lado, las aves no vagan por ahí al azar. Responden a los ritmos establecidos a lo largo de miles de generaciones. Cuando es tiempo para que las aves migren al norte en la primavera, pueden retrasarse por el clima o la casualidad, pero tenemos la certeza de que al final, llegarán. Por lo tanto, de algún modo, observar aves es confiadamente previsible, pero con suficientes elementos que no se pueden predecir como para mantenernos alerta.

Observar aves es algo que hacemos por gusto, de manera que si lo disfruta, usted es en realidad un buen observador de aves. Si lo disfruta mucho, entonces es un gran observador de aves. Igual, al mejorar sus habilidades, puede incrementar su gozo.

Dónde buscar las aves: Aún la calle de una ciudad tiene algunas aves, pero usted verá más en hábitats naturales. La mayoría de las aves son exigentes con respecto al hábitat. Una especie que es común en una ciénaga puede nunca aparecer en un bosque que se encuentre a unas millas de distancia; otras viven principalmente en campos o desiertos o en las costas. Al visitar muchos hábitats diferentes, podrá ver más especies distintas. Pero no se requiere viajar a áreas silvestres: incluso ciudades como Los Ángeles, Chicago, Miami, Toronto y Nueva York tienen buenos lugares para observar aves cerca del centro. Y si no quiere atravesar la ciudad, cualquier jardín o parque tendrá aves que valen la pena observar.

Cuándo buscar las aves: La mayoría de las aves están activas muy temprano en la mañana. Muchas que son huidizas más tarde, pueden ser conspicuas al amanecer, cantando y llamando. Un pico de actividad, aunque menor, suele ocurrir en la tarde. Pero con paciencia, podrá encontrar muchas aves aún a medio día.

Las aves acuáticas que viven en áreas abiertas se ven menos afectadas por la hora del día que las aves canoras; las rapaces y otras aves que planean pueden estar más activas durante las horas cálidas de medio día. También, la regla de que es mejor la observación de aves al amanecer se vuelve menos importante en invierno, cuando la actividad puede permanecer constante durante todo el día. De manera que no necesita ser una persona mañanera para disfrutar a las aves.

La avifauna cambia con las temporadas, si sale en diferentes épocas del año, verá diferentes especies. Las migraciones de primavera y otoño pueden ser especialmente gratificantes: miles de millones de aves pequeñas están en movimiento, muchas recorren grandes distancias y pueden detenerse en cualquier lugar. Incluso pequeños parques pueden ser visitados por aves en su camino desde Sudamérica al norte de Canadá.

En la búsqueda: Una caminata rápida es una excelente manera de ejercitarse y de observar algunas aves, pero puede ver más aves si lo toma con calma. La manera ideal es ir relajado pero alerta, deteniéndose ocasionalmente cerca de áreas de buen hábitat. Algunas aves se sientan visiblemente en áreas abiertas, pero muchas no lo hacen; en cambio, se mueven en los pastos altos o en árboles densos. Los observadores de aves aprenden a percibir el movimiento entre el follaje y esperar a que el ave salga.

Las aves están muy alertas a los sonidos y el observador debe estar atento también. Escuchando es una de las mejores maneras de encontrar aves. Incluso si no reconoce a las aves por el sonido, puede localizarlas escuchando atentamente por cantos que se oigan a la distancia o llamados queditos en el follaje cercano. De modo que los observadores de aves tienen dos poderosas razones para guardar silencio cuando están al aire libre: pueden escuchar a las aves y así no las espantan.

Cuando las aves están anidando y criando a sus pollos (principalmente en primavera y verano), la mayoría de las especies estarán separadas en pares, defendiendo sus pequeños territorios. Sin embargo, en las demás temporadas, las aves se encuentran en parvadas mixtas que contienen varias especies. Puede caminar a través de un bosque por un tiempo sin ver o escuchar a ninguna ave y, de repente, encontrar un centro de actividad. Aprenda a escuchar y observar a tales parvadas y encontrará más aves.

Algunas veces puede llamar a las aves que se encuentran cerca, o hacer que salgan de la cubierta vegetal densa, haciendo ruidos como "chirridos" o "silenciar" (tratar de decir "pssh, pssh, psshh"—¡es mejor practicar esto cuando se está a solas!). Si puede aprender a imitar a sus especies locales de tecolotes como el Oriental o el Serrano, podrá resultar en una excitada respuesta de las aves pequeñas. Muchas aves responderán a buenas imitaciones de sus propias voces. Cualquier método para llamar aves debe ser usado con moderación; especialmente, evite molestar a las aves cuando están anidando.

La ropa para observar aves debe ser escogida por su comodidad. La observación de aves le da una excusa para sacar la ropa vieja y estar cómodo. Piénselo: la sociedad moderna enfatiza en demasía las cosas triviales y sin importancia como la moda y el cómo nos vemos. Observar aves le ayuda a alejarse de esa visión superficial. A los otros observadores de aves no les preocupa el cómo se ve y a las aves menos. (Aún así, una sugerencia: si va a buscar aves tímidas en un bosque, se podrá acercar más si viste ropas de color opaco, colores apagados, en lugar de colores brillantes o blanco.) En clima frío, el usar varias capas en vez de un pesado abrigo le facilitará el hacer cambios para las variaciones de temperatura.

Los zapatos deportivos o tenis son buenos en muchas situaciones, pero las botas a prueba de agua son necesarias en algunas ocasiones, así como las botas de campo pueden ser mejores en terreno con espinas o rocas. Las chaquetas impermeables y los rompevientos son con frecuencia necesarios, pero trate de evitar aquellos que rechinan cada vez que se mueve. Si va a comprar una chaqueta para observar aves, revise que los bolsillos sean lo suficientemente grandes para acomodar esta guía de campo.

Un sombrero de ala ancha no solo mantendrá el sol lejos de sus ojos, también evitará que se queme. Aún con un sombrero, es buena idea usar bloqueador solar. En clima cálido, siempre es buena idea cargar el repelente para insectos, aún cuando no lo utilice con frecuencia. Si va a caminar a través de pastos altos o de arbustos densos en climas cálidos, puede ser inteligente el rociar los tobillos primero, para mantener alejadas a las garrapatas y pinolillos.

Usando esta guía de campo: Los observadores experimentados pueden deslizar este libro en sus chaquetas de campo sin pensarlo dos veces en cómo usarlo. Pero si es principiante, considere estas indicaciones. Primero, si ha encontrado un ave poco familiar, obsérvela, no vea el libro! Intente obtener todos los detalles posibles. Entonces, para llegar a la sección adecuada de la guía de campo, vaya al **Índice de Contenidos Ilustrado** en el frente. Esta guía está ordenada por grupos de aves y, si puede delimitar su búsqueda a un grupo de aves, sólo tendrá que hojear unas cuantas páginas. Si cree que conoce al ave, el **índice corto** de una página en la parte de atrás del libro lo puede llevar hasta ahí rápidamente, o puede seguir las **lengüetas de color** en el borde de las páginas hasta la sección correcta. Una vez que haya encontrado las fotos que se parecen más a su ave, siempre revise los **mapas de distribución** para ver si es probable encontrar a esa especie donde usted está. Recuerde que las fotos no pueden contarnos la historia completa, por lo que siempre **lea el texto** para puntos clave sobre el hábitat del ave, su comportamiento, y en especial las señas de campo.

Llevando una lista: Los humanos tenemos un instinto para colectar cosas. Los observadores de aves satisfacen esta necesidad al llevar listas de las aves que han identificado. El tipo de lista más común es la lista de vida, una compilación de todas las especies de aves que se ven durante la vida; un ave vista por primera vez es una "primicia". Sin embargo, otros tipos de lista son también populares. La lista de aves del jardín o cualquier lista de un área pequeña puede crecer de manera sorprendente con el tiempo. Los observadores activos suelen tener una lista para su estado, provincia o condado, o para las aves que ven en un año. El extremo de las listas es un evento llamado "el gran día", un intento de encontrar el mayor número posible de aves en un período de 24 horas: quizá un poco absurdo, pero muy divertido. Si quiere, puede llevar su lista de vida en el índice de este guía de campo.

LAS DOS COSAS ESENCIALES: GUÍA DE CAMPO Y BINOCULAR

La observación de aves no requiere mucho equipo o gasto. Sin embargo dos artículos son prácticamente esenciales: la guía de campo y el binocular. Los observadores de aves principiantes se darán cuenta que necesitan alguna clase de libro con imágenes, ese tipo especial de libro es la **guía de campo:** lo suficientemente compacto como para llevarlo en un bolsillo grande o en una mochila. Su enfoque es cómo diferenciar tipos de aves; no tiene espacio para incluir mucha más información sobre ellas, pero ilustra o describe sus características distintivas. El libro está organizado de manera que facilita encontrar aves misteriosas o comparar aquellas que son similares. Incluye todas las aves que pueden ser vistas en un área particular.

Escogiendo binocular: El binocular no es absolutamente necesario para observar aves. (De acuerdo al Diccionario de la Real Academia de la Lengua Española la palabra correcta es "binocular", no "binoculares".) Cualquiera puede disfrutar a las aves grandes a la distancia, o a las aves pequeñas fuera de la ventana, sin binocular. Pero ésta es la pieza de equipo que puede hacer un mundo de diferencia en su observación de aves.

En la actualidad existen, literalmente, cientos de binoculares disponibles. Los más costosos son todos muy buenos. Sin embargo, para conseguir un buen binocular por menos de $500 dólares se necesita buscar con cuidado. A continuación se presentan algunas consideraciones.

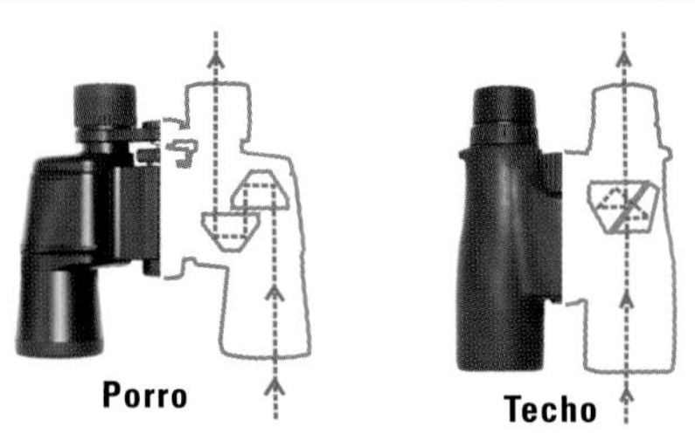

Los binoculares con dos tipos de prismas internos son fácilmente reconocibles. (Sin estos prismas, vería la imagen magnificada, de cabeza y al revés). Los prismas tipo **porro,** el clásico, doblan la luz a través de un "zigzag" mientras que los prismas tipo **techo** doblan la luz de manera ligeramente distinta y brindan una imagen que sale directamente del otro extremo en un diseño más compacto. La mayoría de los binoculares más caros (en el rango de más de $1,000 dólares) utilizan prismas tipo techo, pero los binoculares con prismas tipo techo de menor precio deben ser vistos con cautela. Es más costoso hacer buenos prismas techo que buenos porros, de manera que con dos binoculares de bajo costo del mismo precio, el que tenga prismas tipo porro probablemente será mejor.

Todos los binoculares tienen **especificaciones** como 7x35, 10x40, etc. El primer número es el **aumento:** un binocular 7x hará que el ave se vea siete veces más cerca. Uno esperaría que los binoculares más poderosos fueran mejores, pero los de más de 10x se vuelven muy difíciles de sostener firmemente; puede obtener una mejor visión con un binocular 7x u 8x. El segundo número (después de la " x") es la **apertura** o diámetro del objetivo (frontal) de las lentes, en milímetros. Si las lentes frontales son pequeñas (como en los binoculares compactos 8x24), pueden no permitir el paso de suficiente luz necesario para buenas vistas. Sin embargo, las lentes más grandes hacen más pesados los binoculares. Los modernos revestimientos de lentes las hacen mucho mejores en cuanto a transmisión de luz, por lo que una lente con objetivo grande no es tan importante para observar aves como solía ser.

Tener un gran ángulo de visión o amplitud de campo no es necesario, pero un **enfoque mínimo** es importante. Con frecuencia queremos observar un ave que está cerca de nosotros y es irritante el tener que alejarse para poder enfocar. Hoy en día la mayoría de los binoculares buenos pueden enfocar a menos de 15 pies (4.5 m), algunos incluso a menos de tres pies (90 cm) (lo que los hace excelentes para observar también mariposas).

El **resalte para el ojo,** o la distancia de las lentes del binocular a su ojo, es importante, especialmente si usa anteojos. La mayoría de los binoculares buenos tienen protectores oculares de hule que pueden ajustarse para cambiar el resalte para el ojo. Si utiliza anteojos, asegúrese de revisar esta característica antes de comprar un binocular.

Por último, está la preferencia personal: qué tipo de binocular se acomoda a sus manos, qué tan fácil pueden alcanzar sus dedos el disco de enfoque, el peso de cada modelo. Un binocular pesado en una correa delgada puede causar dolor en el cuello después de unas horas. Sin embargo se pueden comprar correas acolchadas, o incluso un arnés para binocular que quita por completo el peso del cuello.

Usando un binocular: Mucha gente tiene una agudeza visual diferente en cada ojo, los buenos binoculares pueden compensar esa diferencia. El binocular tendrá una perilla central para enfocar ambos ojos al mismo tiempo y un ajuste diferente (el control de dioptrías) en uno de los oculares (por lo general en el derecho). Se requiere ajustar este ocular para compensar la diferencia entre sus ojos. Primero observe sólo con el ojo izquierdo y enfoque un objeto en particular usando la perilla central de enfoque. Después observe el mismo objeto sólo con el ojo derecho y enfoque su visión usando el ajuste individual del ocular derecho. Después de esto no se debe tocar el ajuste individual; sólo utilice el enfoque central y la imagen deberá ser definida para ambos ojos.

En un principio, uno de los mayores retos es apuntar el binocular al ave que quiere observar. Si coloca el binocular sobre sus ojos y entonces intenta encontrar al ave que quiere ver, no encontrará al ave a menos que sea gracias a la suerte. Una mejor manera de lograrlo es observar al ave mientras se lleva, suavemente, el binocular hasta los ojos. Si mantiene su vista fija en el ave, cuando se coloque el binocular enfrente de los ojos, deberá tener al ave en su campo de visión. Puede practicar apuntando el binocular a cualquier cosa y, después de un tiempo será capaz de apuntar a las aves de inmediato.

TOPOGRAFÍA DE UN AVE Y SEÑAS DE CAMPO

No tiene que aprender toda la jerga para identificar aves. Sin embargo, en ocasiones, ayuda utilizar los mismos términos para describir las diversas partes de un ave. El siguiente diagrama cubrirá la mayoría de los términos que se utilizan en el texto de este libro, y algunos otros. Las palabras en paréntesis no se usan mucho en esta guía pero aparecen con frecuencia en trabajos más técnicos.

Las aves jóvenes se ven ligeramente diferentes a los adultos. En este libro el término "inmaduro" aplica a cualquier ave que aún no es un adulto. En algunas ocasiones, para ser preciso técnicamente uso "juvenil", un término especializado para un ave en su primer muda de plumas. Las dos palabras no significan lo mismo: una Gaviota Plateada, por ejemplo, es un juvenil tan sólo unos meses, pero continúa siendo un inmaduro hasta que alcanza el plumaje adulto a la edad de tres y medio años. La definición es de interés principalmente para los científicos y en la mayoría de los casos les llama inmaduros a todas las aves jóvenes.

QUÉ OBSERVAR EN UN AVE DESCONOCIDA

El tamaño se da en esta guía como longitud en pulgadas, desde la punta del pico al final de la cola. Para algunas aves, también se da una medida de la envergadura (de la punta de un ala a la de la otra). Éstas son longitudes promedio y una especie puede variar. El tamaño puede ser una seña de campo útil cuando se pueden hacer comparaciones directas con algo. Pero un ave solitaria – especialmente en el agua o en el aire – puede ser mucho más grande o pequeña de lo que parece.

La forma y la postura son señas mucho más confiables. Los expertos reconocen cientas de aves tan sólo por su silueta. Incluso los observadores de aves novatos deben tratar de notar si un ave es regordeta o delgada, con cola corta o larga, etc.

La forma del pico no siempre es fácil de observar, pero nos acerca enormemente al grupo correcto. Si observa una pequeña ave amarilla, por ejemplo, ayuda saber si tiene el pico delgado de un chipe o el grueso de un pinzón.

El comportamiento puede ser importante en la identificación. ¿El ave es parte de una parvada o solitaria? Si está en el suelo, ¿camina o salta? ¿Percha horizontalmente, o erguida con la cola hacia abajo? Si nada, ¿permanece en la superficie o se sumerge?

Las voces de las aves son distintivas, pero puede ser difícil relacionar los sonidos con la palabra escrita. De cualquier manera, incluyo la descripción de las voces para la mayoría de las especies, ya que pueden ayudar a confirmar a un ave que ya haya visto u oído anteriormente. En unos cuantos grupos de aves (como los mosqueros, costureros o búhos), la voz es la única manera segura de distinguir entre especies, y debe notarse con sumo cuidado.

Para muchas aves, este libro describe tanto el canto como el llamado. El canto es producido principalmente por los machos, principalmente en primavera y verano, para defender sus territorios de anidación y atraer a la pareja. Los llamados pueden ser dados por cualquier miembro de la especie en cualquier temporada. Sin embargo, no todas las aves tienen cantos, y algunas no son muy vocales. En esta guía, las voces de la mayoría de las aves son descritas en español por el ornitólogo Héctor Gómez de Silva.

Las **señas de campo** son las marcas de la naturaleza. La mayoría de las aves tienen marcas particulares que ayudan a distinguirlas de otras, el truco consiste en saber cuáles son las más importantes. En las ilustraciones de esta guía, los punteros indican las marcas clave, de manera que pueda revisar rápidamente el libro en el campo para ver en qué fijarse. En el texto, las marcas importantes son mencionadas en *itálicas.* Pero en cualquier caso, lo primero que se debe hacer es observar muy bien al ave—¡puede volar y alejarse mientras revisa el libro! Busque marcas en la cara, como un anillo ocular, bigotes, o cejas. Las alas pueden mostrar barras prominentes o un

Algunas señas de campo en un Chipe Charquero: ceja clara, bigote delgado, franjas en la parte inferior, y alas sin marcas.

parche de color contrastante, o pueden no tener marcas. Muchas aves pueden tener blanco en la cola, más obvio cuando el ave vuela; esto puede consistir en bordes externos o esquinas o manchas blancas parcialmente ocultas en la mitad superior de la cola. Muchas aves son más claras por debajo que por encima; las partes inferiores claras pueden no tener nada o tener franjas a lo largo, barras a través, manchas redondas o algún otro patrón. En todos los casos, mientras más detalles pueda notar, mejor será su oportunidad de identificar al ave.

En ocasiones las **dificultades de la identificación de aves** pueden darnos problemas. Aún cuando sabemos cómo se supone que debe verse un ave en particular, podemos estar equivocados. Es fácil equivocarse en los tamaños, como se menciono en la p. 13, mas aún los colores pueden ser engañosos. Una luz rara puede hacer que un ave café se vea rojiza, o hacer que las aves grises se vean azules. Las aves pierden color de varias maneras. Pueden tener el rostro o el vientre manchados si han estado comiendo frutos pegajosos o paseando por el lodo. También hay aves que presentan colores anormales, como los albinos o los albinos parciales, manchados de blanco. Por último, el proceso de muda cambia la apariencia de las aves. La mayoría de las aves silvestres sanas cambian sus plumas al menos una vez al año, de una manera ordenada, unas pocas plumas cada vez. Durante esta muda, su plumaje puede ser un mosaico de plumas viejas y nuevas, incluso la cola y las alas pueden tener una forma extraña. En estas condiciones, las aves no tienen por qué confundirnos si entendemos lo que está pasando.

Acerca de las ilustraciones: Los observadores de aves han debatido por años si las guías de aves deben ser ilustradas con dibujos o con fotografías. Inclusive los mejores artistas tienen problemas al pintar las sutilezas que hacen a cada ave distintiva. Las fotos pueden transmitir estas cosas bien, pero una foto sin retocar suele ser engañosa. Las aves silvestres son fotografiadas bajo diferentes condiciones (luz, distancia, incluso diferentes tipos de película). Al comparar fotos, nunca podemos confiar en lo que parecen mostrar en cuanto a colores o tamaños.

Me di cuenta hace muchos años que la mejor manera de ilustrar una guía sería usando fotos, pero editadas de alguna manera. Esta vana teoría se volvió práctica en los 1990s, con poderosas computadoras y programas para editar digitalmente las fotografías. Para esta guía, más de 2,000 fotografías separadas fueron escaneadas a archivos de computadora. Entonces pasé más de 3,000 horas trabajando en estas imágenes: corrigiéndolas para obtener consistencia en el color, tamaño e iluminación; removiendo sombras y otros efectos; ajustando el contraste, enfatizando las señas de campo y en general, haciendo que se vieran de la manera que pensé debían verse, basado en mis años de experiencia como observador de aves y artista. Ésta es la primera guía en el mundo ilustrada de esta manera y espero que encuentre los resultados útiles.

Variaciones en las aves: Si observa de cerca a las aves, usted notará que no se ven exactamente como las de las fotos en esta guía. Esto se debe en parte a que hay variaciones regionales (ver p. 22), pero aún a nivel local, no hay dos aves idénticas—y la apariencia de un ave puede cambiar sutilmente a lo largo del año. A continuación se presentan variaciones normales en el Pinzón Mexicano (p. 366).

El ingrediente final: He conocido muchos observadores de aves extraordinarios y todos tienen una cosa en común: un fuerte sentido ético sobre la observación de aves. La buena ética sobre observación de aves involucra únicamente sentido común. Si está observando aves con otras personas, sea considerado e intente ayudar a otros a ver a las aves. Sea también considerado con el público general. Puede que no comprendan su emoción, pero puede ser cortés e incluso mostrarles algo que despierte su interés. Nunca entre ilegalmente o se meta en propiedad privada sin pedir permiso, en áreas como parques y refugios respete aquellas zonas cerradas al público. Por último, sea considerado con las aves y evite molestarlas o dañar su hábitat. Al tener un acercamiento responsable, podemos ayudar a asegurar que la observación de aves continúe siendo el pasatiempo más gratificante del mundo.

LAS AVES EN EL ESPACIO Y TIEMPO

Puede encontrar aves en cualquier lugar, pero no encontrará las mismas aves en todos lados. Cada especie tiene su propia distribución y cada lugar tiene su particular combinación de especies. Una de las claves para identificar a las aves es saber qué esperar en un determinado lugar y tiempo.

Mapas de distribución: Los mapas de distribución de esta guía tienen un código de color para mostrar dónde y cuándo esperar a cada ave. Los colores más claros muestran dónde el ave es escasa o difícil de encontrar.

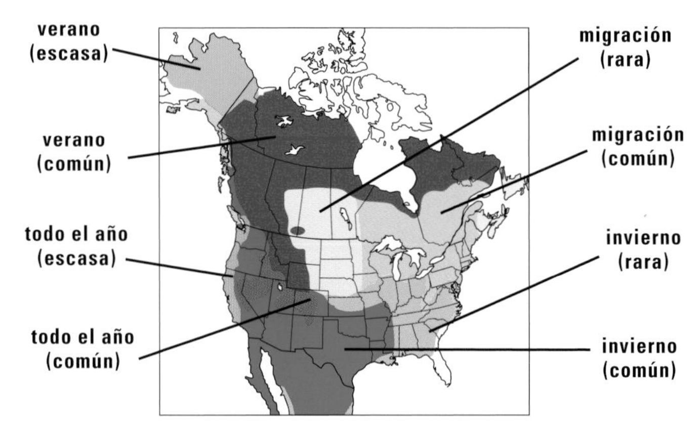

A primera vista esto puede parecer como muchos colores, pero en realidad sólo hay que recordar tres: rojo para verano, azul para invierno, gris para migración. (Encime el rojo del verano y el azul del invierno y tendrá morado para las aves que permanecen todo el año.)

Las aves se dispersan fuera de su área de distribución normal en algunas ocasiones, de manera que se pueden observar aves lejos de donde se "supone" que deberían estar. (En general, es más probable que las aves migratorias se dispersen que aquellas que son residentes permanentes, dondequiera que vivan.) Pero si está tratando de identificar a un ave nueva que ha visto, siempre debe revisar de inmediato los mapas para ver que posibilidades existen donde usted está.

El valor de la información local: Una de las cosas más útiles que se puede obtener es un listado de aves locales. En Canadá y Estados Unidos, tales listados están disponibles en la mayoría de los refugios de vida silvestre y parques, muchos clubes de observación de aves locales publican listas de las aves de sus regiones. En México, algunos jardines botánicos, parques nacionales y zonas turísticas cuentan con listados, pero en gran parte del país, aún se requiere elaborar listas que estén disponibles para el público.

Con frecuencia estos listados contienen información sobre la presencia de cada especie por temporada y si son comunes o raras. Una lista detallada de este tipo le dirá exactamente qué especies puede esperar ver, con mucha mayor precisión que los mapas de distribución de este libro. Quizá quiera incluso marcar este libro con sus propias claves para las aves que pueden estar en su área.

Aves durante el año: La observación de aves agudiza nuestra conciencia sobre las estaciones. En invierno, las aves suelen volar en parvadas y las parvadas pueden desintegrarse a fines del invierno cuando el ave se prepara para escoger un territorio para anidar o para migrar al norte. La primavera trae consigo el gran ajetreo de la migración, con enormes números de aves pequeñas moviéndose hacia el norte a través del continente. Muchas aves tienen el brillante plumaje reproductivo y los machos cantan. Hacia finales de la primavera, cuando algunas aves aún se dirigen al norte hacia el Ártico, otras están ocupadas construyendo nidos y criando pollos. En verano es el pico de la actividad de anidación en el norte. Hacia finales del verano, el identificar a las aves puede ser un reto: los adultos tienen un plumaje desgastado y apagado, los jóvenes pueden verse extraños. Hay muchos menos cantos a fines del verano y en otoño. En el otoño, las aves adultas mudan a sus plumajes nuevos, de manera que pueden ser fáciles de identificar nuevamente, a excepción de aquellas cuyo plumaje de otoño es confuso y diferente del de primavera. La migración se extiende en un período más largo en otoño que en primavera, con algunas aves playeras dirigiéndose hacia el sur en julio, algunas aves acuáticas y gorriones no se mueven sino hasta noviembre. Para finales del otoño, la mayoría de las aves se han establecido en los lugares donde pasarán el invierno. Observar estos eternos ciclos puede brindarnos una sensación de estar unidos al mundo natural.

Macho de Gorrión Cantor cantando en su territorio

Eventos de observación de aves: Entre los conteos cooperativos de aves que están abiertos para quien quiera participar se incluyen el Conteo de Aves de Navidad (CAN), que se lleva a cabo a mediados de diciembre o principios de enero, y el Gran Conteo de Aves de Jardín (GCAJ), que tiene lugar en febrero. El CAN ocurre en más de 1,500 localidades, mientras que cualquiera puede participar en el GCAJ desde cualquier lugar. Encuentre información sobre ambos en www.birdsource.org. En mayo, el Día Internacional del Ave Migratoria celebra los viajes de las aves en todo el mundo, recordándonos que "nuestras" aves son un recurso que compartimos con el resto del mundo. Muchas comunidades tienen festivales locales, que ocurren con frecuencia durante la primavera o el otoño, pero que pueden tener lugar en cualquier época del año.

COMEDEROS Y OTROS MEDIOS PARA ATRAER AVES

Un comedero para aves puede acercar la naturaleza al quicio de nuestra ventana, permitiéndonos apreciar la belleza y el fascinante comportamiento de las aves a unos cuantos centímetros. En la mayoría de los casos, las aves silvestres pueden sobrevivir sin estas fuentes artificiales de alimento, de manera que las alimentamos por nuestro beneficio, no el de ellas, aunque no hay nada malo en ello. Para muchas personas, especialmente para los niños, esta oportunidad de observar aves de cerca puede iniciar un interés en la naturaleza de por vida.

Un comedero puede ser tan sencillo como una bandeja con techo para protegerla de la lluvia. Las semillas de girasol son muy atractivas para los picogordos, cardenales, carboneros y otros. El mijo, especialmente el blanco, es un buen alimento durante todo el año para la mayoría de las aves que comen semillas, incluyendo los pinzones, escribanos y gorriones. Las semillas de níger son preferidas por las aves pequeñas como los dominicos. Vale la pena comprar las semillas por separado, o revisar cuidadosamente los ingredientes si se compra una mezcla. El sebo (grasa o manteca de res) es un alimento estándar para atraer carpinteros, sitas, charas y otras. En lugar de sebo se puede utilizar una mezcla de mantequilla de cacahuate (manteca de maní) y harina de maíz.

Los bebederos para colibríes se han vuelto muy populares. Llenos con una mezcla de una parte de azúcar y cuatro partes de agua, pueden atraer a bolseros y otras aves además de los colibríes. La mayor parte de estos bebederos tienen partes rojas para atraer la atención de los colibríes.

Tenga en cuenta que si coloca un comedero, tiene la responsabilidad de mantenerlo limpio. La mayoría de los comederos necesitan ser lavados cada semana. Los bebederos para colibríes pueden incluso requerir limpieza cada dos días, especialmente si el clima es cálido. Los baños para aves deben ser lavados cada vez que se rellenan. Si no se mantienen limpios, estos sitios pueden ayudar a diseminar enfermedades entre las poblaciones de aves, haciendo más daño que beneficio.

Sembrando para las aves: Si tiene algún espacio para jardín, la mejor manera de atraer aves es sembrar plantas para ellas. Exactamente que plantas sembrar depende del lugar donde viva. Muchos jardines botánicos y viveros tienen áreas demostrativas o información acerca de cómo sembrar para las aves, mariposas y otros animales silvestres, además existen publicaciones locales sobre el tema para muchas regiones.

La mejor elección para un jardín para aves son plantas que proveen alimento de alguna manera—en forma de semillas o bayas, o flores con buen néctar para los colibríes—y que también brinden refugio. Siempre es mejor usar plantas nativas cuando sea posible, plantas nativas a su región en particular. Ya están adaptadas al clima local, por lo que no requieren de cuidados especiales. Aún mejor, estas plantas nativas atraerán insectos nativos sin que lleguen en demasía, y los insectos son el mejor alimento para las aves. Por supuesto, nunca debe utilizar pesticidas en un jardín si espera atraer aves.

CONSERVACIÓN

La observación de aves subsistirá mientras haya aves que observar. Parece obvia la mención, sin embargo muchos observadores de aves parecen ignorar esta idea. Las poblaciones de aves enfrentan serias amenazas y no podemos asumir que alguna organización o agencia del gobierno se encargará de los problemas. Los observadores de aves deben ser defensores de las aves, actuar y apoyar su conservación.

Especies en peligro: Nunca sentirá la emoción de observar a la Paloma Pasajera, la Cotorra de Carolina, el Alca Gigante o el Pato del Labrador, debido a que estas aves han dejado de existir—es decir, se han extinguido—en los últimos dos siglos. El Zarapito Boreal, el Carpintero Pico de Marfil y el Chipe de Bachman están casi con seguridad extintos. Estas aves se han perdido para siempre, y no podemos ayudarlas.

Grulla Blanca, una especie en peligro

Sin embargo, aún tenemos la oportunidad de salvar a las *especies en peligro* (aquellas en inminente peligro de extinguirse). Varias especies de aves de Norteamérica están en grave peligro. La Grulla Blanca, el Cóndor de California, el Chipe de Kirtland, el Chipe de Mejillas Doradas y el Carpintero de Florida son todas aves que podrían desaparecer en unos cuantos años sin una enérgica protección. También debemos prestar atención a las *especies amenazadas* (aquellas en riesgo de estar en peligro), de la Chara de Pecho Rayado a la Perlita Californiana, aves que son especialmente vulnerables. Además, varios estados y provincias mantienen listas de *especies de interés especial:* aves que aún no están amenazadas o en peligro, pero que enfrentan factores de riesgo que hacen que valga la pena monitorearlas.

Literalmente millones de dólares han sido gastados en los esfuerzos para salvar al Cóndor de California de la extinción. Para aquellos de nosotros que nos preocupamos por la naturaleza, este dinero ha sido bien gastado, ya que no queremos perder una sola especie. Sin embargo, es mucho más sencillo y menos caro el salvar especies cuando aún son comunes. Por esta razón, los observadores de aves deben tomar responsabilidad del monitoreo de todas las poblaciones de aves, de manera que sepamos si alguna comienza a declinar. Además debemos apoyar las leyes que protegen a las especies en peligro, a nivel nacional, estatal o provincial, así como exigir que nuestros políticos no hagan nada que debilite esas leyes. Se lo debemos a las aves y a las futuras generaciones de observadores de aves.

Hábitat: Una de las cosas más importantes que la observación de aves puede enseñarnos es la relación entre las aves y sus hábitats. Algunas aves son adaptables, se encuentran en muchos hábitats, dichas aves son por lo general muy comunes, por ejemplo el Cuervo Americano. Otras son mucho más especializadas. El Chipe de Kirtland sólo anida en bosquecillos de "jackpines" jóvenes de cierta edad, esta ave es rara y está en peligro, ya que sólo encuentra un hábitat adecuado en unos pocos condados en Michigan. El Chipe de Kirtland es un caso extremo, pero es lógico el asumir que aves que dependen de hábitats escasos serán a su vez escasas.

Un área de hábitat tendrá una capacidad de carga específica— es decir, el número de aves que pueden encontrar suficiente comida, agua y refugio ahí. Una parcela de bosque que sostiene a dos parejas de Zorzales Maculados no podrá de repente sostener a diez parejas. Ésta es la razón por la que las personas que se preocupan por las aves deben enfocar su atención en proteger el hábitat. Si esa parcela de bosque es talada, las dos parejas de Zorzales Maculados estarán probablemente condenadas. No pueden irse a otro bosque, debido a que ese hábitat probablemente ya está ocupado.

Evidentemente algunas veces tenemos que destruir un hábitat, ya que los humanos también necesitan espacio para vivir. Pero necesitamos estar concientes del valor de los hábitats raros y las aves especializadas (y otros seres vivos) que tienen ahí su hogar. Algunos tipos de hábitats se han vuelto particularmente raros. Grandes extensiones de ciénagas, tanto marismas como ciénagas de agua dulce continentales, han sido drenadas o desecadas con la consiguiente disminución de las aves que las habitan. Tan sólo una pequeña fracción de nuestras aves de pastizal nativas sobreviven hoy en día; algunas aves de pastizal se han adaptado a las pasturas o a los campos cultivados, pero otras se han vuelto raras. Lo poco que queda de nuestros bosques maduros debe permanecer intacto. Con una planeación cuidadosa, podemos progresar y prosperar sin perder nuestra herencia silvestre.

La mayoría de nosotros no estamos en una posición que nos permita adquirir grandes zonas de hábitat natural, pero incluso un pequeño patio o jardín puede ser transformado en un mejor hábitat (ver "Sembrando para las aves" en la p. 18). A continuación se encuentran algunas otras cosas que los individuos pueden hacer para ayudar a las aves.

Café de sombra: La elección de café que bebemos puede tener un impacto en las poblaciones de aves. El café tradicional es cultivado bajo sombra en los trópicos y las plantaciones pueden parecer casi como una selva nativa con el sotobosque reemplazado por los arbustos de café. Estas granjas de café tradicional sostienen a muchas aves, incluyendo tanto a aves residentes como migratorias que anidan en Norteamérica y pasan el invierno en los trópicos. Sin embargo, existen en la actualidad variedades de café cultivado que pueden crecer al rayo de sol. Este café de sol puede producir cosechas ligeramente mayores por acre, pero generalmente requiere más químicos (fertilizantes y pesticidas), haciéndolo menos saludable para los trabajadores en el campo, además de ser plantaciones de café que no sostienen prácticamente a ninguna ave. Comprar café de sombra para usar en casa y pedirlo en los restaurantes puede ser un poco incómodo, pero al incrementar su demanda, podemos ayudar a mantener un buen hábitat para nuestras aves migratorias así como para las aves tropicales residentes.

Gatos en casa: Los gatos domésticos a los que se permite libre acceso al exterior matan grandes cantidades de aves silvestres—los científicos estiman las bajas en Norteamérica en cientos de millones cada año. Los gatos que están bien alimentados no pierden su instinto de cazadores; tan sólo se vuelven más fuertes y rápidos, capaces de matar más aves. Colocarles un cascabel en el collar, o incluso quitarle las garras, puede no ayudar mucho debido a que estos ingeniosos depredadores pueden, generalmente, aprender a sobrellevar dichos obstáculos. Lo mejor es mantenerlos dentro de casa. Los gatos que permanecen dentro de casa tienden a vivir más y ser más sanos que aquellos que tienen libre acceso al exterior, de manera que éste es un asunto en el que los amantes de los gatos y los amantes de las aves deben poder coincidir.

Organizaciones que merecen apoyo: Hay varias organizaciones que trabajan para la conservación de aves. Al unirse a dichas organizaciones, se suma a sus esfuerzos para ayudar a las aves.

La **Sociedad Nacional Audubon** ha estado activa por un siglo y es ahora más fuerte que nunca, trabajando a través de las Américas por su meta de proteger a las aves, la vida silvestre y sus hábitats. Si le interesan las aves, unirse a Audubon es un paso positivo para asegurar su supervivencia. Como un bono, los capítulos locales de Audubon son por lo general los mejores contactos para observar aves. Para mayor información, escriba a National Audubon Society, 700 Broadway, New York, NY 10003 (www.audubon.org).

Existen varias otras organizaciones valiosas que protegen la vida silvestre. Estos incluyen:
The Nature Conservancy (http://nature.org)
The **American Bird Conservancy** (www.abcbirds.org)
Natural Resources Defense Council (www.nrdc.org)
Nature Canada, anteriormente Canadian Nature Federation (www.cnf.ca)
Birdlife International (www.birdlife.net)
The **Cornell Lab of Ornithology** (http://birds.cornell.edu)
American Birding Association (www.americanbirding.org)
La Sociedad para la Conservación y Estudio de las Aves Caribeñas (www.nmnh.si.edu/BIRDNET/SCSCB)

En México existen diversas organizaciones que se dedican al estudio y conservación de aves, por ejemplo el capítulo mexicano de la Sociedad Audubon (San Miguel Allende, Guanajuato), el **Museo de las Aves** (Saltillo, Coahuila), **CIPAMEX** (con más de 400 miembros en todo el país), la **Sociedad Mexicana de Ornitología, Ducks Unlimited México,** y **Pronatura**.

CÓMO SON CLASIFICADAS Y NOMBRADAS LAS AVES

La enorme variedad de la naturaleza es maravillosa y fascinante, pero puede ser confusa. Para entender esta vertiginosa diversidad, los científicos clasifican los seres vivos en categorías como orden, familia, género y especie. Las secciones de esta guía con códigos de color se construyeron alrededor de las familias de aves. Para observar aves, la categoría que querrá saber es por lo general la especie—el "tipo" de ave que puede anotar en su lista de observaciones.

Especies de aves: Libros completos se han escrito para definir con precisión lo que es una especie. No existe definición perfecta debido a que hay muchas excepciones a la regla: formas que parecen estar en el proceso de convertirse en especie, pero que no son lo suficientemente distintas. No obstante, por lo general, miembros de una especie están aislados de miembros de otra especie en términos reproductivos. Diferentes especies pueden entrecruzarse (e inclusive producir descendientes fértiles) pero típicamente esto no ocurre. Los Mosqueros Ailero y Saucero (p. 244) son extremadamente parecidos, pero no se entrecruzan aún donde viven lado a lado. El Carpintero de Pechera de "Ala Amarilla" y de "Ala Roja" (p. 218) se ven obviamente diferentes, pero se entrecruzan dondequiera que se encuentran; justo al este de las Rocosas, casi todos los Carpinteros de Pechera son grados intermedios de las dos formas. Los Bolseros de Baltimore y de Bullock (p. 340) también se entrecruzan en las planicies del oeste, pero con mucha menos frecuencia; son considerados especies separadas.

Subespecies (razas): Los miembros de una especie pueden no verse iguales—pueden variar de un lugar a otro. En el este de Norteamérica, el Carpintero Velloso Mayor cambia gradualmente de grande en el norte a más pequeño en el sur. Las aves del norte y del sur son clasificadas como subespecies diferentes (o razas), pero la división entre ellos es de alguna manera arbitraria. En el noreste, Terranova alberga una forma que es claramente diferente, con más negro en el plumaje, pero es aún un Carpintero Velloso Mayor; también es clasificado como una subespecie. En este libro ilustro aquellas razas que se ven notoriamente diferentes, pero la gran mayoría de las subespecies no puede ser identificada en vida silvestre y la mayor parte de los observadores de aves encontrarán más fácil ignorar este tema.

Los **nombres científicos** se aplican a todas las especies conocidas. En Latín o en Griego Latinizado, estos nombres son reconocidos por los científicos de cualquier idioma. Los nombres suelen ser escritos en itálicas: *Picoides villosus* es el Carpintero Velloso Mayor. La primera palabra es el género: *Picoides.* El Carpintero de Arizona, *Picoides arizonae,* también pertenece a ese género, de manera que está relacionado con el Velloso Mayor. Si un nombre científico tiene tres palabras, la tercera palabra es la subespecie. *Picoides villosus terranovae* es la raza de Terranova del Carpintero Velloso Mayor.

En muchos casos los **nombres en español** de las aves se basan en características físicas (como el Chipe de Corona Negra), pero otros no son tan descriptivos. Algunos están nombrados por características que sólo se pueden detectar con el ave en la mano (como el Tecolote Bigotudo). Algunos son nombrados en una perspectiva global: el Cuco Común es raro en Norteamérica pero común en el Viejo Mundo. El Cardenal Norteño se encuentra principalmente en el sur de nuestra área (pero hay otros cardenales en Sudamérica). No espere identificar a todas las aves por sus nombres.

Nombres estandarizados: Las opiniones difieren al nombrar y clasificar aves. Si cada experto siguiera su propia preferencia, tendríamos un caos en nuestras guías de aves. Afortunadamente, los nombres científicos son estandarizados por el Comité de Clasificación y Nomenclatura de la Sociedad Americana de Ornitólogos (AOU). Este comité de expertos, una clase de Corte Suprema de la clasificación de las aves, revisa toda investigación publicada y publica periódicamente la Listado de Aves de Norteamérica AOU. Todos los nombres de esta guía siguen la edición del Listado (1998) y sus últimos suplementos (2000, 2002, 2003 y 2004).

Orden del listado: Además de los nombres oficiales, la AOU establece la secuencia oficial del listado. Por tradición, la lista oficial coloca a las aves más primitivas al comienzo y las más avanzadas al final. A menos que piense convertirse en un ornitólogo profesional, hay tan sólo una razón para mantenerse al día con la secuencia oficial: la mayoría de los listados publicados siguen el orden de la AOU.

Cambios en cómo se clasifican las aves: La clasificación de las aves en un momento dado refleja lo mejor del conocimiento actual, pero al cambiar nuestro conocimiento, también cambian nuestras listas de aves. La secuencia de las familias de aves en la lista ha cambiado muchas veces. Por ejemplo, por muchos años, los colimbos y zambullidores eran las dos primeras familias en la lista de Norteamérica. Los expertos del comité de la AOU revisaron las evidencias recientes y decidieron cambiar la secuencia en el 2003, por lo que ahora la familia de los patos, gansos y cisnes es la primera del grupo en la lista oficial, así como en esta guía.

Los cambios a nivel de especie ocurren con mayor frecuencia. Conforme los estudios que se llevan a cabo nos brindan más información sobre las relaciones entre diversas aves, una especie puede "dividirse" en dos, o dos pueden "unirse" en una. Por ejemplo, la mayoría de las formas de juncos en la p. 361 fueron consideradas especies separadas hasta que se les unió en una sola en los años 1970. Más recientemente, el Carbonero de Cresta Negra fue oficialmente separado del Carbonero Copetón en 2002, mientras que el Ganso Canadiense fue separado en dos especies (el Ganso Canadiense y el Ganso Cacareador) en 2004.

Ganso Canadiense: separado en dos especies en 2004

PATOS, GANSOS Y CISNES

(familia Anatidae) comenzando en la p. 26. Estas familiares aves acuáticas se pueden dividir en varios grupos, como se detalla a continuación.

Entre los **PATOS VERDADEROS,** los machos usualmente muestran patrones brillantes. Las hembras presentan un sutil camuflaje y son más difíciles de identificar; observe la forma de la cabeza y la forma y color del pico. Los machos parten poco después del cortejo, dejando a las hembras al cuidado de los pollos. Al término del verano y hasta mediados de otoño, muchos patos mudan a un plumaje eclipsado parduzco, y con ese plumaje incluso los machos se vuelven difíciles de identificar.

Patos de superficie (comienza en la p. 26) se alimentan en la superficie, o sumergen la cabeza y el pecho para alimentarse debajo del agua. También se alimentan con frecuencia en tierra. Son comunes en pequeños estanques, ciénagas, lagos grandes; menos en bahías costeras. Toman vuelo levantándose directamente del agua.

Patos buceadores (comienza en la p. 32) se alimentan en la superficie o bucean profundamente en el agua. Son comunes en lagos grandes, bahías costeras; en el verano, también en las ciénagas. Por lo general, para comenzar a volar corren sobre de la superficie del agua.

GANSOS, p. 46, tienden a ser mayores que los patos y tienen picos más cortos y gruesos. La mayoría se alimenta en tierra así como en el agua.

PATO SILBADORES, p. 44, Aves raras de climas tropicales, no están relacionadas cercanamente con los patos verdaderos.

CISNES, p. 50, son enormes, con cuello largo y blancos por lo general.

compare OTRAS AVES ACUÁTICAS (comenzando en la p. 54)

Está categoría incluye varias familias de aves que no están relacionadas. Muchas de ellas pueden parecer patos a primera vista, pero a menudo tienen diferentes formas de pico.

Gallaretas y gallinetas, p. 54. Balancean el cuello y la cabeza al nadar o caminar. Principalmente en agua dulce.

Zambullidores, p. 54. Grandes nadadores y buceadores, indefensos en tierra. En agua dulce o salada.

Araos, p. 58. Aves marinas, la mayoría en el norte. Grandes nadadores y buceadores.

Colimbos, p. 66. Grandes buceadores que nadan con el cuerpo parcialmente sumergido. De vuelo fuerte. Marcado patrón en verano, parduzcos en invierno.

Cormoranes, p. 68. Sinuosos buceadores de lagos y mares. Pueden perchar con las alas extendidas para secarse.

Muchas **AVES ACUÁTICAS AÉREAS** (comienza en la p. 72) también pueden observarse nadando:

Y éstos son un par de nadadores de medio tiempo de familias no relacionadas:

se alimentan en aguas poco profundas metiendo la cabeza en el agua o "parándose de cabeza", es decir, sumergiendo la cabeza y el pecho y levantando la cola. La mayoría de los machos tienen patrones brillantes (excepto en el plumaje eclipsado de fines del verano). Las hembras son mejor identificadas por la forma de la cabeza, el color del pico y (en vuelo) por el patrón de las alas.

PATO DE COLLAR *Anas platyrhynchos* (Mallard)

típico

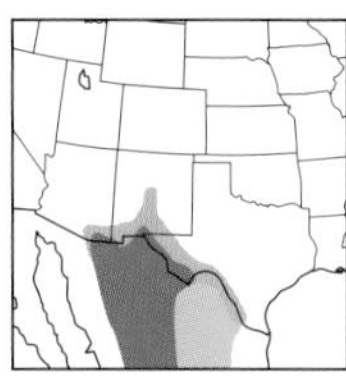

"Pato Mexicano"

El más familiar de los patos del Hemisferio Norte, ancestro de muchos patos domésticos, muy común y extendido en vida silvestre. Además de las poblaciones salvajes, muchos Patos de Collar viven en un estado semi-silvestre alrededor de las ciudades, parques, granjas; estas aves son generalmente mayores que los Patos de Collar silvestres y el plumaje es variable (ver p. 52). ▶ La cabeza verde del macho contrasta con su pico amarillo, collar blanco, pecho castaño y cuerpo gris. La hembra es café moteada, con *manchas negras en el pico anaranjado.* Ambos sexos presentan un parche (espéculum) azul, con borde blanco, en la orilla del ala. Nota: en el noreste, los Patos de Collar y los Patos Sombríos se entrecruzan con frecuencia, produciendo híbridos. Cerca de la frontera con México, una forma local de Pato de Collar (antes llamado **"Pato Mexicano"**) tiene patrones de color igual en hembras y machos, con un plumaje café moteado, aunque el macho aún presenta el brillante pico amarillo. ♪ **Voz:** *wi* quedito (macho), graznidos como los de patos de granja (hembra).

PATO SOMBRÍO *Anas rubripes* (American Black Duck)

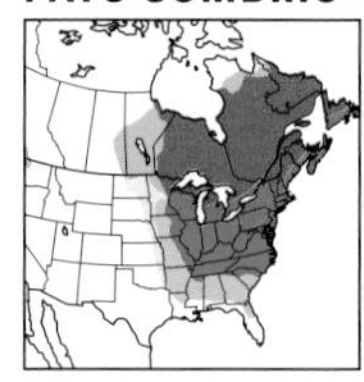

Común en el noreste, pero declinando en áreas alejadas de la costa ya que su distribución está siendo invadida por el Pato de Collar. Prefiere los lagos en bosques, marismas. ▶ Ambos sexos se parecen a la hembra del Pato de Collar, pero con el cuerpo mucho más oscuro, cabeza gris. El espéculum del ala es morado oscuro, carece del borde blanco; en vuelo, las blancas plumas cobertoras del ala muestran un notable contraste con el cuerpo oscuro. El macho tiene pico amarillo, el de la hembra es más pálido. Se entrecruza frecuentemente con el Pato de Collar, por lo que es común observar híbridos en el noreste. ♪ **Voz:** como la de Pato de Collar.

PATO TEJANO *Anas fulvigula* (Mottled Duck)

El único pato de superficie que anida con regularidad en Florida y en la costa del Golfo. Introducido en la costa de Carolina del Sur y raro en el sur de las Grandes Planicies. ▶ Ambos sexos se parecen a una versión oscura de la hembra del Pato de Collar, pero el pico es amarillo brillante (macho) o pálido (hembra). Se parece mucho al Pato Sombrío (raro en el sur), pero el cuerpo es más claro y la cabeza beige. Aves similares en el oeste de Texas a Arizona son "Patos Mexicanos" (ver bajo Pato de Collar). ♪ **Voz:** como el de Pato de Collar.

Macho
Hembra
con
crías
Pato de
Collar
23"
Hembra
Macho de "Pato
Mexicano"
(Pato de Collar del
suroeste)
Macho híbrido,
Pato Sombrío
X Pato de Collar
Macho de Pato de
Collar en plumaje
eclipsado
Pato Sombrío
23"
Macho
Hembra
Macho
Pato Tejano
22"
Hembra

son a menudo muy vocales. Usualmente los machos y hembras hacen diferentes sonidos. Las hembras hacen variaciones del graznido básico, pero los llamados de los machos pueden ser muy distintivos.

PATO GOLONDRINO ***Anas acuta*** **(Northern Pintail)**

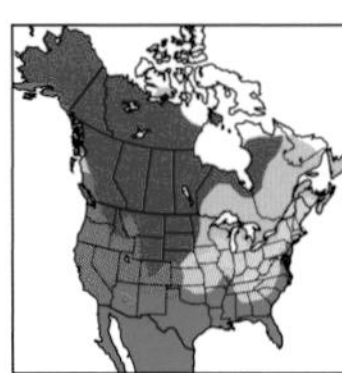

Un pato elegante y bien parecido, común en estanques pantanosos y lagos, especialmente en el oeste. Gusta de hábitats muy abiertos y suele ser cauteloso, por lo que es difícil aproximársele. ▶ El macho tiene una *franja blanca* que sube por el largo cuello hasta la cabeza café; cuerpo gris, cola larga. La hembra es café claro moteado; se distingue por la cola punteada, cuello largo, pico gris. En vuelo, muestra un borde blanco que recorre la parte interna del ala. ♩**Voz:** *pru* grave y *wi* quedito (macho), graznidos como los del Pato de Collar (hembra).

PATO FRISO ***Anas strepera*** **(Gadwall)**

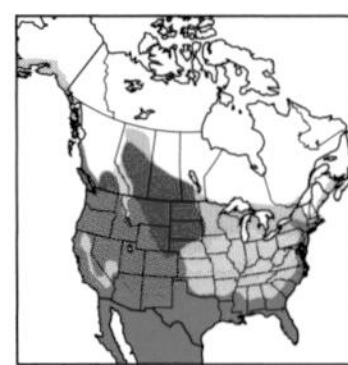

Algunas veces se pasa por alto (ya que no tiene un patrón muy marcado) pero es muy común, especialmente en el oeste. Gusta de estanques grandes poco profundos con gran cantidad de plantas acuáticas. ▶ El macho es principalmente gris, con *la parte trasera negra.* La hembra es café moteada, con pico gris y anaranjado. Note la forma de la cabeza, con una frente más pronunciada que la hembra del Pato de Collar (página anterior). En vuelo se puede observar un parche blanco cuadrado en el borde del ala, algunas veces visible cuando nada.♩**Voz:** *in* nasal (macho), *cuac* nasal agudo (hembra).

PATO CHALCÚAN ***Anas americana*** **(American Wigeon)**

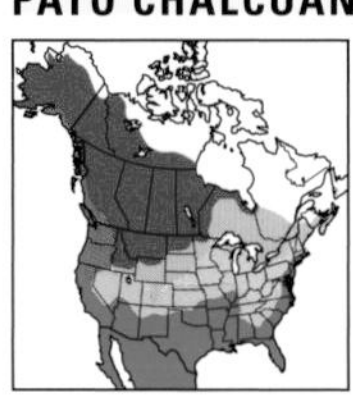

Común, especialmente en el oeste. Las parvadas pastan a menudo en tierra, cerca de algún estanque, incluidos parques y campos de golf. En aguas profundas, algunas veces roban comida a las gallaretas o patos buceadores cuando salen a la superficie. ▶ El macho tiene *una banda blanca en la corona,* un parche verde en el oído y cabeza gris; pecho y lados rosas. (A principios del otoño, los machos pueden ser más pálidos, de un color más castaño). En vuelo se pueden observar grandes parches blancos en las alas. La hembra tiene cabeza gris que contrasta con el cuerpo rosa. Note el pico un tanto pequeño y de color azul-gris. ♩**Voz:** chillidos agudos *wi-Wí-wu* (macho).

PATO SILBÓN ***Anas penelope*** **(Eurasian Wigeon)**

Principalmente un visitante invernal, poco común en el noroeste y Alaska, raro en el noreste, muy raro en otras partes; nativo a Europa y Asia. En Norteamérica, se encuentra casi siempre con parvadas de Pato Chalcúan. ▶ El macho tiene la *cabeza de color rojo óxido* brillante con una banda *beige* en la corona, cuerpo en su mayor parte gris. Compare con el macho del Pato de Cabeza Roja (p. 34). Los raros híbridos con Pato Chalcúan tienen patrones intermedios (pero el Chalcúan puede tener también beige en la corona). La hembra se parece mucho a la hembra del Pato Chalcúan, puede tener más café la cabeza.

Pato Golondrino
20" - 26"
Hembra
Machos
Macho a fines
de verano
Pato Friso
20"
Hembra
Macho
Pato
Chalcúan
19"
Macho
Macho, principios del otoño
Hembra
Macho
Pato Silbón
20"

CERCETAS Y PATO CUCHARÓN

son pequeños patos de superficie que a menudo se alimentan nadando hacia el frente en aguas poco profundas con el pico parcialmente sumergido.

CERCETA DE ALA VERDE *Anas crecca* (Green-winged Teal)

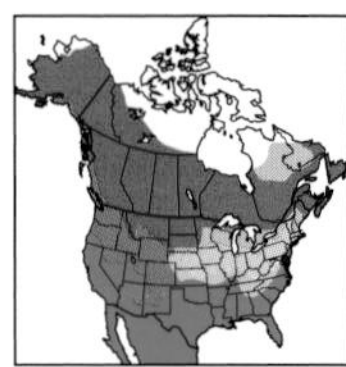

Común en ciénagas, esto es el pato de superficie menor. Las parvadas en vuelo se ven muy rápidas, virando y torciendo en el aire. ▶ El macho tiene la cabeza color *castaño* con un parche verde en el oído, franja blanca a un lado del pecho, parche amarillo en la cola. La hembra se reconoce por su pequeño tamaño, línea ocular muy marcada y pico gris. La Cerceta de Ala Verde "Eurasiática" es residente en las islas del oeste de Alaska, también es un raro visitante en el noroeste y noreste; el macho tiene una franja blanca en la espalda, carece de la barra blanca en el pecho. La hembra no se puede identificar con seguridad. ♪ **Voz:** *chik* metálico (macho), *cuac* (hembra).

CERCETA DE ALA AZUL *Anas discors* (Blue-winged Teal)

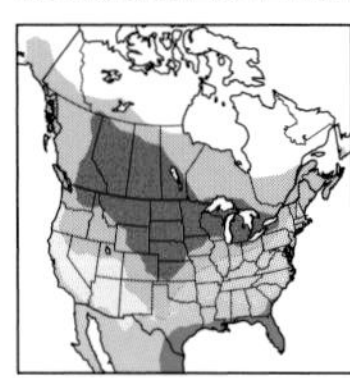

Un pato de verano, común en estanques pantanosos al este de las Montañas Rocallosas. Migratorio en extremo, evita el clima frío más que otros patos. ▶ El parche azul del ala es obvio en vuelo. El macho presenta una *medialuna blanca* en la cara gris durante la primavera. En otoño, muchos están en plumaje eclipsado parduzco, y parecen hembras. Las hembras de la Cerceta de Ala Azul y la Cerceta Canela son muy similares. ♪ **Voz:** *wi?* agudo (macho), graznidos (hembra).

CERCETA CANELA *Anas cyanoptera* (Cinnamon Teal)

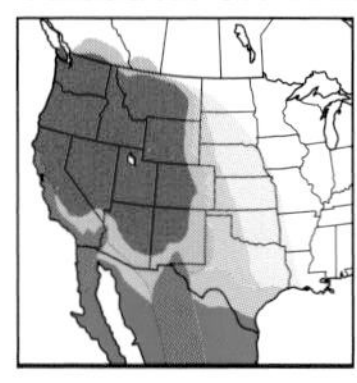

Común en estanques en el oeste, pero parte hacia regiones frías en invierno. ▶ El macho castaño brillante es inconfundible en primavera. La hembra se parece mucho a la hembra de la Cerceta de Ala Azul, con el mismo patrón en las alas, pero un pico ligeramente más grande y largo, cara parda y simple. Muchos machos lucen un plumaje eclipsado durante el otoño, viéndose como las hembras excepto por los ojos rojos. ♪ **Voz:** chillido quedito (macho), graznidos rasposos (hembra).

CERCETA DE CEJA BLANCA *Anas querquedula* (Garganey)

Un raro visitante de Eurasia, pero puede presentarse en cualquier estanque, especialmente en primavera. ▶ El macho tiene una *larga franja blanca* en la cabeza café. La hembra se parece mucho a la hembra de la Cerceta de Ala Azul.

PATO CUCHARÓN NORTEÑO *Anas clypeata* (Northern Shoveler)

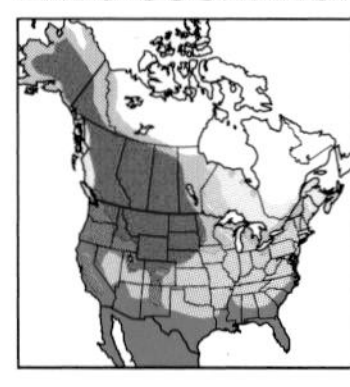

Común en estanques pocos profundos, este pato puede nadar con la cabeza baja, empujando su pico con forma de espátula a través del agua para obtener alimento. Los Patos Cucharones vuelan a menudo sin razón aparente. ▶ El macho tiene cabeza verde, *pecho blanco*, flancos color rojo óxido; las hembras son café moteadas, con pico *grande* de color amarillo y gris. El macho en muda muestra una medialuna pálida en la cara. ♪ **Voz:** *cham-cham* gutural (macho).

CERCETAS Y PATO CUCHARÓN

encuentran mucho de su alimento buceando y nadando debajo del agua. A diferencia de los patos de superficie, son torpes en tierra y suelen necesitar una carrera para alzar el vuelo desde el agua. Además, a diferencia de los patos de superficie, son silenciosos la mayor parte del tiempo.

PATO BOLUDO MENOR *Aythya affinis* (Lesser Scaup)

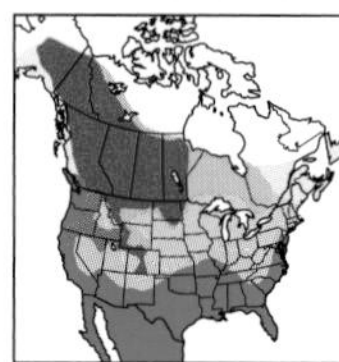

Los patos boludos son muy comunes durante el invierno en lagos y bahías. Las dos especies son muy similares. El Menor es por lo general más común en lagos continentales durante el invierno, el Mayor a lo largo de la costa, aunque se superponen. El Menor pasa el verano en pantanos de regiones boscosas o praderas. ▶ La *forma de la cabeza* es la mejor marca: el Menor tienen un chipote atrás de la corona, un pico ligeramente menor que el del Pato Boludo Mayor. En vuelo, note que la *franja blanca del ala es más corta* en el Menor (alcanza la mitad externa del ala). El macho del Menor muestra a menudo, con buena luz, un brillo morado en la cabeza.

PATO BOLUDO MAYOR *Aythya marila* (Greater Scaup)

Grandes parvadas de patos boludos se reúnen en invierno en aguas abiertas. Esta especie se encuentra principalmente a lo largo de la costa, es menos común tierra adentro. Anida en lagos muy al norte. ▶ Muy parecido al Pato Boludo Menor, pero diferente *forma de cabeza* (más redonda, con el punto más alto hacia el frente de la cabeza), pico más grande. En vuelo, muestra una *franja blanca más larga.* El macho a menudo muestra un brillo verde (no morado) en la cabeza, y los flancos pueden verse más blancos que en el Pato Boludo Menor. Las hembras de ambos patos boludos pueden presentar un parche pálido en el oído durante el verano.

PATO DE PICO ANILLADO *Aythya collaris* (Ring-necked Duck)

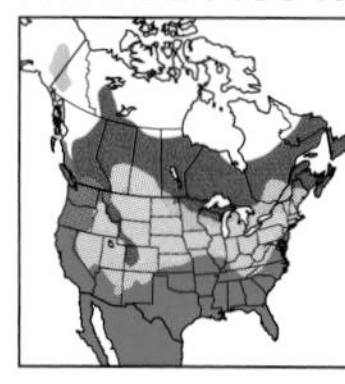

Prefiere aguas protegidas más que otros buceadores. Durante el invierno, a menudo en pequeñas parvadas en estanques rodeados por árboles. ▶ El macho tiene la cabeza y espalda negras; una *banda blanca* separa los *flancos grises* del pecho negro. *Los anillos en el pico* son muy conspicuos. La hembra es color café-gris. Muestra un área más pálida cerca de la base del pico, por lo general menos contrastante que en la hembra del Pato Boludo; similar a la hembra del Pato de Cabeza Roja (página siguiente) pero con anillo del pico más conspicuo.

PATO MOÑUDO *Aythya fuligula* (Tufted Duck)

Un visitante invernal muy raro en el noreste y noroeste, más frecuente como migratorio en Alaska. Suele verse con otros patos buceadores en estanques o lagos. Nativo a Europa y Asia. ▶ El mechón de la cabeza puede ser largo o corto, o a veces no estar presente. El macho presenta un fuerte contraste entre los *flancos blancos* y la *espalda negra.* La hembra se parece a otras hembras de buceadores, parda oscura, algunas veces con blanco alrededor de la base del pico; no se puede identificar con seguridad a menos que presente un mechón conspicuo en la cabeza.

Inmaduro
Pato Boludo Menor 16½″
Hembra
Macho
Hembra (verano)
Pato Boludo Mayor 18″
Macho
Hembra (invierno)
Pato de Pico Anillado 17″
Hembra
Machos
Pato Moñudo (raro) 17″

Las primeras tres especies que se describen a continuación se relacionan con los buceadores de la página anterior. El Pato de Cola Larga es muy diferente, un fuerte buceador del Ártico, que con frecuencia se reúne en grandes parvadas en los mares helados del norte.

PATO COACOXTLE *Aythya valisineria* (Canvasback)

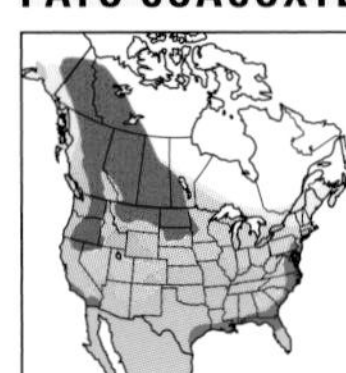

Este elegante buceador anida en las praderas pantanosas, pasa el invierno en lagos y bahías, algunas veces en grandes parvadas. Precavido y rápido en vuelo, volando a menudo en formación "V". Como otros patos que anidan en las praderas del norte, el Pato Coacoxtle era mucho más numeroso de lo que es ahora. ▶ Mayor que las especies de patos buceadores con las que está emparentado. La forma es su mejor seña de campo: fácilmente reconocible por el largo perfil tipo "rampa de ski" de la cabeza y el pico. El macho tiene cabeza color *castaño*, pico negro, pecho negro, *espalda blanca*. La hembra tiene cabeza y cuello color beige con pico oscuro y cuerpo gris.

PATO DE CABEZA ROJA *Aythya americana* (Redhead)

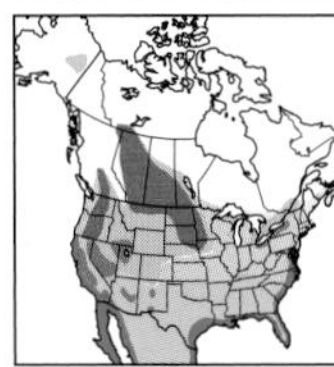

Aunque clasificado como pato buceador, el Pato de Cabeza Roja a menudo nada en la superficie de aguas poco profundas. Se observa en pequeños números en la mayoría de las áreas, pero en invierno se reúnen grandes parvadas en lagunas a lo largo de la costa de Texas. En verano, en praderas pantanosas, las hembras frecuentemente ponen sus huevos en los nidos de otras aves acuáticas. ▶ Ambos sexos se distinguen del Pato Coacoxtle por la *cabeza redonda*, pico corto con banda clara cerca de la punta. El macho tiene la espalda gris (no blanca). La hembra se parece a la hembra de Pato de Pico Anillado (página anterior) pero más café, por lo general cara más sencilla y carece de la forma alta y picuda de la cabeza.

PATO COMÚN EURASIÁTICO *Aythya ferina* (Common Pochard)

Sólo en Alaska; un raro visitante de las islas del oeste de Alaska. Común a lo largo del norte de Eurasia. ▶ El macho combina las señas de campo del Coacoxtle y el Cabeza Roja (cabeza un tanto redonda, espalda blanca) pero tiene el pico negro con una franja azul pálido-gris. La hembra es café-grisáceo sin marcas, puede parecerse a la hembra del Cabeza Roja, pero suele mostrar el patrón característico de pico.

PATO DE COLA LARGA *Clangula hyemalis* (Long-tailed Duck)

Un pato único, presente en aguas frías, algunas veces abundante muy al norte. Escandaloso, especialmente los machos en parvadas durante la primavera. Normalmente permanece alejado de la orilla cuando no está anidando; sólo algunos aparecen en lagos tierra adentro. ▶ Tiene plumajes de verano e invierno muy diferentes. El macho adulto con cola larga, patrón notable. Las hembras y machos jóvenes son menos distintivos, por lo general todos claros, con cabeza de forma cuadrada y pico grueso. Todos los plumajes muestran alas completamente oscuras en vuelo. ♪ **Voz:** *au-ABÚac* musical.

Pato Coacoxtle
21″
Hembra
Macho
Pato de Cabeza
Roja
19″
Hembra
Macho
Pato Común
Eurasiático
18″
Macho
Pato de Cola
Larga
16″ - 22″
Hembra (verano)
Hembra
(invierno)
Macho
(verano)
Macho
(invierno)

NEGRETAS Y ARLEQUÍN

Las negretas son patos marinos voluminosos. Rara vez son vistos lejos de las costas o los Grandes Lagos, excepto en sus áreas de anidación en el Ártico. Cuando migran, las parvadas de negretas vuelan bajo sobre el agua, paralelas a la línea costera. Unas cuantas negretas pueden quedarse a lo largo del verano mucho más al sur de su área de anidación. El Pato Arlequín es un pequeño pato buceador único, de ríos en el norte y costas rocosas.

NEGRETA DE NUCA BLANCA *Melanitta perspicillata* (Surf Scoter)

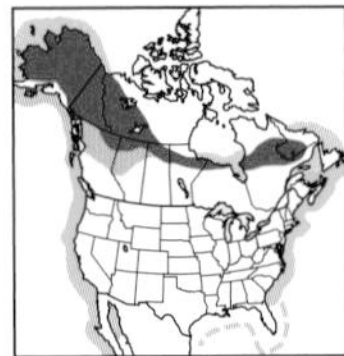

Común en algunas áreas costeras en invierno, especialmente a lo largo de la costa del Pacífico. Suelen estar a cierta distancia de la orilla, aunque algunas parvadas pequeñas pueden verse flotando cerca de muelles y embarcaderos. ▶ El macho tiene un patrón con *parches blancos en la cabeza* (los deportistas suelen llamarlo "Cabeza de Zorrillo"), incluyendo *nuca blanca,* pico naranja y blanco, el resto del cuerpo negro. La hembra es de color café oscuro cenizo, con parches blancos en la cara. De cerca note la forma de la base del pico. ♪ **Voz:** generalmente silencioso, a veces croa o emite silbidos queditos.

NEGRETA DE ALA BLANCA *Melanitta fusca* (White-winged Scoter)

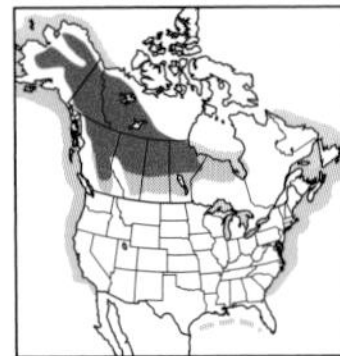

Común a lo largo de algunas áreas costeras en invierno, pero menos numeroso hacia al sur. ▶ En vuelo el parche blanco en el ala es muy conspicuo, muchas veces no se ve al nadar. El macho adulto tiene una pequeña mancha blanca en forma de lágrima. La hembra y el macho joven son oscuros, con parches más claros en la cara, el patrón enfrente del ojo diferente de la hembra de Negreta de Nuca Blanca; a la distancia, esta ave es difícil de diferenciar de la Negreta de Nuca Blanca, a menos que se pueda observar el parche blanco del ala. ♪ **Voz:** generalmente silencioso, a veces croa o emite silbidos queditos.

NEGRETA NEGRA *Melanitta nigra* (Black Scoter)

Común en invierno a lo largo de la costa Atlántica y el norte de la costa Pacífica, pero escaso hacia el sur. ▶ El macho adulto es todo negro excepto por una *protuberancia naranja* en el pico. La hembra y macho joven son oscuros, con cuello y cara claros. El macho del Pato Tepalcate (p. 40) más pequeño y claro, con pico relativamente más grande. ♪ **Voz:** emite silbidos fuertes o croa. Más vocal que otras negretas.

PATO ARLEQUÍN *Histrionicus histrionicus* (Harlequin Duck)

Este pato que tiene un patrón de color como un payaso prospera en aguas turbulentas: arroyos con corrientes fuertes en verano, costas rocosas con oleaje en invierno. Usualmente en parvadas pequeñas. Vuela bajo y rápido. ▶ Macho evidente. Hembra café oscuro, con *dos o tres manchas blancas* en la cara; comparado con las negretas (arriba), se ve menor y con un pico más corto. Ver hembra del Pato Monja (p. 40), hembra de los Patos Boludos (p. 32). ♪ **Voz:** variedad de chillidos (explicando su apodo "Ratón de Mar").

Hembra
Macho
Macho joven
Negreta de Nuca Blanca
20″
Macho joven
Hembra
Macho
Negreta de Ala Blanca
21″
Hembra
Negreta Negra
19″
Macho
Hembra
Pato Arlequín
16½″
Machos

EIDERS son patos marinos grandes y robustos de las líneas costeras del norte. Su suave y denso plumón los protege del tiempo helado, y la hembra se saca el plumón para hacer una capa aislante alrededor de los huevos en el nido (la cualidad aislante del plumón de eider es bien conocida).

EIDER COMÚN *Somateria mollissima* (Common Eider)

Es visto más a menudo que otros eiders, al sur de Nueva Inglaterra y Long Island en el este y al sur de Alaska en el oeste. Densas parvadas flotan mar adentro, descansando a lo largo de las rocosas líneas costeras. A pesar de verse pesados, los eiders son rápidos al volar. ▶ El macho adulto es distintivo; el color del pico varía de anaranjado (Alaska) a verde oliva gris (noreste). La hembra se reconoce por su gran tamaño, pico largo y pronunciado, fuerte barrado en los flancos; el color general varía de grisáceo a café óxido. Los machos jóvenes pasan por varias etapas incluyendo una con cabeza oscura y pecho blanco. ♪ **Voz:** canturreos en tono grave, gruñido corto.

EIDER REAL *Somateria spectabilis* (King Eider)

Un pato robusto, abundante en partes del Ártico. Solo algunos llegan más al sur en donde habitan la mayoría de los observadores de aves. Anida en la tundra, pasa el invierno en el mar, algunos tan al norte como existan aberturas en la capa de hielo. ▶ El macho adulto tiene un escudo frontal anaranjado, cabeza azul claro, negro en la espalda. La hembra muy parecida al Eider Común pero tienen una cabeza de forma diferente, marcas como de *escamas* (sin barras) en los lados. El macho joven se parece mucho al macho joven del Eider Común pero tiene pico más corto y la cabeza se ve más cuadrada.

EIDER DE ANTEOJOS *Somateria fischeri* (Spectacled Eider)

Sólo en Alaska. Este curiosamente hermoso pato es raro o poco común durante el verano en la costa de la tundra. Su área de invierno fue descubierta recientemente: en parvadas entre el hielo, lejos de tierra en el Mar de Bering. Sus números están declinando, podría estar en peligro. ▶ El macho tiene "anteojos" muy marcados en cabeza verde; espalda blanca, pecho y partes inferiores negros. La hembra es café moteada, muestra una marcada insinuación del patrón de la cara del macho.

EIDER DE STELLER *Polysticta stelleri* (Steller's Eider)

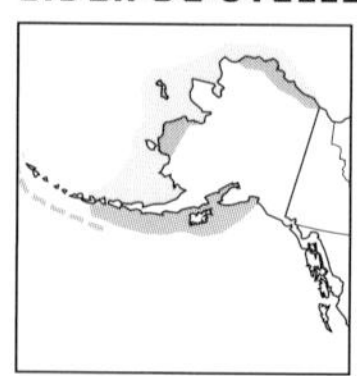

Sólo en Alaska. Poco común, anida en la tundra, pasa el invierno a lo largo de la costa. A menudo en parvadas apretadas. Aves solitarias pueden asociarse con Patos Arlequín u otros buceadores. ▶ El eider más pequeño. El macho adulto muestra un patrón único, con pecho color durazno, collar negro, protuberancia verde con negro en la cresta. La hembra se puede confundir, café oscuro sin patrón, sugiere hembra de negreta (página anterior) o de pato de superficie; note la cabeza cuadrada, parches azules con bordes blancos en el ala.

Macho joven
Eider Común
25″
Hembras
Machos
Macho jóven
Eider Real
23″
Macho
Hembra
Hembra
Eider de Anteojos
22″
Macho
Eider de Steller
18″
Hembra
Macho

PATOS DE OJOS DORADOS, PATOS DE COLA TIESA

Los Ojos Dorados y el Pato Monja son patos buceadores con cabeza grande. Por lo general anidan en cavidades en los árboles. Los patos de cola tiesa (el Tepalcate y el Enmascarado) son pequeños patos buceadores. Sus plumas puntiagudas y tiesas suelen estar levantadas por encima del agua.

PATO CHILLÓN DE OJOS DORADOS ***Bucephala clangula*** **(Common Goldeneye)**

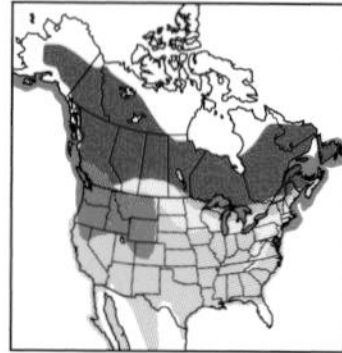

Un pato con acentuado patrón presente en lagos, ríos, bahías costeras. Las alas producen un silbido al volar. ► El macho tiene una *mancha blanca redonda* antes del ojo, cabeza y espalda negras contrastan con el pecho blanco. La hembra tiene cabeza color café chocolate contrastante con el cuerpo gris, a menudo la punta del pico es amarilla (pero puede ser todo negro durante el verano). Los machos jóvenes se parecen a la hembra durante la mitad de su primer invierno.

PATO ISLÁNDICO DE OJOS DORADOS ***Bucephala islandica*** **(Barrow's Goldeneye)**

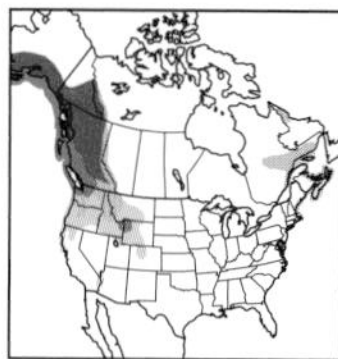

Un pato de aguas frías, suele ser menos numeroso que el Pato Chillón. Las alas producen un silbido al volar. ► Pico más pequeño y frente más pronunciada que el Pato Chillón. El macho tiene una *media luna blanca* antes del ojo, más negro en la espalda. La hembra no siempre se puede identificar con seguridad; a menudo tiene todo el pico de color rosado, puede tener la cabeza más café oscura que la hembra del Chillón y la forma de la cabeza es una buena pista.

PATO MONJA ***Bucephala albeola*** **(Bufflehead)**

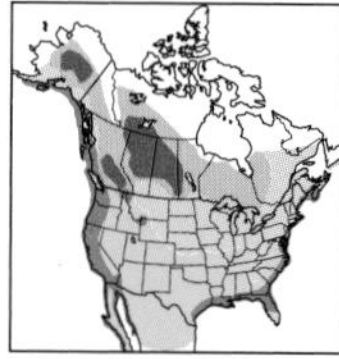

Diminuto, como un pato de juguete. Suele encontrarse formando parvadas, en lagos o bahías poco profundas durante el invierno. Se encuentra a lo largo de ríos y ciénagas en verano, a menudo anidando en viejos hoyos de Carpintero de Pechera. ► El macho adulto tiene una "bufanda" blanca en la cabeza negra. La hembra tiene cabeza gris con mancha blanca; el macho joven es similar, pero la mancha es más grande.

PATO TEPALCATE ***Oxyura jamaicensis*** **(Ruddy Duck)**

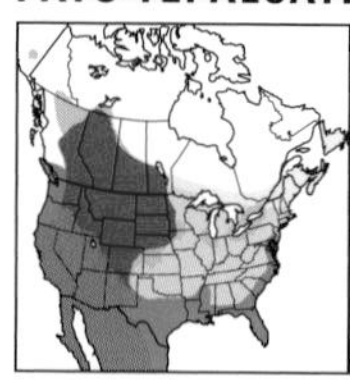

Un extraño pato pequeño, común en muchas áreas. Flota perezosamente en estanques, lagos, bahías, algunas veces en grandes parvadas. Comienza el vuelo con dificultad, vuela con un rápido batir de alas que zumba. En cortejo, el macho sube y baja la cabeza y produce un extraño graznido cascabeleante ► El macho tiene una contrastante caperuza oscura y *mejillas blancas;* el cuerpo es de color café rojizo y el pico es azul brillante durante la temporada de reproducción. La hembra tiene mejillas pálidas cruzadas por una línea oscura. Las alas se ven completamente oscuras al volar.

PATO ENMASCARADO ***Nomonyx dominicus*** **(Masked Duck)**

Un raro visitante en Texas y Florida, extremadamente raro en otros lugares. Sigiloso; se esconde en los pantanos de estanques poco profundos. ► En época reproductiva el macho es rojo con cara negra; la hembra y el macho no reproductivo con dos bandas oscuras en la cara beige. El parche blanco del ala se ve en vuelo.

Pato Chillón de
Ojo Dorado
18½"
Hembra
Macho
Macho
joven
Pato Islándico
de
Ojo Dorado
18"
Hembra
Hembra en
verano
Macho
Hembra
Pato Monja
13½"
Macho
Pato
Tepalcate
15"
Macho en
invierno
Macho en
verano
Hembra
Hembra
Pato Enmascarado
13½"
Macho en plumaje
reproductivo

MERGOS

están entre los pocos patos que comen peces regularmente. Cuerpos delgados y largos, bucean y nadan debajo del agua. Los bordes aserrados de sus picos (los deportistas los llaman "Picos de Serrucho") les ayudan a atrapar pequeños peces resbalosos. En vuelo se ven delgados y estirados.

MERGO MAYOR *Mergus merganser* (Common Merganser)

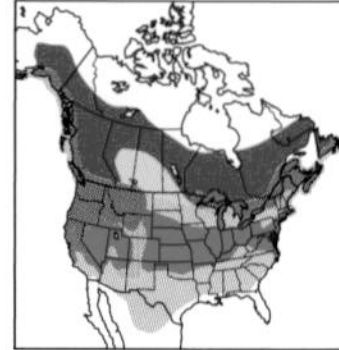

Principalmente en agua dulce, prefiere ríos y lagos en todas las estaciones del año. En verano en zonas boscosas, a menudo anidando en cavidades en grandes árboles. En invierno, algunas veces se ven grandes parvadas en los estanques. ► El macho es en su mayor parte blanco con espalda negra y cabeza verde. Otros patos de cabeza verde tienen diferente forma y patrón en el cuerpo. El *pico rojo* es grueso en la base, alargado y angosto hacia la punta. La hembra es gris, con cabeza *rojo óxido brillante,* y afilada garganta blanca. Compare con la hembra del Mergo Copetón (abajo) y el macho del Pato de Cabeza Roja (p. 34).

MERGO COPETÓN *Mergus serrator* (Red-breasted Merganser)

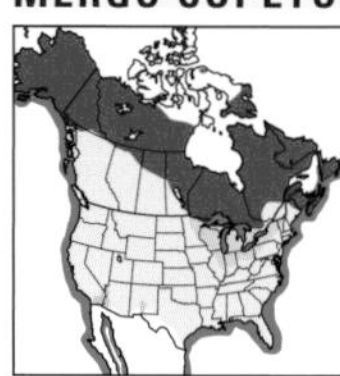

Principalmente en agua salada en invierno, a menudo se ve alrededor de embarcaderos costeros y playas. Vuela rápido y bajo sobre el agua. ► El macho no es tan blanco como el Mergo Mayor, con flancos grises, pecho rojo oscuro. La cresta desgreñada no es obvia a la distancia, pero *el collar blanco* es conspicuo. La hembra es muy parecida a la hembra del Mayor, pero muestra *menos contraste* entre la garganta blanca y la cabeza café pálida; también carece del contraste entre el cuello café y el pecho blanco. (Nota: el Mergo Mayor joven puede parecerse mucho en verano.) Al verlo de cerca puede ser notado el pico más delgado del Mergo Copetón, con diferente forma de la parte emplumada en su base.

MERGO DE CAPERUZA *Lophodytes cucullatus* (Hooded Merganser)

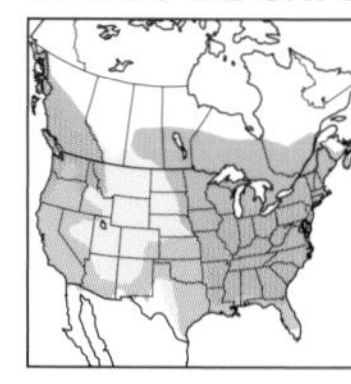

Prefiere pequeños lagos, estanques, especialmente aquellos rodeados por árboles, pero también estanques en pantanos costeros en invierno. Poco común, nunca en grandes parvadas. Anida en hoyos en árboles, algunas veces en cajas nido para Pato Arco Iris. ► La elaborada cresta del macho, blanca con el borde negro, puede estar levantada o aplanada. Compare con el Pato Monja (página anterior). La hembra es menor que en otros mergos, mas uniformemente oscura, con casi todo el pico oscuro; tiene una cresta pálida y tupida en la parte trasera de la cabeza larga y plana.

MERGO MENOR *Mergellus albellus* (Smew)

Un visitante raro desde Eurasia al oeste de Alaska durante migración y en invierno; un visitante invernal extremadamente raro en el resto de Norteamérica. ► El macho es en su mayor parte blanco, con patrón negro en cara, cresta y alas. Compare con Pato de Cola Larga (p. 34). La hembra tiene dos colores contrastantes en la cabeza, café rojizo brillante arriba con garganta blanca. Pico más corto que otros mergos.

Mergo Mayor
25″

Hembra

Macho

Mergo Copetón
23″

Macho

Hembra

Macho

Mergo de Caperuza
18″

Machos

Hembra

Mergo
Menor
(raro)
16″

Hembra

Macho

PATOS QUE PERCHAN, PATOS QUE SILBAN

A diferencia de muchos patos, estos cuatro perchan muchas veces en los árboles y tres de ellos anidan en hoyos en los árboles o en cajas nido. Los patos que silban son aves acuáticas delgadas de los trópicos, no están cercanamente relacionados a los verdaderos patos. Entre los patos que silban los sexos se parecen y ambos padres se hacen cargo de las crías.

PATO ARCO IRIS ***Aix sponsa*** **(Wood Duck)**

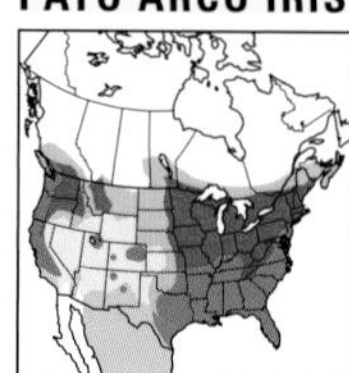

Un hermoso pato de pantanos arbolados, estanques sombreados y ríos tranquilos. Puede perchar alto sobre los árboles. Los Patos Arco Iris usan frecuentemente las cajas nido colocadas para ellos. ▶ El colorido del macho adulto es evidente la mayor parte del año. La hembra tiene un comienzo de cresta, el parche blanco alrededor del ojo contrasta con cabeza gris. El plumaje eclipsado del macho se parece al de la hembra, con una garganta blanca más marcada. En vuelo el Pato Arco Iris muestra una cola larga y se ve oscuro, con un borde blanco en parte del ala. ♪ **Voz:** *i-Í* o *i-I-Í* agudo al emprender vuelo (hembra), *chi* quedito (macho).

PIJIJE CANELO ***Dendrocygna bicolor*** **(Fulvous Whistling-Duck)**

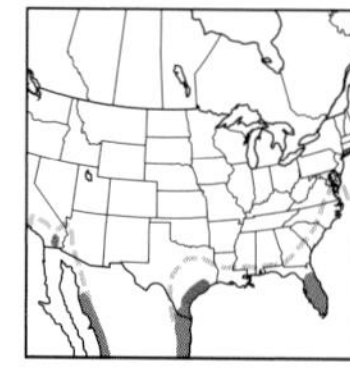

Común localmente en pantanos sureños, campos de arroz, lagos y otros hábitats abiertos. Las parvadas suelen volar al amanecer y al atardecer. Algunos pueden llegar más al norte de su distribución normal. A diferencia de otros en esta página, anidan usualmente en el suelo. ▶ Color café claro con *pico gris*, cuello largo, *franjas blancas en los flancos*. Compare con el juvenil de Pijije de Ala Blanca, también con la hembra de Pato Golondrino (p. 28). En vuelo se observa el ala negra y una media luna blanca sobre la cola contrastan con el cuerpo beige. ♪ **Voz:** *ja-wíi* ronco, a menudo emitido al volar.

PIJIJE DE ALA BLANCA ***Dendrocygna autumnalis*** **(Black-bellied Whistling-Duck)**

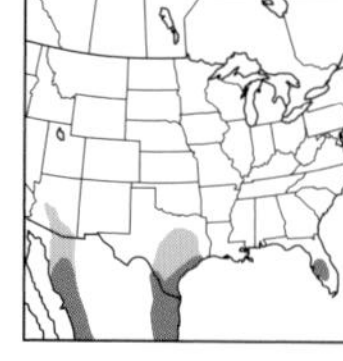

Principalmente cerca de la frontera con México pero cada vez más común, especialmente en Texas; también se ha establecido en Florida. Suele anidar en cajas nido colocadas cerca del agua, activo al amanecer y el atardecer, también forrajea de noche, las parvadas se pueden escuchar llamando en la oscuridad cuando vuelan hacia sus campos de alimentación. ▶ Los adultos son distintivos: castaño, gris y negro, con un *pico rosa brillante*. Al volar el *parche blanco del ala* es muy notorio. Los juveniles tienen el pico gris, colores pardos, pero muestran una insinuación del patrón del adulto. ♪ **Voz:** pi-jÍ, pi-ji-ji-ji ronco, a menudo al volar.

PATO REAL ***Cairina moschata*** **(Muscovy Duck)**

La mayoría de los Patos Reales vistos en Norteamérica son patos domésticos que han escapado. Algunos patos silvestres llegan de México al sur de Texas. Los patos reales salvajes son grandes y cautelosos, de riberas arboladas y ciénagas. ▶ Muy grande, negro. Los parches blancos de las alas son obvios en vuelo. El macho es más grande y brillante que la hembra, con una protuberancia arriba del pico.

Pato Arco Iris
18″
Hembras
Machos
Adultos
Pijije Canelo
20″
Juvenil
Adultos
Pato Real
28″
Pijije de Ala
Blanca
21″

GANSOS

son aves acuáticas sociales, suelen verse en parvadas. A diferencia de los típicos patos, los dos sexos en los gansos tienen con frecuencia el mismo patrón y ambos padres ayudan a cuidar a las crías.

GANSO CANADIENSE ***Branta canadensis*** **(Canada Goose)**

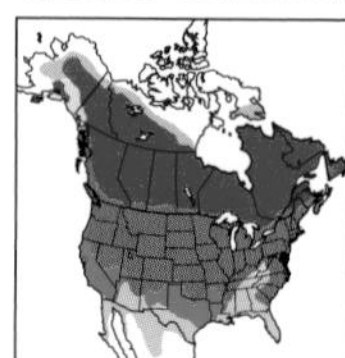

Común y cada vez más familiar. Alguna vez conocido como un ave de vida silvestre, se está adaptando a la vida en campos de golf y parques, extendiendo su distribución. Muchas de estas nuevas parvadas ferales son residentes permanentes; las parvadas silvestres aún migran, volando en formación "V". ► El patrón básico es inconfundible, con una banda blanca en el mentón, cabeza y cuello negros. Diferentes poblaciones varían en tamaño y color (de pecho blanco a muy oscuro). Vea el Ganso Cascareador. ♪ **Voz:** trompetazos graves.

GANSO CASCAREADOR ***Branta hutchinsii*** **(Cackling Goose)**

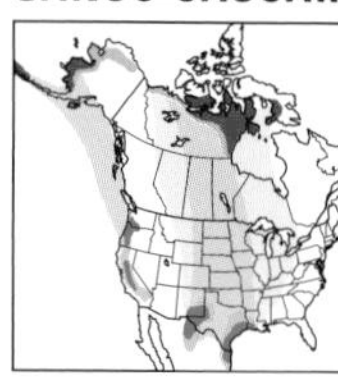

Recientemente (en 2004) clasificado como una especie diferente del Ganso Canadiense. Anida en regiones de tundra, pasa el vierno en el oeste y sur. ► Las formas mas distintas son *muy pequeñas* (no mucho mayores que el Pato de Collar) con *pico muy corto.* Las formas mas grandes del Cascareador son casi el tamaño del Canadiense, y por eso, los gansos de tamaño medio no se puede identificar con seguridad. ♪ **Voz:** graznidos, mas agudos que los del Ganso Canadiense.

GANSO CARETO MAYOR ***Anser albifrons*** **(Greater White-fronted Goose)**

Este ganso gris es común en partes del oeste y medio oeste, anidando en la tundra ártica, pasa el invierno en climas más cálidos. ► El adulto tiene una banda blanca alrededor de la base del pico, un *barrado negro* variable en el vientre. Durante el otoño el ave joven es café-gris; separado del inmaduro del morfo azul del Ganso Blanco (página siguiente) por el pico y patas más claras, banda blanca en la rabadilla. Algunos gansos domésticos se parecen al Ganso Careto Mayor; ver p. 52. Algunos Gansos Careto Mayor errantes en la costa Atlántica son de Groenlandia, con el pico ligeramente más anaranjado (la diferencia es difícil de ver). ♪ **Voz:** graznidos agudos.

GANSO DE COLLAR ***Branta bernicla*** **(Brant)**

Un pequeño ganso que prefiere la costa, donde las parvadas se alimentan en bahías protegidas durante el invierno. Algunos aparecen tierra adentro durante la migración de y hacia las áreas de anidación en lo alto de la tundra Ártica. ► El *cuello y cabeza negros* con *pequeñas manchas blancas en el cuello,* espalda negra. Dos tipos: las aves orientales (también escasos visitantes en el noroeste) tienen vientre blanco contrastante con el pecho negro; el "Ganso de Collar Negro" occidental tiene vientre mucho más oscuro, difícil de ver cuando las aves están nadando. Durante el invierno las aves jóvenes tienen bandas claras en la espalda, la mancha del cuello es menos obvia. ♪ **Voz:** graznidos roncos como *rrreo* o *rrro.*

Ganso
Canadiense
34"–46"
los Canadienses mas pequeños
y los Cascareadores mas
grandes son muy similares
Ganso
Careto
Mayor
28"
Adulto
Ganso Cascareador
22"–33"
Juvenil
Ganso de Collar Atlántico
adulto (vientre claro)
Ganso de
Collar
24"
Adulto
Ganso
de Collar
Negro
Juvenil
Ganso de Collar
Negro

GANSO BLANCO *Chen caerulescens* (Snow Goose)

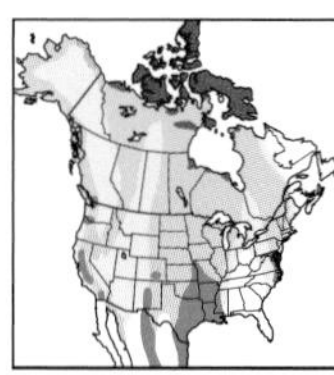

Abundante en ciertas áreas, anida en la tundra ártica, pasa el invierno en pantanos y áreas abiertas en climas más cálidos. Durante la migración sigue rutas tradicionales, ocasionalmente pueden ser vistos fuera de ruta. Las parvadas suelen alimentarse en tierra en campos de cultivo, orillas de pantanos, tundra. Dos morfos: la forma de cuerpo gris y cabeza blanca, "Ganso Azul", fue una vez considerada como especie separada. ▶ El adulto típico blanco tiene la punta de las alas negra, patas y pico rosa-anaranjado. Compare con gansos y patos blancos domésticos (p. 52). El inmaduro es más gris. El inmaduro del morfo azul es casi completamente café oscuro, con pico y patas oscuras; comparar con el Ganso Careto Mayor (página anterior). ♪ **Voz:** trompetazos *auc, auc-auc* emitidos constantemente por las parvadas.

GANSO DE ROSS *Chen rossii* (Ross's Goose)

Un primo menor del Ganso Blanco, usualmente se ve con ellos pero casi siempre es menos numeroso. El Ganso de Ross es poco común en el oeste, raro en el este, pero aumentando; puede aparecer en cualquier lugar durante la migración o en invierno. ▶ Menor que el Ganso Blanco. El pico es mucho más corto y *carece del parche negro* del borde interior, frecuentemente tiene un área gris-azulada desigual en la base. La cabeza es más redonda, el ojo está localizado centralmente en la cara, lo que le da una expresión más gentil. El juvenil de Ross es mucho más blanco que el juvenil del Blanco. El morfo azul del Ross es muy raro. El Blanco y el Ross algunas veces se entrecruzan, produciendo intermedios. ♪ **Voz:** trompetazos *jo, jo, jo* más agudos que el del Ganso Blanco.

GANSO EMPERADOR *Chen canagica* (Emperor Goose)

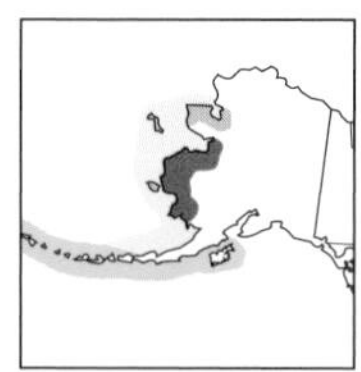

Una rara especialidad de Alaska, anida en la tundra costera, pasa el invierno en parvadas a lo largo de la costa de la Península de Alaska y las Aleutianas. Es muy raro ver errantes en el noroeste del Pacífico. ▶ Parecido al "Ganso Azul", por arriba (cuerpo gris, cabeza blanca), pero tiene *mandíbula y barbilla negras,* patrón barrado en el plumaje del cuerpo. En su primer otoño el juvenil tiene cabeza, cuello y pico completamente negros. ♪ **Voz:** *Cua-ja-já* musical agudo, a menudo emitido en vuelo.

GANSO DE CARA BLANCA *Branta leucopsis* (Barnacle Goose)

Anida en Groenlandia y pasa el invierno en Europa, el Ganso de Cara Blanca puede, en raras ocasiones, perderse hacia el noreste de Norteamérica, pero la mayoría de las aves vistas en el continente son probablemente fugadas de aviarios. Puede llegar a asociarse con Gansos Canadienses u otras aves acuáticas. ▶ Cuello y caperuza negros rodean la cara blanca, pequeño pico oscuro, espalda gris barreada.

Juvenil de morfo blanco

Adulto de morfo blanco

Gansos Blancos volando (el Ross es similar)

Ganso Blanco 28″

Juvenil de morfo azul

Adulto de morfo azul

Adulto

Juvenil

Ganso de Ross 23″

Adultos

Ganso Emperador 26″

Ganso de Cara Blanca 27″

CISNES

Las más grandes de la familia de los patos. La mayoría de las especies de cisnes son completamente blancas. Ambos padres ayudan a incubar los huevos y a cuidar a las crías.

CISNE VULGAR *Cygnus olor* (Mute Swan)

Nativo del Viejo Mundo, introducido en Norteamérica. Las poblaciones de la costa Atlántica están aumentando y extendiéndose, desplazando en algunos casos a aves nativas. Aún se localizan en los Grandes Lagos y más al oeste. ▶ *Pico naranja con protuberancia negra.* Suele nadar con el cuello levantado en una graciosa curva en S, algunas veces con las alas en arco sobre su espalda. El juvenil tiene un color más opaco, puede ser café grisáceo, con *pico gris.* ♪ **Voz:** generalmente silencioso (a veces seseos o gruñidos al vuelo), pero el batido de las alas es fuerte.

CISNE DE TUNDRA *Cygnus columbianus* (Tundra Swan)

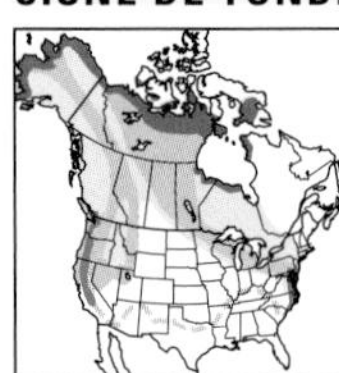

Anida en la tundra ártica; comúnmente pasa el invierno en unas pocas regiones tradicionales, pero sólo algún errante en otros lugares. Algunas veces se ven volando las parvadas en lo alto, llamando. La raza norteamericana se conocía como Cisne Silbador. ▶ El adulto tiene pico negro (no anaranjado como en el Cisne Vulgar), suele tener una *pequeña mancha amarilla en la base del pico,* antes del ojo. El juvenil tiene un opaco color café-grisáceo, con *un toque rosa en el pico;* el plumaje se vuelve más blanco a mediados del invierno. (La raza eurasiática, "Cisne de Bewick", es un visitante muy raro en el oeste, tiene mucho más amarillo en la base del pico, pero menos que el Cisne Cantor, abajo). ♪ **Voz:** trompetazos musicales, a menudo en grupos de tres.

CISNE TROMPETERO *Cygnus buccinator* (Trumpeter Swan)

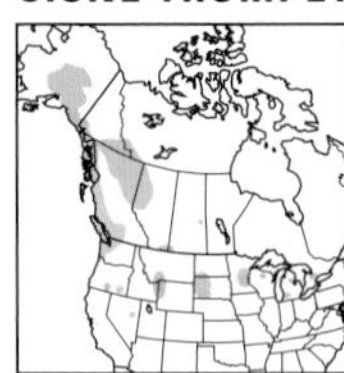

Este enorme cisne pesa más que cualquier otra ave nativa. En peligro en el pasado; ahora en mejor situación en el noroeste y está siendo introducido en áreas más al este (incluyendo las praderas y los Grandes Lagos). ▶ Muy similar al Cisne de Tundra, no siempre se puede identificar con seguridad. El Trompetero es grande, con un enorme pico completamente negro. *Carece de la mancha amarilla* antes del ojo (pero también a veces el Cisne de Tundra). En verano, el Trompetero se encuentra más al sur de la Tundra, pero los dos se sobreponen durante la migración o en invierno. La diferencia de tamaño es aparente cuando las dos especies están juntas. ♪ **Voz:** sonidos de trompeta más graves que los del Cisne de Tundra.

CISNE CANTOR *Cygnus cygnus* (Whooper Swan)

Este cisne del Viejo Mundo es un visitante regular de las islas Aleutianas, Alaska, y rara vez aparece en otros puntos en el oeste de Alaska. Aves que han escapado de cautiverio pueden ser vistas en otros lugares de Norteamérica. ▶ Enorme (del tamaño del Cisne Trompetero), con pico muy amarillo en la base. Vea nota respecto al "Cisne de Bewick" bajo la descripción del Cisne de Tundra, arriba.

Juvenil
Adulto
Cisne
Vulgar
56″
Cisne de Tundra
53″
Adulto
Juvenil
Adulto
Juvenil
Cisne
Trompetero
60″
Trompetero
Tundra
Vulgar
Cisne
Cantor
58″

AVES ACUÁTICAS FERALES Y DOMÉSTICAS

Los mansos patos y gansos que viven en los establos y alrededor de los estanques en parques de las ciudades son, en su mayoría, descendientes de Patos de Collar silvestres (p. 26), Pato real (p. 44), Ansar Cisnal (abajo) y Ansar Común (nativo de Eurasia), pero pueden verse muy diferentes a sus antepasados silvestres.

Además, muchas aves acuáticas exóticas son mantenidas en cautiverio. Las aves que se escapan son vistas algunas veces vagabundeando en vida libre. Algunos ejemplos se muestran aquí.

Cisne Negro
Cygnus atratus
Nativo de Australia

Ansar Cisnal
Anser cygnoides
(forma doméstica)
Nativo de Asia

Ganso del Nilo
Alopochen aegyptiacus
Nativo de África

Pato Mandarín
Aix galericulata
Nativo de China y Japón

Pato Gargantillo
Anas bahamensis
Nativo de los trópicos americanos

Cerceta Pechipuntada
Callonetta leucophrys
Nativo de Sudamérica

Pato de Cabeza Colorada
Netta rufina
Nativo de Eurasia

Tarro Canelo
Tadorna ferruginea
Nativo del Viejo Mundo

Tarro Blanco
Tadorna tadorna
Nativo del Viejo Mundo

GALLARETAS, GALLINETAS Y ZAMBULLIDORES

Todos prefieren estanques pantanosos. Las gallaretas y gallinetas actúan como patos cuando no están caminando en tierra o trepando en las plantas del pantano; están emparentadas con los rascones (**familia Rallidae,** p. 160). Los zambullidores se presentan en la próxima página.

GALLARETA AMERICANA *Fulica americana* (American Coot)

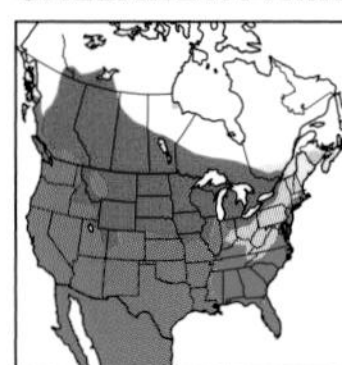

En muchas regiones, cada lago, estanque y pantano tiene parvadas de gallaretas. Ruidosas e intrépidas, pueden volverse dóciles en los estanques de parques y campos del golfo. Mayormente en agua dulce, también en bahías costeras durante el invierno. ▶ Gris carbón con cabeza negra, *ancho pico blanco,* con un escudo frontal blanco y castaño. Balancean la cabeza al nadar; caminan en tierra, mostrando sus grandes patas con lóbulos entre los dedos. El inmaduro es gris claro; el pollo tiene la cabeza roja. ♪ **Voz:** variable, cloqueos y quejidos.

GALLINETA DE FRENTE ROJA *Gallinula chloropus* (Common Moorhen)

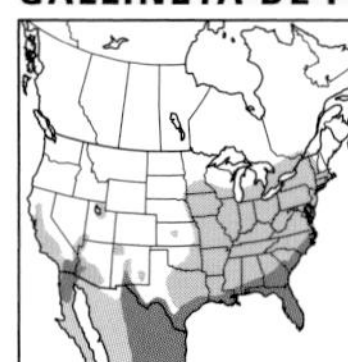

No tan social como la gallareta, por lo general menos común. Prefiere estanques con una mayor cubierta de vegetación. ▶ El adulto es gris con cabeza café, *banda blanca a lo largo del flanco.* Pico grueso y escudo frontal usualmente *amarillo y rojo,* algunas veces amarillo o café. Patas verdes. El inmaduro es gris pálido con patas y pico claro, pero muestra la banda en el flanco. ♪ **Voz:** variable, quejidos nasales y cloqueos.

GALLINETA MORADA *Porphyrio martinica* (Purple Gallinule)

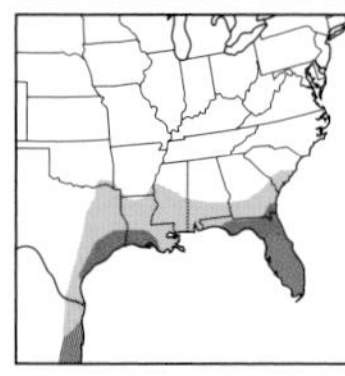

Un ave de pantano colorida, de climas cálidos. Nada, camina en la orilla, trepa en las plantas del pantano y en los árboles de la orilla del agua. ▶ El adulto es en su mayor parte morado y verde, con un escudo azul pálido sobre un pico rojo y amarillo. Las cobertoras inferiores de la cola son notoriamente blancas; patas *amarillo brillante.* El inmaduro es claro, beige y verde oliva; note la forma del pico, cobertoras inferiores blancas. ♪ **Voz:** quejidos y cloqueos agudos.

ZAMBULLIDOR DE PICO GRUESO *Podilymbus podiceps* (Pied-billed Grebe)

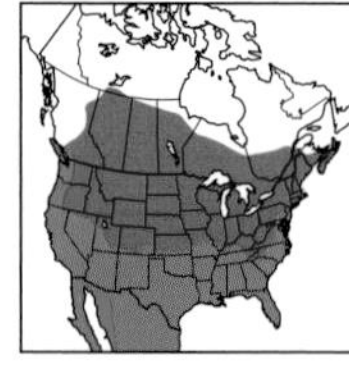

En estanques y lagos en todas partes excepto muy al norte, este pequeño buceador es común, pero no se ve en parvadas. Algunas veces nada como un submarino, sólo la cabeza está sobre la superficie. ▶ Compacto, con pico grueso. En la época reproductiva, el pico es blanco y presenta un anillo negro; en otras épocas, el pico es opaco y pálido. Casi todo café, con un toque color óxido en invierno, garganta negra en verano. ♪ **Voz:** quejido agudo *cau, caucaucaucau, cau, cau, cau.*

ZAMBULLIDOR MENOR *Tachybaptus dominicus* (Least Grebe)

Especialidad del sur de Texas, sólo o en parejas en pequeños estanques pantanosos, por lo general un poco sigiloso. Un raro visitante en Arizona. ▶ Menor que el Zambullidor de Pico Grueso, oscuro, cara gris, con pico delgado y brillantes ojos amarillos. Garganta negra en el plumaje reproductivo. Compare al Zambullidor Orejudo (página siguiente) en plumaje de invierno . ♪ **Voz:** *rrrrrrrrrrr* agudo, prolongado.

NADADORES DE ESTANQUE

ZAMBULLIDORES

(familia Podicipedidae) nadan muy bien debajo del agua, pero están casi indefensos en tierra. A menudo construyen nidos que flotan.

ZAMBULLIDOR CORNUDO *Podiceps auritus* (Horned Grebe)

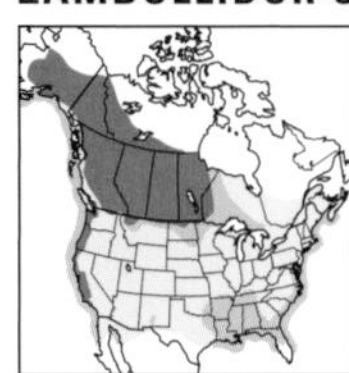

Anida en los lagos y pantanos del norte, pasa el invierno en bahías costeras o lagos grandes. ▶ El plumaje de verano se reconoce por el cuello rojo, "cuernos" color amarillo cremoso en la parte trasera de la cabeza. El plumaje de invierno puede ser muy parecido al del Zambullidor Orejudo, pero a menudo tiene una apariencia negro y blanco más limpia, con *mejillas blancas,* mancha clara antes del ojo, pico grueso. Mucho más compacto que los últimos tres de esta página.

ZAMBULLIDOR OREJUDO *Podiceps nigricollis* (Eared Grebe)

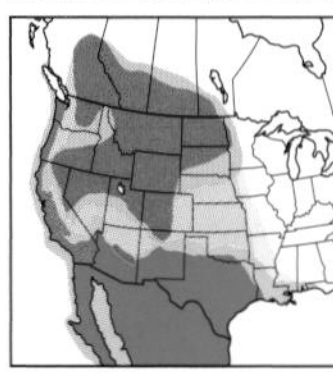

En estanques y lagos en el oeste, muy común, anida en colonias y pasa el invierno en grandes parvadas. Un raro visitante en el este. ▶ El plumaje de verano se reconoce por el cuello negro, "orejas" amarillo cremoso a los lados de cabeza. El plumaje de invierno se parece al del Cornudo pero más pálido, sucio, con mejillas oscuras, gris en el cuello, parches auriculares blancos acerca de la parte trasera de la cabeza. *Pico más delgado,* ligeramente curvado hacia arriba; cabeza más picuda.

ZAMBULLIDOR DE CUELLO ROJO *Podiceps grisegena* (Red-necked Grebe)

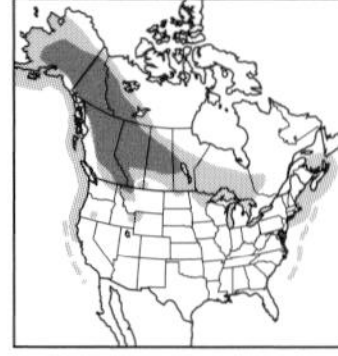

Poco común, pero puede ser conspicua en verano en estanques pantanosos en el noroeste. Generalmente pasa el invierno en aguas costeras. ▶ Se diferencia de los dos Achichiliques por el color del cuello, del Cornudo y el Orejudo por el *amarillo en el pico* (puede ser difícil de ver en el invierno) y por la forma más alargada. En verano las *mejillas claras* contrastan con el cuello rojo, en invierno las mejillas son grises.

ACHICHILIQUE DE PICO AMARILLO *Aechmophorus occidentalis* (Western Grebe)

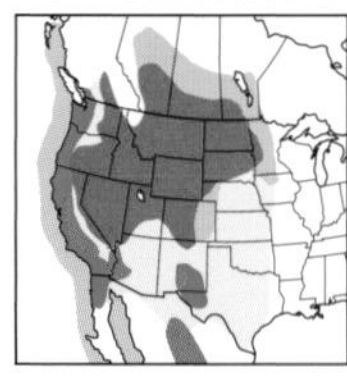

Este gracioso nadador es común en pantanos de agua dulce en el oeste, también en bahías costeras en invierno. Muchos zambullidores tienen danzas de cortejo, pero los dos Achichiliques ejecutan espectaculares carreras chapoteando a través del agua, con fuertes llamados. ▶ Delgado, con cuerpo y pico largos, un nítido patrón blanco y negro. Compare con los colimbos en plumaje de invierno (p. 66). ♪ **Voz:** *krrik-krrik,* claramente dos notas seguidas.

ACHICHILIQUE DE PICO NARANJA *Aechmophorus clarkii* (Clark's Grebe)

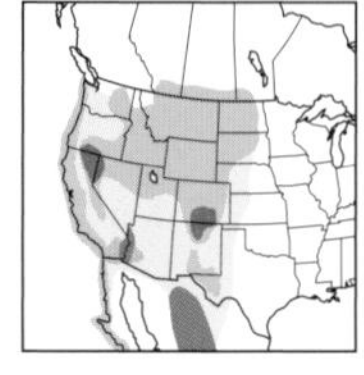

Un pariente cercano al Achichilique de Pico Amarillo, a menudo se encuentran juntos, pero es menos común. ▶ Muy parecido al pico amarillo, pero el blanco de la cara se extiende en una franja delgada *sobre el ojo;* el pico es *anaranjado-amarillo brillante.* La voz también es diferente. En invierno, algunas aves muestran patrones de la cara intermedios, pueden no ser identificados con seguridad. ♪ **Voz:** *krrik* o *krríhik,* no consistente en dos notas seguidas.

Zambullidor Cornudo
13½″
Verano
Invierno
Zambullidor
Orejudo
12½″
Invierno
Verano
Zambullidor de
Cuello Rojo
20″
Invierno
Verano
Achichilique de
Pico Amarillo
25″
Achichilique
de Pico
Naranja
25″

FRAILECILLOS Y ALCA RINOCERONTE

Estas aves marinas de colorido pico introducen a la familia de los Araos **(Alcidae)**, que incluye a los araos, frailecillos, alcuelas, alcas y mérgulos. Todas son aves marinas, suelen pasar a la mayor parte del tiempo lejos de tierra, usando sus cortas alas para "volar" debajo del agua con más gracia de lo que lo hacen en el aire. Para anidar, suelen reunirse en grandes colonias en islas alejadas de la orilla.

FRAILECILLO ATLÁNTICO *Fratercula arctica* (Atlantic Puffin)

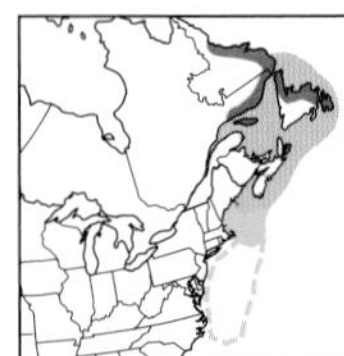

Famoso, pero no se ve frecuentemente excepto alrededor de algunas islas en Maine y del este de Canadá en verano; pasa el invierno mar adentro. Los frailecillos anidan en madrigueras o grietas en islas mar adentro. ▶ Los adultos son evidentes en verano (su distribución no se sobrepone al de otros frailecillos). En invierno, el pico es más pequeño y menos colorido (después de que las placas externas se han mudado), la cara es más gris. Los inmaduros tienen el pico aún más pequeño, pero aún con forma diferente de la de otros araos del Atlántico.

FRAILECILLO DE CUERNITOS *Fratercula corniculata* (Horned Puffin)

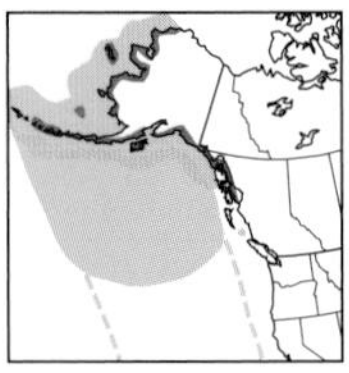

Especialidad de Alaska, rara vez es visto más al sur. Común alrededor de las islas del mar de Bering y del sur de Alaska. Puede moverse al sur en invierno, mar adentro; algunas veces mar adentro en la costa de California. ▶ Se parece al Frailecillo Atlántico (las distribuciones no se sobreponen) pero tiene un patrón más simple en el pico, el "cuerno" carnoso sobre el ojo es más obvio. En invierno, el pico del adulto se vuelve más pequeño y sencillo, la cara se vuelve gris. El pico del inmaduro es incluso más delgado y oscuro.

FRAILECILLO COLETUDO *Fratercula cirrhata* (Tufted Puffin)

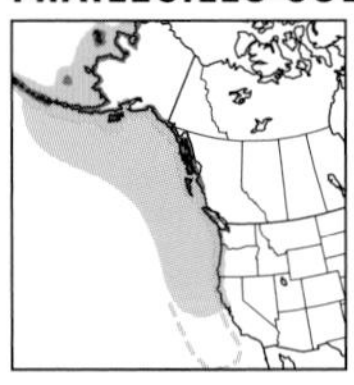

El frailecillo más extendido en la costa oeste, se ve más fácilmente en el sur de Alaska que en cualquier otro lado; cada vez menos común en la parte sur de su distribución. Anida en madrigueras en islas mar adentro, puede cavar un túnel de más de siete pies de largo. ▶ Cuerpo negro, pico grande y brillante. Durante el verano el adulto tiene cara blanca, mechones dorados en la cabeza. En invierno, cara gris, los mechones se reducen o están ausentes, el pico puede ser rojo o amarillo. El inmaduro tiene un pico amarillo más pequeño.

ALCA RINOCERONTE *Cerorhinca monocerata* (Rhinoceros Auklet)

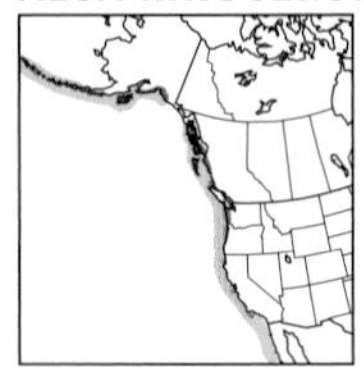

Bastante común en mar abierto en la costa del Pacífico norte, el "Rino" puede ir lejos en mar abierto o forrajear cerca de la orilla, a menudo en grandes parvadas. ▶ Pico amarillo, *dos bandas blancas en la cara* (menos aparentes en invierno). El cuerno del pico es presente sólo en primavera y verano. Durante el invierno las aves se ven de un simple gris oscuro, se reconocen por su gran cabeza, forma del pico y color. En invierno el Frailecillo Coletudo puede ser muy similar pero tiene pico más ancho y grande, cabeza más redonda. La Alcuela Oscura (p. 62) es mucho menor.

Frailecillo
Atlántico
13″
Invierno
Inmaduro
Verano
Verano
Frailecillo de
Cuernitos
14½″
Invierno
Verano
Adulto
Invierno
Verano
Inmaduro
Frailecillo
Coletudo
15″
Verano
Alca
Rinoceronte
14″
Invierno

ARAOS Y ALCAS GRANDES

ARAO COMÚN *Uria aalge* (Common Murre)

Los araos, las alcas supervivientes más grandes, anidan en colonias en acantilados de islas, a menudo apiñados en salientes angostas; se reúnen en grandes parvadas mar adentro. Este arao es muy común a lo largo de la costa oeste, pero en el este es sólo un raro visitante al sur de Canadá. ▶ Dorso negro carbón, vientre blanco, en verano el contraste entre tonos es muy marcado pero en invierno la cara es más blanca. Compare con los colimbos, p. 66. El Arao de Brunnich es muy similar.

ARAO DE BRUNNICH *Uria lomvia* (Thick-billed Murre)

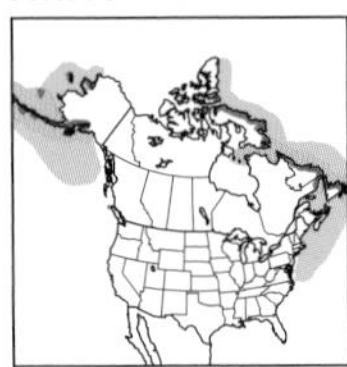

Este voluminoso buceador es abundante en el Ártico alto, pero sólo algunos migran al sur en invierno—hasta aguas de Nueva Inglaterra en el este, raro más al sur que Alaska en el oeste. ▶ Muy parecido al Arao Común. Visto de cerca, el pico ligeramente más grueso muestra una *marca blanca en la comisura.* Espalda más negra (difícil de distinguir sin comparación directa). En verano, el Arao de Brunnich puede mostrar el blanco en un punto más alto en el pecho; en invierno, puede tener más negro en la cara que el Común.

ALCA COMÚN *Alca torda* (Razorbill)

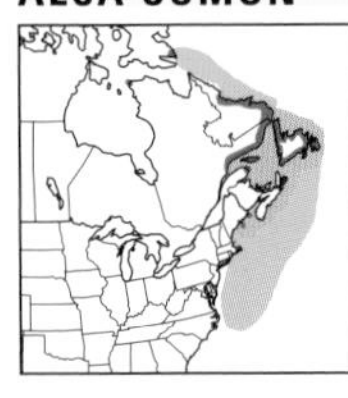

Un buceador grande y grueso del Atlántico Norte. Anida en acantilados en las islas del norte y en las costas, a menudo en las mismas colonias que los araos. Pasa el invierno en grandes parvadas mar adentro, pero puede verse en la costa durante las tormentas. ▶ Visto de cerca el adulto se reconoce por una *banda blanca a lo largo del enorme pico.* Durante el invierno las aves jóvenes y los adultos, de lejos, se parecen al Arao de Brunnich pero tienen un pico aún más grueso, cabeza más grande, la cola más larga suele estar sobre el agua cuando nada.

ARAO PALOMA *Cepphus columba* (Pigeon Guillemot)

Estos araos se quedan más cerca de la costa que muchos otros, con pequeños números nadando alrededor de la rompiente, anidan en rocas en la costa o debajo de escombros. ▶ En plumaje reproductivo, negros con un gran parche blanco en el ala, patas naranja-rojas. Menor que la Negreta de Ala Blanca (p. 36), con un *parche más grande en el ala.* Los juveniles y los adultos en invierno son grises a blanco, más claros que muchos araos.

ARAO DE ALA BLANCA *Cepphus grylle* (Black Guillemot)

Este arao prefiere la línea costera del norte y este de Canadá y Nueva Inglaterra, con algunos llegando a Massachusetts en invierno. ▶ Muy parecido al Arao Paloma, mejor reconocido por su distribución (sólo se sobreponen en el noroeste de Alaska). El Arao Paloma suele mostrar *una cuña negra* a través del parche del ala, el de Ala Blanca no lo tiene. La parte inferior del ala (vista en vuelo) es color de ceniza en el Arao Paloma, casi blanco en el Arao de Ala Blanca.

Invierno
Arao Común
17″
Verano
Verano
Arao de Brunnich
18″
Invierno
Invierno
Alca Común
17″
Verano
Invierno
Invierno
Arao de Ala Blanca
13″
Arao Paloma
13″
Verano
Verano

ALCUELA Y MÉRGULOS PEQUEÑOS DEL OESTE

ALCUELA OSCURA ***Ptychoramphus aleuticus*** **(Cassin's Auklet)**

Numeroso en mar abierto en el oeste pero rara vez visto en la costa. Anida en madrigueras en islas mar adentro, se dispersan en el mar. ▶ Pequeño, compacto y oscuro. Manchas claras sobre y debajo del ojo y en la base del pico, visibles al verlo de cerca. El vientre blanco sólo es visible en vuelo. Las aves volando se ven rechonchas y oscuras, con un revoloteo rápido. Todos los mérgulos (abajo) tienen aleteos más potentes.

MÉRGULO ANTIGUO ***Synthliboramphus antiquus*** **(Ancient Murrelet)**

Común en mar abierto en Columbia Británica y Alaska; algunos migran al sur en invierno tan lejos como la costa de California. Anida en madrigueras en islas en mar abierto. ▶ A diferencia de otros araos, unos pocos se dispersan tierra adentro casi cada otoño y han llegado incluso a la Costa Atlántica. Notorio contraste entre la *espalda gris* y el vientre blanco, negro en la cabeza. El pico corto y ancho es *notablemente claro.* En plumaje reproductivo, la ceja blanca difuminada. En invierno, menos negro en la garganta.

MÉRGULO MARMOLEADO ***Brachyramphus marmoratus*** **(Marbled Murrelet)**

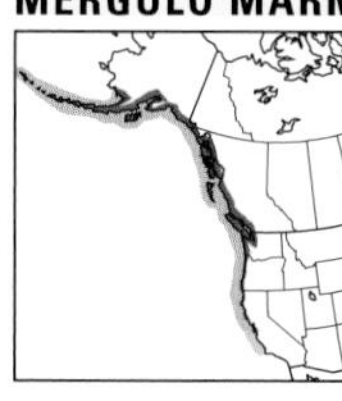

En aguas costeras, este mérgulo suele nadar en parejas. Si los molestan, bucean bajo la superficie o vuelan con un aleteo rápido y profundo. A diferencia de otros mérgulos, anida en ramas altas en bosques antiguos. Están en peligro en muchas áreas debido a la pérdida de hábitat. ▶ En plumaje reproductivo es café oscuro moteado. En invierno, blanco con negro y una banda blanca sobre el ala. Nota: un ave asiática similar, el Mérgulo de Pico Largo *(B. perdix),* ha sido encontrado tierra adentro en Norteamérica en varias ocasiones.

MÉRGULO DE PICO CORTO ***Brachyramphus brevirostris*** **(Kittlitz's Murrelet)** Sólo en Alaska, escaso y local a lo largo de la costa sur, especialmente cerca de los glaciares. ▶ En verano, se parece al Mérgulo Marmoleado pero más café dorado en el dorso, con *vientre enteramente blanco* (más fácil de ver en vuelo). Visto de cerca, es notorio el *pico más corto.* Más fácil de distinguir en invierno, cuando el Mérgulo de Pico Corto tiene *cara blanca.*

MÉRGULO DE XANTUS ***Synthliboramphus hypoleucus*** **(Xantus's Murrelet)** Este y el próximo mérgulo son aves de aguas templadas. El Xantus anida en islas mar adentro en el sur de California y en Baja California, casi nunca es visto desde tierra. Las parejas son vistas en mar abierto desde barcos. ▶ Notoriamente bicolor, negro en el dorso, blanco en el vientre. La raza de Baja California, un raro errante en aguas californianas, tiene más blanco en la cara.

MÉRGULO DE CRAVERI ***Synthliboramphus craveri*** **(Craveris' Murrelet)** Anida en islas mexicanas, unos cuantos Mérgulos de Craveri visitan las aguas en mar abierto del sur de California en otoño. ▶ Muy parecido al Xantus. El Craveri tiene un pico ligeramente más largo y delgado, tiende a mostrar un borde oscuro que se extiende hacia atrás en los lados del pecho, un poco más negro al alcanzar la barbilla. La parte inferior del ala de color cenizo, no blanco (esto es difícil de ver).

ALCUELA Y MÉRGULOS PEQUEÑOS DEL OESTE

ALCUELA Y MÉRGULOS PEQUEÑOS

El Mérgulo Marino es un ave invernal del noreste; otros en esta página son vistos principalmente en el verano en sus colonias de anidación en las islas de Alaska. Aún cuando estas aves son muy ruidosas en sus sitios de anidación, son muy silenciosas en otros lugares.

MÉRGULO MARINO *Alle alle* (Dovekie)

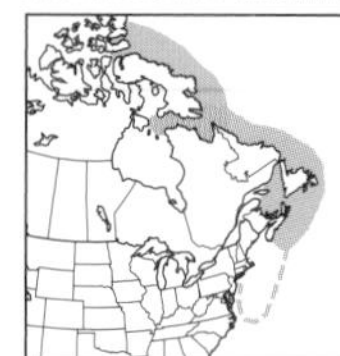

El mérgulo de menor tamaño en el Atlántico, anida en Groenlandia, vaga a lo largo y ancho en aguas del Ártico canadiense. Durante algunos inviernos puede viajar tan al sur como Nueva Inglaterra o más allá, pero por lo general se mantiene mar adentro; las tormentas pueden llevar las parvadas cerca de tierra. Además de que se muestra en el mapa, un pequeño número se encuentra en el mar del Bering, Alaska. ▶ Mucho menor que otros mérgulos del este con un pico pequeño y grueso. El plumaje reproductivo muestra un evidente contraste entre el blanco y negro en el pecho. En invierno, el blanco de la garganta forma una curva detrás del negro de la cara.

MÉRGULO COTORRO *Aethia psittacula* (Parakeet Auklet)

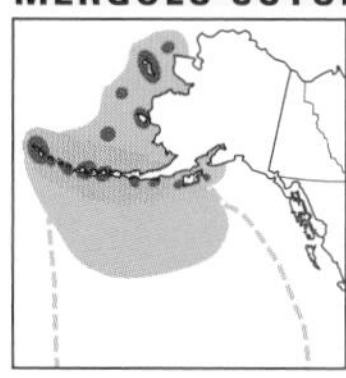

Común en verano alrededor de muchas islas de Alaska, pero por lo general en pequeños grupos, no grandes parvadas. Nada y bucea como otros mérgulos, usando su pico de forma extraña para atrapar pequeñas medusas y otras criaturas. El rango de invierno no se conoce bien, puede llegar muy al sur mar adentro. ▶ Pico rojo grueso, una sola banda blanca en la cara. Garganta y pecho gris se entremezclan con el *vientre blanco.* La garganta es más clara en invierno.

MÉRGULO MÍNIMO *Aethia pusilla* (Least Auklet)

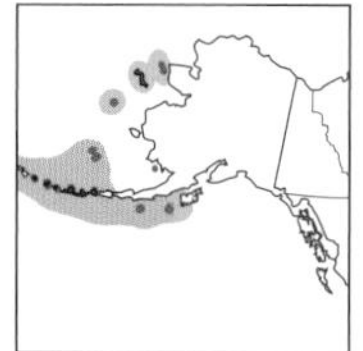

Común en algunas islas del mar de Bering, suelen verse perchados en pilas de rocas donde esconden sus nidos. Pueden reunirse en parvadas grandes y densas, volando bajo sobre el océano. ▶ Minúsculo, con un pico muy pequeño, con *una delgada línea blanca detrás del ojo.* El patrón del vientre es muy variable en verano, de blanco a manchado a gris-café muy moteado. En invierno vientre completamente blanco.

ALCUELA CRESTADA *Aethia cristatella* (Crested Auklet)

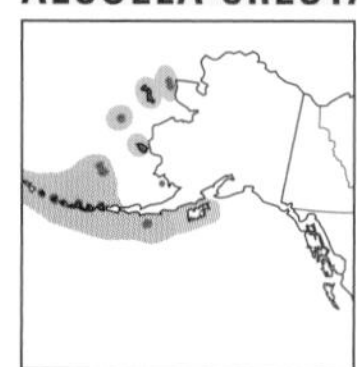

Está alcuela es abundante alrededor de algunas islas en el mar de Bering (incluyendo Pribilofs, St. Lawrence, Aleutianas), se ve volando en grandes parvadas, nadando en el océano, perchada en acantilados. ▶ Cuerpo color gris pizarra, con pico rojo grueso, cresta suave, una sola línea blanca en la cara. En plumaje de invierno, la cresta es más corta, el pico más pálido. El Mérgulo Cotorro es parecido pero tiene el vientre blanco. En las Islas Aleutianas, ver la siguiente especie.

MÉRGULO BIGOTUDO *Aethia pygmaea* (Whiskered Auklet)

Sólo en las Islas Aleutianas, Alaska y, aun ahí, muy localizados (pueden ser vistos en el agua cerca de Dutch Harbor). Se alimenta en salientes mar adentro, anida entre las rocas en las islas. ▶ Como la Alcuela Crestada pero menor, con *tres plumas blancas* prominentes en la cara, con cresta delgada y larga en la frente.

ALCUELA Y MÉRGULOS PEQUEÑOS

COLIMBOS

(familia Gaviidae) son buceadores expertos, nadando poderosamente bajo el agua, pero se encuentran indefensos en tierra. El tomar vuelo desde el agua es, por lo general, una labor trabajosa pero son fuertes y veloces en vuelo.

COLIMBO MAYOR *Gavia immer* (Common Loon)

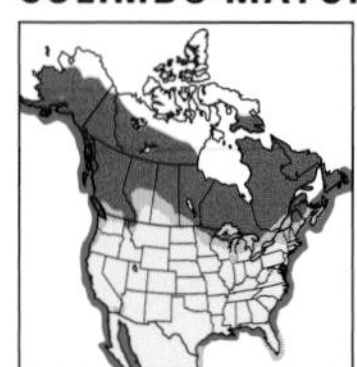

En los lagos de los bosques a lo largo de Canadá y regiones adyacentes, el llamado de este colimbo, parecido a un "canto tirolés", es un sonido típico de las noches de verano. La especie pasa el invierno principalmente en aguas costeras, algunos en grandes lagos. ▶ Inconfundible en el elegante plumaje de verano. Se parece a otros colimbos en el invierno; note el pico grueso, *el patrón claro y oscuro* en forma de cuña en la base del cuello, áreas claras alrededor del ojo. Las aves jóvenes en el primer invierno tienen un patrón escamoso en la espalda.

COLIMBO DE PICO AMARILLO *Gavia adamsii* (Yellow-billed Loon)

Este buceador de áreas silvestres es poco común en Alaska y Canadá. Raro más al sur de Canadá en invierno, algunos dispersos en la costa oeste y en lagos grandes tierra adentro. ▶ Mayor que el Colimbo Mayor, con un *pico grande y claro*, la mandíbula inferior *se curva hacia arriba*. Suele nadar con el pico apuntando ligeramente hacia arriba. En invierno, tienen la *parte superior del pico casi completamente clara* (muchos Colimbos Mayores tienen el pico claro pero la parte superior oscura). Este ave suele verse claro, con una mancha oscura en el oído.

COLIMBO DE CUELLO ROJO *Gavia stellata* (Red-throated Loon)

El colimbo de menor tamaño, anida en estanques en el Ártico, pasa el invierno a lo largo de la costa. Excepto en los Grandes Lagos, no suelen verse con frecuencia tierra adentro. ▶ El *pico delgado* está ligeramente *curvado hacia arriba* y con frecuencia lo sostiene levantado. Se ve más sencillo que otros colimbos en verano, carece del patrón blanco (el rojo en la garganta es difícil de ver). Pálido en el invierno con mucho *blanco en la cara* (por lo común), espalda gris con manchas blancas finas.

COLIMBO PACÍFICO *Gavia pacifica* (Pacific Loon)

Anida en lagos árticos tan hacia el este como la Bahía de Hudson, pero anida casi por completo a lo largo de la costa del Pacífico. Un migrante invernal y escaso tierra adentro. ▶ En verano tiene cabeza gris, patrón cuadriculado blanco sobre espalda negra. En invierno se parece al Colimbo Mayor pero tiene el pico más delgado, una *división más uniforme entre el claro y el oscuro* a los lados del cuello. Menos blanco alrededor del ojo que el Mayor y el de Cuello Rojo.

COLIMBO ÁRTICO *Gavia arctica* (Arctic Loon)

Sólo en el oeste de Alaska e incluso raro ahí, en verano en la costa, islas y lagos. (Ampliamente distribuido en Eurasia). ▶ Muy parecido al Colimbo Pacífico. Un poco más grande, con un *parche blanco sobre la línea del agua* en el flanco, franjas ligeramente más oscuras en el cuello. Visto de cerca, la raza de Alaska muestra un brillo verde en la garganta (por lo general es morado en el Colimbo Pacífico).

COLIMBOS

Primer invierno
Colimbo Mayor
32″
Adulto en
invierno
Verano
Primer
invierno
Colimbo de
Pico Amarillo
34″
Verano
(en nido)
Colimbo de Cuello Rojo
25″
Invierno
Verano
Primer invierno
Colimbo Pacífico
27″
Adulto en
invierno
Verano
Verano
Colimbo Ártico
(raro)
28″

CORMORANES

(familia Phalacrocoracidae) son buceadores con cuello largo y curvo, cola larga y pico con un gancho en la punta. Nadan bajo en la superficie del agua con la cabeza ligeramente hacia arriba y pueden perchar con las alas abiertas para secarse. Suelen verse en parvadas, volando en línea o en formación "V". Por lo general son silenciosos, excepto cerca de los nidos. Los cormoranes son algunas veces confundidos con los colimbos (p. 66), pero tienen una forma diferente de pico, cola mucho más larga y una postura diferente en vuelo (ver comparación en la página opuesta).

CORMORÁN OREJUDO ***Phalacrocorax auritus*** **(Double-crested Cormorant)**

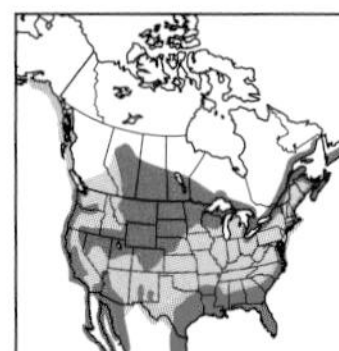

El más ampliamente distribuido y común de los cormoranes, especialmente tierra adentro. Los números se han incrementado enormemente desde los años 1970s. Las colonias de anidación pueden estar en árboles cerca del agua, en salientes en acantilados o en el suelo en islas. ► Negro con piel desnuda *color anaranjado* en la buche de garganta y la cara, extendiéndose hacia arriba hasta el lore (enfrente del ojo). (Compare la forma de la buche con el de otros cormoranes.) En plumaje reproductivo las aves del oeste tienen mechones blancos en la cabeza, las aves del este no los presentan. Los inmaduros son café, más claros en la garganta y pecho, muchas veces desvaneciéndose a blanco ahí. En vuelo, el cuello es sostenido ligeramente doblado atrás de la cabeza (en la mayoría de los cormoranes el cuello se ve recto en vuelo).

CORMORÁN GRANDE ***Phalacrocorax carbo*** **(Great Cormorant)**

Ampliamente distribuido en el Viejo Mundo, este buceador grande llega al noroeste de Norteamérica, donde sus números se han incrementado en décadas recientes. Grandes parvadas pueden ser vistas en el mar, cerca de la orilla, pero solo algunos se adentran a tierra. ► Grande y voluminoso, con una cola relativamente corta, cabeza grande, pico grueso. El adulto tiene una ancha *banda blanca a través de la garganta* detrás del parche de piel desnuda amarilla de la cara; en época reproductiva, muestra parches blancos en los flancos. El inmaduro es café en un principio; se parece al Cormorán Orejudo pero, por lo general, tiene cuello y pecho café que contrastan con el vientre blanco. El buche es amarillo pálido, no anaranjado.

CORMORÁN NEOTROPICAL ***Phalacrocorax brasilianus*** **(Neotropic Cormorant)**

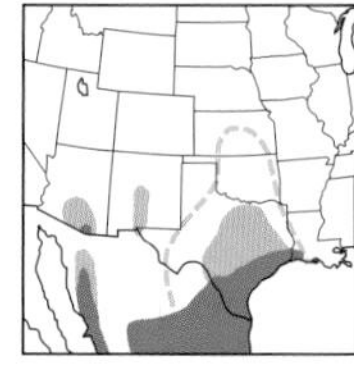

Se encuentra por todos lados en los trópicos americanos, esta especie llega comúnmente hasta Texas, local en otros lugares del suroeste. Suele encontrarse en los mismos lagos y estanques que el Cormorán Orejudo. ► Menor que el Cormorán Orejudo (difícil de juzgar excepto cuando están juntos), con una distintiva *cola larga.* El buche de piel desnuda es pálido amarillento en lugar de anaranjado, y el borde negro de esta piel desnuda es puntiagudo (se ve más redondo en el Cormorán Orejudo). En el plumaje reproductivo, el adulto tiene un *marcado borde blanco* separando el buche amarillo.

Para comparación:
Colimbo Pacífico
en vuelo
Cormorán Orejudo
para mostrar
la silueta en vuelo
Cormorán Orejudo
32″
Postura para
secar las alas
Adulto
Inmaduro
Adulto
Cormorán
Grande
36″
Cormorán
Neotropical
26″
Adulto
Inmaduro
Inmaduro

CORMORANES Y ANHINGA

Estos tres cormoranes están limitados a la costa oeste. Las Anhingas **(familia Anhingidae)** son una especialidad del sureste; se parecen a los cormoranes pero con picos puntiagudos y una cola larga con forma de abanico.

CORMORÁN DE BRANDT *Phalacrocorax penicillatus* (Brandt's Cormorant)

Cormorant) Muy común a lo largo de la costa oeste, generalmente al sur de Alaska. Suelen verse en grandes parvadas, volando bajo en largas líneas sobre el agua. Casi nunca va tierra adentro, ni aun cortas distancias, pero puede encontrarse mar adentro. Anida en islas y costas, comúnmente en grandes colonias. ▶ Grande y voluminoso, por lo general se ve bastante simple. La piel desnuda del buche se vuelve azul brillante en la época reproductiva, pero esto es difícil de observar; más notable es la *banda beige* a través de la garganta. El inmaduro es café oscuro sin nada notable, un poco más claro el vientre.

CORMORÁN PELÁGICO *Phalacrocorax pelagicus* (Pelagic Cormorant)

Este pequeño buceador se encuentra a lo largo de la costa oeste, pero nunca va tierra adentro. Menos sociable que la mayoría de los cormoranes, puede ser visto solo o en pequeñas parvadas y suele anidar en pequeñas colonias en acantilados escarpados. ▶ Menor que otros cormoranes del Pacífico, con cabeza más pequeña, pico más delgado. Los adultos tienen un cuerpo muy brilloso; el rojo oscuro en la cara es difícil de ver. En plumaje reproductivo desarrollan *parches de plumas blancas* en el flanco. Los inmaduros son café oscuro sin nada notable, mejor identificados por su forma.

CORMORÁN DE CARA ROJA *Phalacrocorax urile* (Red-faced Cormorant)

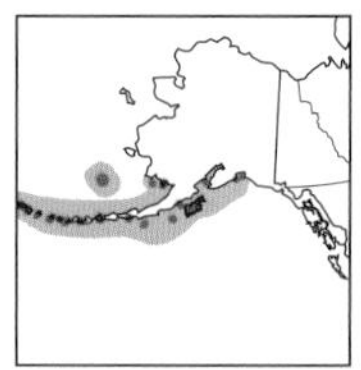

Sólo en Alaska. Este cormorán es un residente permanente de algunas islas de Alaska (visto con frecuencia en Pribilofs), anidan en las salientes de los acantilados con otras aves marinas. ▶ La *piel roja de la cara* contrasta con *la base amarilla del pico.* Las alas suelen verse de un color café más apagado que el plumaje del cuerpo. En verano, el rojo de la cara es más brillante y se desarrolla un parche blanco de plumas en los flancos. (El Cormorán Pelágico también tiene rojo en la cara y un parche blanco en el flanco, pero el pico es oscuro y las alas del mismo color que el cuerpo).

ANHINGA *Anhinga anhinga* (Anhinga)

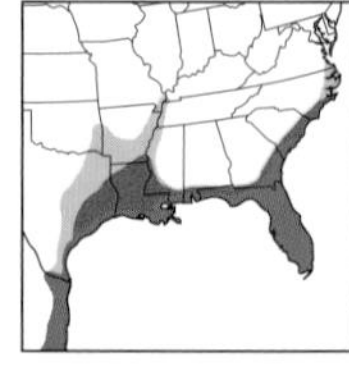

Un ave única de zonas pantanosas del sur. Nada y bucea, algunas veces nada con sólo la cabeza y el cuello arriba del agua (de ahí el sobrenombre de "pájaro culebra"). En días cálidos puede planear a grandes alturas. Anida en colonias con garzas y otras aves, construye nidos de ramas en árboles bajos sobre el agua. ▶ Parece un cormorán pero tiene un *pico puntiagudo* en forma de lanza, cola larga en forma de abanico, marcas blancas en la parte lateral superior de las alas. La hembra tiene cabeza y cuello color beige, en el macho es casi todo negro.

Inmaduro
Cormorán de Brandt 35″
Adulto no reproductivo
Adulto reproductivo
Cormorán de Cara Roja 31″
Verano
Adulto no reproductivo
Cormorán Pelágico 26″
Adulto reproductivo
Anhinga 35″
Anhinga planeando, nadando y secando sus alas
Hembra
Macho

AVES ACUÁTICAS AÉREAS ENORMES

Las aves en esta página son muy grandes y son vistas con frecuencia volando. Los pelícanos **(familia Pelecanidae)** y las fragatas **(familia Fregatidae)** son muy distintivas. Para los bobos **(familia Sulidae)**, vea la siguiente página.

PELÍCANO BLANCO *Pelecanus erythrorhynchos* (American White Pelican)

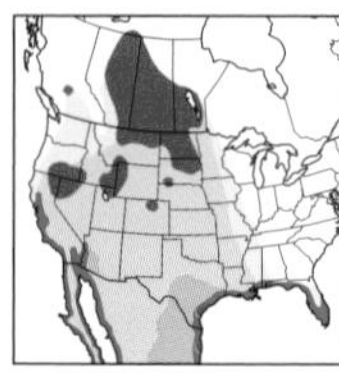

Un ave gigantesca, con una envergadura de 9 pies (2.75 metros). Habita tanto costas como lagos grandes. Las parvadas suelen planear alto, en círculos al unísono. En el agua, grupos pueden cazar juntas, turnándose para asustar a los peces a aguas someras. ▶ Casi inconfundible. Cuando vuelan alto, se ven blancos con las plumas primarias negras; compare con la Cigüeña Americana y Grulla Blanca (p. 152). Al principio de la temporada reproductiva, los adultos desarrollan una placa vertical en el pico, la cual se muda más tarde.

PELÍCANO PARDO *Pelecanus occidentalis* (Brown Pelican)

El pelícano pardo aletea y planea bajo sobre la superficie o se zambulle en picada desde lo alto del aire para capturar peces en su enorme pico. Muy raro tierra adentro, pero algunos vagan hacia el suroeste cada verano, y grandes números pueden visitar Salton Sea, California. Alguna vez se encontró en peligro debido a los efectos de pesticidas, estos pelícanos se han recuperado desde que el uso del DDT fue prohibido. ▶ Forma distintiva. Adulto café-grisáceo con cabeza pálida (la parte de atrás del cuello se vuelve castaña durante la época reproductiva). El juvenil es café al principio, cambiando gradualmente al plumaje adulto.

BOBO NORTEÑO *Morus bassanus* (Northern Gannet)

La mayor ave marina del frío Atlántico Norte, anida en colonias en acantilados rocosos de las islas canadienses. Ampliamente distribuido en invierno. Permanece en el mar pero puede ser visto desde la costa, volando alto, con aleteos seguidos de un largo planeo, haciendo zambullidas para capturar peces. ▶ Talla enorme, alas largas puntiagudas, pico parecido a una lanza, cola puntiaguda. El adulto es *blanco con la punta de las alas negra.* El juvenil es completamente gris-café con manchas blancas en un principio, cambiando gradualmente al plumaje adulto en tres o cuatro años.

FRAGATA MAGNÍFICA *Fregata magnificens* (Magnificent Frigatebird)

Las fragatas planean sobre mares tropicales tranquilos, casi sin aletear sus largas alas. Bastante común en partes de la costa de Florida, escaso en otros lugares, un raro visitante tierra adentro. Suele robar comida de otras aves después de una espectacular persecución aérea. ▶ Alas largas, delgadas y angulosas; cola larga; pico largo y ganchudo. El macho adulto es completamente negro con buche rojo, que algunas veces es inflado durante el cortejo; la hembra tiene pecho blanco, el juvenil tiene cabeza blanca. Ningún otra ave es similar (el Milano Tijereta, p. 122, es *mucho menor,* tiene espalda azul-gris).

AVES ACUÁTICAS ENORMES

BOBOS Y RABIJUNCOS

Estas aves marinas tropicales son raras en Norteamérica. Los bobos (llamados así por los marinos debido a que parecen estúpidamente dóciles) están relacionados con el Bobo Norteño, de la página anterior. Como los rabijuncos **(familia Phaethontidae)**, se alimentan al zambullirse desde el aire para capturar peces en sus picos puntiagudos.

BOBO ENMASCARADO ***Sula dactylatra*** **(Masked Booby)**
Un visitante regular a aguas de Norteamérica, por lo general lejos de la orilla en el Golfo de México; raro al sur de la Costa Atlántica. Pequeños números anidan en las Dry Tortugas, Florida. ▶ El adulto se parece al Bobo Norteño (página anterior), que invade estas aguas tropicales de mediados del otoño hasta primavera, pero el Bobo Enmascarado tiene una máscara negra, pico amarillo, *cola negra, más negro en el ala.* El inmaduro también se parece mucho al juvenil de Bobo Norteño en muda, pero tiene más blanco en la parte inferior de las alas; note también *el collar pálido.*

BOBO CAFÉ ***Sula leucogaster*** **(Brown Booby)**
Mar adentro en el sur de Florida, especialmente alrededor de Dry Tortugas, estos bobos se ven perchados en postes marinos o volando con un aleteo rápido y fuerte. Muy raro en otros lugares lejos de la costa sureste; rara vez vagabundea de México a los lagos del suroeste. ▶ Típica forma de bobo con pico puntiagudo y pesado, cola puntiaguda, alas largas. El adulto es café sólido con un *notorio contraste* con el vientre blanco, pico amarillo. Los inmaduros tienen un moteado café en el vientre y los jóvenes pueden ser completamente cafés.

BOBO DE PATAS AZULES ***Sula nebouxii*** **(Blue-footed Booby)**
Nativo del Pacífico tropical, un raro visitante de verano a Salton Sea, California, y muy raro en otros lugares del suroeste. ▶ Típica forma de bobo con pico puntiagudo y pesado, alas largas. Parece simple a la distancia, oscuro en las alas, blanco en el vientre. Patrón en escamas blanco sobre espalda café; *cabeza rayada en el adulto,* apariencia sucia en aves jóvenes. *Patas azules,* más brillantes en el adulto.

BOBO DE PATAS ROJAS ***Sula sula*** **(Red-footed Booby)**
Raro visitante en las Dry Tortugas; muy raro en otros lugares lejos de las costas sureñas. Ampliamente distribuido en mares tropicales. ▶ Menor que otros bobos. El adulto puede presentarse en dos morfos, blanco o café (las aves cafés suelen tener cola blanca). El morfo blanco sugiere el Bobo Enmascarado, pero tiene cola blanca. Los inmaduros son color café. *Patas rojas* (adultos) o rosas (inmaduros).

RABIJUNCO DE COLA BLANCA ***Phaethon lepturus*** **(White-tailed Tropicbird)** Común en Bermuda pero un raro visitante en aguas de Norteamérica. Algunas veces se ven alrededor de las Dry Tortugas, Florida, o mar adentro en la costa sur. Puede ser llevado tierra adentro por huracanes. ▶ Largas plumas centrales de la cola color blanco (algunas veces ausentes), marca negra en el ojo y en la punta del ala, franja negra en la parte interna del ala. Pico amarillo o anaranjado. El juvenil tiene cola corta, con barras negras en la espalda.

RABIJUNCO DE PICO ROJO ***Phaethon aethereus*** **(Red-billed Tropicbird)**
Un raro visitante mar adentro en la costa sur de California, muy raro en el sureste de los Estados Unidos. ▶ Largas plumas centrales de la cola color blanco (algunas veces ausentes), barrado negro en la espalda, pico rojo. Carece de las franjas negras en el ala del Rabijunco de Cola Blanca y tiene más negro en la punta de las alas. El Charrán Real (p. 90) se confunde algunas veces con un rabijunco.

Juvenil
Bobo
Enmascarado
33″
Adulto
Adulto
Inmaduro
Bobo Café
30″
Adulto
Morfo
Blanco
Bobo de
Patas Rojas
28″
Bobo de
Patas Azules
32″
Morfo
Café
Rabijunco de
Pico Rojo
Rabijunco de
Cola Blanca
20″
(+ 20″ cola)
16″
(+16″ cola)

GAVIOTAS

Las gaviotas (parte de la **familia Laridae**) son llamadas frecuentemente gaviotas marinas, pero la mayoría no van mar adentro – se quedan en la costa. Muchas son vistas tierra adentro, alrededor de lagos, ríos y pantanos en el centro del continente. La mayoría son carroñeras, al menos en parte, y pueden reunirse en grandes números en basureros.

Las gaviotas son en su mayoría grandes y fáciles de aproximar, pero son un reto para identificar debido a que varían mucho. Para identificarlas exitosamente, se requiere pensar en edades y épocas. Los adultos son color gris terso en la espalda y alas y tienen colas completamente blancas (excepto la Gaviota Ploma). El patrón de la cabeza cambia con la época: algunas tienen capuchas negras en primavera pero la cabeza se vuelve casi blanca en otoño, mientras la mayoría de las gaviotas que tienen cabeza blanca en primavera desarrollan rayado oscuro en invierno.

Mucho más notable es la variación en aves jóvenes. Las especies de gaviotas pequeñas pueden alcanzar el plumaje adulto en sólo dos años, pero las mayores toman entre tres y cuatro años, sus patrones de plumaje cambian a lo largo de este tiempo. Una parvada de gaviotas puede mostrar un confuso conjunto de patrones diferentes, ¡aún cuando las aves pertenezcan a la misma especie! Estas ilustraciones muestran algunos plumajes gastados de Gaviota Plateada. Les toma tres años y medio para ir de un juvenil completamente café a un adulto gris con blanco.

Las gaviotas pueden ser increíblemente confusas. Aún los expertos quedan perplejos con algunos individuos. Si usted está comenzando a aprender sobre gaviotas, concéntrese primero en los adultos con plumaje limpio; después busque aves del mismo tamaño y forma, para ver si puedes encontrar a los inmaduros de la misma especie.

Señas de campo para revisar en gaviotas adultas: Comparar tamaños es muy útil si usted ve varias especies juntas, y la forma del pico es una buena clave para gaviotas de cualquier edad. Los siguientes puntos son afectados por la edad, por lo tanto trate de asegurarse que está viendo un adulto completo (cola limpia sin marcas, sin café en las alas).

Voces: Las gaviotas son con frecuencia ruidosas, pero sus sonidos son pocas veces útiles para distinguir las especies más parecidas, por lo tanto no describo voces para la mayoría de ellas.

Híbridos: Mucho más que la mayoría de las aves silvestres, las especies de gaviotas frecuentemente se entrecruzan (especialmente las de mayor tamaño), así que se ven híbridos algunas veces. (Los híbridos de Gaviota de Ala Glauca y Gaviota Occidental son de hecho comunes en partes de la costa oeste.) Una gaviota que se ve realmente confusa puede ser un híbrido de algún tipo.

Los mismos aspectos que hacen a las gaviotas difíciles al principio pueden hacerlas interesantes y divertidas cuando uno tenga mayor experiencia. Los expertos suelen disfrutar determinando las edades precisas de gaviotas inmaduras confusas. Sin embargo, ninguna guía de campo compacta puede incluir suficiente información para permitirle determinar la edad de una gaviota con precisión, e intentarlo aquí podría ser engañoso. Si desea continuar con este reto, el mejor libro en la actualidad es *Gulls: A Guide to Identification,* por P. J. Grant (2da edición, 1986), o intente con los excelente videos sobre gaviotas de la serie Advanced Birding (Observación de Aves Avanzada) por Jon L. Dunn.

GAVIOTAS TÍPICAS AMPLIAMENTE DISTRIBUIDAS

Todas éstas como adultos tienen manchas blancas en las puntas de las alas.

GAVIOTA PLATEADA *Larus argentatus* (Herring Gull)

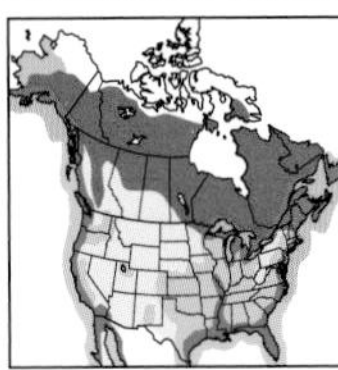

La gaviota grande más numerosa en la mayor parte del continente (excepto en la costa oeste, donde otras son igualmente comunes). Se concentra en costas, lagos grandes, basureros y muelles. ▶ El adulto tiene manchas blancas en las puntas negras del ala, ojos claros, patas rosas. El pico, un tanto pesado, es amarillo con una mancha roja. Los inmaduros son en un principio café oscuro con pico negro. Alcanzan el plumaje adulto en su cuarto invierno. Vea fotos adicionales de aves jóvenes en la página anterior.

GAVIOTA DE PICO ANILLADO *Larus delawarensis* (Ring-billed Gull)

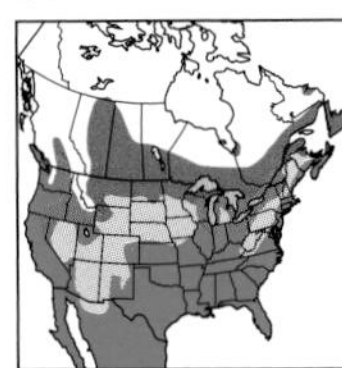

Muy común y ampliamente distribuida; la gaviota de talla media más numerosa en muchas áreas. Se reúne en las playas, estanques, ríos; grandes parvadas descansan en estacionamientos. Una buena ave para aprenderse y poder comparar con otras. ▶ El adulto tiene un claro *anillo negro en el pico amarillo,* manchas blancas en las puntas negras de las alas, patas amarillas o amarillo-verdosas, ojos claros. (Nota: en invierno algunas Gaviotas Plateadas tienen anillos oscuros en el pico.) El inmaduro es más pálido y gris que el juvenil de las gaviotas Plateada o Californiana, con el pico rosa con punta negra. Alcanza el plumaje de adulto en el tercer invierno.

GAVIOTA CALIFORNIANA *Larus californicus* (California Gull)

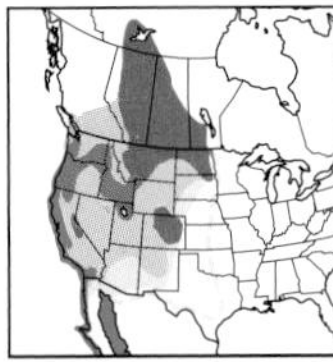

Ampliamente distribuida en el oeste durante el verano, en pantanos y lagos en las praderas. La mayoría van a la costa Pacífica en invierno, algunas se quedan en el interior. ▶ Su tamaño se encuentra entre el de la Gaviota Plateada y la Gaviota de Pico Anillado. El adulto es ligeramente más oscuro en la espalda, con ojos oscuros, patas amarillo verdoso, manchas negras y rojas en el pico amarillo. En vuelo, muestra grandes manchas blancas en la punta negra de las alas. Los inmaduros son en un principio café oscuro, como la Plateada pero menores, con pico delgado rosa brillante en la base. Cambia con las épocas; alcanza el plumaje adulto en el cuarto invierno.

GAVIOTA CANA *Larus canus* (Mew Gull)

Esta gaviota prefiere la costa oeste en invierno, el oeste de Canadá y Alaska en verano, suele perchar sobre coníferas cerca de lagos. La raza europea se desvía a Terranova en invierno, algunas veces en otros lugares. ▶ Menor que gaviotas similares. El adulto tiene un *pico amarillo delgado sin marcas, grandes manchas blancas en la punta de las alas,* espalda gris más oscura que la Gaviota de Pico Anillado, patas amarillas. La cabeza redonda y los ojos oscuros le dan una apariencia "gentil". Al principio el inmaduro es café claro; más adelante muy parecido al juvenil de Pico Anillado pero con pico más delgado. Alcanza el plumaje adulto en el tercer invierno.

GAVIOTAS COMUNES
(aves en vuelo, inmaduros no a escala)
Inmaduros
Adulto en invierno
Adulto en verano
Gaviota Plateada
25″ e 58″
(e = envergadura)
Adulto en invierno
Gaviota de Pico Anillado
19″ e 48″
Inmaduros
Adulto en verano
Adulto en invierno
Inmaduros
Gaviota Californiana
21″ e 54″
Adulto en verano
Inmaduros
Adulto en invierno
Gaviota Cana
17″ e 43″
Adulto en verano

GAVIOTA OCCIDENTAL *Larus occidentalis* (Western Gull)

Abundante en la costa de California y Oregon; la gaviota grande que se ve comúnmente en playas y en áreas abiertas cerca de la orilla. Rara vez va más allá de unas cuantas millas tierra adentro. Anida en colonias, casi siempre en islas mar adentro. ▶ Del tamaño de la Gaviota Plateada (página anterior) pero se ve más voluminosa y el pico parece más hinchado. Los adultos tienen espalda y alas gris oscuro a negro, puntas de las alas negro y blanco, patas rosas. Al principio las aves jóvenes son café oscuro, parecidas a los jóvenes de Gaviota Plateada, pero note la forma del pico y la rabadilla más clara; cambian gradualmente al plumaje adulto para el cuarto invierno. Al norte de Monterey, los adultos son grises ligeramente más claro por arriba. En Washington, suele entrecruzarse con la Gaviota de Ala Glauca (página siguiente), se encuentran híbridos a lo largo de la costa en invierno.

GAVIOTA ATLÁNTICA *Larus marinus* (Great Black-backed Gull)

Nuestra gaviota de mayor tamaño (casi del tamaño de un águila), muy común en el noreste, principalmente a lo largo de la costa. Ha incrementado su rango en décadas recientes, pero aún es rara en la costa del Golfo en invierno. ▶ Enorme, pico grande. El adulto es la única gaviota de espalda negra y patas rosas que puede estar lejos de la costa oeste (pero, fuera del usual rango noreste, dicha ave puede ser un visitante raro como la Gaviota de Kamchatka). Al principio el inmaduro muestra un patrón cuadriculado muy marcado en la parte superior, la cabeza y el vientre muy claros; después de dos años comienzan a desarrollar el negro en la espalda.

GAVIOTA SOMBRÍA *Larus fuscus* (Lesser Black-backed Gull)

Un visitante de Europa, regular en pequeños números en el noreste durante el invierno, rara vez al sur de la costa del Golfo, muy a rara en el oeste. ▶ El adulto se parece a la Gaviota Plateada (página anterior) pero con espalda y alas gris oscuro, patas amarillas. El inmaduro muy parecido al joven de la Gaviota Plateada hasta que el color negro comienza a aparecer.

GAVIOTA DE PATAS AMARILLAS *Larus livens* (Yellow-footed Gull)

Sólo en Salton Sea, en el sur de California. Un visitante regular del Golfo de California en el oeste de México; los números en Salton Sea llegan a su máximo a fines de verano y unos cuantos se quedan a lo largo del invierno y primavera. ▶ Muy parecida a la Gaviota Occidental, pero con el pico más grueso; las patas del adulto son *amarillo brillante*. Al principio los inmaduros son café con patas rosas. Mejor conocida por su distribución (la Gaviota Occidental rara vez es vista en Salton Sea).

GAVIOTA DE KAMCHATKA *Larus schistisagus* (Slaty-backed Gull)

Un ave asiática que se ve regularmente en el oeste de Alaska en verano. Un visitante extremadamente raro en otras partes de Norteamérica en invierno. ▶ La única gaviota de espalda negra que se puede ver en el oeste de Alaska (pero note que algunas Gaviotas Plateadas en el oeste de Alaska tienen la espalda ligeramente más oscuro que en otros lugares). Patas rosas, notorio patrón blanco en la punta de las alas.

GAVIOTAS DE ESPALDA OSCURA

(los inmaduros no están a escala)

GAVIOTA DE ALA GLAUCA *Larus glaucescens* (Glaucous-winged Gull)

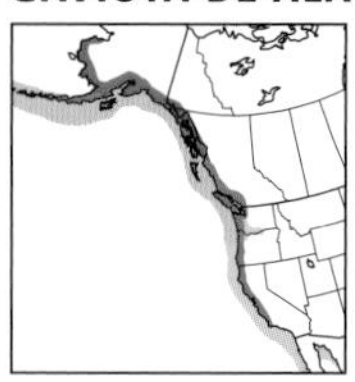

Una gaviota grande abundante en el norte de la costa Pacífica, de Washington al sur de Alaska; se distribuye al sur hasta California en invierno. ▶ Gaviota grande y voluminosa con pico grueso y patas rosas, pero la punta de las alas con un patrón *gris,* no negro. El inmaduro tiene la punta de las alas gris-café claro, no negro como los inmaduros de las dos páginas anteriores. Suele entrecruzarse con la Gaviota Occidental en la costa de Washington y los híbridos son vistos comúnmente.

GAVIOTA BLANCA *Larus hyperboreus* (Glaucous Gull)

La única gaviota grande en la mayoría de las áreas del Ártico alto. Unas cuantas llegan al sur en invierno, llegando incluso al sur de California, las Grandes Planicies, la Costa del Golfo. ▶ Muy grande; el adulto tiene la espalda gris claro, punta de las alas blanca. El inmaduro varía de café claro a blanco, siempre con la punta de las alas muy clara; el pico grande es *marcadamente bicolor,* rosa y negro. Nota: en los inmaduros de otras gaviotas (como la Plateada) el plumaje puede estar tan gastado y decolorado por el sol en verano que se parece a una Gaviota Blanca con plumaje gastado.

GAVIOTA DE GROENLANDIA *Larus glaucoides* (Iceland Gull)

En el noreste durante el invierno, suele verse en pequeños números, principalmente en la costa. Anida en el noreste de Canadá y Groenlandia (no en Islandia). ▶ Espalda gris claro, patas rosas. Las aves ilustradas aquí son la forma "Kumlien", que anida en el este de Canadá. Los adultos tienen la punta de las alas muy variable, por lo general marcadas con gris, algunas veces sólo blancas; los ojos son generalmente amarillo pálidos, algunas veces cafés. Los inmaduros varían de café claro a blanco, con la punta de las alas muy clara. Menor que la Gaviota Blanca, con un pico mucho más pequeño y delgado que es completamente negro en un principio.

GAVIOTA DE THAYER *Larus thayeri* (Thayer's Gull)

Muy común en invierno a lo largo de la costa del Pacífico noroeste, algunas al sur a lo largo de la costa de California; más al este, muy rara y controversial. ▶ El adulto sugiere a la Gaviota Plateada (p. 78) pero menor, con un pico más corto, *ojos oscuros;* el color oscuro en la punta de las alas más limitado, puede ser gris en lugar de negro. El inmaduro sugiere a la Plateada, pero la punta de las alas es más clara. Algunos híbridos de la Occidental y la de Ala Glauca (arriba) tienen patrones similares pero con pico más grueso. A cualquier edad, las Gaviotas de Thayer más claras son básicamente idénticas a la Gaviotas de Groenlandia más oscuras, y difícilmente pueden ser identificadas afuera de su distribución normal. Algunos científicos las consideran una sola especie, que va de la Thayer oscura en el oeste a la de Groenlandia clara en el este.

GAVIOTAS CON PUNTA DE LAS ALAS CLARAS

GAVIOTAS CON CAPUCHA NEGRA

—pero sólo en plumaje reproductivo, en primavera y a principios de verano.

GAVIOTA REIDORA *Larus atricilla* (Laughing Gull)

Abundante a lo largo de la costa del Atlántico sur y del Golfo. Anida en colonias en pantanos salados. Generalmente rara tierra adentro excepto en Salton Sea, California, y pequeños números en los Grandes Lagos. ▶ El adulto tiene la espalda gris oscura que se desvanece a negro en la punta de las alas. El pico y las patas oscuros (con frecuencia con un toque rojo). Los inmaduros tienen un patrón escamoso café, espalda gris para el primer invierno; note la forma del pico, patas oscuras. ♪ **Voz:** nombre apto, dado su graznido como risa.

GAVIOTA DE FRANKLIN *Larus pipixcan* (Franklin's Gull)

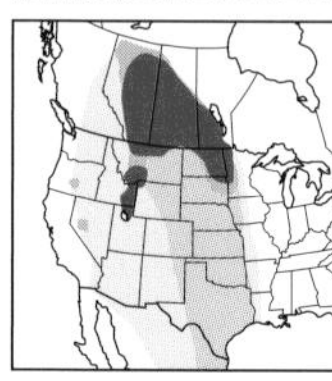

Una gaviota de tierra, anida al norte de las praderas pantanosas, migra a través de las praderas del sur; rara vez llega a la costa. Pasa el invierno en la costa oeste de Sudamérica. ▶ El adulto sugiere a la Gaviota Reidora pero con la punta de las alas casi blanca, atravesada por una barra negra. El inmaduro en otoño tiene una apariencia más limpia que el joven de Reidora, con una pulcra bufanda oscura en la cabeza. Algunos sub-adultos tienen capucha negra, punta de las alas oscura; note el pico más pequeño que el de la Gaviota Reidora.

GAVIOTA DE BONAPARTE *Larus philadelphia* (Bonaparte's Gull)

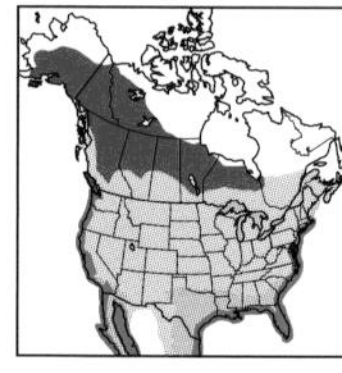

Nuestra gaviota común más pequeña, pasa el verano alrededor de lagos en bosques del norte, en invierno se encuentra principalmente cerca de la costa. Menos carroñera que la mayoría de las gaviotas grandes y no suele hacer parvadas con ellas. ▶ Pico delgado negro, capucha negra en verano. Mejor conocida por su patrón de vuelo, con un gran triángulo blanco en la parte exterior del ala. El inmaduro también tiene mucho blanco en la parte exterior del ala, con un borde negro. Se ve delicada y ligera en vuelo.

GAVIOTA ENCAPUCHADA *Larus ridibundus* (Black-headed Gull)

Una gaviota del Viejo Mundo, común localmente en invierno en Terranova (donde algunas anidan) y en las Marítimas, rara en el noreste de E. U. y Alaska. Puede asociarse a parvadas de Gaviota de Bonaparte. ▶ El adulto tiene un triángulo blanco en el ala como la Bonaparte, pero la parte inferior de la punta del ala es *extensamente negra.* La Encapuchada tiene un pico grueso, por lo general rojo; el pico del inmaduro tiene una base clara. Notablemente más grande que la Bonaparte cuando se ven juntas.

GAVIOTA MÍNIMA *Larus minutus* (Little Gull)

Vive principalmente en el Viejo Mundo, pero algunas anidan cerca de los Grandes Lagos y pasan el invierno en la costa Atlántica, rara vez se dispersa a otras partes. Puede viajar con las parvadas de Gaviota de Bonaparte. ▶ El adulto tiene *la parte inferior de las alas negra.* La parte superior de la punta de las alas en el adulto es completamente gris, con blanco en la punta de las plumas. El inmaduro tiene patrón en "M" oscuro en la espalda y alas. Note el diminuto tamaño, pico delgado.

GAVIOTAS ENCAPUCHADAS

Adulto en invierno

Adultos en verano

Inmaduros

Gaviota Reidora
17″ e 40″
(e = envergadura)

Gaviota de Franklin
15″ e 36″

Inmaduro

Adultos en primavera

Adulto en otoño

Gaviota de Bonaparte
13″ e 32″

Inmaduros

Adultos en invierno

Adulto en verano

Gaviota Encapuchada
16″ e 40″

Invierno

Inmaduro

Adulto en verano

Adulto en invierno

Gaviota Mínima
11″ e 24″

Inmaduros

Adulto en verano

GAVIOTA DE PATAS NEGRAS ***Rissa tridactyla*** **(Black-legged Kittiwake)**

Ésta es, de hecho, una "gaviota marina" que por lo general se encuentra mar adentro. Anida en colonias en acantilados rocosos en islas del norte. ▶ *Pico amarillo sin marcas,* alas y espalda gris claro, la punta de las alas con un contrastante color negro y carente de manchas blancas (como si se hubieran sumergido en tinta). El inmaduro tiene una barra negra a través de la nuca, patrón negro en las alas claras. ♪ **Voz:** quejidos agudos; muy ruidosa alrededor de colonias de anidación.

GAVIOTA DE PATAS ROJAS ***Rissa brevirostris*** **(Red-legged Kittiwake)**

Sólo en Alaska, en el mar de Bering, anida en las islas Pribilof y las Aleutianas, poco común. ▶ Muy parecida a la Gaviota de Patas Negras pero tiene el pico más corto, cabeza más prominente, alas mucho más oscuras (de manera que la punta negra contrasta menos), patas rojas. El inmaduro se parece al juvenil de Patas Negras pero carece de la banda negra en la cola, tiene más oscura la parte delantera del ala.

GAVIOTA DE COLA HENDIDA ***Xema sabini*** **(Sabine's Gull)**

Una hermosa gaviota pequeña que anida en la tundra ártica, migra mar adentro para pasar el invierno en los océanos de Sudamérica. Cuando migran pueden verse desde barcos en la costa oeste, pero rara vez en la costa este. Algunos juveniles aparecen en lagos tierra adentro cada otoño. ▶ El notable *patrón en las alas al volar* es su mejor marca (pero vea el inmaduro de la Gaviota de Patas Negras). Los adultos tienen capuchas negras en verano; durante el otoño los juveniles tienen un patrón escamoso en la espalda.

GAVIOTA ROSADA ***Rhodostethia rosea*** **(Ross's Gull)**

Rara, principalmente en Siberia. En Alaska, se ve en algunos sitios del norte y oeste. Ha anidado en Churchill, Manitoba. Registros invernales dispersos en el sur de Canadá y E. U. ▶ Pico corto, cola en forma de cuña. El adulto en verano tiene un anillo negro en el cuello y un *tono rosa en el cuerpo;* se pierde en invierno. En vuelo, el adulto muestra gris oscuro en la parte inferior del ala. El inmaduro tiene la cola en forma de cuña, el patrón de las alas parecido al de la Gaviota de Patas Negras.

GAVIOTA COLOR MARFIL ***Pagophila eburnea*** **(Ivory Gull)**

Un ave del extremo norte, pasa la mayor parte del año en aberturas en la capa de hielo del Océano Ártico. Un carroñero, se alimenta de los cadáveres de focas dejados por los osos polares. Rara vez llega al sur de Canadá o los estados del norte durante el invierno. ▶ El adulto es completamente blanco con patas negras. Los inmaduros tienen manchas negras en las alas y cola, negro en la cara.

GAVIOTA PLOMA ***Larus heermanni*** **(Heermann's Gull)**

Desde sus sitios de anidación en el oeste de México, esta gaviota viaja hasta la costa de California, algunas veces más lejos. Rara vez vista tierra adentro. ▶ El adulto tiene *cuerpo gris, cola negra, pico rojo.* La cabeza es blanca en plumaje reproductivo, moteada en otras épocas. Los inmaduros son café oscuro liso o café-gris (sin el fuerte moteado de juveniles oscuros de otras gaviotas); el pico es rosado en la base, patas negras.

GAVIOTAS ELEGANTES

CHARRANES

están en la misma familia que las gaviotas pero casi todos son más pequeños, vuelan con más gracia. La mayoría se zambulle desde el aire para capturar pequeños peces en su pico. Los cuatro de esta página pueden verse muy parecidos. La mayoría de las que aquí se muestran son adultos; las aves jóvenes se parecen a los adultos en invierno.

CHARRÁN DE FORSTER *Sterna forsteri* (Forster's Tern)

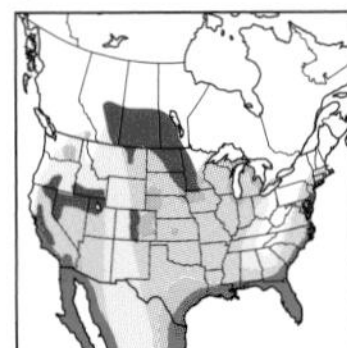

Escaso en el noreste, pero con frecuencia más común que el Charrán Común en el oeste y sur. Anida en pantanos, se ve alrededor de cualquier cuerpo de agua durante la migración. ► Como otros en esta página, tiene una cola larga bifurcada, capucha negra durante la época reproductiva. En verano, los adultos tienen la parte superior de la punta de las alas *plateado claro,* la base del pico es *anaranjada.* Los jóvenes y adultos en invierno tienen la cabeza casi blanca con *parches negros* en el oído, que no se conectan a través de la nuca como en otros charranes. ♪ **Voz:** *kiarr* agudo, otros sonidos.

CHARRÁN COMÚN *Sterna hirundo* (Common Tern)

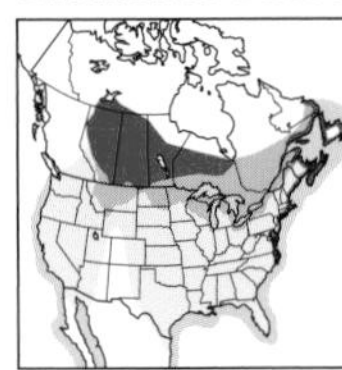

Anida en colonias en islas o playas, pone los huevos sobre el suelo desnudo. Los intrusos a las colonias pueden ser atacados por charranes agresivos volando en picada. ► Como el Charrán de Forster pero el pico ligeramente más delgado, la base del pico roja en verano. La parte superior de la punta de las alas parcialmente un *contrastante gris oscuro.* En invierno (ausente en su mayoría de nuestra área) tiene una gorra negra que va de los ojos negros a la nuca, no son parches separados. El juvenil y el adulto en otoño tienen una barra negra en el hombro. ♪ **Voz:** *kiiiiar* rasposo, otros sonidos.

CHARRÁN ÁRTICO *Sterna paradisaea* (Arctic Tern)

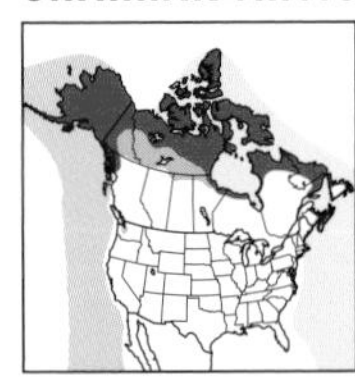

El único charrán en la mayoría de las áreas del lejano norte. Anida en colonias en lagos en la tundra y en playas costeras. Al sur de las áreas de reproducción, migra principalmente mar adentro y rara vez es visto desde tierra. ► Cola larga y cabeza más pequeña que el Charrán Común, con un borde negro más delgado en la parte de abajo del ala; muy gris en la parte inferior, con una banda blanca en la cara. La patas relativamente cortas. Pico completamente rojo en verano. La parte superior de la punta de las alas es uniformemente gris, sin las áreas oscuras de la Común. ♪ **Voz:** *kiiiii-ya,* otros sonidos.

CHARRÁN ROSADO *Sterna dougallii* (Roseate Tern)

Sólo en la costa Atlántica (principalmente en el noreste y en Florida), poco común y declinando. Una especie en peligro en nuestra área. Ligera y boyante en vuelo, con aleteos poco profundos y rápidos. ► El pico *notablemente largo* es por lo general casi negro, aún en verano; desarrolla un rojo obvio en la base del pico durante la época reproductiva. Las plumas exteriores de la cola muy largas en verano; las alas son *claras* en la parte superior. ♪ **Voz:** *chivyit* suave, otros sonidos.

CHARRANES DE TAMAÑO MEDIANO

Charrán de Forster
14½" e 30"
(e = envergadura)

Charrán Común
14" e 30"

Charrán Ártico
15½" e 31"

Charrán Rosado
15" e 29"

CHARRANES GRANDES

Todas estas aves son más grandes que el charrán "típico" de la página anterior. Los inmaduros se parecen a los adultos pero tienen marcas oscuras adicionales en las alas, cola y espalda.

CHARRÁN CASPIA *Sterna caspia* (Caspian Tern)

Tan grande como una gaviota, este charrán está ampliamente distribuido pero por lo general es visto en números pequeños. Como la mayoría de los charranes, vuela alto, revolotea, y entonces se zambulle para capturar al pez con el pico. Es el único charrán grande que normalmente se ve en aguas tierra adentro. ▶ Tamaño grande, *pico rojo y grueso;* la cresta corta le da una apariencia cuadrada a la cabeza. La frente está cubierta por rayas en el invierno y en los inmaduros (no blanca sin manchas como en muchos Charranes Reales). En vuelo muestra *negro* en la parte inferior de la punta del ala. ♪ **Voz:** quejido o ladrido rasposo *kjjjjj.* El polluelo emite un *cau* agudo al seguir a su progenitor.

CHARRÁN REAL *Sterna maxima* (Royal Tern)

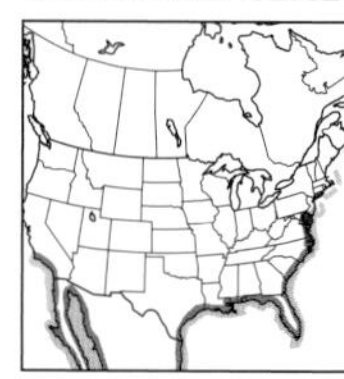

Un ave característica de las playas, islotes costeros y marismas en el sureste. Menos numeroso al norte de la costa Atlántica (principalmente a fines de verano), aparece en la costa sur de California principalmente en invierno. ▶ Más delgado que el Charrán Caspia, con una cresta "despeinada", pico grueso *color zanahoria.* La parte inferior de la punta de las alas es más clara. La frente es blanca la mayor parte del año (se vuelve negra en parte de la época reproductiva). En la costa del Pacífico, vea el Charrán Elegante. ♪ **Voz:** *rrri* o *rrri-rri-yo.*

CHARRÁN ELEGANTE *Sterna elegans* (Elegant Tern)

Una especialidad del sur de California. Vaga a lo largo de la costa al norte de California, principalmente en el verano. En los años con aguas cálidas, las parvadas pueden ir más al norte. ▶ Muy parecido al Charrán Real. Más pequeño (aparente sólo cuando se ven juntos). Tiene un pico *mucho más delgado* que algunas veces luce ligeramente inclinado hacia abajo en la punta. El plumaje de "invierno" (que posee la mayor parte del año) muestra el negro de la nuca que suele extenderse hacia delante para incluir el ojo, el Charrán Real no. ♪ **Voz:** *ki-kirrá,* claramente dos notas.

CHARRÁN DE SÁNDWICH *Sterna sandvicensis* (Sandwich Tern)

Esta ave actúa como el hermano pequeño del Charrán Real: acompañándolo e incluso anidando en las mismas colonias, pero por lo general menos común. ▶ La contrastante *punta amarilla* en el *largo pico negro* es una clave diagnóstica, pero difícil de ver (especialmente en aves jóvenes). Cresta "despeinada"; la frente es blanca de fines del verano hasta el invierno. La forma y el estilo de vuelo son intermedios entre el Charrán Real y los charranes "típicos" más pequeños. ♪ **Voz:** *kurik* rasposo, claramente bisilábico.

CHARRANES GRANDES

CHARRÁN SOMBRÍO ***Sterna fuscata*** **(Sooty Tern)**

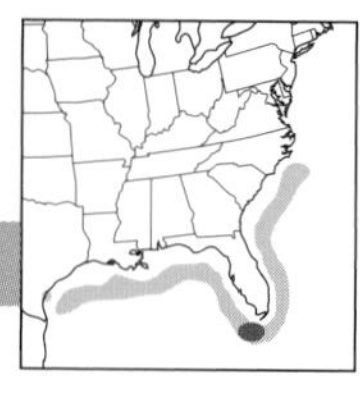

Ampliamente distribuido en océanos tropicales. Decenas de miles de Charranes Sombríos anidan en las Dry Tortugas, al oeste de Key West, Florida. En otros lugares de las costas del Atlántico Sur y del Golfo suelen estar mar adentro, donde se toman pequeños peces de la superficie del mar. Algunas veces son llevados a la orilla por huracanes. ▶ Grande, con un patrón muy marcado. Negro en el dorso y blanco brillante en el vientre, con frente blanca. El inmaduro es café oscuro cenizo, con manchas blancas en la espalda. ♪ **Voz:** *wi, wi-wi-wi.* Ruidosa alrededor de sus colonias de anidación.

CHARRÁN EMBRIDADO ***Sterna anaethetus*** **(Bridled Tern)**

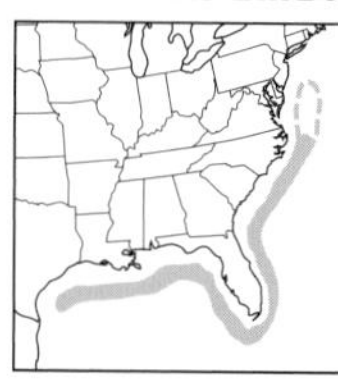

Rara vez visto desde tierra en Norteamérica, pero muy común sobre la Corriente del Golfo en mar abierto, desde Florida hasta las Carolinas. También en el Golfo de México. Rara vez anida en los Cayos de Florida. Algunas veces son llevados a la orilla, incluso tierra adentro y muy al norte, por huracanes. ▶ Parecido al Charrán Sombrío pero más delgado, la espalda un poco más clara, con un collar blanco alrededor de la nuca. Muestra más blanco en las plumas externas de la cola y en la parte inferior de la punta del ala.

CHARRÁN ALEUTIANO ***Sterna aleutica*** **(Aleutian Tern)**

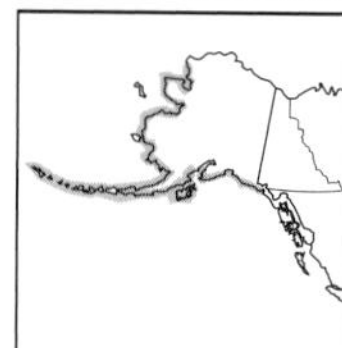

Sólo en Alaska, local a lo largo de la costa y en las Islas Aleutianas. Poco común; anida con frecuencia en colonias con el Charrán Ártico (p. 80), pero suele ser rebasado en número por ellos. Su distribución en invierno era desconocida hasta hace poco tiempo, aparentemente se encuentra en el trópico del Pacífico Oeste. ▶ Gris con pico negro, parche blanco muy marcado en la frente. Algunos jóvenes de Charrán Ártico tienen picos negros y frentes blancas; note el borde negro a lo largo de la parte interior del ala en el Charrán Aleutiano. Las voces difieren. ♪ **Voz:** *chop,* silbido característico *wiyí.*

CHARRÁN-BOBO CAFÉ ***Anous stolidus*** **(Brown Noddy)**

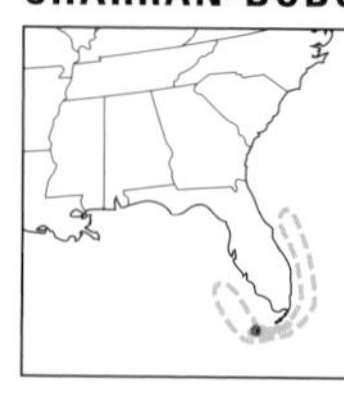

En océanos tropicales, los charranes bobos parecen el reverso de la mayoría de los charranes: oscuros con gorra blanca, la cola termina en abanico (no bifurcada), extrañamente gentiles y silenciosos alrededor de las colonias de anidación. El Charrán-Bobo Café anida en las Dry Tortugas, al oeste de Key West y son vistos en el mar en otras partes de Florida. ▶ Los adultos con gorra blanca son fáciles de reconocer; los inmaduros muestran menos blanco, principalmente en la frente.

CHARRÁN-BOBO NEGRO ***Anous minutus*** **(Black Noddy)**

Casi todos los años suelen aparecer un par de Charranes-Bobos Negros entre los Charranes-Bobos Café de las Dry Tortugas. ▶ Muy similar al Café pero más pequeño, ligeramente más oscuro, con un distintivo pico que se ve más largo y delgado. El borde de la gorra puede estar más definido.

CHARRANES DE FRÍO Y DE CALOR

CHARRÁN NEGRO ***Chlidonias niger*** **(Black Tern)**

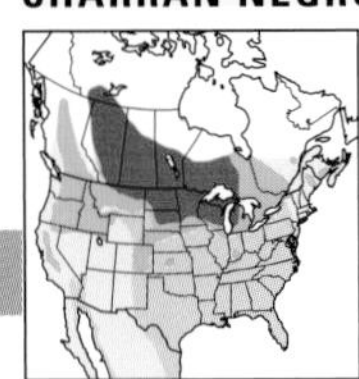

Un hermoso charrán pequeño, anida en pantanos de agua dulce, pasa el invierno en mares tropicales. Sus números han declinado seriamente en muchas áreas, probablemente debido a la pérdida de áreas para anidar. ▶ En verano el adulto tiene la cabeza y cuerpo principalmente *negros*, alas y cola gris plateado. Los inmaduros y los adultos en invierno son menos distintivos, blanco en el vientre, pero aún más oscuro en la espalda que otros charranes pequeños, con marcas oscuras en el hombro. Los adultos, durante la muda del plumaje reproductivo a fines del verano, lucen parches blancos y negros.

CHARRÁN DE ALA BLANCA ***Chlidonias leucopterus*** **(White-winged Tern)**

Un charrán del Viejo Mundo. Uno o dos aparecen casi cada año en Norteamérica, en su mayoría en la costa este con parvadas de Charranes Negros. ▶ El adulto en verano se parece al Charrán Negro pero con la parte superior del ala y de la cola más blanca; las plumas cobertoras inferiores son *negras* (gris claro en el Charrán Negro). Los inmaduros y los adultos en otoño son muy parecidos al Charrán Negro.

CHARRÁN MÍNIMO ***Sterna antillarum*** **(Least Tern)**

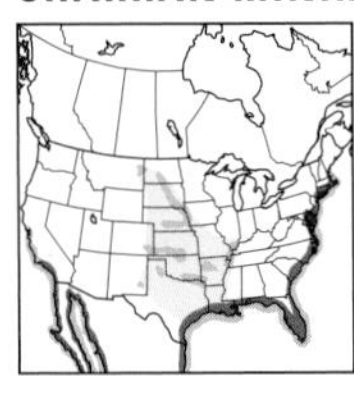

Nuestro charrán más pequeño, un estricto residente de verano, pasa el invierno muy al sur. Anida en playas y en bajíos en ríos del interior; en peligro en muchas áreas debido a las perturbaciones a los sitios de anidación. ▶ Talla pequeña, alas angostas, vuela con aleteos rápidos y profundos. El adulto tiene *pico amarillo* con punta negra, parche blanco bien definido en la frente. Las aves jóvenes tienen pico negro. ♪ **Voz:** ruidoso, sonidos agudos incluyendo *iik* rasposo, *chik, chik.*

CHARRÁN PICO DE GAVIOTA ***Sterna nilotica*** **(Gull-billed Tern)**

Tiene forma y costumbres sutilmente inusuales, este charrán anida en playas y en islotes costeros, pero se alimenta capturando insectos en el aire sobre pantanos y tierras de cultivo. ▶ Pico *negro y grueso,* patas relativamente largas, una apariencia en general pálida. En vuelo parece flotar y las alas se ven anchas. Durante el verano el adulto tiene gorra negra, en invierno el juvenil y el adulto tienen la cabeza muy blanca. Compare con el Charrán de Forster y otros charranes de la página 88 (diferentes acciones para alimentarse).

RAYADOR AMERICANO ***Rynchops niger*** **(Black Skimmer)**

Un extraño pariente de los charranes. Se alimenta volando bajo, sumergiendo la parte inferior de la mandíbula en el agua, entonces cierra rápidamente el pico cuando detecta algún pez pequeño. Las parvadas descansan en las playas, vuelan con aleteos lentos de las largas alas. ▶ Negro en el dorso, blanco en el vientre, con la mandíbula inferior más larga que la superior. Las largas alas hacen que el ave en reposo se vea como un triángulo largo, bajo y negro. El juvenil es café en el dorso pero inconfundible. ♪ **Voz:** ladridos *ía, ía.*

Juvenil
Invierno
Adultos en verano
Adulto en muda
Charrán Negro
10″ e 24″
(e = envergadura)
Charrán de Ala Blanca
(raro)
9½″ e 23″
Juvenil
Charrán Mínimo
8½″ e 20″
Adultos en verano
Inmaduro
Charrán Pico de Gaviota
14″ e 34″
Adultos en verano
Adulto en verano
Rayador cortando el agua
Rayador Americano
18″ e 44″
Adulto
Juvenil

son depredadores parientes de las gaviotas, persiguen a otras aves marinas para que suelten su presa. Excepto en el Ártico, donde los salteadores anidan, se quedan en mar abierto. Los salteadores adultos pueden ser identificados por las plumas centrales de la cola, pero los juveniles son muy difíciles.

SALTEADOR PARÁSITO *Stercorarius parasiticus* (Parasitic Jaeger)

Todos los salteadores son aves oceánicas, pero éste en particular puede ser visto en ocasiones desde la orilla. Anida en la tundra. Un raro vagabundo tierra adentro más al sur, principalmente en el otoño. ▶ Los adultos tienen las plumas centrales de la cola cortas y puntiagudas. Varía de gris oscuro a blanco en el vientre, por lo general con una banda oscura en el pecho, menos barrado y con la cabeza más gris que el Pomarino. Los juveniles en el primer otoño son café oscuro con barras beige. Etapas más avanzadas del juvenil son variables. ♪ **Voz:** todos los salteadores son principalmente silenciosos en el mar, emiten silbidos y sonidos rasposos en la tundra.

SALTEADOR DE COLA LARGA *Stercorarius longicaudus* (Long-tailed Jaeger)

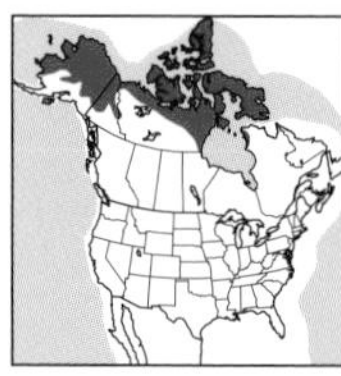

El salteador más pequeño y que permanece mar adentro casi todo el año. Ampliamente distribuido en la tundra en verano, pero un visitante muy raro tierra adentro más al sur. ▶ El adulto tiene las plumas centrales de la cola muy largas y puntiagudas. El plumaje es menos variable que en otros salteadores, con pecho blanco, gorra negra, espalda azul-gris. El juvenil durante el primer otoño es café grisáceo, con barrado blanco. Etapas más avanzadas del juvenil son muy variables.

SALTEADOR POMARINO *Stercorarius pomarinus* (Pomarine Jaeger)

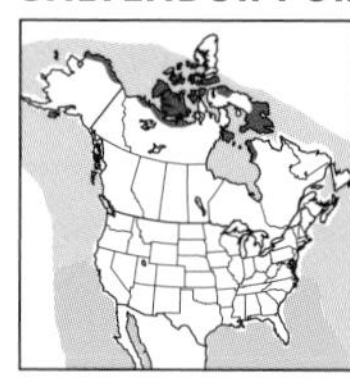

El salteador más grande. Anida en el Ártico alto, por lo general se mantiene mar adentro más al sur; poco probable verlo desde la orilla. Un vagabundo muy raro tierra adentro en cualquier época. ▶ El adulto tiene las plumas centrales de la cola anchas y torcidas. El patrón del vientre es muy variable: blanco, oscuro, muy barrado, frecuentemente con una banda oscura en el pecho. El pico se ve grande. El juvenil durante el primer otoño suele ser café oscuro con un barrado beige. Etapas más avanzadas del juvenil son muy variables.

PÁGALO SUREÑO *Stercorarius maccormicki* (South Polar Skua)

Anida sólo en la región de la Antártica, pero se encuentra en mar abierto en ambas costas durante los meses cálidos – poco común en el Pacífico, poco común a raro en el Atlántico. ▶ Voluminoso, poderoso, con alas anchas, cuello grueso. Café con un parche blanco obvio en el ala. La espalda oscura contrasta con la nuca clara; cabeza y vientre más claros. El juvenil de Pomarino puede parecerse a los págalos.

PÁGALO GRANDE *Stercorarius skua* (Great Skua)

Anida en Islandia y en islas del noroeste del Europa, vaga en mar abierto en la costa del noreste de Canadá en verano, en el este de los E. U. en invierno. Depredador y pirata, acosando a otras aves marinas. ▶ Muy parecido al Págalo Sureño, pero la cabeza y el cuerpo son típicamente oscuros con gruesas franjas claras.

Salteador Parásito
e 42″
(e = envergadura)
Juvenil
Inmaduro
Adultos
Adulto
Juvenil
Salteador de Cola Larga
e 38″
Adulto
Adulto
en nido
Inmaduro
Adultos
Salteador
Pomarino
e 48″
Adulto
Página Sureño
e 52″
(no a escala)
Págalo
Grande
e 55″
(no a escala)

están lejos de ser una experiencia común para la mayoría de nosotros. Estas aves pueden pasar meses o incluso años sin ver tierra, acercándose a la orilla sólo para criar a sus pollos (principalmente en islas).

En algunos puntos de la costa podemos llegar a observar aves marinas que están mar adentro usando un telescopio. Donde las aguas profundas se acercan a la costa, las aves marinas también se pueden acercar (como en la Bahía de Monterey, California, donde algunas veces miles de Pardelas Grises son visibles con binoculares). Pero, por lo general, no vemos bien a estas aves a menos que vayamos mar adentro.

Los viajes para observar ballenas son también, en algunas ocasiones, productivos para observar aves marinas (y los guías algunas veces conocen a las aves marinas). También hay viajes organizados para observadores de aves marinas, usualmente son viajes de un día a aguas profundas. Estos cuentan casi siempre con observadores de aves expertos para ayudar a identificar las especies difíciles.

Vale la pena contar con esa ayuda, porque muchas aves marinas son difíciles. Especialmente las pardelas pequeñas (pp. 100–105) y los paiños (p. 106), las sutiles diferencias en la forma y estilo de vuelo pueden ser las principales señas de campo. Adicionalmente a este reto hay muchas posibilidades remotas—aves marinas que son muy raras en nuestras aguas, así como muy difíciles de reconocer. Esta guía omite los visitantes más raros y se enfoca en aquellos para los que existe una posibilidad razonable de ver.

Los albatros **(familia Diomedeidae)** son las aves marinas verdaderas más grandes, capaces de planear y hacer círculos bajos sobre las olas por horas con apenas un aleteo de sus largas alas. La mayoría de las especies vive en los océanos sureños, pero dos son comunes en el Pacífico Norte.

ALBATROS DE PATAS NEGRAS *Phoebastria nigripes* (Black-footed Albatross)

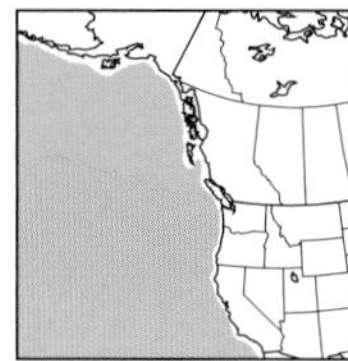

Anida principalmente en Hawaii pero se distribuye ampliamente en el mar, este gentil gigante ocurre mar adentro en la costa oeste en todas las épocas, más comúnmente a fines de primavera y en verano. Algunas veces estas aves se reúnen cerca de los barcos pesqueros. ▶ *Mucho más grande* que cualquier otra ave marina verdadera, se ve comúnmente mar adentro en la costa oeste, con alas largas y delgadas, pico grande y aleteos lentos intercalados con largos planeos. En condiciones ventosas, pueden incluso no aletear en absoluto. Café oscuro con blanco alrededor de la base del pico y algunas veces en la base de la cola; pico y patas oscuras.

ALBATROS DE LAYSAN *Phoebastria immutabilis* (Laysan Albatross)

Muy común mar adentro en el Pacífico pero, por lo general, raro cerca de la orilla; sin embargo, se han visto con más frecuencia en años recientes. Ocurre mar adentro en la costa oeste con mayor frecuencia en invierno, en los mares del sur de Alaska durante el verano. ▶ La espalda y la parte superior de las alas oscuras, cuerpo principalmente blanco. Tiene marcas oscuras en el centro de la blanca parte inferior del ala y un patrón blanco en forma de "U" en la rabadilla. Nota: al menos otras seis especies de albatros han llegado alguna vez a aguas norteamericanas, la mayoría de ellos con cuerpo blanco como el Albatros de Laysan. Las especies registradas con más frecuencia han sido el Albatros de Cola Corta *(Phoebastria albatrus)* en el oeste y el Albatros de Pico de Borde Amarillo *(Thalassarche chlororhynchos)* en el este.

VERDADERAS AVES MARINAS

Cabeza de la Pardela de Audubon, mostrando los dos nostrilos tubulares típicos de las aves marinas verdaderas.

Las pardelas tienen forma de gaviota pero con alas angostas, vuelan muy diferente, con aleteos rápidos seguidos de planeos sin batir las alas.

Los paiños son pequeñas aves marinas que revolotean a baja altura sobre las olas.

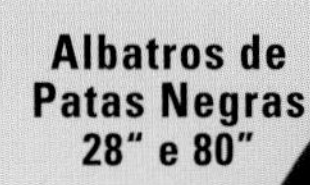

Albatros de Patas Negras
28" e 80"

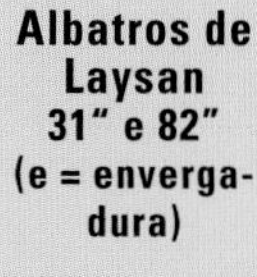

Albatros de Laysan
31" e 82"
(e = envergadura)

Las pardelas, fulmares y petreles **(familia Procellariidae)** tienen alas angostas y vuelo distintivo, con rápidos aleteos y un planeo con alas rígidas, a menudo vuelan inclinadas con la punta de un ala hacia arriba y la otra apuntando hacia el agua.

PARDELA GRIS *Puffinus griseus* (Sooty Shearwater)

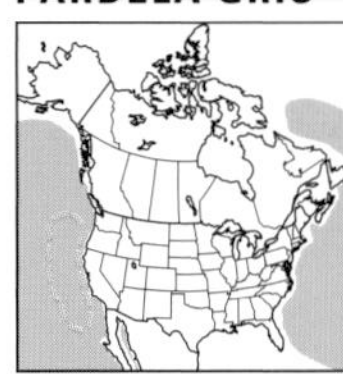

Con frecuencia el ave más abundante mar adentro en la costa del Pacífico (es bastante común en el Atlántico), esta pardela anida sólo en islas mar adentro en el Hemisferio Sur, hace una enorme migración cíclica alrededor de los océanos del mundo. Algunas están presentes en los mares de California todo el año, pero su número alcanza su máximo (en millones) a fines del verano. ▶ Mejor reconocida por su forma de vuelo típica de las pardelas, aleteando y planeando en tiempo calmado, planeando y elevándose más cuando hay viento. Cuerpo oscuro con frente poco pronunciada y pico negro y delgado, *áreas blancas desgastadas* en la parte inferior del ala. Vea las dos especies siguientes.

PARDELA DE PICO CORTO *Puffinus tenuirostris* (Short-tailed Shearwater)

Anida en algunas islas cerca de Australia, esta pardela migra a través del Pacífico Norte y en el mar de Bering. Suele ser común en las aguas de Alaska en verano. Más al sur, ocurren en el mar de California, principalmente a fines del otoño y en invierno. ▶ Muy parecida a la Pardela Gris, no siempre se puede identificar. Tiende a tener pico más corto, cabeza redonda, frente pronunciada. La parte inferior de las alas suele ser *uniformes* gris medio, sin el reflejo blanco de la Pardela Gris.

PARDELA DE PATAS PÁLIDAS *Puffinus carneipes* (Flesh-footed Shearwater)

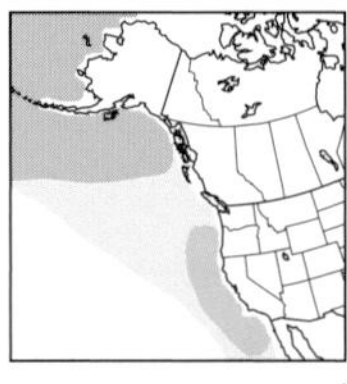

Otra visitante de los océanos del sur, la Pardela de Patas Pálidas es rara pero regular mar adentro en la costa del Pacífico, es más probable verla en otoño con grandes parvadas de otras pardelas. ▶ Más grande que la Pardela Gris, con aleteos más lentos y perezosos. Tiene un color café oscuro más uniforme, sin el reflejo pálido debajo del ala. *El pico es grueso, rosa pálido en la base*, las patas son del mismo color.

FULMAR NORTEÑO *Fulmarus glacialis* (Northern Fulmar)

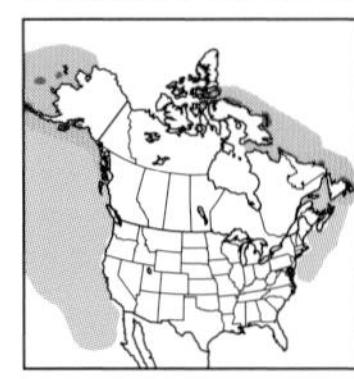

Relacionado con las pardelas, pero a diferencia de ellas anida en acantilados en islas del norte. Se extiende ampliamente en el mar, algunas veces sigue los barcos pesqueros para obtener los desechos. Puede estar incrementándose en la costa noreste. La cantidad que se mueve hacia el sur a lo largo de la costa oeste varía de invierno a invierno; algunas veces son comunes y pueden aparecer alrededor de las bahías y muelles. ▶ Como una pardela robusta y de cabeza grande con un pico amarillo y grueso. El color general es muy variable. Hay morfos claros y oscuros así como muchos intermedios. El patrón en el cuerpo de las aves de morfo claro puede sugerir una gaviota, pero note el pico corto del fulmar, un estilo de vuelo muy diferente (aleteos rápidos seguidos de un planeo con alas rígidas, con las alas sostenidas planas y rectas).

Pardela Gris
18″ e 41 ″
(e = envergadura)
Pardela de
Patas Pálidas
20″ e 43″
Pardela de
Pico Corto
17″ e 40″
Fulmar Norteño
19″ e 42″

PARDELA DE CORY ***Calonectris diomedea*** **(Cory's Shearwater)**

Bastante común mar adentro en la costa del Atlántico, principalmente de fines de primavera a mediados del otoño; raro en el Golfo de México. En Nueva Inglaterra, algunas veces son vistos desde la orilla durante tormentas a principios del otoño. ► Grande y de alas largas, con aleteos más cortos que otras pardelas del este. Café grisáceo en el dorso y blanco en el vientre, pero sin un fuerte contraste. La base del pico es amarilla.

PARDELA MAYOR ***Puffinus gravis*** **(Greater Shearwater)**

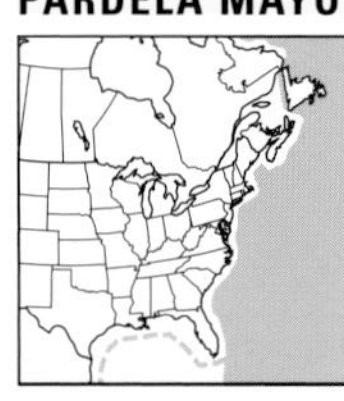

Esta pardela se mueve mar adentro a través de las aguas del este durante los meses cálidos, especialmente en primavera, y es numerosa en las aguas del este de Canadá en verano. Anida en islas del Atlántico Sur. ► Patrón contrastante, con una gorra negra definida, espalda café oscuro limitada por una banda blanca angosta en la rabadilla y por lo general otra a través de la nuca. Blanca en la parte ventral con marcas negras debajo de la base del ala, parche oscuro borroso en el vientre.

PARDELA PICHONETA ***Puffinus puffinus*** **(Manx Shearwater)**

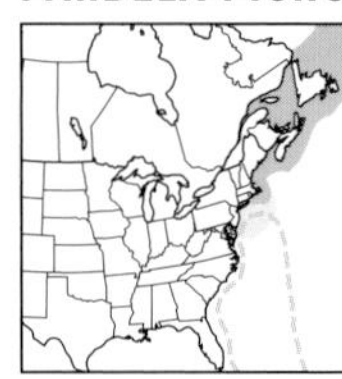

Se ve principalmente mar adentro en la costa noreste, como un visitante de las islas mar adentro en Gran Bretaña; algunos se reproducen en Terranova. Un escaso visitante durante el invierno en la costa sur del Atlántico y muy raro en el mar de California. ► Contraste notorio, negro en el dorso, blanco en el vientre y en las cobertoras inferiores. Cara oscura; el blanco de la garganta sube atrás del oído. Vuela con aleteos rápidos y planeos cortos.

PARDELA DE AUDUBON ***Puffinus lherminieri*** **(Audubon's Shearwater)**

Anida en las islas del Caribe, esta pequeña pardela es común mar adentro en nuestra costa sureste de la primavera hasta el otoño, más escasa hacia el norte. ► Café oscuro en el dorso, blanco en el vientre. Parecida a la Pardela Pichoneta pero tiene una distintiva cola más larga, más oscuro debajo de la cola, un tanto menos blanco debajo del ala. El blanco puede llegar muy arriba en la cara. Vuela con aleteos rápidos y cortos planeos.

PETREL ANTILLANO ***Pterodroma hasitata*** **(Black-capped Petrel)**

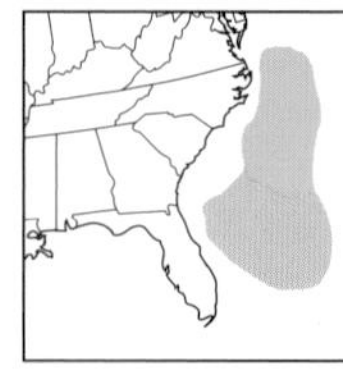

Un ave misteriosa hasta décadas recientes, este petrel de aguas profundas ha probado ser un visitante regular sobre la Corriente del Golfo en los mares de la costa sureste. Anida en hoyos en acantilados escarpados de las islas del Caribe. ► Vuela rápido, con un aleteo engañosamente lento, planeos largos, altos arqueos. El patrón sugiere a la Pardela Mayor, pero el Anti-llano tiene una gorra negra más pequeña, por lo general más blanco en el collar y la rabadilla, cola más larga, barra negra en la parte inferior de ala.

Pardela Mayor en el agua
Pardela de Cory 18" e 46"
Pardela Mayor 19" e 44"
Pardela Pichoneta 13" e 33"
Petrel Antillano 16" e 37"
Pardela de Audubon 12" e 28"

PARDELA DE PATAS ROSADAS ***Puffinus creatopus*** **(Pink-footed Shearwater)** La pardela de vientre claro más común en los mares de la costa oeste (pero no se observa desde la orilla tan comúnmente como la Pardela Mexicana), presente por lo general en verano y otoño. Anida en islas mar adentro en el oeste de Sudamérica. ▶ Café grisáceo en el dorso, vientre blanco. Grande, con aleteos más lentos que otras pardelas de vientre claro en el oeste. La base del pico rosa es más fácil de ver que las patas rosas.

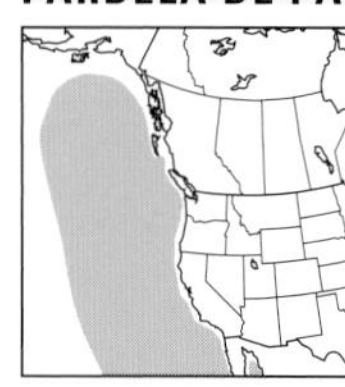

PARDELA DE BULLER ***Puffinus bulleri*** **(Buller's Shearwater)**

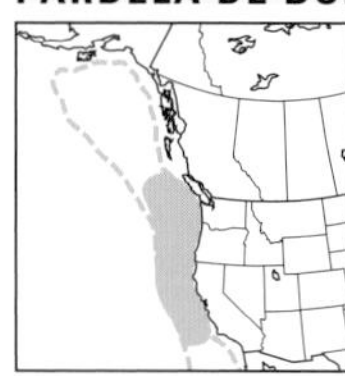

Este gracioso volador anida en pequeñas islas cerca de Nueva Zelanda, visita las aguas mar adentro en nuestra costa oeste, principalmente a finales del verano y hasta el otoño. Antes llamada Pardela de Nueva Zelanda. ▶ Un bello y limpio patrón, blanco brillante en el vientre con *la parte inferior de las alas casi completamente blanca,* gris en el dorso con patrón negro (como una ancha y plana M) a través de las alas, gorra negra bien definida. Mucho más contrastante que otras pardelas del oeste. La cola y alas se ven muy largas, vuela con planeos largos y ligeros.

PARDELA MEXICANA ***Puffinus opisthomelas*** **(Black-vented Shearwater)**

No es un gran viajero como otras pardelas: anida en islas mar adentro en el noroeste de México y se mueve al norte a lo largo de la costa de California, moviéndose más lejos y en números mayores en los años con aguas cálidas. Permanece cerca de la costa y se puede ver desde la orilla con frecuencia. ▶ Pequeño, con aleteos más rápidos que otras pardelas del oeste. Muy "sucio" alrededor de la cabeza y garganta, oscuro debajo de la base de la cola. La Pardela Pichoneta (página anterior), muy rara mar adentro en la costa oeste, es similar en tamaño y vuelo pero más blanco en el vientre, especialmente debajo de la base de la cola.

PETRELES DE AGUAS PROFUNDAS

Varias especies de petreles verdaderos (no se confunda con los paiños, en la página siguiente) han sido encontradas como visitantes raros en las aguas de Norteamérica. El Petrel Antillano (página anterior) es el único que se ve regularmente a menos de 100 millas de la costa. Estas aves (en el género *Pterodroma)* son parientes de alas largas y vuelo rápido de las pardelas, permanecen muy lejos de la costa, mar adentro. El **Petrel de Cook** *(Pterodroma cookii),* que se muestra en la página opuesta, es común de 100 a 200 millas mar adentro en la costa de California, fuera del alcance de los viajes comunes en bote para observar aves. El Petrel Moteado *(Pterodroma inexpectata),* no ilustrado, puede ser regular mar adentro al sur de Alaska. Parecida a la Pardela de Cook pero tiene un notorio parche gris en el vientre, una marca negra en la parte inferior del ala. Varias especies más han sido encontradas en raras ocasiones en aguas de Norteamérica, principalmente en Carolina del Norte o California, pero aún se desconoce bien su estatus.

Pardela de Patas Rosadas
19″ e 43″
(e = envergadura)

Pardela de Buller
16″ e 39″

Petrel de Cook
11″ e 27″

Pardela Mexicana
14″ e 34″

PAIÑOS

Pequeñas aves marinas que revolotean sobre las olas. Los paiños **(familia Hydrobatidae)** anidan en madrigueras en islas, sólo visitan los nidos durante la noche y rara vez son vistos desde tierra. La mayoría son difíciles de identificar, se reconocen por sutiles diferencias en el estilo de vuelo.

PAIÑO DE WILSON ***Oceanites oceanicus*** **(Wilson's Storm-Petrel)**
Algunas veces común durante el verano mar adentro en la costa Atlántica, donde puede ser visto durante viajes para observar ballenas; muy raro mar adentro en la costa del Pacífico. Anida en islas del antártico. ▶ Negro, con un notorio parche blanco en la rabadilla, *cola corta cuadrada*. Vuela con aleteos rápidos y profundos, como la Golondrina Azul-Negra. Puede tocar el agua con las patas mientras revolotea; las patas pueden extenderse más allá de la punta de la cola durante el vuelo. Piel amarilla entre los dedos (difícil de ver).

PAIÑO DE LEACH ***Oceanodroma leucorhoa*** **(Leach's Storm-Petrel)**
Mar adentro lejos de la costa (pero raro mar adentro en el Atlántico Sur y el Golfo) en verano. ▶ Alas largas y en ángulo, *cola horquillada*. El único paiño con rabadilla blanca que se ve con frecuencia mar adentro de la costa del Pacífico (pero algunas de Leach tienen rabadillas oscuras). En el Atlántico, más grandes que el de Wilson, con un vuelo más errático, "en saltos" como un chotacabras.

PAIÑO DE MADEIRA ***Oceanodroma castro*** **(Band-rumped Storm-Petrel)**
Poco común en verano mar adentro en la costa sur del Atlántico y la del Golfo. ▶ Se parece al Paiño de Leach, pero la banda de la rabadilla tiene un borde más regular. Vuelo diferente, menos errático, con aleteos profundos y planeo con alas rígidas.

PAIÑO CENICIENTO ***Oceanodroma homochroa*** **(Ashy Storm-Petrel)**
Sólo en la costa del Pacífico. Anida en las Islas Farallones y otras islas en California; se concentra mar adentro lejos de la Bahía de Monterey en otoño. ▶ Todo oscuro pero no tan negro como la siguiente especie; con un matiz café o gris. *Aleteo menos profundo* que el del Paiño Negro, las alas se levantan sólo hasta llegar al horizontal.

PAIÑO NEGRO ***Oceanodroma melania*** **(Black Storm-Petrel)**
Sólo en la costa del Pacífico. Común mar adentro en el sur de California en épocas cálidas, de la Bahía de Monterey. ▶ El paiño más grande del oeste. Todo negro; cola relativamente larga, horquillada. Vuela con aleteos lentos y profundos.

PAIÑO MENOR ***Oceanodroma microsoma*** **(Least Storm-Petrel)**
Anida en islas mar adentro en el oeste de México; unos pocos se dispersan mar adentro en la costa de California, especialmente en años con aguas cálidas. ▶ Pequeño y todo negro, con cola relativamente corta en forma de abanico. Los aleteos son profundos y relativamente rápidos.

PAIÑO RABIHORCADO ***Oceanodroma furcata*** **(Fork-tailed Storm-Petrel)**
Sólo en la costa del Pacífico. Numeroso mar adentro en Alaska y el oeste de Canadá (algunos llegan hasta el sur de California), anidan en islas mar adentro. Vuela con aleteos rápidos y profundos. ▶ *Gris*, con negro en las alas y alrededor del ojo. Compare con el Paiño Ceniciento (que puede verse pálido) y con falaropos (p. 190).

PAIÑO DE CARA BLANCA ***Pelagodroma marina*** **(White-faced Storm-Petrel)** Raro mar adentro en la costa del Atlántico, en su mayoría sobre la Corriente del Golfo. ▶ Gris-café en el dorso, *blanco por debajo y en la ceja*, con patas largas. Vuelo extraño, meciéndose de lado a lado, tocando el agua con las patas.

Golpeteo con
las patas
Paiño
de Wilson
7″ e 15″
Paiño de Leach
8½″ e 18″
Paiño
Ceniciento
8″ e 17″
Paiño de
Madeira
9″ e 17″
En
madriguera
Paiño Negro
9″ e 19″
Paiño Menor
6″ e 13″
Paiño
Rabihorcado
8½″ e 18″
Paiño de Cara
Blanca
7½″ e 17″

RAPACES

A continuación se incluyen las águilas, aguilillas, milanos, gavilanes y halcones, que cazan de día, y los búhos y tecolotes, la mayoría de los cuales cazan de noche. Las rapaces diurnas y los búhos no están relacionados cercanamente, pero ambos grupos han sido admirados por los humanos por miles de años.

Las rapaces (aves de presa) juegan un papel esencial en el equilibrio de la naturaleza. En un tiempo, muchas rapaces y búhos fueron asesinados por gente que ignoraba el valor de estas magníficas criaturas. Hoy en día, todas las aves de presa están estrictamente protegidas por la ley.

Las rapaces diurnas son principalmente cazadores solitarios. Por lo general se ven sólo unas cuantas en un día. Sin embargo, en algunos lugares — generalmente a lo largo de la costa, a orilla de los lagos o en cordilleras montañosas — se pueden observar grandes números de rapaces durante la migración de primavera o la de otoño.

Muchas especies de rapaces varían en color, con diferentes plumajes a diferentes edades, o con una variedad de morfos de diferentes colores. Esto puede hacerlas difíciles de identificar. Las rapaces son más fáciles de reconocer cuando están volando que cuando están perchadas, debido a que se puede ver mucho más en un ave que está volando: el patrón de las alas y cola, su estilo de vuelo, y especialmente la forma general. Los expertos pueden identificar cada especie de rapaz por los detalles de su forma y sus acciones, y los observadores de aves principiantes encontrarán la forma del ave de gran ayuda para colocar a una rapaz en el grupo adecuado, como se señala a continuación.

IDENTIFICACIÓN DE LOS PRINCIPALES GRUPOS DE RAPACES: Estos grupos incluyen a todas las especies de amplia distribución. En climas cálidos, se pueden llegar a ver otras especies distintivas de rapaces, como los milanos (p. 122) o el Caracara Quebrantahuesos (p. 116).

AGUILILLAS (comenzando en la p. 110) son rapaces grandes y robustas con alas anchas, cola corta y ancha. Pueden planear por horas casi sin batir las alas y con frecuencia perchan en áreas abiertas. En casi toda Norteamérica, el Aguililla Cola Roja es la que se ve con mayor frecuencia.

GAVILANES (p. 124) son rapaces delgadas con alas relativamente cortas y redondeadas, cola larga. Suelen esconderse en los bosques, donde persiguen a su presa (incluyendo aves pequeñas) con agilidad y sigilo. Cuando están en áreas abiertas suelen volar con varios aleteos rápidos seguidos de un planeo, aunque en algunos casos sólo planean.

GAVILÁN RASTRERO (p. 120) habita áreas abiertas y suele volar bajo, planeando con las alas hacia arriba. Se reconoce por sus largas alas, cola larga y contrastante parche blanco en la rabadilla.

HALCONES (p. 126–129) tienen alas angulares y puntiagudas y cola relativamente larga. Se encuentran en áreas abiertas, persiguen a su presa con un rápido vuelo o con poderosos vuelos en picada. En la mayoría de las áreas, el halcón que se observa con mayor frecuencia es el Cernícalo Americano.

GAVILÁN PESCADOR (p. 118) se puede observar planeando o revoloteando sobre el agua, antes de caer con las garras por delante para atrapar al pez. Se reconoce por sus largas y delgadas alas, con un doblez en la muñeca y un patrón contrastante blanco y oscuro.

ÁGUILAS (p. 118) son rapaces enormes, se ven perchadas en áreas abiertas o planeando con sus alas anchas y muy largas. El Águila Real es vista en su mayor parte en hábitat abierto y seco (principalmente en el oeste), mientras que el Águila de Cabeza Blanca es vista con frecuencia cerca del agua.

ZOPILOTES (p. 120) son carroñeros que parecen rapaces, pero no están relacionados con ellas. Se reconocen por su enorme tamaño, cabeza desnuda (sin plumas) y el hábito de planear por horas en busca de carroña.

BÚHOS Y TECOLOTES (p. 130–137) principalmente son activos durante la noche y pueden no ser vistos aún donde son muy comunes. Algunos búhos y tecolotes, especialmente entre las especies pequeñas, son muy similares y pueden reconocerse con mayor facilidad por la voz. Las aves canoras pueden guiar a uno a búhos perchados durante el día, cuando manifiestan un comportamiento alborotado de acoso.

AGUILILLAS DE ÁREAS ABIERTAS

Estas son las primeras de las aguilillas y águilas **(familia Accipitridae).** Las aguilillas son rapaces con alas relativamente anchas y cola corta, vistas con frecuencia planeando en lo alto. La mayoría de las aguilillas son más fáciles de identificar en vuelo, cuando el patrón puede ser visto con más facilidad.

AGUILILLA COLA ROJA *Buteo jamaicensis* (Red-tailed Hawk)

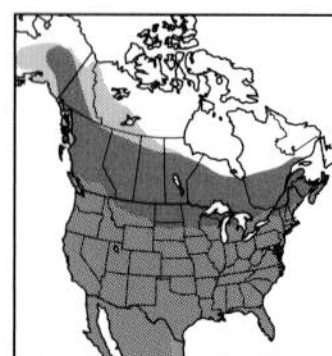

El aguililla más común perchada a lo largo de los caminos y planeando sobre áreas abiertas. Construye un voluminoso nido en los árboles, algunas veces en acantilados, postes de energía eléctrica y cactus gigantes. Migra a finales del otoño, principios de la primavera. ▶ En la mayoría de los adultos, la cola es *rojiza* por arriba, blanquecina por debajo (el color se ve a contraluz cuando vuela por encima). La cola del juvenil es café por arriba, con barras oscuras. Al este del Mississippi, la mayoría de los Cola Roja tienen el pecho blanco, una banda de rayas oscuras en el vientre. Los Cola Roja del oeste son mucho más variables, desde pálidos a café óxido y negros. (Algunos, conocidos como "Aguililla de Harlan", tienen por lo general el cuerpo oscuro y la cola blanca con un marmolado oscuro). En todas menos las más oscuras, note los *parches blancuzcos* en la espalda. En vuelo, contrasta *el borde oscuro* de las alas. Estudia la silueta del Cola Roja "típico" al vuelo para compararla con otras rapaces. ♪ **Voz:** *kiiiiia* rasposo.

AGUILILLA ÁRTICA *Buteo lagopus* (Rough-legged Hawk)

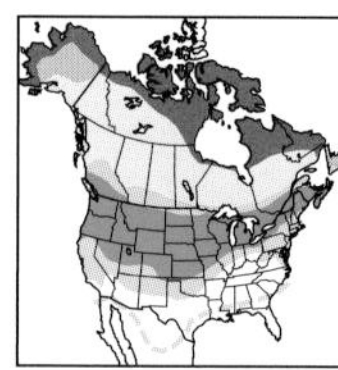

Una aguililla de clima frío, anida en el Ártico, migra al sur a finales del otoño. Prefiere la tundra en verano, las tierras de cultivo y praderas en el invierno. Puede ser vista revoloteando con aleteos rápidos. ▶ En vuelo, la cola muestra blanco en la base, bandas oscuras en la punta; un *parche negruzco* en la *muñeca del ala* contrasta con las pálidas plumas de vuelo. El plumaje del cuerpo es variable; el típico juvenil tiene el vientre negro que contrasta con el pecho rayado. Las aves de morfos oscuros son difíciles de identificar cuando están perchadas, pero muestran un marcado patrón en las alas y cola durante el vuelo. ♪ **Voz:** cerca del nido, un grito descendente *peeea!*

AGUILILLA REAL *Buteo regalis* (Ferruginous Hawk)

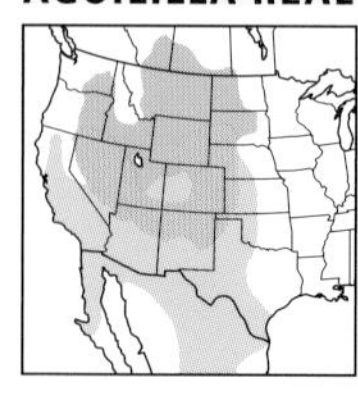

Nuestra aguililla de mayor tamaño, poco común en los pastizales del oeste. Algunas veces se ve sentada en el suelo en áreas abiertas. ▶ Variable. El típico adulto es claro, con hombros y plumas de los muslos rojizos; cola blancuzca con un tono rojizo hacia la punta. El juvenil suele carecer del tono rojizo en los muslos. Algunos Cola Roja claros tienen marcas muy similares, pero note la estructura diferente: la Real tiene cabeza ancha, alas largas y anchas en la base pero que se adelgazan hacia la punta, sostiene las alas en una V poco profunda mientras planea. El morfo oscuro puede sugerir al Aguililla Ártica, pero carece de las bandas oscuras en la cola. ♪ **Voz:** cerca del nido, un grito descendente *wiiiiii-o!*

Juvenil
Aguililla
Cola Roja
19″ e 50″
(e = envergadura)
Adultos
típicos
Variaciones
(no están
a escala)
Juvenil
Aguililla Ártica
21″ e 53″
Variaciones
Morfos claro
y oscuro
Adulto
típico
Aguililla
Real
23″ e 56″
Adulto
Adulto del
morfo
oscuro
Juvenil

AGUILILLA DE ALA ANCHA *Buteo platypterus* (Broad-winged Hawk)

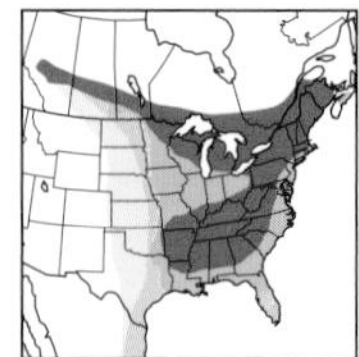

Una aguililla del tamaño de un cuervo grande, pasa la mayor parte del verano en los bosques del noreste, el invierno en los trópicos. Migra en grandes parvadas, especialmente en el otoño, y puede concentrarse a lo largo de acantilados y cerca de la línea costera. ▶ Compacta, planea con alas planas que se adelgazan hacia la punta. El adulto es la única aguililla del este con *bandas anchas* en la cola, tiene espalda oscura, pecho rojizo. El juvenil tiene las bandas de la cola más angostas (la última más gruesa), manchones oscuros a los lados del pecho blanco. En todos, las alas son claras o blancas por debajo, con la punta y bordes oscuros. Un raro morfo de cuerpo oscuro (no se muestra) ocurre principalmente en el oeste. ♪ **Voz:** un grito agudo *pi-yiíííí* en un mismo tono.

AGUILILLA DE PECHO ROJO *Buteo lineatus* (Red-shouldered Hawk)

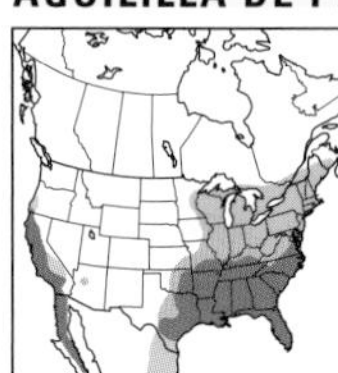

Una aguililla de bosques, poco común en el noreste, puede ser común en Florida y California. Ruidosa, suele oírse antes de verse. ▶ De mayor tamaño que la de Ala Ancha, con alas y cola más largas. Suele volar con varios aleteos y un planeo, sugiriendo un gavilán (p. 124). El adulto es notorio: las plumas de vuelo de las alas y la cola presentan bandas angostas blancas y negras, hombros y pecho rojizos. Las aves de la costa oeste son más rojas, las de Florida más claras, con la cabeza gris. En el este los juveniles son cafés, con bandas en la cola más angostas. En todos, durante el vuelo note la *media luna clara* cerca de la punta del ala. ♪ **Voz:** una serie de gritos descendentes *yaha, yaha, yaha.*

AGUILILLA GRIS *Asturina nitida* (Gray Hawk)

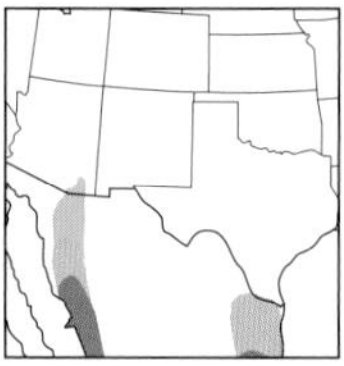

Rara y local cerca de los ríos en Arizona durante el verano y en el sur de Texas en cualquier época. Prefiere áreas boscosas, volando entre los árboles, más ágil que otras aguilillas. ▶ El adulto es *gris,* con un fino barrado por debajo, con *bandas blancas y negras* en la cola. El juvenil es menos notorio; café por arriba, rayado por debajo. Sugiere al juvenil del Ala Ancha pero tiene un patrón en la cara más marcado, barras finas (no manchas) en los muslos. ♪ **Voz:** un grito musical *pu-wííííía!.*

MILANO DE PICO GANCHUDO *Chondrohierax uncinatus* (Hook-billed Kite)

Sólo en el sur de Texas, unas pocas parejas en los bosques a lo largo del Río Bravo. Lento, percha dentro del bosque, pero puede planear sobre los árboles en días cálidos. Se alimenta casi en su totalidad de caracoles de árbol. ▶ *Pico largo y ganchudo,* ojos claros. En vuelo, las alas se ven redondeadas en la punta, más angostas en la base, la parte exterior del ala está fuertemente barrada. El color general varía; el macho adulto es principalmente gris; la hembra tiene barras rojizas en el vientre, collar rojizo. Espalda café, gorra oscura; el juvenil tiene espalda café, vientre barrado.

Adultos
Juvenil
Juvenil
Aguililla de Ala Ancha
16″ e 34″
(e = envergadura)
Adulto
Adultos
Juvenil
del este
Aguililla de Pecho
Rojo
17″ e 40″
Juvenil
de California
Adulto
Adulto
Macho
joven
Hembra
Aguililla Gris
17″ e 36″
Milano de Pico
Ganchudo
(raro)
18″ e 36″
Adultos
Hembra
Juvenil
Macho

AGUILILLA DE SWAINSON *Buteo swainsoni* (Swainson's Hawk)

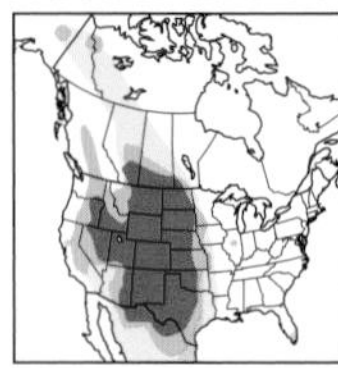

Esta delgada aguililla es común en los pastizales del oeste, pero sólo en el verano. Aún cuando puede cazar roedores, reptiles y aves, esta aguililla suele alimentarse de insectos grandes. La mayoría migra a la parte sur de Sudamérica para pasar el invierno. Grandes parvadas de aves migrando pueden ser vistas tan al este como Texas en primavera y otoño. Unos pocos individuos se dispersan a la costa del Atlántico en otoño, Florida en invierno. ▶ Delgada, con cabeza y pico pequeños, alas y cola largas. Cuando planea, sostiene las alas sobre la horizontal y las puntas se ven muy puntiagudas. El típico adulto tiene las *cobertoras inferiores blanco brillante* que contrastan con las plumas de vuelo oscuras; banda delgada café en el pecho, entre la garganta y vientre blancos. También hay muchas variaciones: pueden ser barrados o color óxido en la parte de abajo, o casi completamente café oscuro. Los juveniles suelen tener un fuerte rayado a los lados del pecho, un marcado patrón en la cara. Los reportes invernales de la Swainson están basados frecuentemente en Aguilillas Cola Roja o Árticas. El patrón de color de todas estas aguilillas es variable; estudie las siluetas en vuelo para asegurar su identificación. ♪**Voz**: un grito *kiiiiiia* más agudo que el de la Aguililla Cola Roja.

AGUILILLA DE COLA BLANCA *Buteo albicaudatus* (White-tailed Hawk)

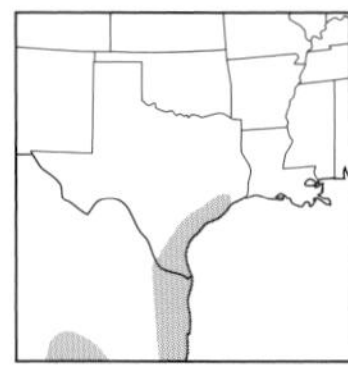

Sólo en el sureste de Texas, poco común en praderas costeras y tierras ganaderas. (También ampliamente distribuido en pastizales en los trópicos.) Puede ser visto en lo alto de postes de energía eléctrica o arbustos bajos, o planeando sobre la pradera. ▶ Voluminoso, con una *cola muy corta,* alas anchas que se adelgazan hacia la punta. Planea sosteniendo las alas hacia arriba en una ligera V. El adulto muestra un notorio patrón, especialmente en vuelo, cuando la *cola blanca* (con banda negra) y la rabadilla blanca pueden ser vistas a gran distancia. Note también los *hombros rojo óxido,* espalda gris clara, y cobertoras inferiores blancas. En un principio el juvenil es muy oscuro, por lo general con parches blancuzcos en la cara y pecho; cola gris clara.

AGUILILLA DE COLA CORTA *Buteo brachyurus* (Short-tailed Hawk)

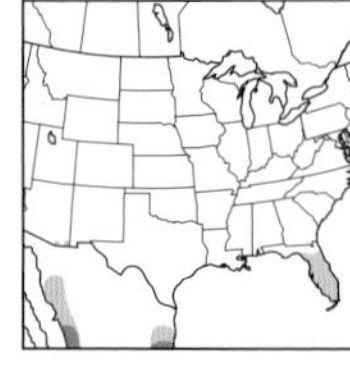

Esta aguililla tropical es un residente poco común en Florida. En años recientes, estaban unas parejas en las montañas de Arizona, y pocas aves errantes en Texas. Suele planear muy alto, puede pasar desapercibida en ocasiones. ▶ Un aguililla bastante pequeña y compacta con una cabeza que se ve grande (a pesar del nombre, la cola no se ve especialmente corta). Hay dos morfos de color, difieren en el color de la parte inferior y de las cobertoras: blanco o negro. Ambos morfos tienen la espalda y cabeza negruzcas, las plumas de vuelo de las alas y la cola color gris con barras oscuras. El morfo claro tiene un efecto de capucha oscura muy notable.

Adultos
típicos
Aguililla de Swainson
19″ e 51″
(e = envergadura)
Variaciones
de color
Juveniles
Adultos
Aguililla de Cola Blanca
20″ e 51″
Juvenil
Aguililla de Cola Corta
16″ e 36″
Adulto de morfo
claro y oscuro

AGUILILLA DE HARRIS ***Parabuteo unicinctus*** **(Harris's Hawk)**

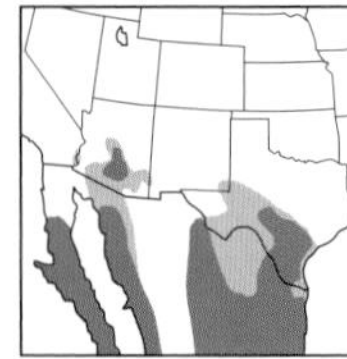

Una notoria aguililla de desiertos y matorrales, principalmente en Texas y Arizona. A diferencia de la mayoría de las aguilillas, suele verse en grupos familiares y un grupito puede cazar juntas. Percha en cactus y postes en zonas abiertas. ▶ Cuerpo oscuro que contrasta con los hombros, cobertoras inferiores y muslos color rojo óxido brillante. Cola negra con la base y punta blancas. El juvenil tiene la parte de abajo café rayada, bandas angostas en la cola. Algunos morfos oscuros de la Aguililla de Swainson (página anterior) tienen un patrón de color similar. ♪ **Voz:** *jjaaaaaa* rasposo.

AGUILILLA AURA ***Buteo albonotatus*** **(Zone-tailed Hawk)**

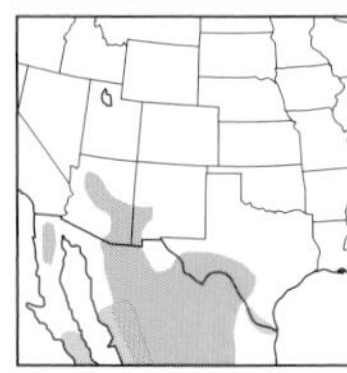

Poco común durante el verano en el suroeste, donde se dispersa ampliamente sobre desiertos, montañas, ríos. Anida en árboles altos a lo largo de ríos, cañones. ▶ Algunas veces pasa desapercibida en vuelo debido a su asombroso parecido con el Zopilote Aura (p. 120): cuerpo negruzco, alas de dos tonos, planea sosteniendo las alas en una ligera V. Visto de cerca, muestra unas pocas bandas blancas en la cola, barrado delgado en las alas, una forma ligeramente diferente a la del zopilote. El juvenil carece de las obvias bandas blancas en la cola. ▶ ♪ **Voz:** *iiiiiiiia!* como el llanto de un niño.

AGUILILLA NEGRA MENOR ***Buteogallus anthracinus*** **(Common Black-Hawk)**

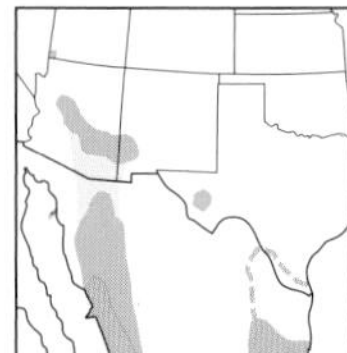

Escasa y local durante el verano, en álamos altos a lo largo de los ríos del suroeste. Pasa poco tiempo planeando; suele percharse en sitios bajos cerca del borde del agua, cazando ranas y peces pequeños. ▶ Voluminosa, con alas muy anchas, cola corta. Note las *largas patas amarillas,* una obvia y única *banda blanca* en la cola. El Aguililla Aura (más bandas en la cola) tiene una forma notablemente diferente, especialmente en vuelo. El juvenil de Aguililla Negra Menor es café y beige, con patrón en la cara, muchas bandas delgadas en la cola; la cola puede verse más larga que en el adulto. ♪ **Voz:** cerca del nido, *pi-pi-pi-pi-pi-pí-pi* agudo.

CARACARA QUEBRANTAHUESOS ***Caracara cheriway*** **(Crested Caracara)**

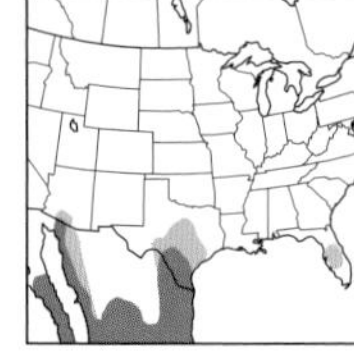

Un miembro tropical de la familia de los halcones (ver p. 126), pero con forma parecida a la de un aguililla y que se alimenta como un carroñero. Los caracaras suelen juntarse con los zopilotes para alimentarse de carroña y pueden volar a lo largo de las carreteras buscando animales muertos. Común localmente en Texas, pero escaso en Arizona y Florida. ▶ Cara colorida, cresta negra, vientre negro. En vuelo, el cuerpo oscuro y las alas contrastan con el *patrón claro de cuatro áreas:* pecho, base de la cola y parches cerca de la punta de cada ala. El juvenil es más café.

AGUILILLAS SUBTROPICALES

GAVILÁN PESCADOR *Pandion haliaetus* (Osprey)

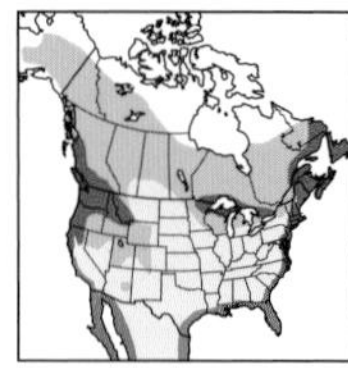

Común en algunas áreas costeras y cerca de lagos grandes. Planea alto sobre el agua o revolotea y entonces se precipita, patas por delante, para capturar peces con sus garras. Suele construir un voluminoso nido de ramas sobre árboles desnudos o postes. El Gavilán Pescador estuvo en serio peligro en los años 70´s debido a los efectos del DDT y otros pesticidas; se ha recuperado desde que el uso de DDT fue prohibido por la ley. ► En vuelo, sostiene las largas alas con un marcado *doblez en la muñeca.* Planeando a la distancia, parece una gaviota grande más que una rapaz. Marcado patrón en la parte baja (con parches negros en las muñecas), espalda negra, *franja negra en la cara.* El juvenil tiene "escamas" claras en la espalda. ♪ **Voz:** un más o menos pausado *pi, pi, pi, pi, pi, pi, pi* musical.

ÁGUILA DE CABEZA BLANCA *Haliaeetus leucocephalus* (Bald Eagle)

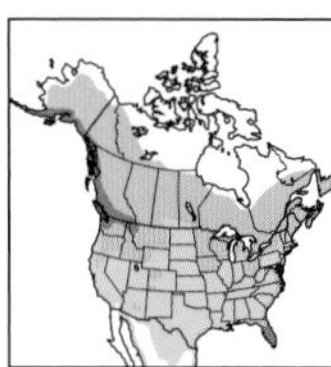

Símbolo nacional de los Estados Unidos, el Águila de Cabeza Blanca estuvo en serio peligro en los años 70's, pero se ha recuperado gradualmente desde entonces. Puede ser vista en casi cualquier lugar, pero es numerosa en unas cuantas áreas, incluyendo algunas partes de Florida, Alaska y (durante el invierno) alrededor de algunos lagos y ríos en el oeste medio. Aunque puede ser un cazador, suele alimentarse de carroña (incluyendo peces muertos) y algunas veces le roba peces al Gavilán Pescador. Numerosas Águilas de Cabeza Blanca pueden congregarse donde son fáciles de atrapar grandes concentraciones de peces (en lugares de desove). ► El adulto es inconfundible. Le toma cuatro años al inmaduro alcanzar el plumaje del adulto; los juveniles más jóvenes tienen cabeza y cuerpo café oscuro, un poco de moteado blanco en las alas y cola; los inmaduros de más edad pueden tener mucho más blanco en el cuerpo. ♪ **Voz:** silbidos polisilábicos agudos.

ÁGUILA REAL *Aquila chrysaetos* (Golden Eagle)

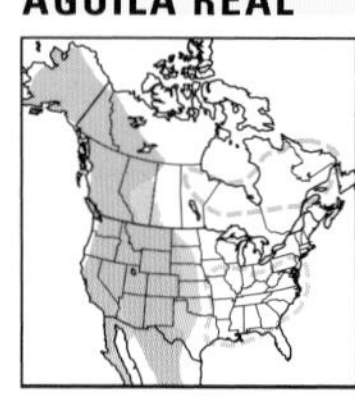

Este magnífico cazador prefiere las áreas silvestres. Por lo general es rara en el este, un poco más numerosa en áreas abiertas del oeste. Regularmente toma presas tan grandes como liebres y marmotas; también se alimenta de carroña. Usualmente solitaria o en parejas. ► Muy grande, casi completamente café oscuro. Sostiene las largas y anchas alas planas mientras planea. El adulto es café con plumas doradas en la nuca, ligeras bandas claras en la cola. Comparado con el juvenil de la de Cabeza Blanca, el de la Real parece tener la cola un poco más larga, cabeza más pequeña, con un pico ligeramente más pequeño. Los juveniles de la de Cabeza Blanca muestran al menos un poco de moteado blanco en el cuerpo o en las cobertoras inferiores (visible en vuelo) en áreas donde las Reales no lo presentan. ♪ **Voz:** generalmente silenciosa. A veces un chillón *cua-cua-cua-cuá* pausado.

GAVILÁN PESCADOR Y ÁGUILAS

GAVILÁN RASTRERO Y ZOPILOTES

El Gavilán Rastrero vuela bajo en áreas abiertas. Los zopilotes del Nuevo Mundo **(familia Cathartidae),** emparentados con las cigüeñas (p.152), parecen rapaces. Planean por horas, buscando carroña.

GAVILÁN RASTRERO *Circus cyaneus* (Northern Harrier)

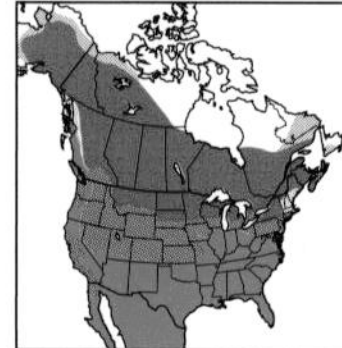

Una rapaz de alas y cola largas que caza volando bajo sobre campos abiertos y ciénagas, buscando y escuchando a su presa. Caza muchos roedores, también algunas aves. Percha bajo o en el suelo, pocas veces en postes altos o en árboles; suele volar bajo excepto cuando está migrando. Antes llamado "Gavilán de Pantano". ▶ Mejor conocido por su forma y por su vuelo, bajo y lento, las alas forman un ángulo hacia arriba en una ligera V. La contrastante rabadilla blanca es conspicua. El macho adulto es gris con la punta de las alas negra. La hembra y el juvenil son cafés; el juvenil es color anaranjado óxido por debajo, la hembra es blanca con más rayas. ♪ **Voz:** generalmente silencioso; a veces un silbido quedito.

ZOPILOTE AURA *Cathartes aura* (Turkey Vulture)

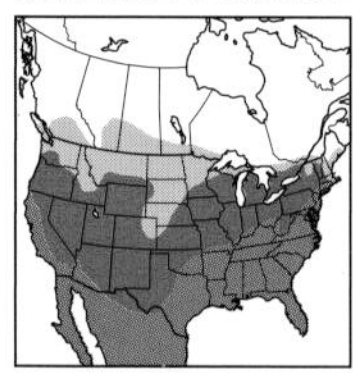

Muy común en climas cálidos, planeando todo el día sobre áreas abiertas, bosques, desiertos. Muchos pueden perchar juntos en árboles altos durante la noche. También se reúnen parvadas durante la migración, o para alimentarse de carroña. ▶ Muy grande con largas alas, cola larga, cabeza pequeña. Planea sosteniendo las alas en una ligera V; cuando bate las alas para despegar, los aleteos son profundos, pesados. La parte inferior del ala tiene *dos tonos,* cobertoras negras contrastan con plumas de vuelo grises. El juvenil tiene la cabeza gris, no roja; compare con el Zopilote Común.

ZOPILOTE COMÚN *Coragyps atratus* (Black Vulture)

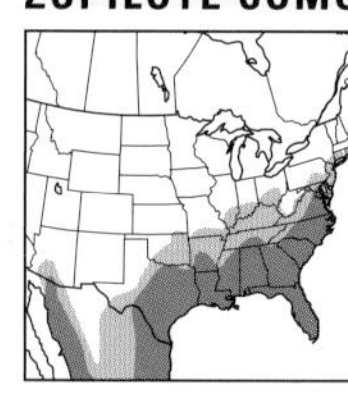

Muy común en partes del sur, pero menos extendido que su primo de cabeza roja. Pasa menos tiempo planeando, excepto en los días más calientes. ▶ Forma muy diferente a la del Zopilote Aura: robusto, cola corta, con cabeza más grande, alas anchas. Planea sosteniendo las alas planas, y sus planeos suelen estar acentuados por varios aleteos rápidos. El *parche blancuzco* cerca de la punta de las alas se puede ver durante el vuelo. La cabeza siempre es gris oscura. El juvenil de Zopilote Aura también tiene la cabeza oscura, pero cuando está perchado, note el tono café del plumaje del Zopilote Aura y la forma diferente de la cabeza y pico.

CÓNDOR CALIFORNIANO *Gymnogyps californianus* (California Condor)

Este enorme zopilote es un remanente de tiempos prehistóricos, casi se extinguió en los años 80´s. Los últimos individuos silvestres en el sur de California fueron capturados en 1987 para un programa de reproducción en cautiverio. Algunos cóndores criados en cautiverio han sido liberados en California y el norte de Arizona. ▶ *Enorme.* Planea pesadamente sobre alas anchas. El adulto tiene la cabeza anaranjada, cobertoras inferiores blancas; el inmaduro es, al principio, todo oscuro.

Machos
adultos
Hembras
adultas
juveniles
Gavilán Rastrero
18" e 44"
Zopilote
Aura
26" e 67"
Adulto
Juvenil
Zopilote
Común
25" e 59"
Cóndor
Californiano
(raro)
46" e 109"
(no a escala)

MILANOS

Un grupo diverso de rapaces, no todas cercanamente relacionadas (también vea Milano de Pico Ganchudo, p. 112). La mayoría son graciosas al volar.

MILANO DE MISSISSIPPI *Ictinia mississippiensis* (Mississippi Kite)

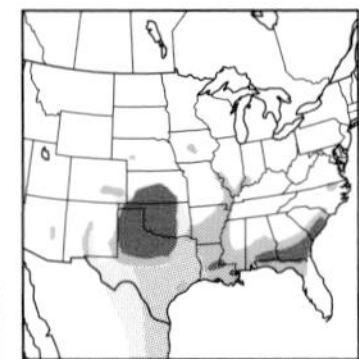

Poco común en el sureste, pero en la actualidad es común durante el verano al sur de las Grandes Planicies, donde los árboles altos (especialmente álamos) se encuentran cerca de zonas abiertas. Pasa el invierno en Sudamérica. Puede cazar y migrar en parvadas. Ligero y gracioso en el aire, planeando y bajando en picada para perseguir insectos. Se dispersa más al norte de su distribución usual, principalmente a fines de la primavera. ▶ Casi completamente gris, con la cabeza más pálida, cola negra. El *parche blancuzco* en el borde posterior de arriba del ala puede ser conspicuo cuando el ave hace maniobras en vuelo. El juvenil es café con rayas, barras claras en la cola. A cualquier edad pueden parecerse al Halcón Peregrino (p. 128), pero el vuelo es diferente. ♪ **Voz:** *chi-chúúúú* descendente.

MILANO DE COLA BLANCA *Elanus leucurus* (White-tailed Kite)

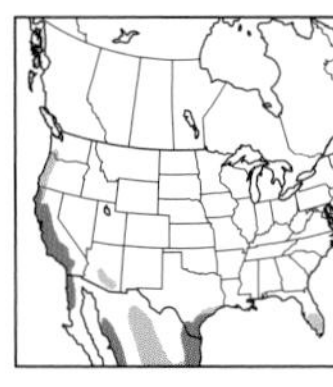

Ampliamente distribuido en áreas abiertas, muy común en California y Texas. Suele verse perchado en la punta de árboles solitarios, o revoloteando con rápidos batidos de alas antes de caer al suelo para atrapar un roedor. Está expandiendo su distribución; aves errantes pueden aparecer más allá de las áreas registradas. Antes llamado Milano de Hombro Negro. ▶ Gris y blanco, con *negro en los hombros* y debajo del doblez del ala. Puede parecerse más a una gaviota que a otras rapaces. El juvenil tiene marcas cafés en el pecho y espalda, pero el patrón básico es reconocible. ♪ **Voz:** *kiú, kiú, kiú* musical.

MILANO TIJERETA *Elanoides forficatus* (Swallow-tailed Kite)

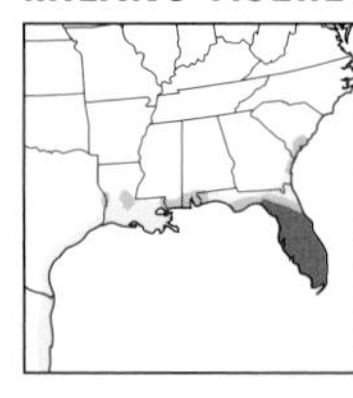

Una hermosa rapaz que planea y se lanza en picada graciosamente sobre bosques de pino y pantanos de cipreses. Residente de verano en el sureste, algunas veces común en Florida, escaso en otros lugares. Llega a principios de la primavera, parte a principios del otoño, pasa el invierno en los trópicos. Unas pocas aves errantes aparecen muy al norte de su distribución usual. ▶ Casi inconfundible. Las fragatas (p. 72) son mucho más grandes, de pico largo, carecen de las cobertoras interiores blancas. ♪ **Voz:** *chi, chi-chi-chi-chí-chi-chi* agudo.

MILANO CARACOLERO *Rostrhamus sociabilis* (Snail Kite)

Sólo en Florida (también en los trópicos de América). Poco común y local en ciénagas de juncias aserradas, principalmente en el sur-centro de la península. Vuela bajo y lento sobre las ciénagas en busca de su principal alimento, los caracoles manzana. ▶ Punta de las alas ancha, pico muy ganchudo, patas y cara rojo-anaranjado. El macho tiene la espalda negro pizarra, con mucho blanco en la base de la cola. La hembra es café, con marcas blancas en la cara y rayas por debajo, barrado en las plumas del ala. ♪ **Voz:** *je-je-je-je-je-je* rasposo.

Juvenil
Adultos
Adulto
Milano de
Mississippi
14″ e 32″
(e = envergadura)
Milano de Cola
Blanca
15″ e 39″
Juvenil
Adulto
Milano Tijereta
22″ e 51″
Milano
Caracolero
17″ e 42″
Machos
Hembras

GAVILANES

son rapaces de alas cortas y cola larga, diseñadas para la agilidad y la velocidad explosiva. Suelen ser sigilosos, permaneciendo dentro del bosque, excepto cuando migran. Se alimentan de muchas aves pequeñas, capturándolas por sorpresa. Nuestras tres especies pueden ser muy difíciles de diferenciar: las diferencias en el tamaño pueden ser difíciles de juzgar en el campo, y la hembra de cada especie es mucho más grande que el macho.

GAVILÁN DE PECHO RUFO *Accipiter striatus* (Sharp-shinned Hawk)

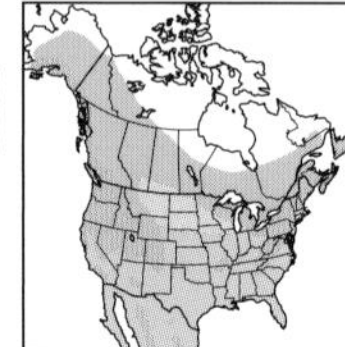

El menor de nuestros gavilanes. Prefiere bosques densos pero algunas veces llega a los suburbios, donde puede atrapar aves pequeñas cerca de los comederos para aves. ▶ Los adultos tienen el dorso azul-gris, la parte inferior rojiza; los jóvenes tienen el dorso café y la parte inferior rayada. El tamaño pequeño es aparente en algunas ocasiones (pero la hembra del Pecho Rufo puede ser casi del mismo tamaño que el macho del Cooper). La punta de la cola suele verse *cuadrada* (pero puede verse redonda, especialmente cuando está extendida); también las patas se ven tan delgadas como un lápiz. El juvenil de Gavilán de Pecho Rufo puede mostrar un rayado borroso en la parte inferior comparado con el juvenil del Cooper. También compare con el Cernícalo Americano y el Halcón Esmerejón. ♪ **Voz:** cerca del nido, *kiú-kiú-kiú-kiú-kiú* agudo.

GAVILÁN DE COOPER *Accipiter cooperii* (Cooper's Hawk)

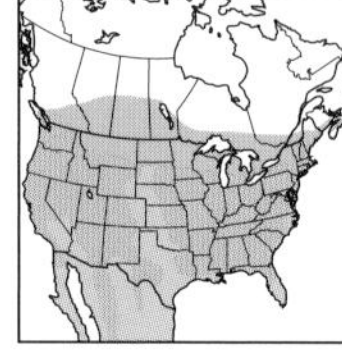

Este gavilán de talla mediana puede ser muy evasivo en áreas con bosques muy cerrados, pero en otros sitios puede salir a campo abierto, especialmente en el oeste. Puede perchar en postes telefónicos en sitios abiertos (el Gavilán de Pecho Rufo rara vez lo hace). ▶ El adulto tiene el dorso azul-gris, rojo pálido en la parte inferior; el juvenil tiene el dorso café, la parte inferior rayada. Mayor que el Gavilán de Pecho Rufo con la cabeza relativamente más grande, cola más larga, patas más gruesas. La punta de la cola es *más redonda*, suele mostrar una franja blanca más ancha en la punta. El adulto del Cooper puede mostrar una gorra oscura más contrastante, el juvenil puede mostrar un rayado más oscuro y nítido sobre un pecho blanco. ♪ **Voz:** cerca del nido, *ki-ki-ki-ki-ki* nasal.

GAVILÁN AZOR *Accipiter gentilis* (Northern Goshawk)

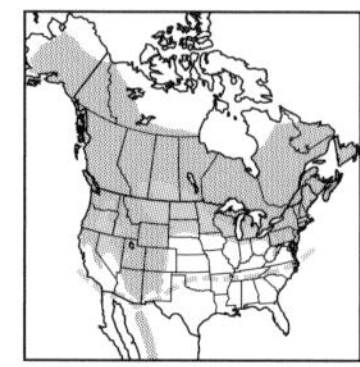

Un poderoso cazador, por lo general escaso y difícil de ver, moviéndose furtivamente en los bosques del norte y las montañas. Persigue presas tan grandes como conejos y faisanes, cazando principalmente dentro del bosque. Algunos se mueven hacia el sur a fines del otoño y pueden invadir el centro de los E. U. durante algunos inviernos. ▶ El adulto es *gris barrado* en la parte inferior, con *cara negra,* nítida *ceja blanca.* Compare con el Halcón Gerifalte, p. 128. El juvenil es muy parecido al juvenil del Gavilán de Cooper, pero las mullidas plumas cobertoras inferiores de la cola tienen grandes manchas oscuras; las barras de la cola forman un patrón en zigzag más obvio. ♪ **Voz:** cerca del nido, *ke-ke-ke-ke-ke* nasal.

Adultos
Juveniles
Adulto
Gavilán
de Pecho Rufo
9″–13″ e 20″–26″
(e = envergadura)
Juvenil
Adultos
Adulto
Gavilán
de Cooper
14″–19″ e 28″–34″
Juvenil
Adultos
Juveniles
Gavilán Azor
18″–24″
e 38″–45″

HALCONES

(familia Falconidae) tienen colas muy largas y alas puntiagudas. Cazan en áreas abiertas, persiguiendo a su presa en vuelo rápido.

CERNÍCALO AMERICANO *Falco sparverius* (American Kestrel)

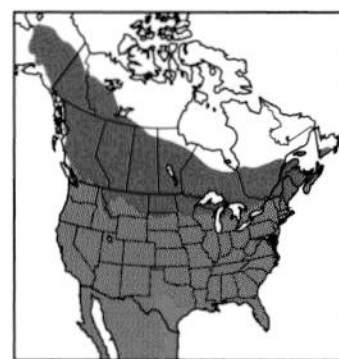

Nuestro halcón de menor tamaño es común y está ampliamente distribuido. En la mayoría de las regiones es visto mucho más seguido que los otros halcones. Prefiere áreas abiertas, granjas, desiertos, pueblos. Es típico observarlo perchado en alambres a lo largo de los caminos. Al cazar, suele revolotear en un punto con un rápido batir de alas. Se alimenta principalmente de insectos grandes pero también come roedores, aves pequeñas, etc. Anida en cavidades en los árboles, o cavidades en cactus gigantes en el suroeste. ▶ Relativamente pequeño y con cola larga, con dos franjas nítidas en la cara. La hembra tiene la cola y el dorso café rojizo con delgadas franjas oscuras. El macho tiene la *cola café-rojiza* con la punta negra, espalda café-rojiza que contrasta con las alas azul-gris. ♪ **Voz:** *kli-kli-kli-kli-kli-kli-kli* agudo.

HALCÓN ESMEREJÓN *Falco columbarius* (Merlin)

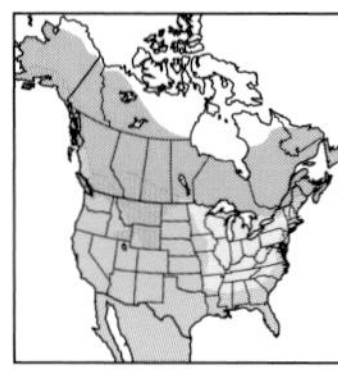

Un compacto y gallardo halcón, muy rápido y directo en vuelo. Por lo general poco común, se observan aves solitarias dispersas, pero en algunas ocasiones se ven en números mayores, como a lo largo de la costa durante la migración. En décadas recientes, se ha vuelto un residente bastante común alrededor de algunos pueblos en las praderas del norte y regiones cercanas. ▶ Cola relativamente corta. La hembra y el inmaduro tienen el dorso café, el macho tiene el dorso gris azulado, todos son rayados en la parte inferior. La cola oscura está cruzada por *delgadas franjas blancas.* En la forma clara de la pradera, el macho tiene el dorso casi azul celeste, mientras que las hembras café claras pueden sugerir una versión pequeña del Halcón Mexicano (página siguiente). Una escasa forma oscura vive a lo largo de la costa noroeste. La forma más ampliamente distribuida tiene un color intermedio. El Gavilán de Pecho Rufo (página anterior) tiene marcas similares pero la punta del ala es redonda (no puntiaguda), sin bandas blancas en la cola. ♪ **Voz:** *ki-ki-ki-ki-ki* rápido y muy agudo.

HALCÓN APLOMADO *Falco femoralis* (Aplomado Falcon)

Muy raro, cerca de la frontera con México. Un antiguo residente de los pastizales secos del suroeste, desapareció casi por completo antes de la mitad del siglo XX. Algunos se han visto recientemente en el oeste de Texas y Nuevo México, y se han realizado algunos intentos para reintroducir la especie en el sur de Texas. ▶ Los parches negros de los flancos casi se juntan en la parte baja del pecho; vientre y muslos *rojizos.* La larga cola negra tiene delgadas barras blancas. El juvenil es café. Algunas veces el juvenil de Halcón Mexicano (página siguiente) muestra unos extensos parches negros en los flancos, pero carece de los muslos rojizos y el borde blanco en la parte posterior del ala. El juvenil de la Aguililla de Swainson (p. 114) puede verse asombrosamente similar al Aplomado.

Hembra
Macho
Hembra
Macho
Hembra
Cernícalo Americano
10″ e 22″
(e = envergadura)
Hembras
Halcón Esmerejón
11″ e 24″
Macho
Macho
Halcón Aplomado
(raro)
16″ e 35″
(no a escala)
Forma clara de la pradera de Halcón Esmerejón
(no a escala)
Forma oscura del noroeste del Halcón Esmerejón

HALCÓN PEREGRINO *Falco peregrinus* (Peregrine Falcon)

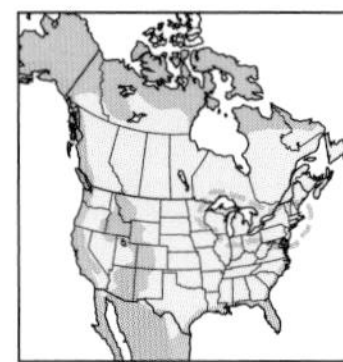

Se encuentra en casi todo el mundo pero es por lo general poco común. Este soberbio cazador estuvo en otro tiempo en peligro de extinción en Norteamérica; se ha recuperado bastante bien desde que el uso del DDT fue prohibido por la ley. Se presenta en muchos ambientes, pero a menudo está a lo largo de la línea costera, especialmente durante la migración. Suele anidar en acantilados, pero también puede hacerlo en edificios altos en las ciudades. ▶ Grande y poderoso, con la silueta de alas puntiagudas de los halcones. Vuela con aleteos fuertes y poco profundos; cuando se lanza en picada para atrapar a su presa, puede alcanzar una velocidad por arriba de las 100 millas por hora. Con frecuencia se ve muy oscuro (aunque los del Ártico son más claros), con un efecto de *capucha oscura.* Los adultos tienen el dorso azul-grisáceo, un barrado delgado en la parte inferior; el juvenil es café, rayado en la parte inferior. ♪ **Voz:** cerca del nido, *jiá-jiá-jiá-jiá* rasposo.

HALCÓN MEXICANO *Falco mexicanus* (Prairie Falcon)

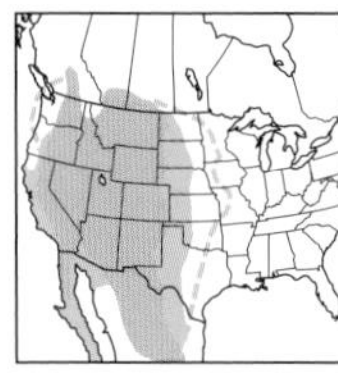

Este halcón es muy común en áreas abiertas del oeste, sobre los pastizales secos, praderas de artemisa, desiertos. Forma muy parecida a la del Peregrino, difiere en el comportamiento de caza: más que volar en picada, suele perseguir a su presa (incluyendo pequeñas aves, ardillas terrestres) en un vuelo con rápidas maniobras, cerca del suelo. Con frecuencia anida en salientes en riscos. ▶ Casi completamente café, con una delgada marca oscura como un bigote. Más claro que el Peregrino (especialmente en la cola y las partes inferiores), carece del efecto de capucha oscura. Mejor reconocido en vuelo por la fuerte *marca oscura* bajo la base del ala. (Un rastro de ésta se puede observar a veces en las aves perchadas.) Compare con la hembra del Halcón Esmerejón de la raza de las praderas (página anterior), que puede verse igual de clara. ♪ **Voz:** *ka-ka-ka-ka-ka-ka* agudo.

HALCÓN GERIFALTE *Falco rusticolus* (Gyrfalcon)

El halcón de mayor tamaño del mundo, un cazador de terrenos yermos abiertos en el lejano norte. Anida en acantilados a lo largo de los ríos del Ártico, se extiende sobre lugares cercanos persiguiendo lagópodos y otras aves grandes. Unos pocos Gerifaltes vagan hacia el sur durante el invierno; son raros visitantes al sur de Canadá, vistos principalmente a lo largo de la costa o en lugares muy abiertos. ▶ La mayoría de los Gerifaltes de Norteamérica son grises, pero también hay morfos claros y oscuros. Muy grande y con alas anchas, puede ser confundido con los otros dos halcones grandes. Casi todos los Gerifaltes, menos los oscuros, carecen del efecto de capucha que presenta el Peregrino; todos carecen de las axilas negras del Halcón Mexicano. Compare con el Gavilán Azor (p. 124). ♪ **Voz:** cerca del nido, *kra-kra-kra-kra-kra* rasposo.

Adulto
Juvenil
Juvenil
Halcón
Peregrino
17″ e 41″
Adulto
Halcón
Mexicano
17″ e 40″
Halcón
Gerifalte
22″ e 47″
Morfo
gris
(no a escala)
Morfo
Blanco
(no a
escala)
Morfo
oscuro

BÚHOS

(familia Strigidae) y Lechuzas de Campanario **(familia Tytonidae)** tienen posturas erguidas, cuellos cortos y cabezas grandes con ojos que miran hacia el frente. Con frecuencia suelen ser más oídos que vistos, la mayoría están activos durante la noche. Tienen un sentido del oído muy agudo, buena vista con poca luz y lo silencioso de su vuelo los hace cazadores nocturnos supremos. Los búhos perchados pueden ser localizados a veces durante el día gracias al agitado comportamiento de "acoso" de aves pequeñas.

BÚHO CORNUDO GRANDE *Bubo virginianus* (Great Horned Owl)

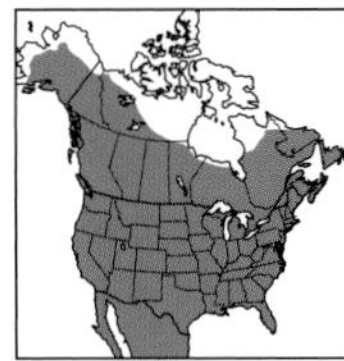

Se encuentra casi en cualquier lugar, incluyendo bosques, pantanos, desiertos. Un poderoso depredador, toma presas tan grandes como conejos, serpientes e incluso zorrillos. Caza principalmente de noche; suele ser acosado por cuervos durante el día. ▶ Tamaño grande, mechones de plumas como "cuernos", garganta blanca, barras horizontales en el vientre. Los pollos (como los de otros búhos) son blancos al principio. ♪ **Voz:** un grave *pum, purúm . . . pum . . . pum.* Aves jóvenes emiten un *jiiii* rasposo.

BÚHO CORNUDO DE CARA CAFÉ *Asio otus* (Long-eared Owl)

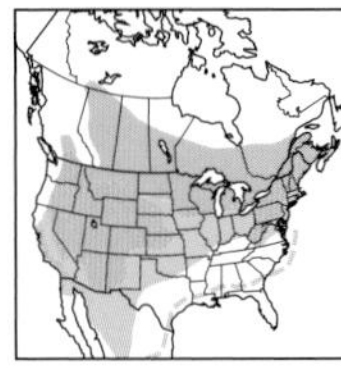

Ampliamente distribuido pero poco común, el Búho Cornudo de Cara Café suele ser silencioso, se pasa por alto fácilmente. Caza sólo de noche. En algunas ocasiones se encuentran grupos durante el invierno perchando en pinos u otro tipo de árboles. Cuando se asusta, puede estirarse para alcanzar una postura alta y delgada con los mechones de los "cuernos" erectos. ▶ Como una versión más pequeña y delgada del Búho Cornudo Grande, pero tiene *franjas* (no barras horizontales) en el vientre, marcas negras alrededor de los ojos. ♪ **Voz:** relativamente silencioso. A veces emite un *pu* muy grave.

BÚHO DE CUERNOS CORTOS *Asio flammeus* (Short-eared Owl)

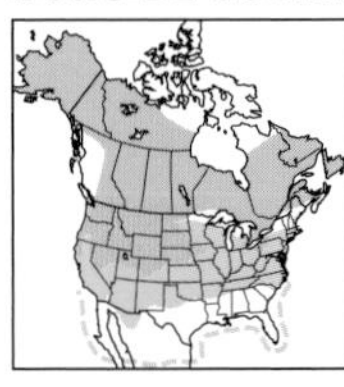

Un búho de áreas abiertas, en ocasiones sobre ciénagas, campos, tundra. Algunas veces caza de día, volando bajo sobre el suelo en un vuelo animado y suave; varios pueden cazar sobre los mismos campos. ▶ Apariencia beige clara, pecho rayado, marcas negras alrededor de los ojos. En vuelo, muestra una marca negra en la muñeca y un *parche beige* en las plumas exteriores del ala. ♪ **Voz:** generalmente silencioso, a veces un ladrido agudo y rasposo.

LECHUZA DE CAMPANARIO *Tyto alba* (Barn Owl)

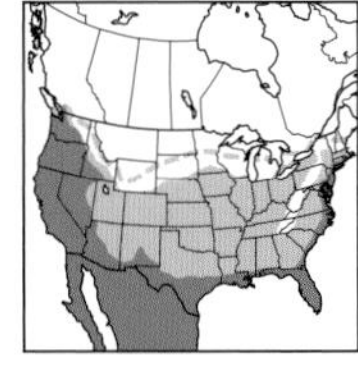

Ampliamente distribuida en Norteamérica (y en el mundo), pero escasa en gran parte de su distribución. Caza de noche buscando roedores; de día se esconde en graneros, edificios viejos, pozos secos, cuevas, árboles densos. ▶ Principalmente clara, cara con una extraña forma de corazón, ojos oscuros. Compare con el Búho Nival que tiene mayor tamaño (p. 134). Note que los pollos de búhos de otras especies también pueden ser blancos y sesear. ♪ **Voz:** : siseos; *jjjjjjjj* rasposo. Al vuelo, un grito agudo y rasposo que termina abruptamente.

Nido y jóvenes de
Búho Cornudo Grande

Búho Cornudo
Grande
23″

Adultos

Búho de
Cuernos
Cortos
15″

Búho Cornudo
de Cara Café
15″

Pollo

Lechuza de
Campanario
16″

están activos y vocalizan en la noche. Estos cinco anidan en cavidades en los árboles (o en cactus gigantes). Se alimentan principalmente de invertebrados, aunque los Tecolotes Oriental y Occidental también capturan muchos roedores.

TECOLOTE ORIENTAL *Megascops asio* (Eastern Screech-Owl)

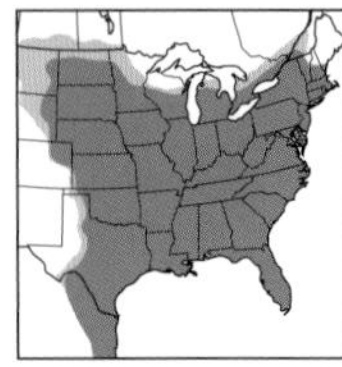

Común (pero con frecuencia se pasa por alto) en áreas con árboles grandes; vive, sin ser detectado, en muchos parques, suburbios. El color varía: el morfo gris es el más distribuido y común, pero el morfo rojo es frecuente en el sureste, muchos en Florida tienen colores intermedios o cafés. ▶ Los mechones de los "cuernos" pueden estar levantados o aplanados, cambiando la apariencia de la cabeza. ♩ **Voz:** relincho agudo como de caballo. También un *rrrrrrr* grave en un mismo tono.

TECOLOTE OCCIDENTAL *Megascops kennicottii* (Western Screech-Owl)

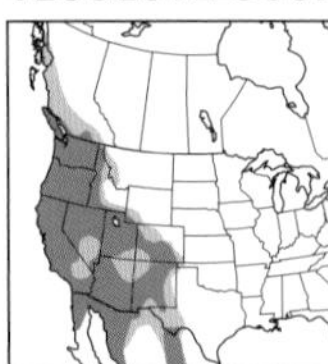

En bosques abiertos, desiertos, suburbios, con frecuencia muy común pero es pasado por alto. ▶ Gris (algunas veces café en el noroeste). Muy parecido al Tecolote Oriental; donde ambos se encuentran (las planicies del oeste), observe la *base amarillo-verdosa del pico* en el Oriental, *negruzca* en el Occidental. Mejor reconocido por el sonido. ♩ **Voz:** *pu, pu, pu, pu, pupu, purú.* También un *rrr, rrrrr* musical en un mismo tono.

TECOLOTE BIGOTUDO *Megascops trichopsis* (Whiskered Screech-Owl)

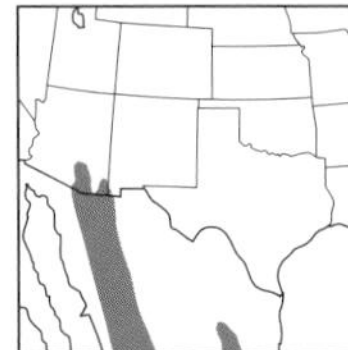

Cerca de la frontera con México, en bosques de encino de las montañas y cañones, se sobrepone con el Tecolote Occidental y alcanza elevaciones más altas. ▶ Parecido al Occidental pero más pequeño, con *patas más pequeñas,* patrón de plumaje *más borroso,* la base del pico es amarillo-verdoso. Mejor identificado por el sonido. ♩ **Voz:** serie de alrededor de 8 *tu*'s que termina abruptamente. También un canturreo como en clave Morse: *tu,tu, túru,tu,tu, túru,tu,tu . . .*

TECOLOTE DE OJO OSCURO *Otus flammeolus* (Flammulated Owl)

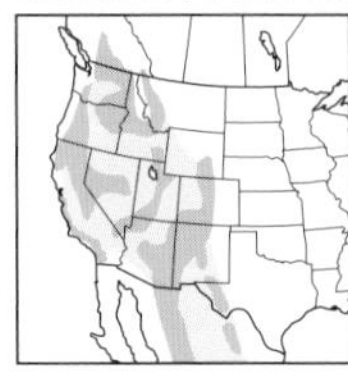

Un pequeño tecolote escurridizo de los bosques de pino del oeste. En algunas ocasiones es común durante el verano, pero pasa desapercibido, con su pequeño tamaño, voz callada y buen camuflaje contra la corteza de los árboles. ▶ El único tecolote *pequeño* de *ojos oscuros.* Pequeños mechones en los "cuernos", plumaje densamente moteado, a menudo con marcas rojizas en los hombros. ♩ **Voz:** *Bup* grave, a veces transformado en *bu-rup.* Generalmente vocaliza muy de noche.

TECOLOTE ENANO *Micrathene whitneyi* (Elf Owl)

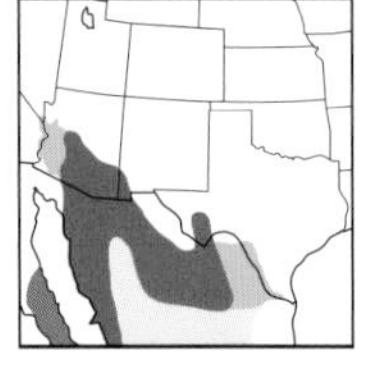

El tecolote más pequeño (del tamaño de un gorrión), común en desiertos y cañones durante el verano, anida en cavidades en saguaros y en árboles. En la actualidad, escaso en Texas y California. Activo sólo de noche. ▶ Tamaño diminuto, sin mechones en los "cuernos", cola corta. Rayas borrosas en la parte inferior, cejas blancas, franja blanca sobre el ala. ♩ **Voz:** un chillón *piá* agudo y una rápida *pa-pa-pa-pa-pa-pa-pa.*

Morfo café

Tecolote Oriental $8^1/_2$"

Morfo rojo

Morfo gris

Juvenil

Tecolote Occidental $8^1/_2$"

Tecolote Bigotudo $7^1/_2$"

Tecolote de Ojo Oscuro $6^1/_2$"

Tecolote Enano $5^1/_2$"

BÚHO LISTADO *Strix varia* (Barred Owl)

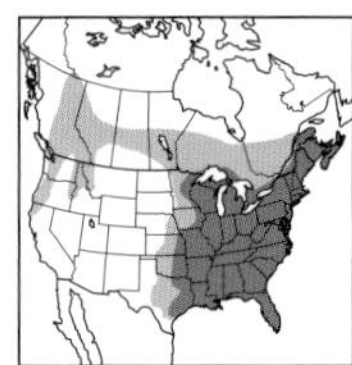

Los pantanos del sur resuenan algunas veces con el rico ulular del Búho Listado. En otros lugares esta especie es menos común pero ampliamente distribuida en bosques densos. Está expandiendo su distribución en el noroeste. Principalmente nocturno, algunas veces activo en días nublados. ▶ *Ojos oscuros,* sin mechones en los "cuernos". Barras horizontales en el pecho, franjas verticales en el vientre. ♪ **Voz:** 8 o 9 *hu*'s barítonos, a veces el último más prolongado.

BÚHO MANCHADO *Strix occidentalis* (Spotted Owl)

Poco común y local. Prefiere bosques antiguos en los estados del Pacífico, cañones boscosos en el suroeste. Activo sólo en la noche; percha en árboles densos durante el día. ▶ *Ojos oscuros,* sin mechones en los "cuernos". Muy parecido al Búho Listado pero un poco más pequeño, con un patrón diferente en la parte inferior (café con manchas blancas). ♪ **Voz:** ladridos graves pausados. También *iiiii* rasposo.

BÚHO LAPÓN *Strix nebulosa* (Great Gray Owl)

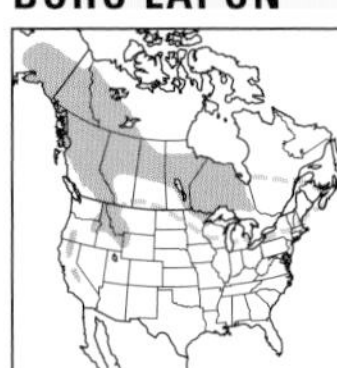

Un gran fantasma de los bosques del norte (y montañas altas del oeste). Suele ser difícil de encontrar. Puede cazar de día, especialmente en el invierno; a pesar de su gran tamaño, se alimenta principalmente de roedores. Durante algunos inviernos, algunos Lapones invaden las áreas abiertas del sur de Canadá y los estados del noreste. ▶ Tamaño enorme, cola larga, anillos oscuros en la cara, ojos amarillos. Dos *marcas blancas en el cuello* que pueden ser conspicuas. ♪ **Voz:** *Hu* grave, rara vez escuchado.

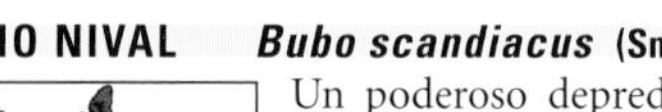

BÚHO NIVAL *Bubo scandiacus* (Snowy Owl)

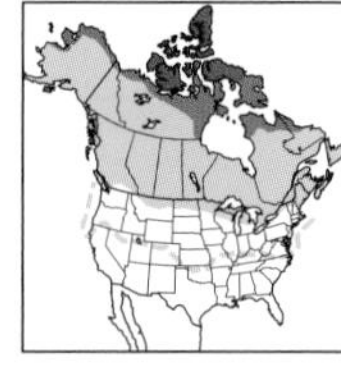

Un poderoso depredador del Ártico, pasa el verano en la tundra del norte. Caza de día. Unos pocos se dispersan al sur durante el invierno; algunas veces invaden sitios muy al sur, llamando la atención ya que perchan en campos abiertos, alrededor de aeropuertos, incluso en las ciudades. ▶ Voluminoso con cabeza redonda, ojos amarillos. Barrado negro variable: las hembras jóvenes están fuertemente marcadas, los machos viejos son casi completamente blancos. Los búhos blancos vistos en otros climas son generalmente Lechuzas de Campanario (p. 130) o pollos de otras especies.

BÚHO GAVILÁN *Surnia ulula* (Northern Hawk Owl)

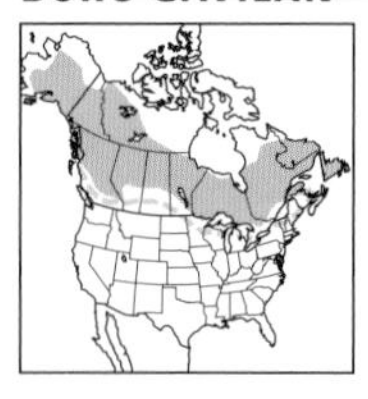

Un búho escaso de los bosques del norte, parecido a una rapaz. Caza de día o de noche. Puede ser visto perchado en la punta de un pinabete, o volando bajo y rápido de un árbol a otro. Rara vez se mueve al sur del bosque boreal durante el invierno. ▶ *Cola larga,* partes inferiores fuertemente barreadas. Postura menos vertical que la mayoría de los búhos. ♪ **Voz:** un rápido *pu-pu-pu-pu-pu-pu-pu-pu-pu-pu-pu-pu-pu* agudo. A veces también un *pu pu pú pu pu* más lento.

Búho
Listado
21″
Búho
Manchado
18″
Búho Nival
24″
Adulto
Búho
Lapón
27″
Pollo
Joven
Adulto
Búho Gavilán
16″

de varios tipos. El Tecolote Llanero anida en madrigueras en el suelo, los demás anidan principalmente en cavidades en los árboles.

TECOLOTE AFILADOR ***Aegolius acadicus*** **(Northern Saw-whet Owl)**

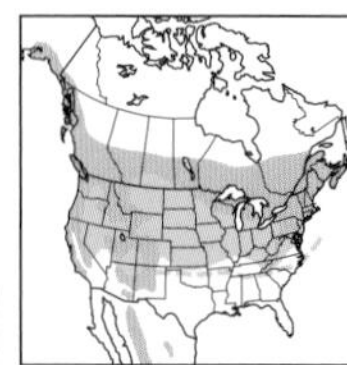

Este pequeño tecolote gusta de la cubierta densa, pasa el verano en bosques de coníferas del norte y de las montañas. Al ser descubierto perchando durante el día, puede ser notablemente manso. ► Sin mechones en los "cuernos," en general café rojizo, *rayas rojizas* en el pecho blanco. Durante el verano el juvenil es *café chocolate* con vientre beige pardo, cejas blancas. En el lejano norte, vea el Tecolote Boreal. ♪ **Voz:** una lenta y larga serie de *pu*'s, generalmente muy tarde en la noche. También un sonido rasposo como de piedra de afilar.

TECOLOTE BOREAL ***Aegolius funereus*** **(Boreal Owl)**

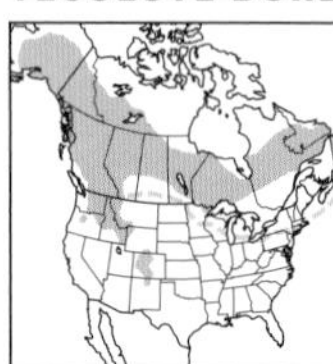

Un escaso y escurridizo tecolote del norte y las montañas altas. Muy rara vez se dispersa al sur de los bosques boreales, pero si se le encuentra, puede ser manso. ► Más grande y gris que el Tecolote Afilador, con un marcado *borde negro* alrededor de la cara pálida, pico *amarillo* (no oscuro). Durante el verano los juveniles son muy oscuros en la parte inferior, con cejas blancas, pico pálido. ♪ **Voz:** rápida serie de *hu*'s, ligeramente ascendente. También un *chiá* ronco.

TECOLOTE LLANERO ***Athene cunicularia*** **(Burrowing Owl)**

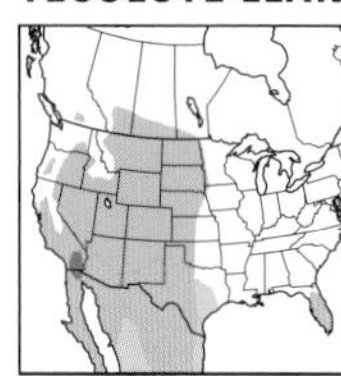

En alguna ocasión fue una especie común y muy conocida de áreas abiertas, sus números están declinando. Anida en ma-drigueras subterráneas. Caza principalmente de noche, pero con frecuencia es visto perchado en el suelo o en postes durante el día. En ocasiones revolotea con rápidos aleteos. ► *Patas largas*, partes inferiores barreadas, hábitos terrestres. El juvenil es claro por debajo. Vea Búho de Cuernos Cortos (p. 130), que también con frecuencia es visto en el suelo. ♪ **Voz:** grito agudo y musical *PaJá*. También serie de *chuíp*'s chillones.

TECOLOTE SERRANO ***Glaucidium gnoma*** **(Northern Pygmy-Owl)**

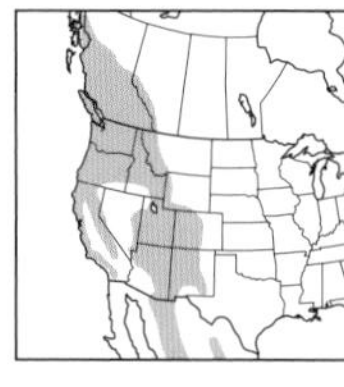

Pequeño pero rudo, puede capturar roedores o aves casi tan grandes como él. Con frecuencia es activo durante el día. Ampliamente distribuido en las montañas boscosas, pero no es común, suele ser difícil de encontrar. ► Pequeño, con barras pálidas en la larga cola. *Rayas afiladas* en el vientre blanco. Dos manchas (como ojos falsos) en la parte de atrás de la cabeza. El color general varia de gris a café rojizo. ♪ **Voz:** una lenta y larga serie de *pu*'s o *pu-pu*'s. Fácil de imitar.

TECOLOTITO COMÚN ***Glaucidium brasilianum*** **(Ferruginous Pygmy-Owl)**

Es común en lugares tropicales pero no en los E. U. Escaso y localizado en bosques secos del sur de Texas, muy raro en desiertos del centro-sur de Arizona. ► Como el Tecolote Serrano pero tiene *barras negras* en la *cola roja*, franjas delgadas (no manchas) en la corona; se encuentra a elevaciones más bajas en el suroeste. ♪ **Voz:** una rápida y larga serie de *pu*'s.

Juvenil
Tecolote
Boreal
10″
Adulto
Juvenil
Tecolote Afilador
8″
Adulto
Tecolote
Llanero
9½″
Juvenil
Adulto
Manchas como
"ojos" en
la parte de atrás
de la cabeza
Variación
de color
Tecolote Serrano
7″
Tecolotito
Común
7″

GALLOS DE BOSQUE

Las gallinas y gallos domésticos son descendientes de una cautelosa ave silvestre del sur de Asia, el Gallo Bankiva. Como las aves que se presentan a continuación, pertenece a la familia **Phasianidae.** Son aves de pico corto, patas fuertes, que pueden pasar gran parte de su tiempo en el suelo. Los siguientes gallos de bosque pueden ser sorprendentemente dóciles.

GALLO DE COLLAR *Bonasa umbellus* (Ruffed Grouse)

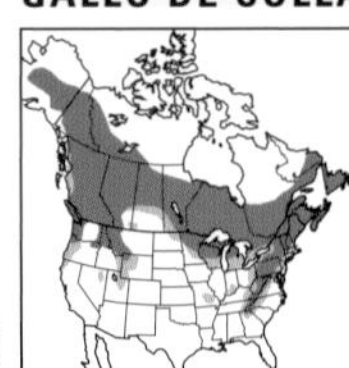

Bastante común en bosques decíduos o mixtos. Por lo general es visto en el suelo, también percha alto en los árboles. Durante el ritual de cortejo en la primavera, el macho se pavonea en un tronco con la cola extendida y las plumas del cuello esponjadas y tamborilea el aire con las alas. ▶ Cola larga en forma de abanico con una *ancha banda negra.* Tiene morfos de color, varían particularmente en el color de la cola (gris o rojiza). Las plumas negras del cuello no suelen ser aparentes excepto durante el ritual de cortejo. Las barras anchas negras y blancas en los flancos (debajo de las alas) pueden ser conspicuas. ♪ **Voz:** *Chok* fuerte, cloqueos queditos. El sonido más frecuente es el aleteo de cortejo del macho.

GALLO CANADIENSE *Falcipennis canadensis* (Spruce Grouse)

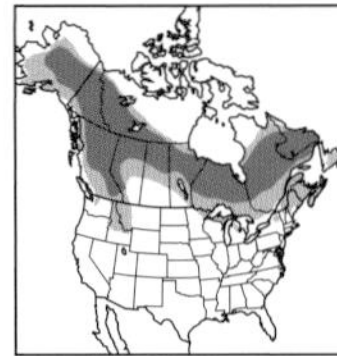

Aún cuando es bastante común a lo largo de los grandes bosques del norte, este gallo puede ser difícil de encontrar. Se sienta muy quieto mientras el observador pasa a su lado. Durante el ritual de cortejo, el macho se pavonea con la cola extendida, tamborileando con las alas. ▶ El macho se ve gris, con un borde blanco en la garganta negra y el pecho. En la mayoría de las regiones, note la *punta rojiza de la cola negra.* La hembra puede verse rojiza o gris. Parecido al Gallo de Collar pero tiene la cola más corta y oscura, barras negras y blancas en el vientre, no en los flancos. En la forma que se encuentra en el norte de las Rocosas, llamada "Gallo de Franklin" (no se muestra), el macho carece de la punta rojiza de la cola y tiene manchas blancas sobre la base de la cola. ♪ **Voz:** cloqueos; en cortejo el macho puede emitir *hu*'s graves.

GALLO DE LAS ROCOSAS *Dendragapus obscurus* (Blue Grouse)

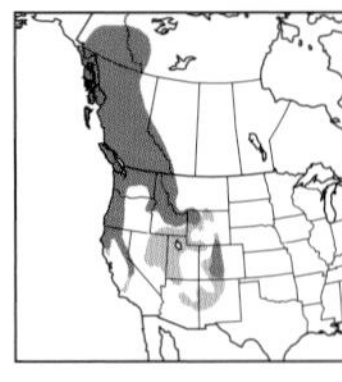

Un gallo grande y oscuro de los bosques del oeste. No siempre se encuentra en bosques densos; prefiere áreas cerca de claros grandes. Durante el ritual de cortejo (que algunas veces tiene lugar en lo alto de los árboles), el macho extiende la cola, se pavonea, da profundos aullidos. ▶ En la mayor parte de su distribución, se reconoce por la *ancha punta gris en la cola oscura* (en las Rocosas del norte, la cola es toda oscura). El macho es gris, más oscuro y uniforme que otros gallos. Las plumas blancas alrededor de los parches rojos o amarillos en el cuello sólo son visibles durante el ritual de cortejo. La hembra es café o gris moteado, con el vientre principalmente gris, carece del barrado negro y blanco del Canadiense o del de Collar. ♪ **Voz:** cloqueos; en cortejo el macho emite serie de *hu*'s graves.

Gallo de Collar
17½"
Macho ex-
hibiéndose
Morfo gris
Morfo rojo
Hembra
con pollos
Gallo
Canadiense
16"
Macho
Inmaduro
Gallo
de las Rocosas
19"
Macho
(Rocosas
del norte)
exhibién-
dose
Hembra
Macho

GALLOS DE SUELO ABIERTO

Los Lagópodos son gallos fuertes, adaptados a las condiciones extremas del Ártico. Camuflados en todas las temporadas, mudan del plumaje blanco del invierno al plumaje moteado del verano (pero las alas se quedan blancas). Las plumas de las patas añaden aislamiento y actúan como raquetas de nieve, ayudándolos a caminar sobre la superficie de la nieve. Los Perdigallos son nativos de Asia.

LAGÓPODO COMÚN *Lagopus lagopus* (Willow Ptarmigan)

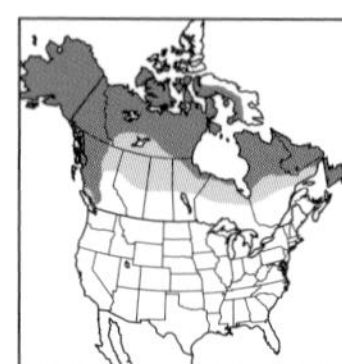

El gallo más numeroso en el lejano norte, común en tundra abierta, bosquecillos de sauces. Se reúne en pequeñas parvadas durante el invierno. Rara vez va más al sur de lo marcado en el mapa. ▶ Durante el invierno es blanco con las plumas de la cola negras. Más variable en verano, cambiando a lo largo de la temporada. A finales de la primavera el macho tiene cuerpo blanco, cabeza y cuello castaños; más adelante es casi todo café rojizo con alas blancas. La hembra está mejor camuflada, con un moteado café a lo largo del verano. ♪ **Voz:** cloqueos; el macho emite un grave *se fué* ronco.

LAGÓPODO ALPINO *Lagopus muta* (Rock Ptarmigan)

Aún cuando su distribución se sobrepone con la del Lagópodo Común, el Lagópodo Alpino se encuentra por lo general en lugares yermos abiertos, cordilleras altas. ▶ Las hembras de Lagópodo Común y Alpino son difíciles de diferenciar, pero el Alpino es más pequeño, con *pico más pequeño.* El macho del Alpino muda más tarde que la mayoría de los lagópodos; a principios del verano puede ser aún casi todo blanco, mientras que el macho del Común tiene la cabeza y pecho castaños. En invierno, el macho del Alpino tiene una línea negra que va del ojo al pico. ♪ **Voz:** cloqueos; el macho emite un *cjoá* rasposo.

LAGÓPODO DE COLA BLANCA *Lagopus leucura* (White-tailed Ptarmigan)

El lagópodo de las montañas; se encuentra desde las cordilleras de Alaska hasta los picos más altos de Nuevo México. Por lo general es difícil de encontrar, caminan silenciosamente en la tundra, se sientan muy quietos (confiando en su camuflaje) cuando alguien se acerca. ▶ Parecido a otros lagópodos, pero más pequeño. Tiene las plumas de la cola *blancas,* no negras (pero esto es difícil de ver, excepto en vuelo). En Alaska y el noroeste de Canadá suele vivir a mayores elevaciones que sus parientes y es el único lagópodo presente al sur de Canadá en el oeste. ♪ **Voz:** cloqueos; el macho tiene un *ji-jí-jii* agudo.

PERDIGALLO HIMALAYO ***Tetraogallus himalayensis*** **(Himalayan Snowcock)** Este enorme gallo asiático fue introducido como ave de caza en las montañas Ruby de Nevada, y parece haberse establecido en elevaciones altas. Difícil de ver cuando los pequeños grupos caminan en las pendientes yermas. ▶ Inconfundible en su distribución en los E. U.: *muy grande,* con rayas castañas alrededor de las pálidas cara y garganta. ♪ **Voz:** cloqueos; un silbido largo ascendente.

LAGÓPODOS Y PERDIGALLO

GALLO DE LAS ARTEMISAS ***Centrocercus urophasianus*** **(Greater Sage-Grouse)** Limitado a las grandes planicies de artemisas de las mesetas del oeste, este soberbio gallo está desapareciendo junto con su hábitat. Los machos se reúnen en primavera y ejecutan espectaculares rituales de cortejo para atraer a las hembras, pavoneándose con la amarilla bolsa desnuda del pecho y haciendo sonidos explosivos. ▶ El pecho blanco del macho contrasta con el babero negro, vientre negro. Cola larga y puntiaguda. La hembra se reconoce por su gran tamaño, cola relativamente larga, contrastante *parche oscuro en el vientre.*

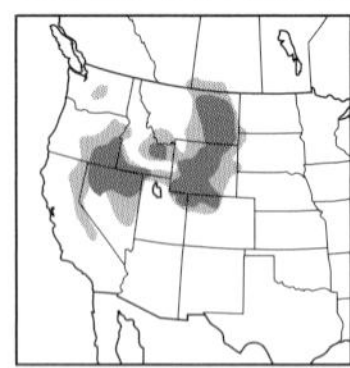

GALLO DE GUNNISON ***Centrocercus minimus*** **(Gunnison Sage-Grouse)** Las diferencias con el Gallo de las Artemisas no fueron reconocidas hasta los años 1990. Ahora reconocida como una especie diferente, que se encuentra principalmente en la cuenca de Gunnison en Colorado, localmente en Utah. ▶ Más pequeño que el Gallo de las Artemisas. El macho tiene barras pálidas más obvias en las plumas de la cola, un mechón más largo en la cabeza. Es mejor identificado por su distribución.

GALLO DE LAS PRADERAS MAYOR ***Tympanuchus cupido*** **(Greater Prairie-Chicken)** Alguna vez abundante, en la actualidad son un componente que está desapareciendo de nuestra herencia de las praderas. Donde aún quedan, los machos se reúnen en la primavera en sitios tradicionales para realizar bailes para atraer hembras, con poses y golpeteos, haciendo sonidos de gemidos. Una raza aislada que se encontraba anteriormente en la costa Atlántica está extinta, y en Texas la raza "de Attwater" está en serio peligro. ▶ Café, la parte inferior *muy barrada.* En vuelo, muestra una *corta cola negra.*

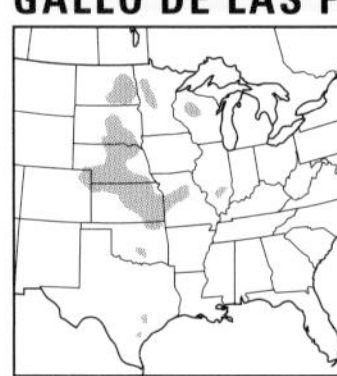

GALLO DE LAS PRADERAS MENOR ***Tympanuchus pallidicinctus*** **(Lesser Prairie-Chicken)** Un gallo pálido, adaptado a las praderas secas de pastos cortos con parches dispersos de matorral de encino. Numerosos en algún tiempo, están desapareciendo igual que el Viejo Oeste; probablemente están en peligro. Su ritual de cortejo es parecido al del Gallo de las Praderas Mayor. ▶ Mejor identificado por su distribución (no se sobrepone con el Mayor). Pálido y más pequeño. Durante el ritual de cortejo, el macho muestra sacos morados en el cuello.

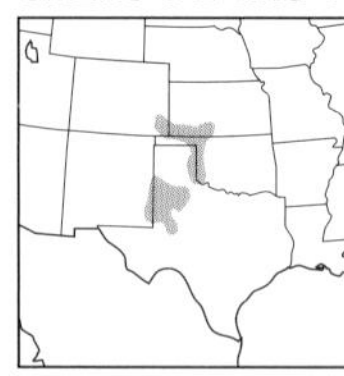

GALLO DE LAS PRADERAS RABUDO ***Tympanuchus phasianellus*** **(Sharp-tailed Grouse)** Este gallo prefiere áreas donde la pradera se mezcla con bosquecillos dispersos y suele perchar alto en los árboles durante el tiempo frío, alimentándose de brotes. Los machos se reúnen durante la primavera y bailan para atraer a las hembras, posando con la cola erguida, haciendo un dulce arrullo. ▶ Parecido a los otros dos gallos de las praderas, pero tiene la parte inferior muy *manchada,* no barrada. En vuelo, muestra una cola *más larga* con plumas externas blancas.

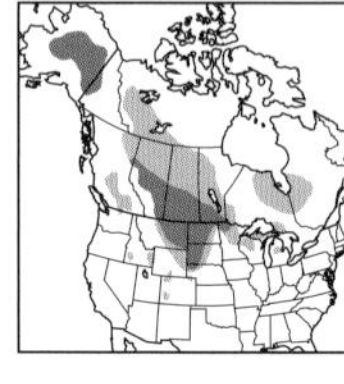

Gallo de las Artemisas
28″ (Macho), 23″ (Hembra)
Macho
Hembra
Macho exhibiéndose
(no a escala)
Machos exhibiéndose
Gallo
de Gunnison
22″ (Macho),
19″ (Hembra)
(no a escala)
Macho
exhibiéndose
Gallo de las Praderas Mayor
17½″
Hembra
Macho
Gallo de las
Praderas Menor
16″
Gallo de las Praderas
Rabudo
17″
Macho ex-
hibiéndose

CODORNICES Y PERDICES

La Perdiz Pardilla y la Perdiz Chukar están relacionadas con los gallos de las páginas anteriores. Las otras dos pertenecen a la familia de codornices del Nuevo Mundo **(Odontophoridae),** que continúan en la página siguiente.

CODORNIZ COTUÍ *Colinus virginianus* (Northern Bobwhite)

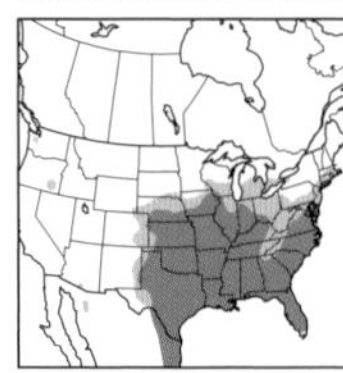

La pequeña codorniz familiar en el este de Norteamérica. En primavera, los machos silban su nombre desde los postes de las cercas y las ramas bajas. En otras temporadas, pequeñas bandadas corren por el suelo, se esconden en el pasto denso de campos, bosques abiertos. ► Contrastante *ceja y garganta,* beige en la hembra, blancas en el macho. Cuerpo café rojizo, cola corta. Vea otras aves de campo pequeñas y rechonchas, como los praderos (p. 334). El macho de la raza sonorense, **"Codorniz Enmascarada"** (que se encuentra en peligro y está siendo reintroducida en Arizona), tiene cara negra, pecho rojo óxido. ♪ **Voz:** *co-tuí.* En bandada emiten un *cuói-ki.*

CODORNIZ MOCTEZUMA *Cyrtonyx montezumae* (Montezuma Quail)

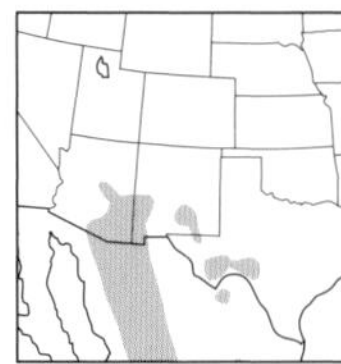

En las estribaciones del suroeste, esta codorniz prefiere los pastos altos entre encinos dispersos. Poco común y callada, se pasa por alto fácilmente. Cuando alguien se acerca, suelen sentarse muy quietas, confiando en su camuflaje, para después irrumpir en vuelo casi bajo los pies. ► Pequeña, rechoncha, con cabeza grande. El patrón de payaso de la cara del macho es inconfundible. La hembra está marcada más sutilmente en color café claro pero se reconocen la forma de la cabeza y el patrón. ♪ **Voz:** un rasposo *juíííííí* descendente, como el llanto de un niño pero mas suave.

PERDIZ PARDILLA *Perdix perdix* (Gray Partridge)

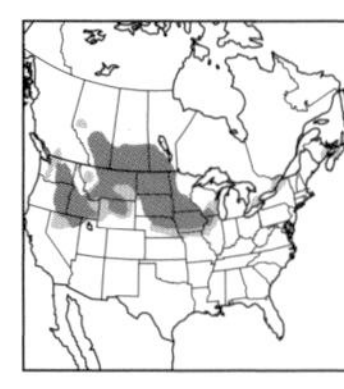

Traída de Europa y liberada como ave de caza, ha prosperado en algunas áreas, especialmente en las zonas agrícolas de las praderas del norte. Camina sobre el suelo en campos abiertos, por lo general en bandadas o en parejas, suele esconderse en los pastos altos. ► *Cara y garganta anaranjadas,* parche castaño en el vientre (reducido en la hembra). En vuelo, la cola corta muestra las plumas exteriores color rojo óxido. ♪ **Voz:** rasposo *ji-jjjj.* Al alarmarse, serie de chips fuertes.

PERDIZ CHUKAR *Alectoris chukar* (Chukar)

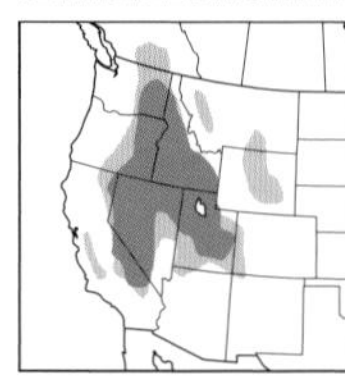

Nativa del sur de Asia y el Medio Oriente, introducida a Norteamérica como ave de caza. Ha prosperado en algunas partes del oeste, especialmente en los cañones secos y rocosos con muchos arbustos densos. Vive en bandadas la mayor parte del tiempo. ► Barras negras muy marcadas en los flancos, *línea negra alrededor de la garganta clara,* patas y pico rojos. No se parece a ninguna otra ave de Norteamérica, pero algunas perdices del Viejo Mundo son muy parecidas (y algunas veces son liberadas en Norteamérica como aves de caza). ♪ **Voz:** en la primavera, *co-co-co-co* o *ji-ji-ji-ji* rasposo.

CODORNICES Y PERDICES

CODORNICES DEL OESTE

Las crías de las codornices abandonan el nido poco después de salir del cascarón, siguiendo a sus padres. Sus alas se desarrollan rápidamente y pueden volar antes de haber alcanzado su tamaño adulto. (Lo mismo es verdad en el caso de la familia de los gallos y los faisanes, excepto que las crías suelen ser atendidas sólo por sus madres, no por ambos padres.)

CODORNIZ CALIFORNIANA *Callipepla californica* (California Quail)

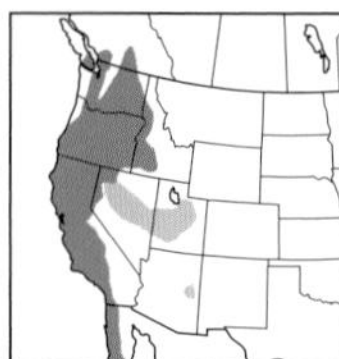

En bosques con maleza y chaparrales en tierras bajas del lejano oeste, las parejas y las bandadas de esta codorniz caminan por el suelo. Puede sobrevivir aún en suburbios y parques en las ciudades grandes si existe suficiente cobertura en el suelo. ▶ Tiene una pequeña pluma curvada en la corona, franjas blancas en los *flancos café-grisáceos,* marcado *patrón escamoso* en el vientre. Compare la Codorniz de Montaña. En zonas desérticas, vea Codorniz de Gambel. ♩ **Voz:** *ká-wa, ka* o *kawá, ka.* Serie de chips. En la primavera, el macho emite un fuerte *uá-a* descendente.

CODORNIZ DE GAMBEL *Callipepla gambelii* (Gambel's Quail)

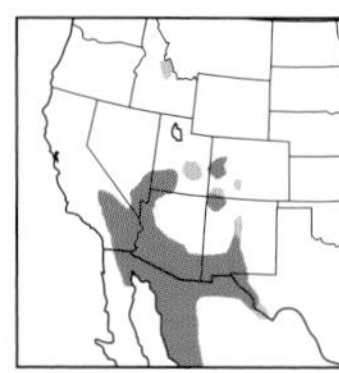

Es una codorniz del desierto, común en tierra de cactus y mezquites, y llega a los bordes de las ciudades. Como otras codornices, viaja en bandadas la mayor parte del año, en parejas durante la época reproductiva. ▶ Tiene una pluma curvada en la corona, franjas blancas en los *flancos castaño-rojizos.* El macho tiene *capucha rojiza, parche negro en el centro del vientre amarillo.* La hembra es más rojiza en los flancos que la Codorniz Californiana, con un patrón menos escamoso en el vientre. ♩ **Voz:** *kawá, ka* o *kawá, ka-ka.* Serie de chips. En primavera, los machos emiten un fuerte *uá-a* descendente desde una percha alta.

CODORNIZ DE MONTAÑA *Oreortyx pictus* (Mountain Quail)

En estribaciones con maleza y montañas de los estados del Pacífico, esta codorniz es común en ocasiones, pero suele ser difícil de observar, se esconde en el chaparral denso, en los bosquecillos de manzanita. ▶ Dos plumas largas y delgadas se yerguen sobre la cabeza (suelen aparentar una sola pluma). Cabeza y pecho azul-grisáceo, cara castaña, *anchas barras blancas en los flancos castaños.* ♩ **Voz:** en primavera, el macho emite un fuerte *au* reverberante que se oye a gran distancia y es repetido con intervalos largos.

CODORNIZ ESCAMOSA *Callipepla squamata* (Scaled Quail)

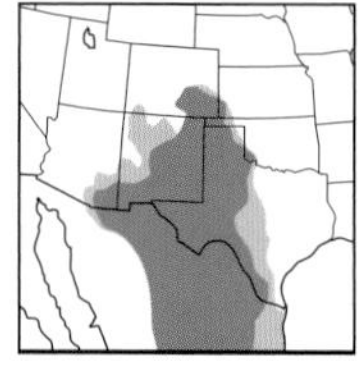

Esta codorniz gris es común en pastizales abiertos secos del suroeste, pero evita las áreas de verdadero desierto que carecen de una buena cubierta de pastos en el suelo. ▶ Azul grisácea, con una algodonosa cresta blanca ("Punta de Algodón" es uno de sus sobrenombres). Los bordes oscuros de las plumas grises del cuerpo crean una apariencia escamosa. Ambos sexos son muy similares, pero la hembra puede tener una cresta más corta. ♩ **Voz:** un fuerte *pá-pa, pá-pa.* También *paa* ronco.

Codorniz Californiana
10″

Macho

Hembra

Pareja de codornices con pollos

Codorniz de Gambel
11″

Hembra

Macho

Codorniz de Montaña
11″

Codorniz Escamosa
10″

AVES GRANDES DE COLA LARGA

Los faisanes y los guajolotes están clasificados en la misma familia que los gallos, pero las chachalacas pertenecen a la familia **Cracidae,** junto con los paujíes, pavas y pavones de los trópicos americanos. El correcaminos no está relacionado con ellos, pertenece a la familia de los cucos (p. 200).

FAISÁN COMÚN *Phasianus colchicus* (Ring-necked Pheasant)

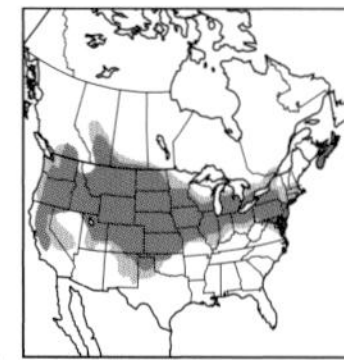

Nativo de Asia, introducido a Norteamérica como ave de caza. Ha prosperado en algunas áreas, especialmente granjas, praderas, bosques con maleza. ► El macho es inconfundible, muy colorido con cola larga, anillo blanco en el cuello. La hembra es café moteada y se reconoce por su talla, cola larga, vientre pálido; vea Gallo de las Praderas p. 142. El "Faisán Verde" (no ilustrado), algunas veces se considera como una especie separada, encontrándose localmente en la costa este; ambos sexos son mas oscuros y los machos carecen del anillo blanco en el cuello. ♩**Voz:** el macho emite un graznido rasposo *jó-jo.*

CORRECAMINOS NORTEÑO *Geococcyx californianus* (Greater Roadrunner)

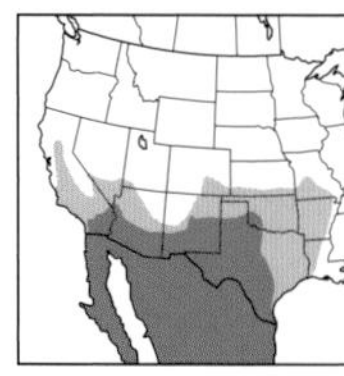

Este famoso cuco es más común en los desiertos del suroeste, pero pequeños números se distribuyen al este hasta las montañas Ozarks y al norte hasta el centro de California. Puede volar, pero suele no hacerlo; arranca en una carrera rápida para capturar insectos grandes, reptiles, serpientes, roedores, aves pequeñas. ► Inconfundible. Patrón rayado, cola con manchas blancas. Cresta que puede estar levantada o plana. ♩**Voz:** generalmente silencioso, pero hace un *prrrr* con el pico. El canto es una lenta serie de *cu*'s descendentes.

CHACHALACA COMÚN *Ortalis vetula* (Plain Chachalaca)

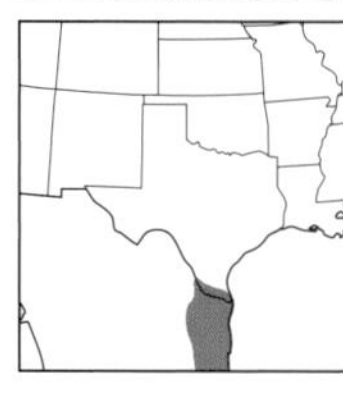

Una especialidad de Texas (también ha sido introducida a Sapelo Island, Georgia). Corre por el suelo y trepa a los árboles. Tímida y difícil de ver en los trópicos, pero se ha vuelto muy dócil en algunos pueblos y parques de Texas. Las parvadas hacen un fuerte estruendo desde la copa de los árboles, especialmente al amanecer. ► Grande, cola larga, cabeza pequeña. Café olivo opaco, gris en la cabeza, beige en el vientre. Puede mostrar rojo en la garganta. Las anchas plumas negras de la cola tienen la punta blanca. ♩**Voz:** un coro fuerte de *cha-cha-lá, cha-cha-lá* emitido por las bandadas.

GUAJOLOTE NORTEÑO *Meleagris gallopavo* (Wild Turkey)

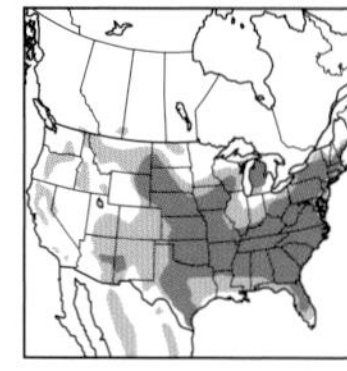

El ancestro silvestre del guajolote doméstico es un ave elegante y cautelosa, de vuelo fuerte. Puede ser vista alto en los árboles, aunque se alimenta en el suelo. En otros tiempos fue cazada hasta casi desaparecer, pero se ha restablecido y ha sido introducida en lugares más allá de su distribución original. Aún se está incrementando en los estados del este. ► Enorme, con cabeza desnuda y cola larga y ancha. Con una apariencia más elegante y fuerte que la variedad de granero. ♩**Voz:** fuerte gorgoreo que a menudo se escucha al amanecer. También cloqueos graves.

AVES GRANDES DE COLA LARGA

IBISES, ESPÁTULA, FLAMENCO

Los ibises y las espátulas **(familia Threskiornithidae)** y los flamencos **(familia Phoenicopteridae)** son aves vadeadoras con picos de formas extrañas. .

IBIS DE CARA OSCURA *Plegadis falcinellus* (Glossy Ibis)

En los pantanos de Florida y la Costa Atlántica, las parvadas de estas aves sondean el lodo en busca de insectos y otras criaturas. ▶ Muy oscuro, con pico curvo. Con buena luz, en el adulto se puede observar el cuerpo castaño, así como un brillo verde, púrpura y rosa en las alas. En la época reproductiva, la piel gris oscura de la cara tiene delgados bordes azul pálido. De otro modo, casi idéntico a la siguiente especie.

IBIS DE CARA BLANCA *Plegadis chihi* (White-faced Ibis)

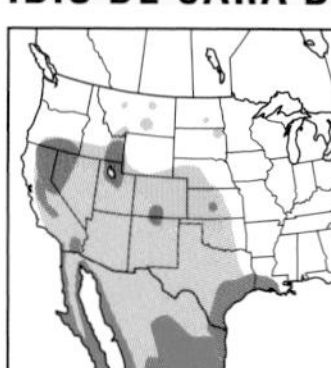

Muy común en los pantanos del oeste durante las temporadas cálidas. ▶ Muy similar al Ibis de Cara Oscura, en general es mejor identificado por su distribución. (Sólo se sobreponen en la costa oeste del Golfo, pero cada uno puede dispersarse en la distribución del otro.) En plumaje reproductivo, tiene un *borde de plumas blancas* alrededor de la *piel roja de la cara* (el de Cara Oscura tiene la piel de la cara gris oscura con un borde azul pálido, sin plumas blancas), suele tener patas rojas. Los inmaduros no se pueden identificar con seguridad; los adultos de ambas especies son casi idénticos durante el invierno, aunque el de Cara Blanca tiene *ojos rojos.*

IBIS BLANCO *Eudocimus albus* (White Ibis)

En partes del suroeste, las parvadas de ibises blancos vadean en zonas poco profundas, metiendo el pico en el suelo o barriendo con sus picos. Las colonias anidan en árboles bajos a la orilla del agua. Unas pocas aves se dispersan al norte y oeste de su área de distribución usual. ▶ El adulto es inconfundible, blanco con *pico y patas rojas, punta de las alas negra.* Los juveniles son, en un principio, casi completamente cafés con vientre blanco, reconocibles por el pico rosa curvado; el plumaje se torna desigual conforme madura.

ESPÁTULA ROSADA *Platalea ajaja* (Roseate Spoonbill)

Principalmente en Florida y la costa de Texas, estas extrañas y hermosas aves giran su pico de un lado a otro al vadear en aguas poco profundas. Es típico observarlas en pequeños grupos. Rara vez se dispersan al norte y al suroeste. ▶ Los adultos se reconocen por sus picos extraños, brillantes *tonos rosados,* cabezas verdes sin plumas. Las aves jóvenes son mucho más pálidas, con cabezas emplumadas blancas.

FLAMENCO AMERICANO *Phoenicopterus ruber* (Greater Flamingo)

Ocasionalmente se pueden ver, casi en cualquier lugar, flamencos que han escapado de cautiverio. Las aves silvestres de las Bahamas son raros visitantes en el Parque Nacional Everglades, Florida. ▶ Cuello y patas mucho más largas que la Espátula Rosada, diferente forma de pico. Los inmaduros son más pálidos, grises. Nota: en algunas ocasiones se pueden ver flamencos de otras especies que se han escapado.

VADEADORAS CON PICOS EXTRAÑOS

AVES VADEADORAS GRANDES

A continuación están agrupadas cuatro de nuestras vadeadoras más grandes. Las garzas, que se presentan en la página 154, son algunas veces confundidas con grullas **(familia Gruidae)** o con cigüeñas **(familia Ciconiidae)**. A diferencia de las garzas, las grullas y las cigüeñas vuelan con los cuellos completamente extendidos, algunas veces planeando en parvadas en lo alto.

GARZÓN CENIZO *Ardea herodias* (Great Blue Heron)

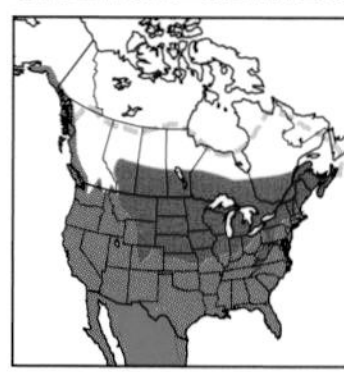

Nuestra garza más ampliamente distribuida, y la más grande. Con frecuencia solitaria, excepto alrededor de las colonias de anidación; aves solitarias pueden ser vistas aleteando lentamente en lo alto, aún a millas del agua. Se para pacientemente al lado del agua, esperando para atrapar un pez. ▶ Enorme y gris, con un gigantesco pico, *franja negra en la corona* sobre una cabeza blanca. Otras garzas grises tienen un patrón diferente en la cabeza; la Grulla Gris tiene una forma de cuerpo diferente. Dos formas distintas de Garzón Cenizo están limitadas a Florida: "Garzón Blanco" (completamente blanca con pico amarillo, patas claras) y "Garzón de Wurdemann" (con cabeza blanca), principalmente en los Cayos de Florida.

GRULLA GRIS *Grus canadensis* (Sandhill Crane)

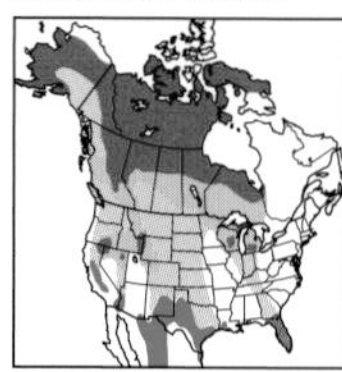

Social y localizada, puede ocurrir en grandes parvadas en algunos lugares y estar ausente en otros. Las Grullas Grises anidan alrededor de las ciénagas, pero en migración y durante el invierno pueden alimentarse de los granos que quedaron en los campos abiertos. ▶ El adulto es gris con un *parche rojo en la cabeza,* algunas veces manchas cafés en las plumas del cuerpo; el juvenil tiene la cabeza café. Forma diferente a la del Garzón Cenizo, con un pico más corto, un tupido mechón de plumas en la rabadilla. ♪ **Voz:** graznido fuerte *crrrrrro* que frecuentemente se oye de las parvadas que sobrevuelan.

GRULLA BLANCA *Grus americana* (Whooping Crane)

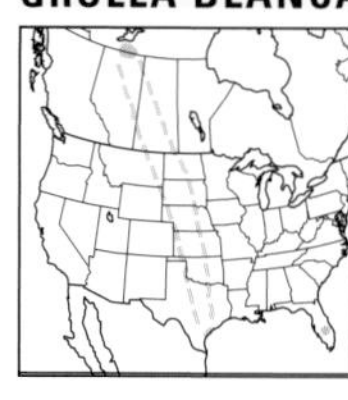

Esta magnífica grulla casi se extinguió en los 1940s, aún es rara y está en peligro. Pequeños números migran del Canadá para pasar el invierno en la costa de Texas (área de Rockport). Se está intentando introducirlas en otros lugares, como Florida. ▶ Mayor que las garzas (página siguiente), diferente forma. El adulto tiene piel desnuda roja en la cabeza, el juvenil tiene café en la cabeza y la espalda. El patrón negro de las alas se muestra en vuelo; compare con la Cigüeña Americana, también con el Pelícano Blanco (p. 72). ♪ **Voz:** fuerte trompeteo.

CIGÜEÑA AMERICANA *Mycteria americana* (Wood Stork)

Nuestra única cigüeña nativa. Se encuentra durante todo el año en Florida; visita otros lugares en el sureste durante el verano, muy local en el suroeste. Camina en aguas poco profundas con la cabeza agachada, sintiendo la presa con su pico. Anida en colonias en árboles altos. ▶ *Cabeza gris desnuda, pico grande.* El juvenil tiene el pico amarillo. En vuelo, el patrón de las alas sugiere el de Pelícano Blanco (p. 72).

"Garzón de Wurdemann"
Garzón Cenizo 47"
Adultos
"Garzón Blanco"
Juvenil
Otros Garzones Cenizos (no a escala)
Grulla Gris 42"
Juvenil (no a escala)
Grulla Blanca 52"
Adulto
Adulto
Adultos
Juvenil
Cigüeña Americana 40"

GARZAS BLANCAS

En la familia de las garzas **(Ardeidae)**, los términos "garzón," "garceta," y "garza" son aplicados libremente. Estas aves son vistas por lo general vadeando o paradas en aguas poco profundas, esperando para atrapar peces pequeños. La voz de la mayoría de las garzas es un graznido áspero, y no se describe a continuación. Los garzones y las garzas suelen colocar sus voluminosos nidos de ramas muy cerca unos de otros, en árboles o en matorrales; diferentes especies pueden anidar juntas en colonias mixtas.

GARZA BLANCA *Ardea alba* (Great Egret)

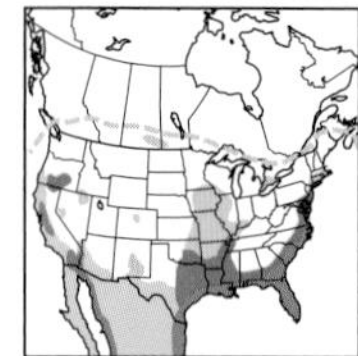

Esta elegante vadeadora es nuestra especie de garza blanca más ampliamente distribuida, suele pararse como una estatua a lo largo de la orilla de lagos y ciénagas. En 1900, las poblaciones de garzas fueron diezmadas por los cazadores debido a sus plumas; su recuperación se debió en gran medida a los esfuerzos de la Sociedad Audubon, recién formada en esa época. ▶ Grande, con cuello largo y blanco, pico amarillo, patas negras. En Florida, el "Garzón Blanco" es aún mayor, pero tiene las patas claras. La Garza Ganadera es mucho más pequeña, con pico y patas más cortas.

GARZA DE DEDOS DORADOS *Egretta thula* (Snowy Egret)

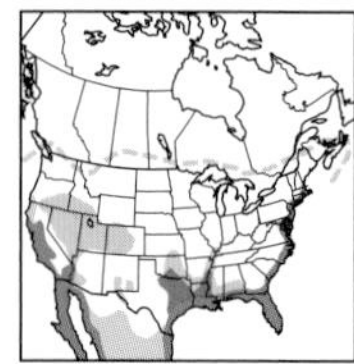

Una delicada garza que danza en aguas poco profundas, arrastrando las patas o corriendo activamente mientras persigue peces pequeños o renacuajos. Muchas garzas desarrollan plumas largas como filigrana (llamadas "airones") en plumaje reproductivo; las de la Garza de Dedos Dorados son especialmente largas y sedosas. ▶ Patas en su mayor parte negras, con *brillantes dedos dorados* ("zapatillas doradas"). Pico negro, con *lores* (enfrente del ojo) *amarillos.* Los inmaduros pueden tener patas verdosas en un principio, base del pico gris; vea inmaduro de Garceta Azul (página siguiente).

GARZA GANADERA *Bubulcus ibis* (Cattle Egret)

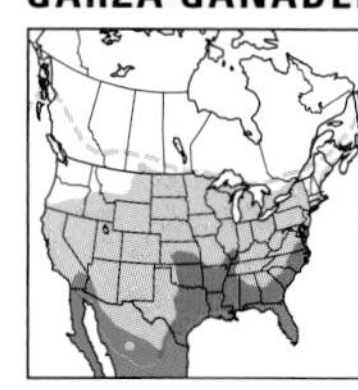

Abandonando los hábitos acuáticos de la mayoría de las garzas, la Garza Ganadera acecha en campos abiertos, cazando saltamontes y otros insectos. Suelen forrajear cerca de animales de granja que pueden espantar los insectos del pasto. Suelen escoger árboles cerca del agua para anidar y perchar. Las Garzas Ganaderas se dispersaron desde África hasta Sudamérica, y alcanzaron Norteamérica en los 1950s. ▶ Más compacta que otras garzas blancas. Pico amarillo *notablemente más corto.* Las patas varían de amarillo/rosa en la temporada reproductiva, a grises/negras durante el invierno. En plumaje reproductivo, muestra parches de plumas color beige.

OTROS GARZONES Y GARZAS BLANCAS

El **"Garzón Blanco"**, una raza del Garzón Cenizo (p. 152), se encuentra localmente en Florida, especialmente en los Cayos y los Everglades. Mayor que la Garza Blanca, con un pico más grande y las *patas claras.* Vea la página siguiente para las diferentes etapas blancas del inmaduro de la Garceta Azul y el morfo blanco de la Garza Rojiza, cualquiera de los cuales puede ser confundido con la Garza Blanca.

GARZAS BLANCAS

COMPARACIÓN DE PICOS Y CABEZAS

GARCETA AZUL ***Egretta caerulea*** **(Little Blue Heron)**

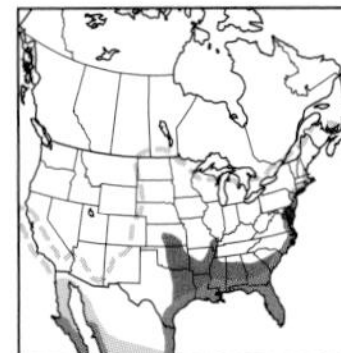

Una elegante garceta, similar en tamaño y forma a la Garza de Dedos Dorados (p. 154). La Garceta Azul es común en el sureste, rara en el oeste. Suele verse vadeando lentamente o parada muy quieta con el cuello completamente estirado, sosteniendo en alto la cabeza pero apuntando el pico hacia abajo. ▶ Los adultos son azules grisáceo, con un toque rojo-violeta en el cuello; pico azul con la punta negra. Más pequeña y compacta que el morfo oscuro de la Garza Rojiza, con pico y patas más cortas. Al principio los inmaduros son blancos; muy parecidos a la Garceta de Dedos Dorados pero la piel desnuda cerca del ojo suele ser gris (no amarilla), las patas verde opaco. La punta de las alas es oscura y puede ser vista durante el vuelo. Por lo general se alimenta de una manera más metódica y lenta que la Garceta de Dedos Dorados. Cuando está mudando al plumaje adulto, puede tener parches blancos y azules (fase "calico").

GARCETA TRICOLOR ***Egretta tricolor*** **(Tricolored Heron)**

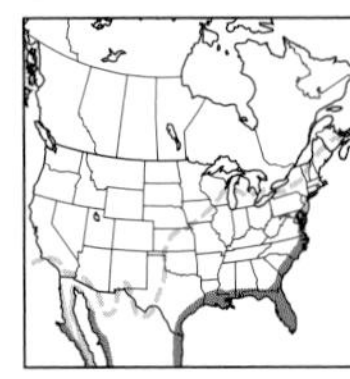

Una garceta delicada y graciosa del sureste, principalmente en las marismas costeras, pantanos. Algunas veces se dispersa tierra adentro y hacia el oeste. Antes llamada Garceta de Luisiana. ▶ Parte superior azul oscura que contrasta con el vientre blanco y la raya blanca que sube sobre la parte frontal del cuello. La base del pico y la piel de la cara son amarillentas en la mayoría de las temporadas, azul brillante durante la época reproductiva. La forma delgada hace que el cuello y pico de esta especie se vean aún más largos que en la mayoría de las garcetas. El inmaduro tiene café-rojizo remplazando el azul en el cuello y tiene marcas café-rojizas en las alas.

GARZA ROJIZA ***Egretta rufescens*** **(Reddish Egret)**

Restringida a aguas saladas en el sureste, esta larguirucha garceta rara vez es vista lejos de la costa. Suele correr y bambolearse en lagunas, deteniéndose repentinamente y extendiendo sus alas o volteando para clavar un pez. ▶ Patas largas; *pico grande, largo y recto;* plumas *alborotadas* en el cuello. Dos morfos de color: el morfo oscuro (gris oscuro y café rojizo) y el raro morfo blanco. A diferencia de la Garceta Azul, el color no tiene relación con la edad: las aves son oscuras o claras de por vida. La base del pico es rosa brillante en los adultos reproductivos, gris oscura en otras temporadas o en los inmaduros (los inmaduros carecen de las plumas alborotadas en el cuello). Compare con la Garceta Azul. En plumaje no reproductivo el morfo blanco (especialmente los inmaduros) puede sugerir a la Garceta de Dedos Dorados (página anterior), pero carece del amarillo en los dedos y antes del ojo.

Inmaduro
Adultos
Garceta Azul
24″
Inmaduro mudando
Adulto
no repro-
ductivo
Tácticas de
alimentación
de la Garza Rojiza
Inmaduro
Adulto
reproductivo
Garceta
Tricolor
26″
Adulto
reproductivo
del morfo
oscuro
Adulto
no reproductivo
del morfo blanco
Garza
Rojiza
30″
Inmaduro del
morfo oscuro
Adulto
reproductivo
del morfo blanco

Los pedretes y el Avetoro Norteño tienen cuerpos pesados, tienden a ser más sigilosos que otras garzas. El Carrao, colocado en su propia familia **(Aramidae)**, es un ave rara de los trópicos que se alimenta de caracoles.

PEDRETE DE CORONA NEGRA *Nycticorax nycticorax* (Black-crowned Night-Heron)

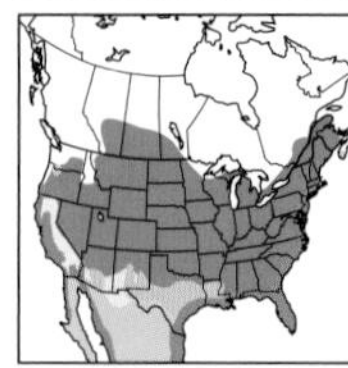

Night-Heron) Los pedretes, robustos y de cuello corto, pueden pararse encorvados sobre árboles o en ciénagas durante el día, salen de noche para comenzar a alimentarse. Aunque perchan y anidan en grupos, suelen cazar solas. ▶ El adulto es inconfundible con capucha y espalda negras, alas grises. El juvenil es muy diferente, café con manchas blancas; compare con las dos especies siguientes. Los estadíos posteriores del inmaduro parecen una versión más café de los adultos. ♪ **Voz:** ladrido *woc!* que a menudo se escucha del cielo nocturno.

PEDRETE DE CORONA CLARA *Nyctanassa violacea* (Yellow-crowned Night-Heron)

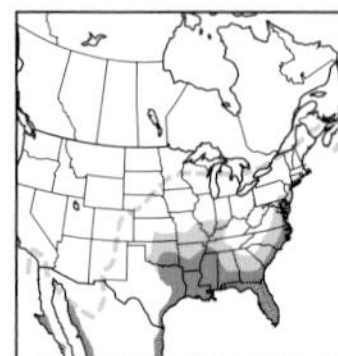

Es principalmente un ave del sureste, sólo un raro visitante en el oeste. Caza de día o de noche; en regiones costeras come muchos cangrejos. ▶ El adulto es gris, con un patrón blanco y negro en la cara (el amarillo claro de la corona no suele ser obvio). El juvenil es muy parecido al juvenil del de Corona Negra pero tiene las patas más largas, pico *más grueso* completamente *negro*, suele tener una apariencia más gris con pequeñas manchas claras en la parte superior. En vuelo, las patas se extienden más allá de la punta de la cola. ♪ **Voz:** ladrido *wac!* más agudo y rasposo que el del Pedrete de Corona Negra.

AVETORO NORTEÑO *Botaurus lentiginosus* (American Bittern)

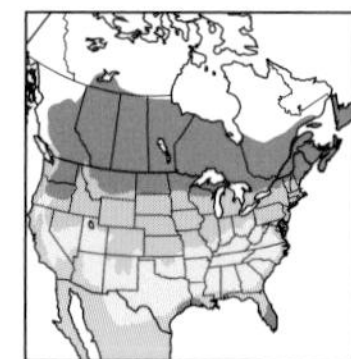

Una garza tímida y solitaria de ciénagas densas, suele permanecer fuera de vista. Si se espanta, puede apuntar su pico hacia el cielo, imitando el patrón vertical de los pastos. Ha declinado o desaparecido en muchas áreas debido a la pérdida de humedales. ▶ Café claro, franjas muy marcadas en la parte inferior. En los adultos es obvia *la marca negra en el cuello*, es café en el juvenil. Compare con el juvenil de los pedretes. El Avetoro Mínimo (p. 160) comparte las ciénagas pero es muy diferente. ♪ **Voz:** en época reproductiva, un muy grave *bum, kabúm*, a distancia solo se oye la nota intermedia.

CARRAO *Aramus guarauna* (Limpkin)

No está relacionado con las garzas; probablemente más cercano a los rascones (página siguiente). Acecha en los pantanos y ciénagas de Florida con un raro paso como cojeando, buscando caracoles grandes y otras criaturas. Se ve larguirucho en vuelo, con el cuello extendido. Puede estar activo durante la noche. ▶ Café oscuro, con marcas blancas en el cuello, espalda y hombros. El largo pico es ligeramente curvado hacia abajo y es claro en la base. ♪ **Voz:** graznido fuerte *aaaaaaao* que frecuentemente se escucha de noche.

Pedrete de
Corona Negra
25″
Inmaduros
mayores
Juvenil
Adultos
Adulto
Adulto
Juvenil
Pedrete de
Corona Clara
25″
Avetoro
Norteño
26″
Carrao
25″

GARZAS PEQUEÑAS Y RASCONES GRANDES

Nuestras garzas más pequeñas se muestran con los primeros miembros de los rascones **(familia Rallidae)**. Los Rascones son aves sigilosas de los pantanos, se les puede escuchar más frecuentemente de lo que se les puede ver.

GARCETA VERDE *Butorides virescens* (Green Heron)

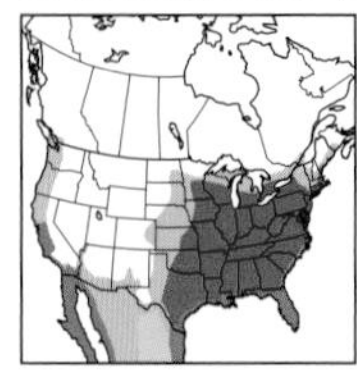

La pequeña Garza Verde mueve la cola arriba y abajo mientras acecha en el borde del agua, a lo largo de arroyos arbolados, estanques y pantanos. Si se asusta, vuela con un agudo chillido. Construye un nido de ramas en un árbol, por lo general en parejas aisladas, no en colonias. ▶ Pequeña y oscura, con *patas naranja-amarillo.* Cuello castaño, las plumas negras de la corona suelen estar levantadas en una tupida cresta, espalda negra con un brillo amarillo o azul. El juvenil es más café y pálido, con cuello rayado. ♪ **Voz:** en alarma, un fuerte *yau!*

AVETORO MÍNIMO *Ixobrychus exilis* (Least Bittern)

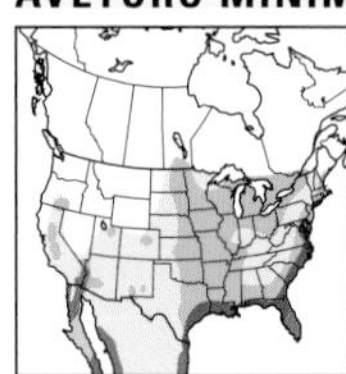

Un avetoro pequeño y sigiloso que se esconde en pantanos densos. Visto con más frecuencia cuando vuela bajo sobre los pantanos. Si se le molesta, se congela con el pico apuntando hacia arriba, imitando la apariencia de los pastos altos. ▶ De color beige, con capucha y espalda café (hembra) o negra (macho). Los grandes parches beige en las alas son obvios en ambos sexos cuando están perchadas o en vuelo. El juvenil de la Garceta Verde puede ser muy café, pero carece de los parches en las alas. ♪ **Voz:** un rápido *ko-ko-ko-ko-ko-ko-ko-ko.*

RASCÓN PICUDO *Rallus longirostris* (Clapper Rail)

Esta "gallina de los pantanos" prefiere las marismas de la costa del Atlántico y del Golfo. Aún es común, pero ha declinado debido a la pérdida del hábitat. Escasa y local en el oeste (la costa de California, el área del río Colorado). Sigilosa pero ruidosa; se puede observar caminando en el lodo a la orilla de los pantanos o nadando a través de los canales. ▶ Del tamaño de un pollo, con un pico largo y delgado, barrado en los flancos. La parte inferior es gris-beige o rojizo claro en las costas del Atlántico y del Golfo, más rojo en el oeste. ♪ **Voz:** larga serie de *kji-kji-kji*, a menudo acelera y luego se hace más lenta.

RASCÓN REAL *Rallus elegans* (King Rail)

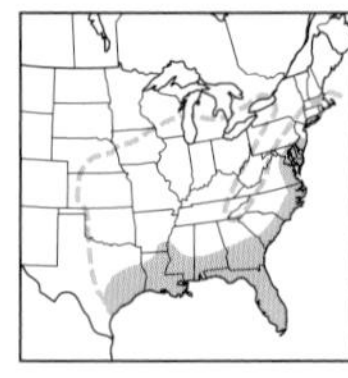

Un rascón grande de los pantanos de agua dulce en el este. Poco común en la mayoría de las áreas, y ha perdido mucho de su hábitat original al ser drenados los humedales. ▶ Con un colorido más rico que el Rascón Picudo del este. Los flancos tienen un barrado blanco y negro más marcado; más rojo en las alas. El hábitat es una buena pista (el Real en agua dulce, el Picudo en agua salada), pero se encuentran y algunas veces se entrecruzan en pantanos salinos. El Rascón Limícola (página siguiente) es más pequeño, con mejillas grises. ♪ **Voz:** serie de *kji*'s más corta y pareja que en el Rascón Picudo.

Juvenil
Garceta Verde
19″
Adultos
Macho
Avetoro
Mínimo
13″
Adulto de la
costa oeste
Rascón
Picudo
15″
Hembra
Adultos
Rascón
Real
16″

POLLUELA SORA ***Porzana carolina*** **(Sora)**

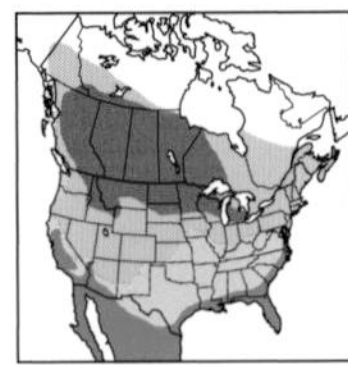

Ampliamente distribuida y muy común, es vista con mayor frecuencia que la mayoría de los rascones. Prefiere grandes pantanos de agua dulce para anidar, pero durante la migración y el invierno puede estar en pantanos salados o en los bordes angostos de vegetación de estanques pequeños. Cuando camina en el lodo expuesto a la orilla de los pantanos, suele mover nerviosamente su corta cola. ▶ Rechoncha y con pico corto. El adulto tiene una *cara negra* que contrasta con la espalda café, pecho gris, *pico amarillo.* El juvenil carece de la cara negra y es beige en la parte inferior, algunas veces se confunde con la rara Polluela Amarilla. ♪ **Voz:** *wiyít* musical; también *kik* y un relincho musical muy característico.

RASCÓN LIMÍCOLA ***Rallus limicola*** **(Virginia Rail)**

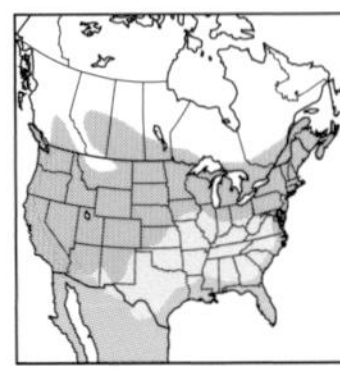

El otro rascón común de los pantanos tierra adentro. No se ve tan frecuentemente como la Polluela Sora, aun cuando los dos están con frecuencia en los mismos lugares. ▶ Pico largo. Parte inferior rojo óxido, con *mejillas grises contrastantes,* barras blancas y negras muy marcadas en los flancos. El Rascón Real (página anterior) es más grande, tiene mejillas beige o cafés. Compare también con la raza del oeste del Rascón Picudo (página anterior). El juvenil del Rascón Limícola es, en un principio, negro. ♪ **Voz:** *kik, kirik,kirik,kirik* rasposo. También una serie de *cjui*'s (como de cochino) que se aceleran.

POLLUELA AMARILLA ***Coturnicops noveboracensis*** **(Yellow Rail)**

Entre las aves de Norteamérica, ésta es la más difícil de ver. Anida en las praderas del norte y pasa el invierno en el sureste, en praderas húmedas, campos de arroz. Nunca sale a áreas abiertas por voluntad propia. ▶ Pequeña y con pico corto; oscura y beige. Sugiere al juvenil de Polluela Sora pero más pequeña, más oscura en la parte superior, con delgadas barras blancas en la espalda. En vuelo, muestra un *parche blanco* en la parte interna del ala (a diferencia de otros rascones). ♪ **Voz:** *tictic, tictic,tictic...* que se oye generalmente muy de noche.

POLLUELA NEGRA ***Laterallus jamaicensis*** **(Black Rail)**

Un pequeño gnomo oscuro, escaso y rara vez visto. En la costa, suelen encontrarse en pantanos de Spartina; tierra adentro, en pantanos poco profundos con manchones densos de pasto corto. Muy sigilosa, puede pasar desapercibida debido a que llama principalmente muy entrada la noche. ▶ Del tamaño de un gorrión, pico corto. Gris oscuro con capucha castaña, manchas blancas en espalda, ojos rojos. *Nota:* los pequeños pollos de algunos rascones son negros y suelen ser confundidos con Polluelas Negras. ♪ **Voz:** : *ji-JI-ró* rasposo. También *grrr grrr grrr* grave.

RASCONES PEQUEÑOS
En su primer otoño
Polluela Sora
9″
Adulto
Juvenil
Juvenil
Rascón
Limícola
9½″
Adultos
Polluela
Amarilla
7″
Polluela Negra
6″

Muchas aves se encuentran en las costas, pero cuando los observadores de aves dicen "playeros", se refieren a los chorlos y otras familias relacionadas. Ellos brindan una gran emoción para los observadores: en algunos lugares y momentos, es posible encontrar hasta 30 especies de playeros en un día. Sin embargo, también son un reto, debido a que muchos playeros son difíciles de identificar.

Chorlos (**familia Charadriidae**) tienen picos cortos y rectos, cuellos cortos y cabeza con apariencia muy redonda. Suelen correr unos pocos pasos y luego detenerse. Los candeleros y avocetas (**familia Recurvirostridae**) tienen picos delgados y muy largos, patas delgadas. Suelen alimentarse vadeando en aguas poco profundas. Los ostreros (**familia Haematopodidae**) son aves grandes y robustas con picos parecidos a navajas, suelen verse en las playas o en costas rocosas.

La mayoría de los playeros pertenecen a la familia **Scolopacidae.** Pueden ser tan pequeños como un gorrión o tan grandes como un pato; sus picos pueden ser cortos o largos, rectos o curvados:

Hábitat variable: a pesar de su nombre, los playeros no siempre son vistos en las playas. Muchos anidan en la tundra en el alto Ártico. En otras temporadas se reúnen en planicies lodosas: planicies de marea en las costas, orillas de arroyos o ríos tierra adentro. Cantidades enormes migran a través de las Grandes Planicies, deteniéndose en humedales poco profundos. Aún si usted está lejos de la costa, si puede encontrar estanques con bordes lodosos, es probable que encuentre playeros en migración.

Algunos playeros eligen hábitats extraños. Unas pocas especies viven en campos abiertos, visitando rara vez la orilla del agua, mientras que las Chochas (p. 184) viven en bosques.

Los tiempos de las migraciones de playeros pueden no ser lo que usted espera. Los playeros suelen migrar a fines de la primavera y principios del otoño. Las aves norteñas pueden estar pasando a través de las latitudes medias aún en la primera semana de junio, mientras que algunas aves sureñas pueden estar regresando y aparecer a principios de julio. Para algunos, la migración de "otoño" puede alcanzar su máximo en agosto, aún y cuando pensemos que es verano. Tenga esto en cuenta al observar los mapas de distribución: algunos playeros pueden ser encontrados en sus distribuciones de "invierno" prácticamente todo el año.

Los cambios de color temporales son muy notables en algunos playeros. Los adultos pueden estar en su plumaje de invierno más de la mitad del año—desde finales del verano hasta la primavera. Pero es entonces cuando muchas especies mudan a su colorido plumaje reproductivo, justo antes de dirigirse a sus campos de anidación. Para cuando estos adultos regresan al sur a fines del verano, sus colores pueden estar desapareciendo, o mudando a su plumaje de invierno. Sin embargo, las aves jóvenes, o juveniles, a menudo migran al sur en un plumaje notoriamente diferente, viéndose fresco y nítido al compararse con el de los adultos.

Las voces de muchos playeros y chorlitos pueden incluir silbidos o trinos en sus territorios de anidación, a menudo durante un vuelo de exhibición revoloteando. La mayoría de estas canciones no se describen aquí; en su lugar me enfoco en los llamados que usan durante todo el año. En algunos casos estos llamados son muy útiles para diferenciar entre especies muy similares.

La identificación de playeros puede ser un reto muy absorbente. Aquí presento algunas señas clave que se deben considerar. **Tamaño,** es casi inútil para reconocer un playero solitario, debido a que el tamaño aparente puede ser engañoso. Sin embargo, usted puede ver a menudo varias especies juntas; si pueden identificar una con certeza, la comparación del tamaño puede ayudar en la identificación de las otras. **Forma del pico,** suele ser muy importante, aún entre especies que son muy similares en otros sentidos; intente verlo tan claramente como sea posible. **Forma general,** también es muy útil. Observe si el ave es delgada o corpulenta, si el cuello y las patas son cortas o largas, si la punta de las alas se extiende más allá de la punta de su corta cola. **Conducta al alimentarse,** suele ser una excelente clave. Algunos playeros corren activamente, picoteando la superficie, mientras otros están parados en un solo lugar, metiendo el pico en el lodo.

No se desanime si no puede nombrar a todas las aves playeras de inmediato. Puede tomar muchos viajes el aprenderlas, pero aún cuando no reconozca sus nombres, puede disfrutar la gracia y energía de estas sutiles aves.

CHORLOS GRANDES

Los chorlos **(familia Charadriidae)** pueden encontrarse en riberas o en campos yermos. Corren unos pocos pasos y luego se detienen a buscar en el suelo con sus picos cortos.

CHORLO TILDÍO ***Charadrius vociferus*** **(Killdeer)**

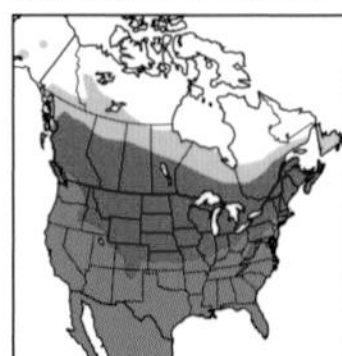

Un chorlo grande y ruidoso de campos abiertos, casi en todos lados menos en el lejano norte. Riberas de lagos y ríos, también en campos arados, pasturas, céspedes grandes, a menudo lejos del agua. Si se le molesta cerca de su nido, el Chorlo Tildío hace una actuación muy convincente aparentando tener un ala rota, aleteando en el suelo para atraer a los intrusos y alejarlos del nido. ▶ Dos bandas negras en el pecho; collar blanco. *Cola muy larga casi completamente anaranjada.* Los pollos pueden tener sólo una banda negra. ♪ **Voz:** muy ruidoso, vocaliza tras cualquier disturbio, fuerte *Til-dío* o *tirí-ri-ri-ri.*

CHORLO GRIS ***Pluvialis squatarola*** **(Black-bellied Plover)**

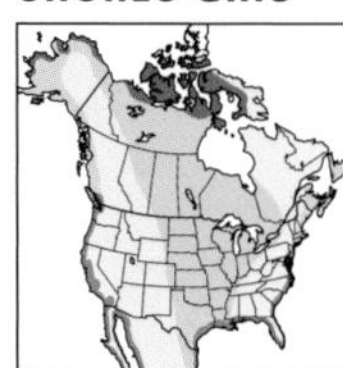

Este robusto chorlo ronda las playas. Anida únicamente en el Ártico, pero algunos se encuentran en todas las temporadas más al sur en la costa. Un raro migrante tierra adentro. ▶ Pico corto y grueso. Compare con los Chorlos Dorados. En invierno, espalda y pecho moteados (no lisos, como en los chorlitos de la página siguiente). En vuelo, note las *"axilas" negras,* rabadilla y cola blancas. Algunos playeros también tienen pico corto y son grises durante el invierno (ver Playero Blanco y Playero Canuto, p. 174). ♪ **Voz:** *wiyiyí* triste.

CHORLO DORADO DOMINICO ***Pluvialis dominica*** **(American Golden-Plover)**

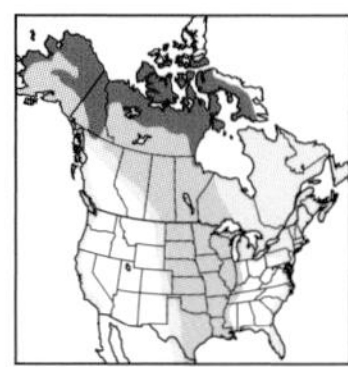

Un migrante de largas distancias, anida en la tundra ártica. Las parvadas de primavera pasan en su mayoría a través de las Grandes Planicies, deteniéndose en las pasturas, campos inundados. En otoño, viaja directamente del este de Canadá a Sudamérica, pero algunos se detienen en la costa este y en algunos otros lugares. ▶ Más delgado que el Chorlo Gris, con un pico más pequeño. A fines de la primavera y el verano, tiene la parte inferior más negra y la superior más café dorado. En otros plumajes, suele ser más café con una ceja clara más obvia. En vuelo, los Chorlos Dorados son más sutiles; carecen de las "axilas" negras y son café en la parte superior. ♪ **Voz:** *wía* rasposo.

CHORLO DORADO ASIÁTICO ***Pluvialis fulva*** **(Pacific Golden-Plover)**

Esta ave asiática se sobrepone con su primo americano en el oeste de Alaska durante el verano. Pequeños números migran a lo largo de la costa del Pacífico, unos pocos pasan el invierno en California. ▶ Muy parecido al Chorlo Dorado Dominico, no puede ser identificado siempre. En plumaje reproductivo, el Asiático muestra *más blanco,* con una franja que se extiende a lo largo de los flancos. Las aves en otoño e invierno suelen verse más brillantes, más doradas, y tienen la punta de las alas más cortas que el Dominico. ♪ **Voz:** *tiiii.*

Adulto en exhibición de distracción
Pollo con plumón
Chorlo Tildío 10½″
Adultos
Adulto mudando
Juvenil
Adulto en invierno
Adulto en verano
Chorlo Gris 11½″
Juvenil en otoño
Adulto en invierno
Hembra en verano
Chorlo Dorado Dominico 10¼″
Macho en verano
Chorlo Dorado Asiático 9¾″
Macho en verano

CHORLITO SEMIPALMEADO ***Charadrius semipalmatus*** **(Semipalmated Plover)**

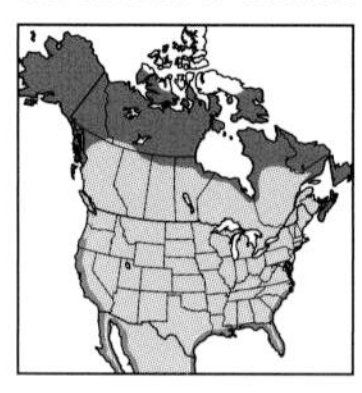

En general es el chorlito más común. Anida en el lejano norte y pasa el invierno en las playas del sur, el Semipalmeado se encuentra en todos lados durante las migraciones de primavera y otoño, en lodazales en la costa, lagos, ríos. ▶ Espalda café oscura, una sola banda negra en el pecho. Las patas son generalmente *anaranjadas*. Más oscuro en la parte superior que el Nevado o el Chiflador, pico mucho más pequeño que el de Pico Grueso. Compare con los pollos del Chorlo Tildío (página anterior). ♪ **Voz:** *cjuí.*

CHORLITO DE PICO GRUESO ***Charadrius wilsonia*** **(Wilson's Plover)**

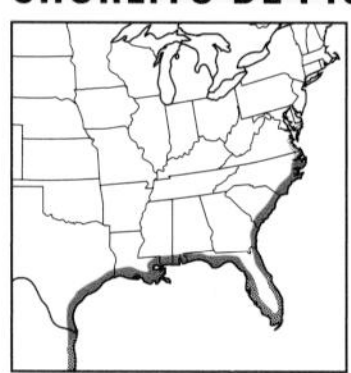

Muy común en las playas del sur, especialmente en el verano, pero rara vez visto en grandes números. Casi nunca se dispersa tierra adentro. ▶ El *largo pico negro* es su mejor seña; más grande y pesado que otros chorlitos. Note las patas pálidas, espalda café oscura, banda en el pecho relativamente ancha (café en la hembra y durante el invierno en el macho, negra en el macho reproductivo). ♪ **Voz:** un rápido *piró.*

CHORLITO CHIFLADOR ***Charadrius melodus*** **(Piping Plover)**

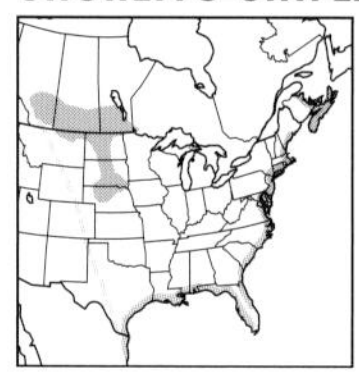

Anida en playas del Atlántico y en planicies salobres alrededor de lagos y ríos en las praderas del norte. Las poblaciones están declinando en ambas áreas; una especie en peligro. Pasa el invierno en la costa sureste, en playas y lodazales junto a otros chorlitos. ▶ Espalda pálida (del color de arena seca), pico muy corto y grueso. Las patas son *anaranjadas* (más brillantes en la época reproductiva). Durante el verano la banda negra del pecho puede ser completa o dividida; en invierno, un parche oscuro a los lados del pecho. ♪ **Voz:** *pí* o *pí-o* musical.

CHORLITO NEVADO ***Charadrius alexandrinus*** **(Snowy Plover)**

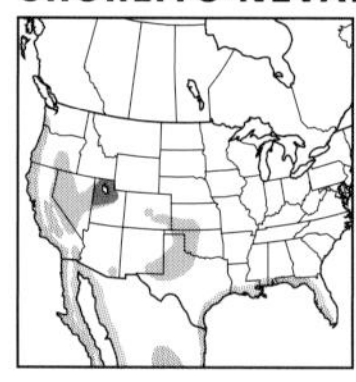

Se encuentra durante todo el año en playas secas arenosas de las costas del Pacífico y el Golfo; durante el verano también alrededor de lagos salados y planicies alcalinas tierra adentro en el oeste. ▶ Sugiere al Chorlito Chiflador pero tiene el pico más delgado y largo; patas *gris claro* o *negras.* Los Chorlitos Nevados del oeste no tienen la parte superior tan pálida. La banda negra del pecho siempre es incompleta. ♪ **Voz:** *rri* breve y *pi.*

CHORLITO LLANERO ***Charadrius montanus*** **(Mountain Plover)**

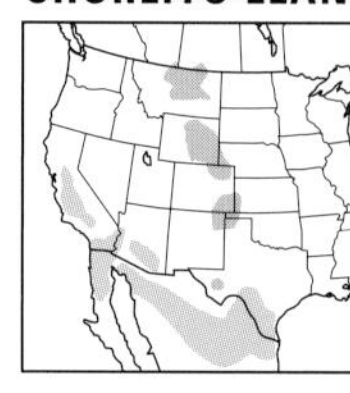

No es ni un ave de las montañas ni un ave "costera", este chorlito pardo ronda las praderas de pastos cortos durante el verano. En invierno, las parvadas se reúnen en planicies yermas lejos del agua. Poco común y declinando. ▶ Pálido y monótono. Durante el verano tiene marcas negras en la cabeza, pero no bandas oscuras en el pecho. El hábitat es por lo general la mejor seña de campo. Gris liso en la parte superior, blanco en la parte inferior, patas más pálidas que los Chorlos Dorados o el Gris (página anterior). ♪ **Voz:** grave *cjj, cjj.*

CHORLITOS

Adulto en
invierno
Juvenil en
otoño
Adulto en
verano
Chorlito
Semipalmeado
7¼"
Chorlito de
Pico Grueso
7¾"
Hembra o macho
en invierno
Macho en
verano
Adulto en
verano
Invierno
Chorlito
Chiflador
7¼"
Adulto en
verano
Macho en
verano
Verano
Chorlito
Llanero
9"
Invierno
Chorlito Nevado
6¼"
Hembra o
macho en
invierno

AVEFRÍA EUROPEA ***Vanellus vanellus*** **(Northern Lapwing)** Este chorlo grande es común en las granjas, pasturas y campos abiertos en Europa y Asia. Es un raro visitante en el noreste de Norteamérica (especialmente en el este de Canadá), la mayor parte de los registros ocurren en invierno. ▶ Un patrón llamativo con espalda verdosa, pecho negro, *una cresta larga y delgada.* En vuelo, las alas anchas y redondas muestran puntas blancas. ♩ **Voz:** *tu-wí-u?* y *tu-wí!*

CHORLO DORADO EUROPEO ***Pluvialis apricaria*** **(European Golden-Plover)** Sólo en Terranova. Un raro visitante a Terranova después de fuertes tormentas sobre el Atlántico Norte. Ha sido visto algunas veces en áreas cercanas al este de Canadá. Aves parecidas que se ven fuera de estas áreas son, sin lugar a duda, Chorlos Dorados Dominicos o Asiáticos (p. 166). ▶ Muy parecido a otros chorlos dorados pero ligeramente más grande, pesado, con un cuello más grueso. En plumaje reproductivo, la cantidad de negro en las partes inferiores varía, pero siempre está restringido y rodeado por blanco. En vuelo, la parte interna de las alas es blanca (gris en otros chorlos dorados). ♩ **Voz:** *tlúi* triste.

CHORLO ANILLADO COMÚN ***Charadrius hiaticula*** **(Common Ringed Plover)** Anida localmente en el Ártico alto canadiense (este de la isla Ellesmere, norte de la isla Baffin), también es raro en el oeste de Alaska en la isla Saint Lawrence. Migra a sus campos de invernación en el Viejo Mundo. Aves parecidas encontradas en otros lugares de Norteamérica son, sin lugar a dudas, Chorlitos Semipalmeados (página anterior). ▶ Casi idéntico al Semipalmeado. Tiende a presentar una banda negra en el pecho ligeramente más ancha, una ceja blanca más obvia, pico ligeramente más largo. La diferencia en la voz puede ser notada por observadores de aves muy experimentados. ♩ **Voz:** *cuí* un poco más grave que el de Chorlito Semipalmeado.

CHORLO MONGOL MENOR ***Charadrius mongolus*** **(Lesser Sand-Plover o Mongolian Plover)** Un raro migrante y visitante de verano en el oeste de Alaska (ha anidado allí). En algunas ocasiones, migrantes han sido encontrados en otros sitios, principalmente a lo largo de la costa del Pacífico, pero también más al este. Se ven en las playas y lodazales con otros chorlos más usuales. ▶ *La ancha banda color canela a través del pecho* (más pálida en las hembras) es distintiva en primavera y verano. En otoño e invierno las aves son usualmente monótonas, y pueden sugerir al Chorlito Llanero (página anterior) pero suele tener las patas más oscuras, diferente hábitat. ♩ **Voz:** *tririrí.*

CHORLO CARAMBOLO ***Charadrius morinellus*** **(Eurasian Dotterel)** Este gentil y tímido chorlito es un muy raro visitante de verano en el oeste de Alaska (principalmente en la Península Seward y en la isla Saint Lawrence) y puede anidar ahí en algunas ocasiones. En otoño los migrantes han sido encontrados algunas veces a lo largo de la costa del Pacífico. Prefiere la tundra en verano, campos secos en otras temporadas. ▶ En plumaje reproductivo, tiene una *banda blanca* delgada a través del pecho gris; vientre canela y negro; ceja blanca muy marcada. Las hembras son más brillantes que los machos. En invierno las aves jóvenes y los adultos carecen de los colores brillantes pero muestran una insinuación del patrón de verano en el pecho, cara. ♩ **Voz:** generalmente silencioso, a veces silbidos o *trrr's* queditos.

CHORLOS NORTEÑOS RAROS

Los candeleros y avocetas **(familia Recurvirostridae)** tienen patas increíblemente delgadas, picos delgados. Vadean en pantanos poco profundos y lagos. Los ostreros **(familia Haematopodidae)** rondan rocas costeras y playas, usando su pico en forma de navaja para abrir o martillar las conchas de los moluscos.

CANDELERO AMERICANO *Himantopus mexicanus* (Black-necked Stilt)

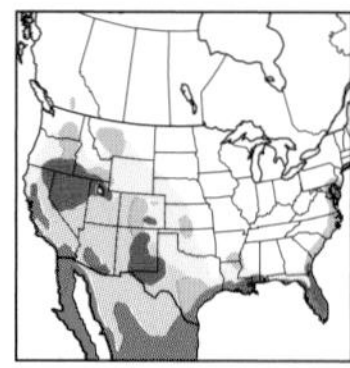

Las parvadas de candeleros vadean en aguas poco profundas, recogiendo delicadamente criaturas pequeñas de la superficie del agua. Excitable y ruidoso, especialmente cerca de las áreas de anidación en sitios desnudos abiertos cerca del agua; los intrusos cerca de los nidos pueden ser acosados por candeleros gritones. ▶ Un patrón blanco y negro bien definido, patas rosa-coral. En vuelo, la parte superior de las alas es negra. El centro de la espalda es más café en las hembras que en el macho; el juvenil tiene un patrón escamoso claro en la parte superior. ♪ **Voz:** ladrido *yip! yip! yip!*

AVOCETA AMERICANA *Recurvirostra americana* (American Avocet)

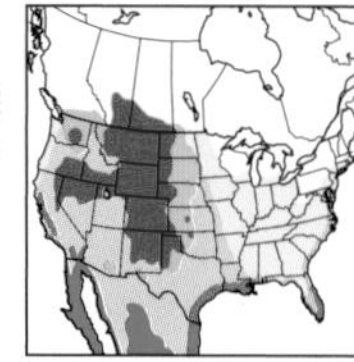

Vadeando en pantanos poco profundos y lagos, la avoceta mueve su pico de un lado a otro, con la punta justo debajo de la superficie del agua. Pequeños grupos anidan en las planicies cerca del agua, poniendo sus huevos en el suelo desnudo, protestan ruidosamente si se aproximan intrusos. ▶ Patas azul-gris, pico curvado hacia arriba (más curvado en la hembra). Patrón blanco y negro muy marcado en la espalda y las alas. Cabeza y cuello canela claro en verano, gris en invierno. ♪ **Voz:** *ti,ti,ti* agudo.

OSTRERO AMERICANO *Haematopus palliatus* (American Oystercatcher)

Este robusto playero prefiere las playas y zonas de marea de la costa Atlántica y del Golfo y casi nunca se dispersa tierra adentro. También es un visitante muy raro a California desde la costa Pacífico de México. Suele verse en parejas o en grupos familiares en verano, puede reunirse en parvadas de docenas en invierno. ▶ Marcado patrón con cabeza y cuello negros, espalda oscura, vientre blanco; su mejor seña es el *enorme pico rojo.* Muestra una ancha franja blanca en el ala durante el vuelo. El juvenil presenta un patrón café escamoso en la espalda, punta del pico obscura. ♪ **Voz:** *wip* fuerte.

OSTRERO NEGRO *Haematopus bachmani* (Black Oystercatcher)

A lo largo de la costa del Pacífico, esta ave ronda las rocas bañadas por las olas y rara vez es encontrada donde la costa carece de partes rocosas. Suele verse en parejas. Mientras que la mayoría de los playeros jóvenes encuentran su alimento por sí mismas tan pronto como salen del cascarón, los padres ostreros alimentan a sus pollos. ▶ Todo negro (más café en la espalda) con un enorme pico rojo, ojos amarillos. El juvenil tiene la punta del pico obscura. ♪ **Voz:** *wip* fuerte.

Juvenil
Candelero
Americano
14″
Adulto
Verano
Avoceta
Americana
18″
Invierno
Ostrero Americano
18½″
Juvenil
Adultos
Ostrero Negro
17½″

PLAYEROS

(familia Scolopacidae) pueden ser tan pequeños como gorriones o tan grandes como patos. Pueden encontrarse a lo largo de todas nuestras costas y como migrantes tierra adentro, pero estos tres especies sólo anidan en la tundra del Ártico alto.

PLAYERO BLANCO *Calidris alba* (Sanderling)

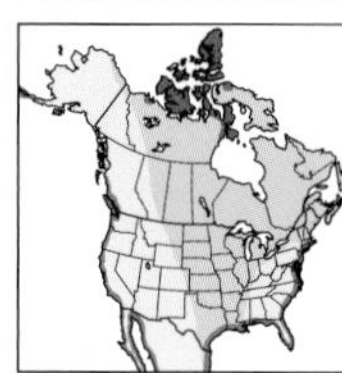

Un pequeño playero pálido que corre en la playa, persiguiendo las olas. Mientras que la mayoría de los playeros son en realidad "picalodos," este es realmente un habitante de playas arenosas, por lo general en parvadas pequeñas. ▶ Muy pálido y monótono en el plumaje de "invierno" (que usa la mayor parte del año), con un pico negro, recto, fuerte, patas negras. La mancha en el hombro puede ser obvia o estar oculta. En vuelo, muestra una marcada franja blanca en el ala. Tiene un pico más largo, cara más sencilla que los pequeños chorlitos claros de la página 168. Vea también al Playero Occidental (página siguiente). En plumaje reproductivo (usado solo por una breve temporada, de fines de primavera a fines de verano), con un rico color café-rojizo en la cabeza y partes anteriores. El muy raro Playerito de Cuello Rojo (página siguiente) es más pequeño, con pico más delgado. ♩ **Voz:** *kwip.*

PLAYERO DE DORSO ROJO *Calidris alpina* (Dunlin)

Su nombre en español describe el plumaje de verano. Este playero está presente a lo largo de nuestra costa en invierno. Se alimenta en lodazales, caminando lentamente, picando o metiendo el pico en el lodo. En vuelo, las grandes parvadas giran y dan vueltas al unísono en el aire. En primavera, justo antes de migrar a la tundra ártica, este playero muda a su colorido plumaje de verano. ▶ Pico es grueso en la base, encorvado hacia la punta. El plumaje de invierno (que se usa al menos la mitad del año) es café grisáceo pálido en la cabeza, pecho, espalda. El Playero Occidental (página siguiente) es más claro y más pequeño. El Playero Oscuro y el Playero Roquero (p. 180) son más oscuros, con patas más claras. El plumaje reproductivo es notorio, pero en Alaska compare con el Playero Roquero. ♩ **Voz:** *rruí, ruíruí, ruíruí* y *cjijijijijijiji* descendente.

PLAYERO CANUTO *Calidris canutus* (Red Knot)

A lo largo de la costa durante la temporada de migración y el invierno, este robusto playero está ampliamente distribuido pero en sitios localizados: presente en parvadas en unos pocos lugares, en pequeños números en otros sitios. Prefiere las zonas de marea, playas arenosas. Un raro migrante tierra adentro. ▶ El plumaje invernal carece de marcas obvias. Más grande que la mayoría de los playeros gris claro; note el pico negro recto y robusto, patas cortas. Los costureros (p. 184) y el Playero Pihuihui (p. 186) tienen picos mucho más largos. En plumaje reproductivo, la cara y partes inferiores son rojas. Durante el otoño los juveniles muestran un patrón escamoso en la espalda gris. ♩ **Voz:** *kuí-kuí.* Frecuentemente silencioso.

Adultos en Primavera
Adultos en Invierno
Juvenil en otoño
Playero Blanco
8″
Invierno
Juvenil en otoño
Adultos en primavera
Playero de Dorso Rojo
8½″
Finales del otoño
Principios de primavera
Juvenil en otoño
Playero Canuto
10½″
Adulto en invierno
Adulto en primavera

PLAYEROS DIMINUTOS

Los playeros más pequeños, llamados "peeps" en Norteamérica, "stints" en Europa y "playeritos" en México.

PLAYERITO CHICHICUILOTE *Calidris minutilla* (Least Sandpiper)

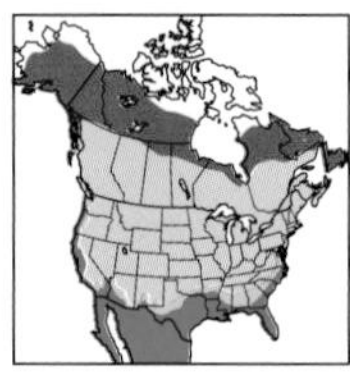

Puede ser superado en número por otros playeritos en la costa, pero tierra adentro el Chichicuilote es visto con mayor frecuencia, en las orillas lodosas de ríos, estanques. Por lo general en parvadas. Anida en pantanos del lejano norte. ▶ Muy pequeño, con *pico muy delgado.* Patas amarillas o verdosas, pero el color es difícil de ver (y las patas pueden estar cubiertas de lodo). En general es *más café* que otros playeritos (más brillante en los juveniles durante el otoño, más pálido en las aves durante el invierno), con un color café deslavado a través del pecho. ♩ **Voz:** *rriip* agudo, frecuentemente al vuelo.

PLAYERITO SEMIPALMEADO *Calidris pusilla* (Semipalmated Sandpiper)

Durante la primavera y el otoño, el Semipalmeado suele invadir los lodazales en dos tercios del este de Norteamérica. Anida en la tundra ártica, pasa el invierno en las costas tropicales. Su nombre se refiere al ligero palmeado de los dedos (no es una seña de campo). ▶ Pequeño, monótono. El pico es corto, recto, se ve romo en la punta. De temporada en temporada, más gris (menos café) que el Playero Chichicuilote, más claro en el pecho. Patas *negras o grises* (no amarillas), pero esto suele ser difícil de ver. En ocasiones el Playero Occidental (abajo) es mucho más parecido. Los plumajes de invierno son casi idénticos; durante el invierno dichas aves vistas en nuestra área son casi siempre Occidentales. ♩ **Voz:** *chk, chk* (carece del *ii* prolongado de otros).

PLAYERITO OCCIDENTAL *Calidris mauri* (Western Sandpiper)

Anida en Alaska, este playerito se distribuye a lo largo del continente durante la migración. En la costa este, es raro en primavera pero puede ser común en otoño; pasa el invierno a lo largo de la costa sureste. Prefiere lodazales abiertas, puede vadear más que el Chichicuilote o el Semipalmeado. ▶ El pico es, por lo general, un poco más largo que el del Semipalmeado, curvado en la punta. El adulto en primavera tiene marcas rojo óxido en la parte superior, *manchas negras en los flancos.* El juvenil en otoño se parece al Semipalmeado pero, por lo general, tiene *una franja rojo óxido en las escapulares.* Los adultos en invierno son grises en la parte superior, claros en la parte inferior; vea Playero Blanco y Playero de Dorso Rojo (página anterior). ♩ **Voz:** *chiiit.*

PLAYERITO DE CUELLO ROJO *Calidris ruficollis* (Red-necked Stint)

Un ave asiática, escaso en el verano en Alaska. Rara vez se dispersa a otras partes de Norteamérica, aún en la costa Atlántica, en lodazales con otros playeritos. ▶ En verano, la garganta y cara son rojas. El Playero Blanco (página anterior) es muy similar en verano, pero más grande, con un pico más robusto. El juvenil y los adultos en invierno se parecen mucho al Playero Semipalmeado.

Invierno
Playerito
Chichicuilote
6″
Adultos en
primavera
Juveniles en
otoño
Adulto en
otoño
Playerito
Semipalmeado
6¼″
Adultos en
primavera
Juvenil en
otoño
Juvenil en
otoño
Playerito
Occidental
6½″
Adultos en
primavera
Occidental
en invierno
Playerito
de Cuello Rojo
6¼″
Adulto en
verano

Las primeras cuatro especies son similares y están relacionadas con los "playeritos" de la página anterior, pero son ligeramente más grandes. Todos anidan en la tundra del Ártico alto.

PLAYERO PECTORAL ***Calidris melanotos*** **(Pectoral Sandpiper)**

A menudo un "picapastos" durante la migración, prefiere pantanos, planicies con pasto, campos inundados. Pasa el invierno en Sudamérica. ▶ Puede sugerir al Playerito Chichicuilote (página anterior), principalmente café con patas amarillas, pero mucho más grande, con una forma más estirada. Un *marcado contraste* separa el pecho café rayado del vientre blanco. Espalda muy rayada. Los machos son más grandes que las hembras. ♪ **Llamado:** *crrr.* **Canto:** en cortejo, *ju*'s graves.

PLAYERO ACUMINADO ***Calidris acuminata*** **(Sharp-tailed Sandpiper)**

Un raro visitante en otoño en el noroeste del Pacífico; también ocurre como migrante raro en el oeste de Alaska. ▶ La mayoría de las aves vistas en Norteamérica son juveniles en otoño. El tamaño y forma del Pectoral pero con *beige brillante* en el pecho (con pocas rayas), *capucha roja,* anillo ocular más obvio.

PLAYERITO DE RABADILLA BLANCA ***Calidris fuscicollis*** **(White-rumped Sandpiper)**

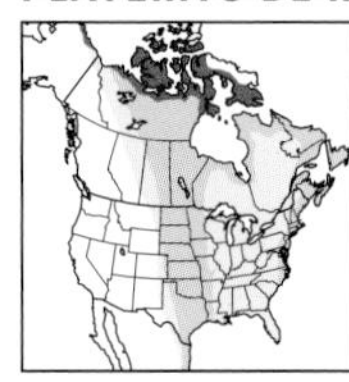

Suele no ser notado entre otros playeros. Un migrante poco común en las regiones del este y central. Suele encontrarse en campos inundados, bordes pantanosos en lodazales. Pasa el invierno en Sudamérica. ▶ La *larga punta de las alas* se extiende pasando la punta de la cola. En primavera, rayas negras en el pecho y en la parte baja de los flancos. Los juveniles en otoño tienen la corona y espalda castañas (vea Playerito Occidental, página anterior). La rabadilla blanca es visible sólo durante el vuelo. ♪ **Voz:** *chiiit!* característico.

PLAYERITO DE BAIRD ***Calidris bairdii*** **(Baird's Sandpiper)**

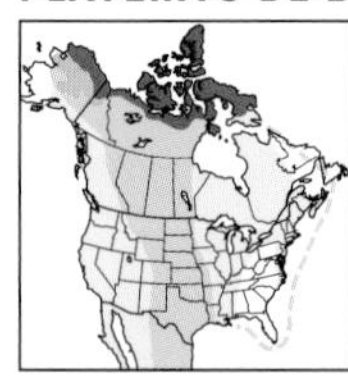

Otra especie sutil. Suele ser común en las Grandes Planicies, en lodazales con pasto, algunas veces en pasturas secas. Pasa el invierno en Sudamérica. ▶ La *larga punta de las alas* se extiende pasando la punta de la cola. Sugiere al de Rabadilla Blanca pero en general es más café, con café deslavado a través del pecho (en vuelo, carece del parche blanco en la rabadilla). En otoño el juvenil tienen la cabeza café-beige, espalda con escamas. El Playero Chichicuilote (página anterior) es más pequeño, con un pico más fino, patas más claras. ♪ **Voz:** *rri.*

PLAYERO LEONADO ***Tryngites subruficollis*** **(Buff-breasted Sandpiper)**

Rara vez en áreas lodosas, este raro playero prefiere las praderas con pastos cortos y campos arados. La migración en primavera es principalmente a través de las Grandes Planicies; en otoño, pequeños números alcanzan la costa del Atlántico. Pasa el invierno en Sudamérica. ▶ *Beige suave* en cara y partes inferiores, espalda con escamas, patas amarillas. Tiene una expresión parecida a una paloma, con ojos oscuros en cara pálida, pico corto, cabeza redonda. El hábitat es una buena seña.

Juvenil en otoño
Playero Pectoral 8½″
Adultos
Playero Acuminado 8½″
Juvenil en otoño
Adulto en otoño
Playerito de Rabadilla Blanca 7½″
Juvenil en otoño
Primavera
Juvenil en otoño
Juvenil en otoño
Playero Leonado 8″
Playerito de Baird 7½″
Adulto
Adulto

VUELVEPIEDRAS ROJIZO *Arenaria interpres* (Ruddy Turnstone)

Común a lo largo de la costa durante la migración y en invierno, pero rara vez visto tierra adentro, excepto cerca de los Grandes Lagos. Prefiere costas rocosas (como los otros de está página), también en playas, áreas lodosas. Suele usar su pico puntiagudo para voltear piedras buscando pequeñas criaturas para alimentarse. ▶ Robusto, con *patas cortas y anaranjadas,* pico corto. Patrón inconfundible en el plumaje reproductivo. En otoño e invierno, café oscuro opaco en la parte superior, con un patrón oscuro en el pecho. ♪ **Voz:** *kt-kt-kt-kt-kt* grave.

VUELVEPIEDRAS NEGRO *Arenaria melanocephala* (Black Turnstone)

Prefiere la costa oeste todo el año, casi nunca es visto tierra adentro. Principalmente en rocas, muelles, algunas veces en playas lodosas. ▶ Negro con el vientre blanco. Marcas blancas en la cara en plumaje reproductivo. En invierno, más negro que el Vuelvepiedras Rojizo, las patas son usualmente pálidas. Ambos vuelvepiedras muestran un patrón fuerte en vuelo. Más oscuro que el Playero de Marea o el Playero Roquero, con pico de forma diferente. ♪ **Voz:** *rrrrrrr* grave.

PLAYERO DE MAREA *Aphriza virgata* (Surfbird)

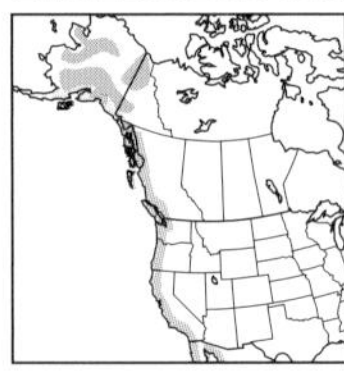

En invierno se encuentra en la costa del Pacífico, este playero usa su pico grueso para despegar los moluscos y percebes de las rocas sobre la línea donde rompen las olas. Anida en las montañas de Alaska y el noroeste de Canadá. ▶ Robusto, con cuello corto. En invierno, es principalmente gris oscuro con vientre blanco, manchas oscuras en los flancos. La *forma del pico* es su mejor seña. En plumaje reproductivo tiene manchas oscuras en la parte inferior, es rojizo en la superior. En vuelo muestra una *cola blanca con punta negra.*

PLAYERO OSCURO *Calidris maritima* (Purple Sandpiper)

Durante el invierno se encuentra en la costa Atlántica, esta resistente ave trepa por las rocas y muelles justo arriba de la línea donde rompen las olas. Llegan a finales del otoño desde sus áreas de anidación en el Ártico alto; muy raro durante el invierno en los Grandes Lagos y la costa del Golfo. ▶ Rechoncho con *patas amarillas cortas,* la base del largo pico es amarilla. Gris oscuro en invierno, diferente a cualquier otro playero de la costa del Atlántico. El plumaje reproductivo es café, menos notorio, pero note la forma y el hábitat.

PLAYERO ROQUERO *Calidris ptilocnemis* (Rock Sandpiper)

Anida en Alaska, pasa el invierno a lo largo de la costa al sur de Oregon (unos pocos en California). ▶ En invierno es casi idéntico al Playero Oscuro, se identifica por su distribución. Los adultos en verano pueden sugerir al Playero de Dorso Rojo (p. 174) pero son más grandes, con un patrón diferente en el pecho. Los Playeros Roqueros que anidan en las islas Pribilof son más grandes y pálidos que los otros.

Verano
Vuelvepiedras Rojizo
9½″
Verano
Invierno
Invierno
Vuelvepiedras
Negro
9¼″
Verano
Playero de
Marea
10″
Invierno
Verano
Playero
Roquero
9″
Invierno
Invierno
Playero
Oscuro
9″
Verano
Verano

Estas cinco balancean la cola o la cabeza arriba y abajo. Los patamarilla pueden estar en parvadas, pero las otras suelen alimentarse individualmente.

PLAYERO ALZACOLITA ***Actitis macularius*** **(Spotted Sandpiper)**

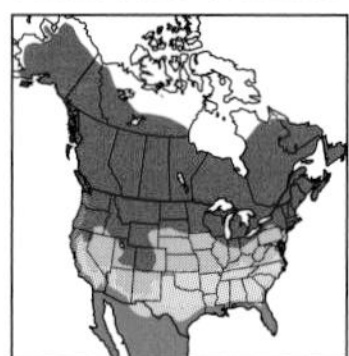

Bamboleándose y balanceándose al caminar, el Playero Alzacolita es común a lo largo de arroyos y estanques, y en áreas costeras lodosas. Suelen verse individuos, no parvadas. Vuela con extraños aleteos rígidos y poco profundos. ▶ En plumaje reproductivo, es el único playero con *manchas negras redondas* en la parte inferior. De patrón sutil en otoño e invierno; note el borde blanco que sube hasta el hombro. El balanceo y su vuelo rígido son buenas señas. ♪ **Voz:** *pit!* o *piwít* musical.

PLAYERO SOLITARIO ***Tringa solitaria*** **(Solitary Sandpiper)**

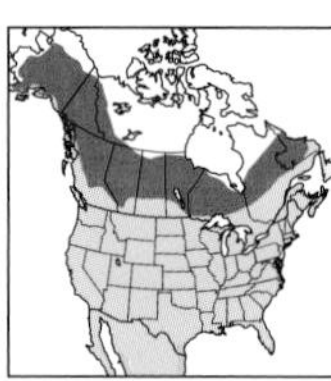

Ronda la orilla de los arroyos, estanques arbolados; en general es poco común y solitario. Pasa el verano en las ciénagas de pinabetes del norte, donde pone sus huevos en los nidos viejos de aves canoras, en árboles altos (la mayoría de los playeros anidan en el suelo). ▶ Delgado, con pico recto y delgado. Puede balancear la cabeza cuando está nervioso. Más oscuro que el Playero Alzacolita, *el anillo ocular blanco* es más obvio. En vuelo, la cola muestra el centro oscuro, los bordes blancos. ♪ **Voz:** *pi-wí* más agudo que el del Playero Alzacolita.

PATAMARILLA MENOR ***Tringa flavipes*** **(Lesser Yellowlegs)**

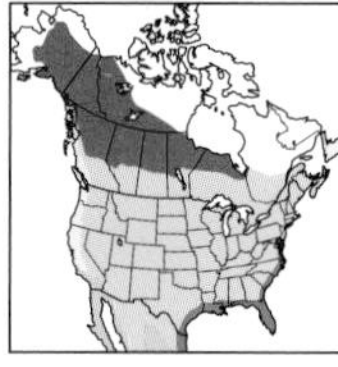

En estanques de agua dulce y pantanos costeros, el patamarilla vadea en aguas poco profundas, recolectando en la superficie. El Patamarilla Menor se encuentra a menudo en pequeñas parvadas. ▶ Delgado, con brillantes patas amarillas. En vuelo muestra alas oscuras, rabadilla y cola principalmente blancas. Muy parecido al Patamarilla Mayor, pero note la voz y el pico más corto, delgado y recto. Vea también el Playero Zancón (página siguiente). ♪ **Voz:** lento *tiu tiú* musical.

PATAMARILLA MAYOR ***Tringa melanoleuca*** **(Greater Yellowlegs)**

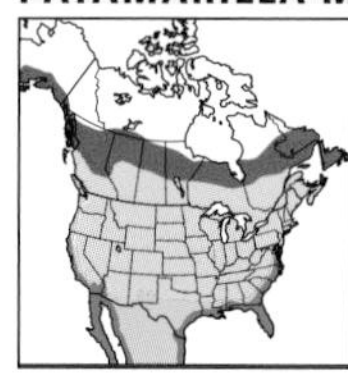

Vadea en aguas poco profundas, en ocasiones corriendo, el patamarilla se ve elegante, alerta. Las especies se sobreponen ampliamente; es más probable ver al Mayor en clima frío. ▶ Muy parecido al Patamarilla Menor; la diferencia en el tamaño sólo es obvia cuando están juntos. El pico del Mayor es *más largo, más ancho hacia la base,* puede verse ligeramente curvado hacia arriba. La voz es la mejor seña. ♪ **Voz:** rápido *TI-TI-TIIW!*

PLAYERO VAGABUNDO ***Heteroscelus incanus*** **(Wandering Tattler)**

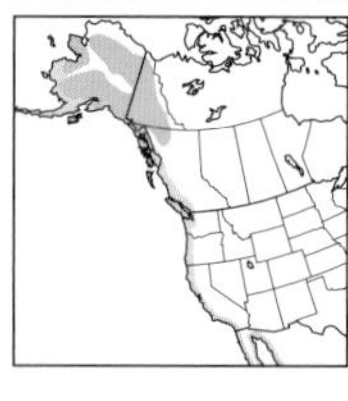

Suele verse en rocas costeras (como las aves de la página anterior), solo o en pequeños números. Anida a lo largo de arroyos montañosos en Alaska y el noroeste de Canadá, pasa el invierno en las costas e islas del Pacífico. ▶ Al balancearse sugiere al Playero Alzacolita, pero más grande, gris, con pecho gris en invierno, partes inferiores *barradas* durante el verano. En vuelo, gris sólido en la parte superior, sin la cola o alas blancas. ♪ **Voz:** *tu-tu-tu-tu-tu,* a veces muy rápido.

Juvenil en otoño
Playero Alzacolita $7\frac{1}{2}''$
Verano
Invierno
Adulto en verano
Juvenil en otoño
Playero Solitario $8\frac{1}{2}''$
Juvenil en otoño
Juvenil en otoño
Adulto en verano
Patamarilla Menor $10\frac{1}{2}''$
Adulto en verano
Patamarilla Mayor 14″
Juvenil en otoño
Adulto en invierno
Verano
Playero Vagabundo 11″
Invierno

AGACHONA DE WILSON ***Gallinago delicata*** **(Wilson's Snipe)**

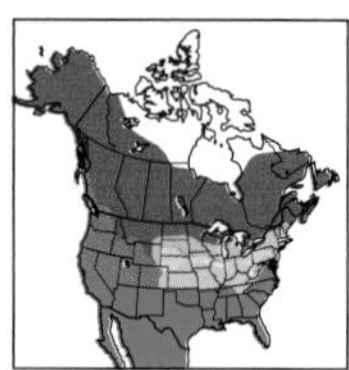

Acecha en pantanos, campos húmedos, solitario, no es visto muy a menudo. Si se le perturba, vuela prácticamente de entre los pies y se va volando en zigzag, emitiendo un llamado áspero. Más conspicuo en verano, llamando desde la punta de arbustos, y haciendo vuelos de exhibición. ▶ Pico largo, patas cortas, *franjas en la cabeza* y espalda, barras en los lados. ♪ **Voz:** al levantar el vuelo, un *chek!* metálico. En el verano, en vuelo alto emite un rápido *wu-wu-wu-wu-wu-wu-wu* pulsante.

CHOCHA AMERICANA ***Scolopax minor*** **(American Woodcock)**

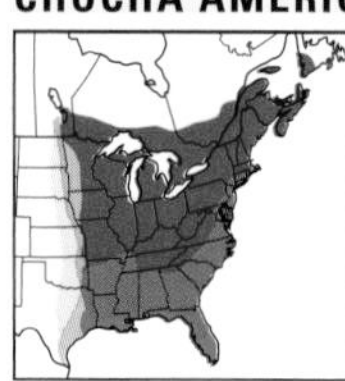

Este extraño playero se esconde en los bosquecillos de día, puede salir de noche a campos húmedos para sondear el suelo en busca de lombrices. Comenzando a principios de la primavera, los machos llevan a cabo un notorio vuelo de cortejo musical durante la noche. ▶ Cuerpo redondo, patas cortas, pico largo. Note el vientre anaranjado-beige, *barras negras* a lo largo de la corona. ♪ **Llamado:** de noche, en vuelo alto sus alas hacen un *chi-chi-chi-chi-chi-chi* muy rápido.

COSTURERO DE PICO LARGO ***Limnodromus scolopaceus*** **(Long-billed Dowitcher)**

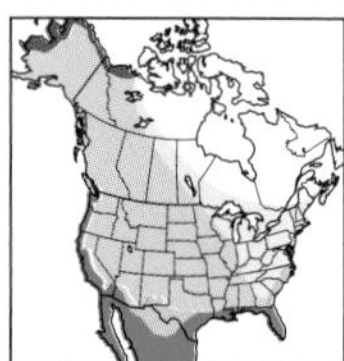

Las parvadas de costureros se paran en aguas poco profundas, con el pico hacia abajo, metiendo el pico en el lodo. Las dos especies son muy similares, a menudo sólo pueden identificarse con seguridad por la voz. El Pico Largo prefiere agua dulce y es, generalmente, la especie más abundante tierra adentro. ▶ Robusto con cuello corto y pico largo. En primavera, presenta un patrón café en la parte superior, castaño en la inferior. Las aves en invierno son completamente grises. ♪ **Voz:** Variable. Es característico un muy rápido *kikikiki* agudo.

COSTURERO DE PICO CORTO ***Limnodromus griseus*** **(Short-billed Dowitcher)**

Robusto y perezoso, el costurero se para en aguas poco profundas. ▶ Muy similar al de Pico Largo (no se debe confiar en la longitud del pico). En plumaje reproductivo, el Pico Corto puede mostrar más blanco en el vientre o incluso ser anaranjado pálido en la parte inferior, no castaño. Los juveniles de Pico Corto tienen *marcas más brillantes* en el otoño. Este es el costurero que se ve comúnmente en agua salada. La voz es la mejor seña. ♪ **Voz:** variable. Es característico un musical *tututu.*

PLAYERO ZANCÓN ***Calidris himantopus*** **(Stilt Sandpiper)**

Se alimenta como un costurero, metiendo el pico en el lodo; la forma es más parecida a la de un patamarilla (página anterior). Migra principalmente a través de las Grandes Planicies en primavera, más ampliamente distribuido en otoño. ▶ En plumaje reproductivo tiene parches en los oídos color castaño, *barras oscuras* en la parte inferior. Más sutil en otros plumajes; note las acciones para alimentarse, forma delgada, punta del pico curvada hacia abajo. ♪ **Voz:** *tiú* quedito.

Chocha
Americana
11″
Agachona
de Wilson
10½″
Primavera
Invierno
Costurero
de Pico Largo
11½″
Primavera
(dos variantes)
Costurero de Pico Corto
11″
Invierno
Juvenil en
otoño
Invierno
Playero Zancón
8½″
Juvenil en
otoño
Adulto
mudando
Adulto en
primavera

El Playero Pihuihui es un playero grande, suele ser común en regiones costeras. Los picopandos, entre los playeros más grandes, son reconocidos por su pico ligeramente curvado hacia arriba.

PLAYERO PIHUIHUI *Catoptrophorus semipalmatus* (Willet)

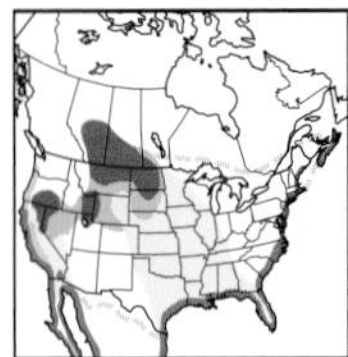

Se ve aburrido hasta el momento de volar, cuando muestra sus espectaculares alas. Anida en pantanos en las costas del Atlántico y el Golfo en tierra adentro en el oeste; pasa el invierno a lo largo de costas con clima más bien cálido. ▶ Cuando están parados, se reconocen por su tamaño; pico largo, recto y pesado; gruesas patas grises. Moteado y barrado en plumaje reproductivo, gris en plumaje invernal. Las aves occidentales son ligeramente más grandes y pálidas. En vuelo, el *patrón de las alas* es diagnóstico. ♪ **Voz:** en zonas de anidación, *pi-hui-hui* o *wi-wi-wirít* agudo. Bastante silencioso en otras épocas.

PICOPANDO CANELO *Limosa fedoa* (Marbled Godwit)

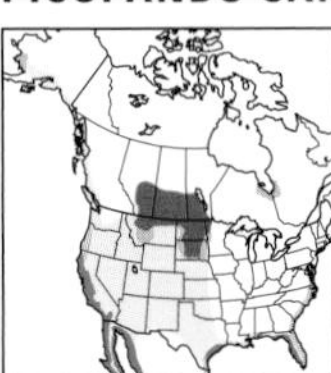

Las parvadas de picopandos se paran en zonas de marea inundadas durante el invierno, metiendo el pico en el lodo. Muy común a lo largo de la costa del Pacífico, también bastante común localmente en Texas y el sureste. En verano, anidan alrededor de pantanos en las praderas del norte. ▶ Muy grande, café claro, con un barrado oscuro (más marcado en verano). Pico largo, ligeramente curvado hacia arriba y rosa en la base. En vuelo, muestra alas canela brillante. El Zarapito Picolargo (página siguiente) tiene un patrón similar pero la forma del pico es diferente. ♪ **Voz:** fuerte ladrido chillón *uá*.

PICOPANDO ORNAMENTADO *Limosa haemastica* (Hudsonian Godwit)

Poco común. Migra principalmente a través de las Grandes Planicies en primavera, a lo largo de la costa del Atlántico en otoño llegando a Sudamérica tras vuelos largos sobre el mar. ▶ Pico típico de picopando con base rosa. En plumaje reproductivo, *castaño* en la parte inferior con barrado negro (las hembras son algo más pálidas). Los adultos en otoño y los juveniles son más grises y uniformes comparados con el Canelo. Las aves en vuelo en cualquier plumaje muestran *alas notoriamente negras en la parte inferior* y una cola negra que *contrasta* con la rabadilla blanca. ♪ **Voz:** *pwip!* agudo.

PICOPANDO DE COLA PINTA *Limosa lapponica* (Bar-tailed Godwit)

Una especialidad de Alaska, anida en la tundra abierta. Pasa el invierno en el Viejo Mundo; unos pocos se dispersan alcanzando el noroeste del Pacífico, raro en otros lugares. ▶ En plumaje reproductivo, el macho es *canela brillante* en la parte inferior; la hembra es más pálida. Los adultos en otoño y los juveniles muestran un patrón rayado en la parte superior (no uniforme como en el Ornamentado); a diferencia del Canelo, carece del color canela deslavado en las alas. En vuelo, la cola pálida muestra un barrado oscuro. Patas más cortas que otros picopandos. ♪ **Voz:** agudo *kawá, kawá*.

PLAYERO PIHUIHUI Y PICOPANDOS

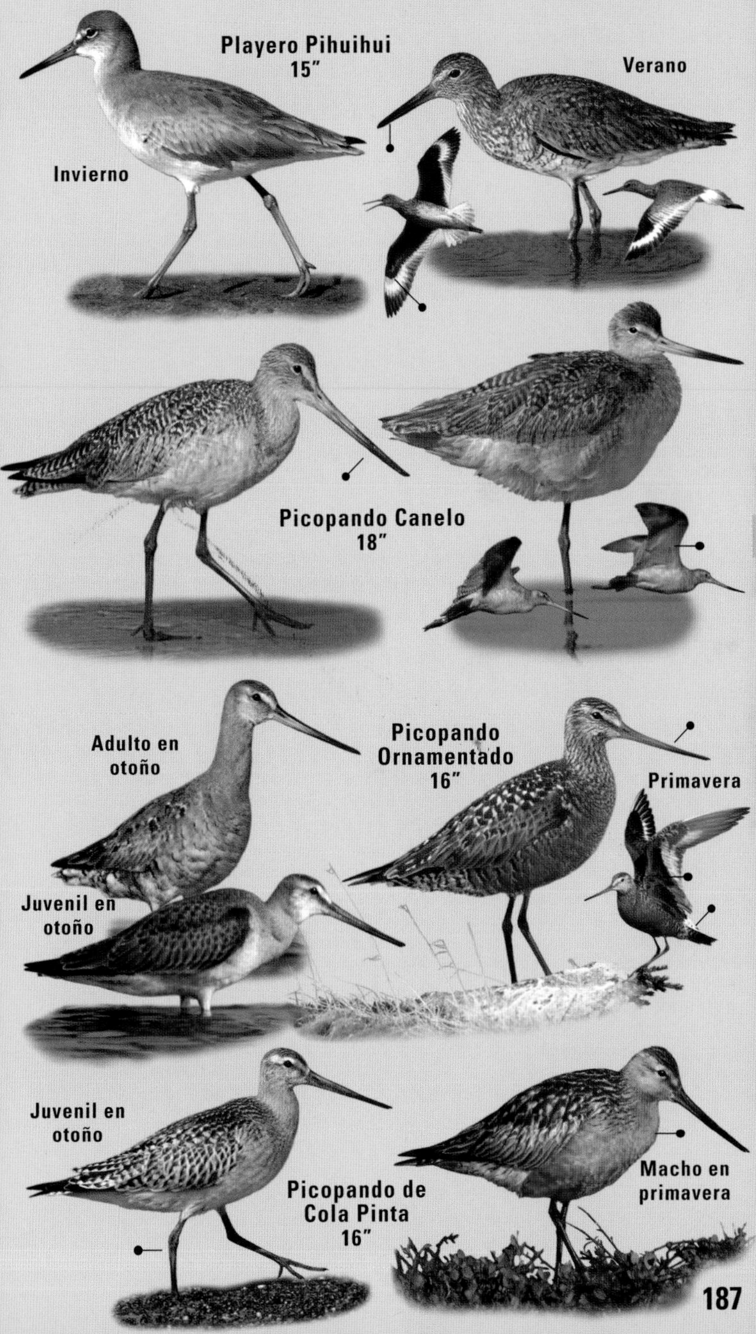

Playero Pihuihui
15″
Invierno
Verano
Picopando Canelo
18″
Adulto en
otoño
Picopando
Ornamentado
16″
Primavera
Juvenil en
otoño
Juvenil en
otoño
Picopando de
Cola Pinta
16″
Macho en
primavera

ZARAPITOS

Los zarapitos son playeros grandes conocidos por sus picos curvados hacia abajo. El Zarapito Ganga, un ave de las praderas, está relacionado con los zarapitos pero tiene una forma diferente.

ZARAPITO TRINADOR *Numenius phaeopus* (Whimbrel)

La especie de zarapito más ampliamente distribuida. Migra en parvadas a lo largo de todas las costas, pero es escaso tierra adentro, excepto alrededor de los Grandes Lagos y el Salton Sea. Anida en la tundra ártica; las aves invernantes y los migrantes son encontrados en áreas lodosas, playas, campos inundados. ▶ Más grande que la mayoría de los playeros, con pico curvado hacia abajo. En general es café-grisáceo opaco, pero tiene *franjas negras* muy marcadas en la cabeza. Se ve monótona en vuelo, sin color contrastante en las alas o cola. El Zarapito Trinador Eurasiático que tiene *rabadilla blanca o pálida* es visto algunas veces en Alaska o en la costa del Atlántico. ♩**Voz:** rápido *pi-pi-pi-pi-pi-pi-pi* musical al levantar el vuelo.

ZARAPITO DEL PACÍFICO *Numenius tahitiensis* (Bristle-thighed Curlew)

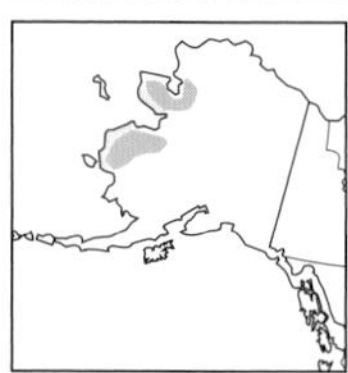

Sólo en el oeste de Alaska, este raro zarapito anida en las colinas de la tundra. Pasa el invierno en islas del Océano Pacífico tropical. No está bien conocido; las áreas de anidación fueron descubiertas en 1948. ▶ Muy parecido al Trinador, pero tiene *rabadilla y cola canela-durazno brillantes,* solo visible en vuelo. Cuando está parado, muestra un poco más de contraste. La voz es la mejor seña. ♩**Voz:** un lento *tiúú, wi-wirít,* muy diferente del Zarapito Trinador.

ZARAPITO PICOLARGO *Numenius americanus* (Long-billed Curlew)

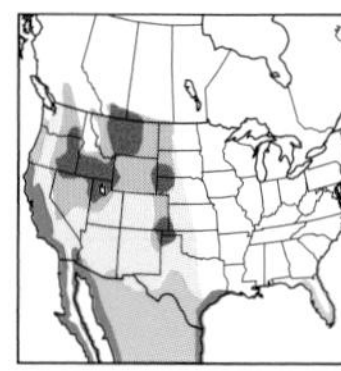

Nuestro playero de mayor tamaño; es principalmente un ave del oeste, pasa el verano en pastizales secos, el invierno en áreas costeras lodosas, campos, tierras cultivadas. Se alimenta caminando con paso seguro, alcanzando hacia delante para recoger o buscando con la punta del largo pico. ▶ Pico extraordinariamente largo y curvado (la longitud varía; algunos no son tan extremos). Café más rojizo que el Trinador, carece de las franjas marcadas en la cabeza. En vuelo, muestra las *alas canela brillante.* ♩**Voz:** fuerte *cor-liá.*

ZARAPITO GANGA *Bartramia longicauda* (Upland Sandpiper)

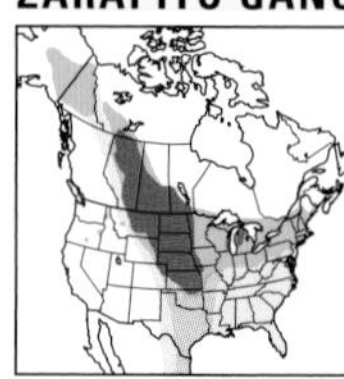

Un ave de pastizales a gran altura, no de costas. En el verano se encuentra en praderas, puede estar parado en un poste o volando con un aleteo extrañamente ligero y rígido. Actualmente es escaso en el este, pero aún es muy común durante el verano en las Grandes Planicies; pasa el invierno en Argentina. Antes conocido como Playero Ganga. ▶ Mejor reconocido por el hábitat y por su forma. *Cola larga* para un playero, cuello delgado, pico corto, cabeza pequeña parecida a la de una paloma. Los grandes ojos son conspicuos en la cara pálida. ♩**Voz:** en zonas de anidación, un lento *fuírit, fuiríu.* Llamado de vuelo, un agudo *ri-ri-ri-ri-ri-ri* ultrarrápido.

ZARAPITOS

Zarapito
Trinador
17″
Zarapito
del Pacífico
(sólo en Alaska)
17″
Zarapito
Picolargo
23″
Zarapito
Ganga
12″

FALAROPOS Y JACANA

Los falaropos son extraños playeros que suelen buscar su alimento nadando, a menudo girando en un mismo punto y buscando en la superficie del agua. El de Cuello Rojo y el de Pico Grueso pasan la mayor parte del año en mar abierto. Los falaropos machos, más monótonos que las hembras, incuban sus huevos y cuidan a sus pollos. Las Jacanas representan una familia separada de extraños playeros tropicales **(Jacanidae)**.

FALAROPO DE PICO LARGO *Phalaropus tricolor* (Wilson's Phalarope)

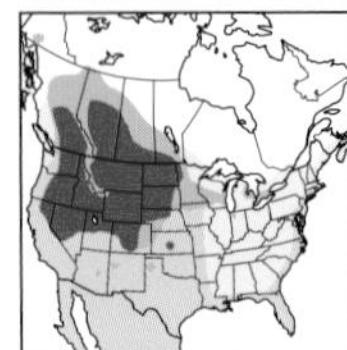

Principalmente un ave de pantanos en las praderas y lagos del oeste, por lo general muy común en esos lugares, nadando y girando en el agua o corriendo en la orilla. Pasa el invierno principalmente en Argentina. ▶ La hembra es distintiva durante la primavera, con franjas negras y castañas en el cuello, corona aperlada. El macho es más monótono. En otoño los adultos son de color gris claro y blanco, con patas grises o amarillas; note las acciones además del pico delgado y recto. En otoño, difiere de otros falaropos por su *pico más largo* y *cara más pálida*. El juvenil es más café en la parte superior; compare con los playeros de la p. 182. ♪ **Voz:** ladrido nasal *wá!*

FALAROPO DE CUELLO ROJO *Phalaropus lobatus* (Red-necked Phalarope)

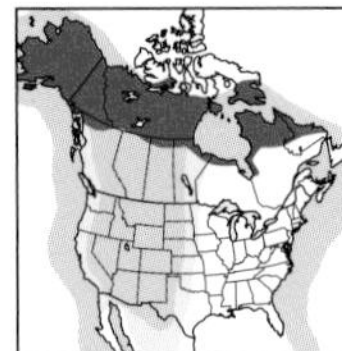

Pasa el verano en el lejano norte, alrededor de estanques y en la tundra; pasa el invierno en el mar, principalmente muy al sur. Como migrante de otoño puede ser común en lagos del oeste, pero es mucho menos común en el este. El falaropo más pequeño, se ve delicado al flotar y girar con ligereza sobre el agua. ▶ En primavera la hembra es principalmente gris con cuello rojo, garganta blanca. El macho es más monótono. En otoño los adultos son grises arriba, blancos por debajo, con *franjas en la espalda* y parche negro marcado en la cara. En otoño los juveniles tienen un patrón similar pero al principio muestran más beige. ♪ **Voz:** fuerte *pik!*

FALAROPO DE PICO GRUESO *Phalaropus fulicarius* (Red Phalarope)

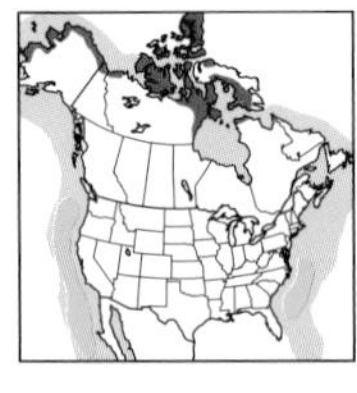

El falaropo más norteño durante el verano y el más estrictamente oceánico en otras temporadas. No suele verse desde tierra excepto en el Ártico. Unos pocos aparecen tierra adentro, principalmente a fines del otoño. Gira en el agua como otros falaropos. ▶ En primavera las hembras son castaño-rojizo en la parte inferior, con blanco en la cara, *base del pico amarilla*. El macho es más monótono. En otoño los adultos son similares al Cuello Rojo pero con un gris más suave en la espalda (sin franjas), y tiene un pico más ancho. ♪ **Voz:** *pik!*

JACANA NORTEÑA *Jacana spinosa* (Northern Jacana)

Las Jacanas viven en estanques tropicales, donde sus largos dedos les permiten caminar sobre lirios y otras plantas flotantes. Esta especie es un raro visitante al sur de Texas. ▶Los adultos son negros con espalda y alas *castaño brillante*. Los jóvenes son cafés en la parte superior, blancos en la inferior, con *ceja blanca*. Todas las edades muestran plumas de vuelo amarillo brillante al extender las alas.

Otoño
Juvenil en verano
Hembra en primavera
Otoño
Falaropo de Pico Largo 9½"
Macho en primavera
Juvenil en otoño
Adulto en otoño
Macho en primavera
Falaropo de Cuello Rojo 8"
Hembra en primavera
Juvenil en otoño
Falaropo de Pico Grueso 8½"
Hembra en primavera
Adulto en otoño
Jacana Norteña 9½"
Adulto
Juvenil
Patrón de las alas (todas las edades)

COMBATIENTE ***Philomachus pugnax*** **(Ruff)**

Un extraño playero de Eurasia, raro pero regular en Norteamérica. Varios son vistos cada año en ambas costas y en Alaska, con unos pocos dispersos tierra adentro. Se encuentra principalmente en pantanos, campos inundados, áreas lodosas. ▶ En primavera los machos son muy variables y coloridos, con las plumas del cuello y mechones de la cabeza color castaño, negro y blanco. En otros plumajes, es mejor identificado por su apariencia general café-beige y por su forma: cuerpo robusto, pequeña cabeza redonda, pico corto. El color de las patas varía de anaranjado a verde. Los machos son mucho más grandes que las hembras.

PLAYERO ZARAPITO ***Calidris ferruginea*** **(Curlew Sandpiper)**

Cada primavera y otoño aparece en pequeños números a lo largo de la costa del Atlántico. También es visto en pequeños números en el oeste y norte de Alaska (ha anidado en Barrow), pero es extremadamente raro en otras partes de Norteamérica. Prefiere áreas de lodo expuesto frecuentados por otros playeros. ▶ Con forma parecida a la del Playero de Dorso Rojo (p. 174) pero con patas más largas y un pico curvado suavemente. En primavera los adultos son café rojizos.

PLAYERO ANDARRÍOS ***Tringa glareola*** **(Wood Sandpiper)**

Un migrante regular en las islas más occidental de las Aleutianas (ha anidado ahí) y un raro visitante en otras partes de Alaska. Prefiere las orillas pantanosas de los estanques. ▶ Se parece al Playero Solitario (p. 182) pero no es tan oscuro y tiene una ceja más clara. En vuelo, la cola se ve principalmente blanca con delgadas barras negras (el Solitario tiene el centro de la cola oscuro). ♪ **Voz:** *chi-ri-rip* musical.

PLAYERO SIBERIANO ***Heteroscelus brevipes*** **(Gray-tailed Tattler)**

Números muy pequeños aparecen en lo más lejano del oeste de Alaska cada primavera. A menudo en áreas lodosas, no en rocas como el Playero Vagabundo (p. 182). ▶ Parecido al Playero Vagabundo pero con marcas *más pálidas y finas* en el plumaje reproductivo, las barras oscuras muy delgadas en los flancos y los lados no cruzan el blanco vientre de lado a lado. En otoño e invierno, casi idéntico al Vagabundo. ♪ **Voz:** ascendente *tu-wip?* muy diferente del *ti-ti-ti-ti* del Playero Vagabundo.

PLAYERO CHICO ***Actitis hypoleucos*** **(Common Sandpiper)**

Sólo en Alaska, un raro visitante de las islas del mar de Bering, más regular en las Aleutianas exteriores. ▶ Muy similar al Playero Alzacolita (p. 182) en plumaje invernal. Tiene una cola más larga, tiende a ser más café en la parte superior. Aves similares vistas lejos del oeste de Alaska son sin lugar a dudas Playeros Alzacolita.

ACHIBEBE OSCURO ***Tringa erythropus*** **(Spotted Redshank)**

Un raro migrante en el oeste de Alaska. Extremadamente raro en otras partes de Norteamérica, pero ha aparecido en una amplia variedad de lugares. ▶ Tiene tamaño y forma de un patamarilla (p. 182), pero con un pico muy largo y delgado, patas rojas, base del pico roja. En primavera, todo negro con pequeñas manchas blancas. En invierno, muy grises.

PLAYERO PICOPANDO ***Xenus cinereus*** **(Terek Sandpiper)**

Un raro migrante en el oeste de Alaska. Se encuentra en áreas lodosas con otros playeros, corriendo activamente mientras se alimenta. ▶ Extraña forma de pico: largo, ligeramente grueso y *curvado hacia arriba.* Patas cortas amarillo-anaranjado. Gris-café opaco en la parte superior, suele tener una línea oscura sobre el ala.

PLAYEROS RAROS

PALOMAS

Las palomas y las tórtolas están en la familia **Columbidae.** Todas tienen pequeñas cabezas redondas y picos cortos. El término "paloma" es utilizado por lo general para las especies grandes, "tórtola" para las pequeñas.

PALOMA DOMÉSTICA *Columba livia* (Rock Pigeon)

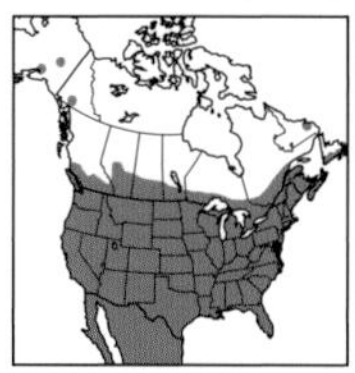

La familiar "paloma de ciudad," nativa de áreas silvestres rocosas de Europa pero domesticada en todo el mundo. Ahora vive en un estado semi-silvestre en gran parte de Norteamérica. Anida principalmente en edificios y puentes, pero unas pocas anidan en riscos en áreas silvestres. ► El tipo ancestral tiene un cuerpo gris claro, cabeza oscura, rabadilla blanca, dos barras negras en las alas. En vuelo, muestra un blanco contrastante en la parte inferior del ala. Las parvadas ferales incluyen una amplia variedad de colores, algunas de las cuales pueden sugerir a las especies nativas silvestres que se muestran a continuación. ♪ **Voz:** *brruuu* grave.

PALOMA DE COLLAR *Patagioenas fasciata* (Band-tailed Pigeon)

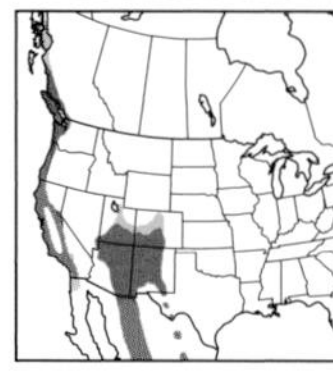

La enorme paloma silvestre del oeste puede ser común en el litoral del Pacífico, en bosques de encino, pino, piemonte. Tierra adentro, es principalmente un residente de verano en las montañas. Viaja en parvadas, alimentándose de bellotas y bayas. ► Grande y colorida. Note la delgada banda blanca a lo largo de la nuca (ausente en el juvenil), base del pico amarilla, ancha banda gris en la cola. Rosa púrpura en la cabeza y pecho, con un brillo verde iridiscente en el cuello. ♪ **Voz:** *ju-wuuu?* grave.

PALOMA DE CORONA BLANCA *Patagioenas leucocephala* (White-crowned Pigeon)

Sólo en el sur de Florida, principalmente en los Everglades y en los Cayos pero tambien en algunas ciudades. Las parvadas perchan en los manglares, vuelan a los bosques de madera dura tierra adentro durante el día. Esta paloma se alimenta principalmente de bayas arriba de los árboles, no en el suelo. Viaja con facilidad entre islas, y algunas vuelan de Florida al Caribe para pasar el invierno. ► Gris pizarra oscuro (suele verse negra) con una gorra blanca muy marcada, verde iridiscente en el cuello. La hembra es más opaca y el juvenil tiene la gorra gris. ♪ **Voz:** *wu,wup, warúp* grave.

PALOMA MORADA *Patagioenas flavirostris* (Red-billed Pigeon)

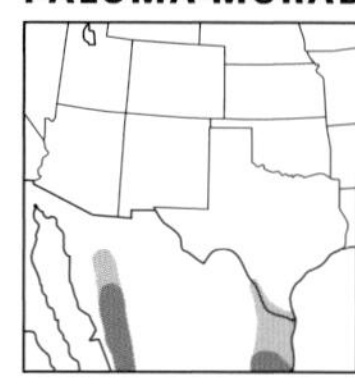

Sólo en el sur de Texas. Poco común en verano, rara en invierno, principalmente en bosques a lo largo del Río Grande. Más fácilmente vistas cuando están perchadas en la copa de los árboles al amanecer. Ampliamente distribuida en México y Centroamérica. ► Muy oscura: marrón en la cabeza y pecho, gris oscuro en la parte inferior. El pico es principalmente amarillo blancuzco (rojo sólo en la base). Algunas Palomas Domésticas tienen el cuerpo oscuro similar pero tienen un patrón de pico diferente. ♪ **Voz:** lento *hup, hup, hupúúú* grave.

Paloma
Doméstica
13″
Variacio-
nes
de color
Macho
Paloma
de Collar
14″
Juvenil
Hembra
Paloma de
Corona Blanca
14″
Hembra
Paloma
Morada
13″
Macho

PALOMA HUILOTA *Zenaida macroura* (Mourning Dove)

Común en todos lados, excepto en bosques densos y muy al norte, suele verse perchada en los cercos de los caminos o caminando en el suelo, sola o en parvadas. Cuando comienza a volar, sus alas hacen un sonido como silbido. En climas cálidos, una pareja puede criar hasta 6 nidadas por año. El nido es una endeble plataforma de ramas. ▶ En vuelo, la cola *larga y puntiaguda* tiene borde blanco. Principalmente monótona, con manchas negras en las alas. El adulto tiene un tono rosa en el pecho, azul-gris en la corona; la hembra es café opaco. Los juveniles con apariencia escamosa son confundidos con la Tórtola de Cola Larga o la Tórtola Común (página siguiente). ♪ **Voz:** muy lento *huu-huuu, wu,wu,wuu* que suena "triste".

PALOMA DE ALA BLANCA *Zenaida asiatica* (White-winged Dove)

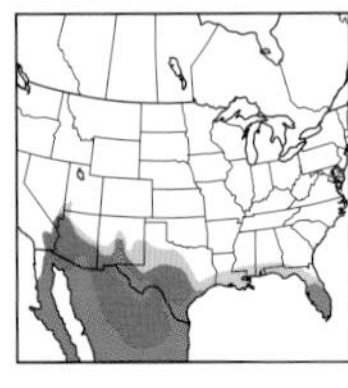

Una paloma grande del suroeste, común en verano en desiertos, pueblos, matorrales. La mayoría va a los trópicos para pasar el invierno. También es común todo el año en algunas partes de Florida. Algunas veces se dispersa más al norte de su distribución usual. ▶ Más robusta que la Huilota, con cola más corta. Grandes *parches blancos en las alas* y punta de las plumas externas de la cola blancas, más obvias en vuelo. ♪ **Voz:** *hup, hup, wujúú* que suena "triste".

PALOMA TURCA *Streptopelia decaocto* (Eurasian Collared-Dove)

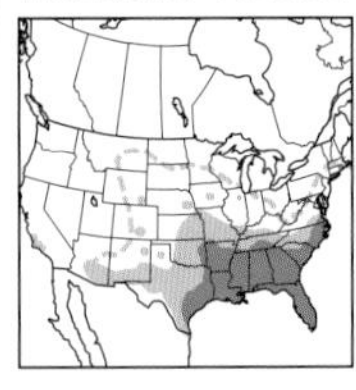

Nativa del Viejo Mundo. Se estableció en Florida en los años 1980. Actualmente está expandiendo su distribución rápidamente hacia el oeste y norte; ha llegado a Arizona, Montana, Nueva York; probablemente colonizará gran parte del continente. Vive principalmente en pueblos y suburbios, menos frecuente en áreas silvestres ▶ Café claro con un anillo negro en el cuello, parches blancos grandes en las plumas exteriores de la cola. Compare con la Paloma de Collar. ♪ **Voz:** grave *cuc-CUC-cuhú.*

PALOMA DE COLLAR *"Streptopelia risoria"* (Ringed Turtle-Dove)

Está variedad domesticada vive en algunas ocasiones en un estado de semi-libertad alrededor de las ciudades, pero parece no prosperar sin la ayuda regular de los seres humanos. ▶ Parecida a la Paloma Turca pero por lo general más clara, especialmente las cobertoras de la parte inferior de la cola (blancas, no grises) y la punta de las alas. La voz difiere. ♪ **Voz:** grave *cu-crrrruuu.*

PALOMA DE CUELLO MOTEADO *Streptopelia chinensis* (Spotted Dove)

Introducida desde Asia al sur de California, en la actualidad se encuentra localmente en parques y suburbios desde San Diego hasta Bakersfield. ▶ Del tamaño de la Paloma Huilota pero más robusta, la cola más redonda, carece de las manchas oscuras en las alas. Su mejor seña es el ancho collar negro con manchas blancas (menos obvio en las aves jóvenes). ♪ **Voz:** grave *cu, wúcu.*

Paloma Huilota
12″
Juvenil
Adultos
Adultos
Paloma de Ala Blanca
12″
Adultos
Juvenil
Paloma Turca
12½″
Paloma
de Collar
12″
Paloma de Cuello
Moteado
12″

se encuentran principalmente en climas cálidos. Como otras tórtolas, ponen sus huevos en nidos notablemente endebles hechos de ramitas.

TÓRTOLA DE COLA LARGA ***Columbina inca*** **(Inca Dove)**

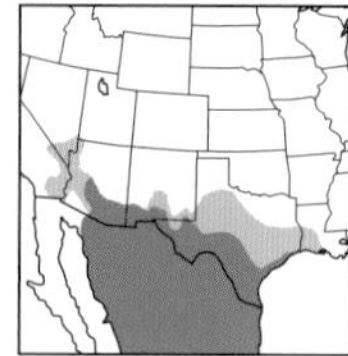

Una tímida tórtola de los céspedes del suroeste. Muy común en algunos pueblos y ciudades, menos común en áreas silvestres. Gentil y sociable; varias suelen perchar hombro con hombro. ▶ Pequeña y con cola larga, *patrón escamoso* en todo el cuerpo. Cuando vuela, las plumas de las alas rojo óxido y las plumas externas blancas de la cola son obvias. La Tórtola Común también muestra un viso rojizo en las alas al volar, pero su cola es corta, con pequeñas esquinas claras. Vea el juvenil de Paloma Huilota (página anterior), que también se ve escamosa. ♪ **Voz:** *cú-cu* o *cu-cuwú.* Hacen ruido de aleteo rápido al levantar el vuelo.

TÓRTOLA COMÚN ***Columbina passerina*** **(Common Ground-Dove)**

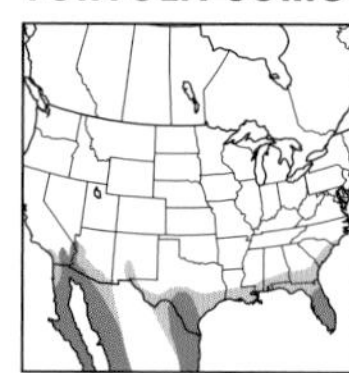

Esta diminuta tórtola camina en el suelo, por lo general en parejas o en pequeñas parvadas. No es tanto un ave de ciudad como la de Cola Larga, prefiere lugares con matorrales, bordes de bosques. Antes era común, sus números han declinado en muchas áreas, especialmente en el suroeste. ▶ Pequeña y con cola corta, con un patrón escamoso en el pecho y cabeza. La base del pico es rosa. En vuelo, las alas muestran un rojo óxido brillante y la corta cola negra muestra esquinas claras. Vea el juvenil de Paloma Huilota (página anterior), que tiene un patrón escamoso y puede tener la cola corta en un principio. ♪ **Voz:** *hu-wúú... hu-wúú,* muchas veces repetido interminablemente. Hacen ruido de aleteo rápido al levantar el vuelo.

TÓRTOLA ROJIZA ***Columbina talpacoti*** **(Ruddy Ground-Dove)**

Rara pero un visitante regular en el suroeste, principalmente en invierno. Suele encontrarse con parvadas de Tórtola de Cola Larga. ▶ Parecida a la Tórtola Común, pero más roja (especialmente los machos) y cola ligeramente más larga. Carece del patrón escamoso en el pecho y el rosa en el pico. La Tórtola Rojiza y la Común tienen manchas negras en las alas, pero note que la Rojiza las tiene también en las escapulares, entre la espalda y las alas. ♪ **Voz:** *wup!* o *per-wup!,* repetido interminablemente, parecido al de la Tórtola Común.

PALOMA ARROYERA ***Leptotila verreauxi*** **(White-tipped Dove)**

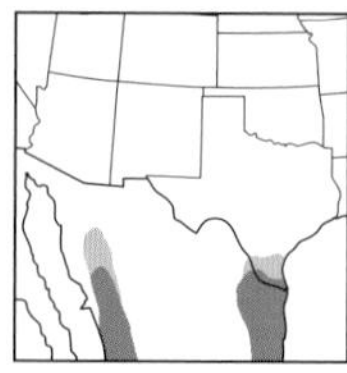

Sólo en el sur de Texas. Camina en el suelo en bosques secos; si se espanta, camina directo a los bosquecillos o vuela veloz y bajo. ▶ Puede sugerir a la Paloma Huilota (página anterior), pero con un cuerpo más redondo y cola más corta, tiene ojos claros y carece de la mancha negra en el oído y las manchas negras en las alas. En vuelo, muestra un *castaño oscuro* bajo las alas. ♪ **Voz:** *hup-hwuuuuuu* como el sonido de soplar una botella (a veces sólo se oye el *hwuuuuuu* final).

Tórtola de Cola
Larga
8½"
Adultos
Hembra
Tórtola Común
6½"
Macho
Tórtola Rojiza
(rara)
6¾"
Macho
Hembra
Paloma Arroyera
(Sólo en Texas)
11½"
Adultos

CUCOS

(familia Cuculidae) incluyen algunas aves extrañas, como los correcaminos y los garrapateros (vea abajo). Los típicos cucos norteamericanos son aves delgadas, de cola larga. Sigilosos, con frecuencia suelen ser más oídos que vistos, se mueven a través del denso follaje de los árboles, alimentándose de orugas y otros insectos.

CUCO DE PICO AMARILLO *Coccyzus americanus* (Yellow-billed Cuckoo)

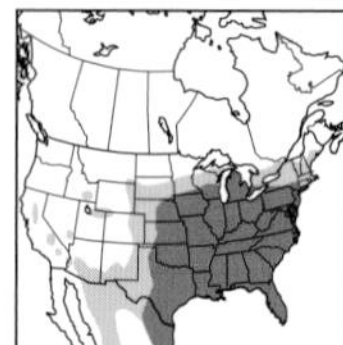

Común en bosques frondosos durante el verano, pero se pasa por alto fácilmente cuando está escondido entre el follaje. En el oeste, se encuentra a lo largo de ríos en zonas bajas; se ha vuelto raro en California debido a la pérdida de dicho hábitat. ► Visto por debajo, la larga cola se ve negra, con grandes manchas blancas. El rojo óxido en las alas es obvio en vuelo. El color amarillo de la mandíbula inferior se puede observar de cerca. En otoño, los juveniles pueden tener un patrón más pálido y monótono en la cola, menos amarillo en el pico. ♪ **Voz:** un gutural *kakakakakakakaka, kao, kao, kao.*

CUCO DE PICO NEGRO *Coccyzus erythropthalmus* (Black-billed Cuckoo)

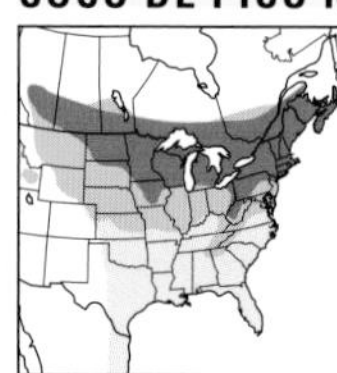

Algunas veces es muy común durante el verano en bosques frondosos al este de las Rocosas, pero puede ser aún más sigiloso que el Cuco de Pico Amarillo. ► Visto por debajo, la cola se ve gris con delgadas manchas blancas. El pico es negro, carece de rojo óxido en las alas. El adulto tiene un delgado anillo ocular rojo. A fines del verano y en otoño, el juvenil tiene un anillo ocular beige y la cola puede mostrar aún menos contraste que en el adulto. ♪ **Voz:** agudo *cucu, cucucu, cucucucu* o *cu,cu,cu,cu,cu,cu cucucu.* Puede cantar de noche.

CUCO MANGLERO *Coccyzus minor* (Mangrove Cuckoo)

Tropical; en los Estados Unidos, sólo en Florida. Raro, esquivo, deslizándose furtivamente a través de los manglares costeros. Suele ser difícil de observar (especialmente en invierno). Un visitante muy raro en otros lugares de la costa del Golfo. ► Se parece al Cuco de Pico Amarillo (grandes manchas blancas en la cola, pico amarillo) pero con beige en la parte de abajo, tiene una máscara negra más obvia, la corona suele verse más gris. ♪ **Voz:** un *kakakakakaka, gogogo* nasal y gutural.

CUCO COMÚN *Cuculus canorus* (Common Cuckoo)

Un raro visitante en el oeste de Alaska. Ampliamente distribuido en el Viejo Mundo. ► Grande, con alas y cola largas; en vuelo parece un halcón. Los machos y algunas hembras son grises, con un barrado delgado en el vientre. Algunas hembras son café óxido con un marcado barrado negro. Nota: el Cuco Oriental *(Cuculus saturatus)*, que en raras ocasiones también llega al oeste de Alaska, es casi idéntico.

OTROS CUCOS

Los correcaminos y garrapateros pertenecen a la familia de los cucos, pero se ven diferentes a las especies de esta página por lo que son tratadas en otras partes de está guía, junto a aves más parecidas.

CUCOS

Cuco de
Pico Amarillo
12″
Juvenil
Cuco
Manglero
12¼″
Adulto
Cuco de
Pico Negro
11¾″
OTROS CUCOS
(no a escala)
Cuco Común
(raro visitante)
13″
Garrapatero
Pijuy
(vea p. 336)
Correcaminos
Norteño
(vea p. 148)

PERICOS, COTORRAS Y LOROS

No tenemos ningún miembro nativo de la familia de los loros **(Psittacidae).** La Cotorra de Carolina está extinta y la Cotorra Serrana Occidental (página opuesta) ya no ocurre naturalmente en los E. U. Sin embargo, loros y pericos de todo el mundo son mantenidos como mascotas. Algunas aves que han escapado son vistas volando en libertad y, en climas benignos, pueden sobrevivir, formando incluso poblaciones reproductivas ferales bien establecidas.

Perico Ñanday ***Nandayus nenday*** **14"**

Nativo de Sudamérica.

Perico Monje ***Myiopsitta monachus*** **12"**

Nativo de Sudamérica. Bien establecido en Florida y en muchos pueblos del este, en el norte hasta Chicago y Nueva Inglaterra. Las ruidosas colonias construyen nidos de ramas en los árboles.

Perico Chirirí ***Brotogeris chiriri*** **9"**

Nativo de Sudamérica. Bien establecido en partes de Florida y California.

Perico Versicolor ***Brotogeris versicolurus*** **9"**

Nativo de Sudamérica. Bien establecido en partes de Florida y California.

Cacatúa Ninfa ***Nymphicus hollandicus*** **11"**

Nativa de Australia.

Periquito Común ***Melopsittacus undulatus*** **7"**

Nativo de Australia. Colonias establecidas en Florida. Aves que han escapado son vistas frecuentemente.

Agapornis de Namibia ***Agapornis roseicollis*** **7"**

Nativa de África. Feral en Phoenix y otros lugares.

Loro de Cabeza Amarilla
Amazona oratrix 14″
Nativo de México, feral en California y otros lugares.

Loro Tamaulipeco
Amazona viridigenalis
13″
Nativo de México. Feral en Texas, Florida, California.

Loro de Corona Lila
Amazona finschi
13″
Nativo de México.

Perico de Kramer
Psittacula krameri
15″
Nativo de Asia.

Cotorra Serrana Occidental
Rhynchopsitta pachyrhyncha 16″
Nativa de México. En el pasado se veían aves dispersas en el suroeste.

Perico de Cabeza Azul
Aratinga acuticaudata
12″
Nativo de Sudamérica.

Perico Mexicano
Aratinga holochlora 13″
Nativo de México. Muchos presentes en el sur de Texas.

Perico de Máscara Roja
Aratinga erythrogenys
13″
Nativo de Sudamérica.

Perico Mitrado
Aratinga mitrata 14″
Nativo de Sudamérica. Feral en California y Florida. Suele verse con el Perico de Máscara Roja.

suelen estar activos durante el día y la noche, volando alto, persiguiendo insectos. Otros miembros de la familia **Caprimulgidae** – incluyendo el Chotacabras Pauraque, abajo, y las aves en las páginas siguientes – son estrictamente nocturnos y con frecuencia suelen ser más oídos que vistos.

CHOTACABRAS ZUMBÓN *Chordeiles minor* (Common Nighthawk)

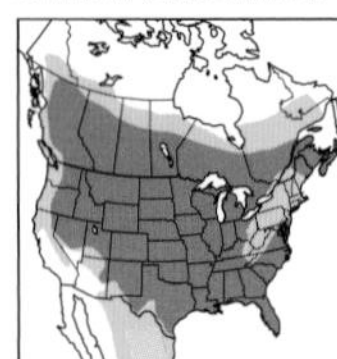

Durante las noches de verano, este chotacabras persigue insectos en el cielo, planeando y revoloteando con aleteos erráticos de sus largas alas. Es común sobre tierras de cultivo, bosques abiertos e incluso en ciudades, donde puede poner sus huevos sobre los techos en lugar de sus sitios de anidación normales, como el suelo desnudo. Sin embargo, sus números están disminuyendo de manera misteriosa en muchas áreas. ▶ Barra blanca a través de las anguladas alas puntiagudas. En reposo, note la parte inferior fuertemente barrada. En Florida y el suroeste, vea las dos especies siguientes. ♪ **Voz:** a menudo vocaliza durante el vuelo, un *pshííí* nasal. En su vuelo de cortejo, el macho se clava en picada, luego da vuelta en U con un sonido de viento o explosión.

CHOTACABRAS MENOR *Chordeiles acutipennis* (Lesser Nighthawk)

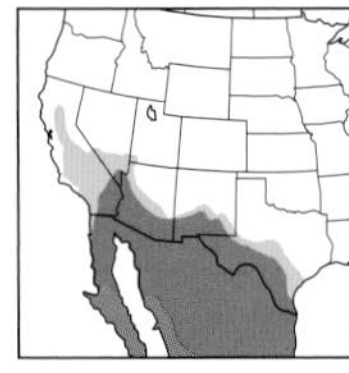

Esta ave reemplaza al Chotacabras Zumbón en el suroeste, en el desierto y el matorral seco. ▶ Muy similar al Chotacabras Zumbón, no siempre se puede identificar. La barra pálida a través del ala está más cerca de la punta en el Menor, en la hembra del Menor esta barra es *beige*, no blanca. El Menor suele volar más cerca del suelo, con aleteos más suaves, menos erráticos, y suele guardar silencio. ♪ **Voz:** *rrrrrrrrrrrrrrrrrr* agudo con u sobrepuesta, no es frecuente escucharlo.

CHOTACABRAS ANTILLANO *Chordeiles gundlachii* (Antillean Nighthk.)

Sólo en Florida. Un residente de verano de los Cayos de Florida, principalmente de Marathon a Key West; rara vez tierra adentro en el sur de Florida. ▶ Casi idéntico al Chotacabras Zumbón. Un poco más pequeño, las hembras tienen barras claras más pequeñas en el ala. Sólo se identifica con certeza por el sonido. ♪ **Voz:** algunas notas recuerdan al Chotacabras Zumbón, pero es único un *pitic* o *pitipicpic* nasal.

CHOTACABRAS PAURAQUE *Nyctidromus albicollis* (Common Pauraque)

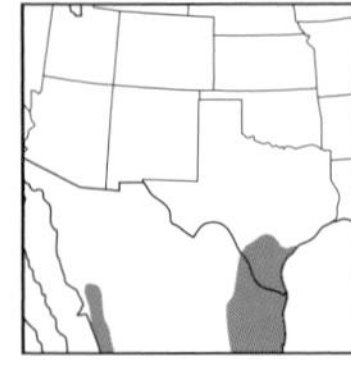

Este chotacabras tropical puede ser visto con los faros del auto durante la noche, en caminos secundarios que atraviesan los matorrales del sur de Texas. De día, descansa en arbustos densos. ▶ Grande y con cola larga. En vuelo muestra una *barra blanca* a través de la *punta redondeada del ala*, la cola presenta anchas franjas blancas (macho) o pequeñas manchas beige (hembra). En reposo, el parche castaño en el oído y las grandes manchas oscuras en las escapulares (sobre el ala) son buenas señas. Nota: los chotacabras y otras tres especies de tapacaminos (página siguiente) también ocurren en el sur de Texas. Los otros tapacaminos carecen del blanco en las alas. ♪ **Voz:** un ronco y gutural *cu,cu,cu,cuwííír.*

Machos
Hembra
Chotacabras
Zumbón
9½"
Hembra
Macho
Macho
Chotacabras
Menor
8½"
Macho
Hembra
Hembra
Chotacabras
Antillano
(sólo en Florida)
8½"
Machos
Hembra
Chotacabras
Pauraque
11½"

son más fáciles de identificar por oído que por vista. Activos sólo de noche, perchan en el suelo durante el día; si se les molesta, se alejan revoloteando calladamente. No construyen nidos, sólo ponen sus huevos en el suelo plano.

TAPACAMINOS CUERPORRUIN *Caprimulgus vociferus* (Whip-poor-will)

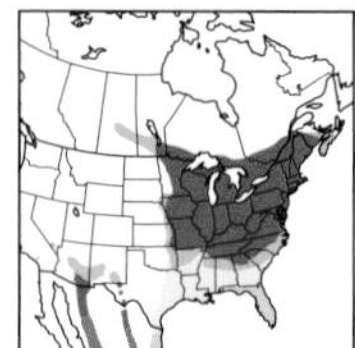

En bosques frondosos del noreste (y localmente en montañas del suroeste), el Tapacaminos Cuerporruin canta su nombre en las noches de verano. Si se le descubre durante el día, puede sentarse inmóvil y permitir que se le acerquen. ▶ Con camuflaje café y gris moteado. En vuelo, la punta de las alas es ampliamente redondeada (a diferencia de los chotacabras de la página anterior); las puntas exteriores de la cola son blancas (macho) o beige (hembra). ♪ **Voz:** de noche, un ascendente y melodioso *wu,prrr,wíl* o *cuerporruín,* que a menudo se repite una y otra vez por varios minutos. El cuerporruín de las montañas del suroeste tiene una voz más grave y ronca (pudiera tratarse de una especie distinta).

TAPACAMINOS DE CAROLINA *Caprimulgus carolinensis* (Chuck-will's-widow)

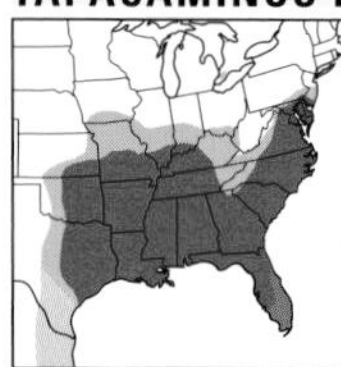

Un tapacaminos café grande de los bosques del sur. Reposa en los arbustos durante el día; cauteloso, puede alejarse volando si se le aproximan. Al igual que otros tapacaminos, los ojos muestran un brillo rosa o naranja si se le apunta con una luz durante la noche. ▶ Más grande que el Cuerporruin, color café beige en todo el cuerpo. Con frecuencia el pecho se ve más oscuro que la garganta (lo opuesto del patrón del Cuerporruín). Muestra menos blanco en la cola al volar. ♪ **Voz:** de noche, melodioso *chok, wío, wío.*

TAPACAMINOS TEVÍI *Phalaenoptilus nuttallii* (Common Poorwill)

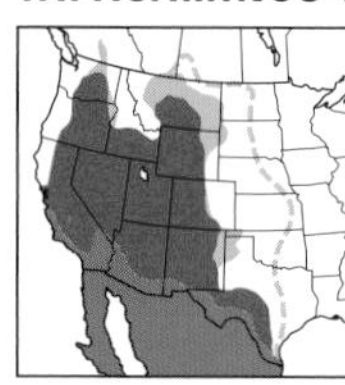

En el oeste, este pequeño tapacaminos ronda las estribaciones secas, cañones desérticos, lugares rocosos en las praderas. Se sienta en el suelo desnudo durante la noche, revoloteando para cazar insectos. Algunos Tapacaminos Tevíi permanecen en el suroeste durante el invierno, hibernando en tiempo frío. ▶ Más pequeño y con cola más corta que otros tapacaminos. Moteado café-grisáceo, con una banda blanca a través de la parte baja de la garganta. En vuelo, las esquinas de la cola se ven blancas o beige. ♪ **Voz:** de noche, melodioso *diagua* ascendente, de cerca se escucha una tercera nota, *pan diagua.*

TAPACAMINOS TU-CUCHILLO *Caprimulgus ridgwayi* (Buff-collared Nightjar)

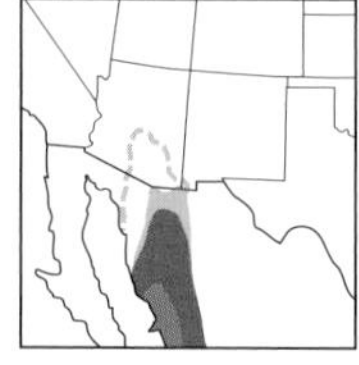

Un ave tropical, muy rara durante el verano en unos cuantos cañones escabrosos del sur de Arizona y el suroeste de Nuevo México. Puede no estar presente cada año. ▶ Se parece mucho al Cuerporruin (quien también puede mostrar un collar beige). Los machos pueden mostrar más blanco en la cola que la raza de Arizona del Cuerporruin. Mejor identificado por el sonido. ♪ **Voz:** de noche, muy rápido *tu,tu,tu,tu,tutu,tu-tu,tucuCHíO* (las primeras notas más queditas).

Macho
Tapacaminos
Cuerporruin
10″
Patrones de
la cola
Hembra
Macho
Hembra
Tapacaminos
de Carolina
12″
Adultos
Patrón de
la cola del
macho
Tapacamino
Tevíi
8″
Tapacamino
Tevíi
en vuelo
Tapacaminos
Tu-cuchillo
(raro)
9″

MARTINES PESCADORES Y TROGONES

Los martines pescadores **(familia Alcedinidae)** tienen cabezas y picos grandes, patas pequeñas; perchan (o revolotean) sobre el agua, se sumergen para atrapar peces pequeños en sus picos. Para anidar, cavan túneles en el lodo de las riberas. Los trogones **(familia Trogonidae)** son aves tropicales con posturas verticales y largas colas. Perchan inmóviles, luego revolotean para coger una baya o un insecto. Anidan en cavidades en los árboles.

MARTÍN PESCADOR NORTEÑO *Ceryle alcyon* (Belted Kingfisher)

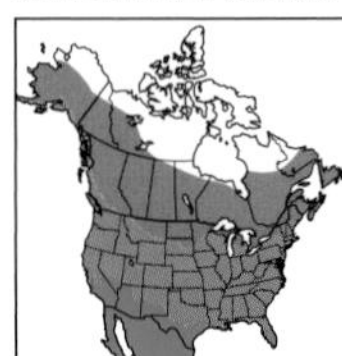

Un ave solitaria que se encuentra casi en todas partes a la orilla del agua, se ve perchado en ramas sobre arroyos y lagos o en rocas costeras. Vuela con aleteos irregulares, suele llamar la atención con su cascabeleante llamado. ▶ Inconfundible en la mayoría de las áreas; cerca de la frontera con México, vea las dos siguientes. (La Chara Azul, p. 272, también es crestada, pero tiene una forma muy diferente.) La hembra tiene dos bandas en el pecho, azul-gris y rojo óxido; los machos carecen de esta última. ♩ **Voz:** fuerte y ultrarrápido *ririririri.*

MARTÍN PESCADOR DE COLLAR *Ceryle torquatus* (Ringed Kingfisher)

Sólo en Texas. Principalmente cerca del Río Grande, unos pocos más al norte, algunas veces hasta el centro de Texas. Suelen verse en perchas altas sobre ríos, lagos. ▶ Más grande que el Norteño, con las partes inferiores rojo óxido (con una banda azul en la hembra). Collar blanco, la base pálida del pico puede ser conspicua. ♩ **Voz:** fuerte *chachachachachachacha* . . . rápido. En vuelo, *chak* . . . *chak* muy pausado.

MARTÍN PESCADOR VERDE *Chloroceryle americana* (Green Kingfisher)

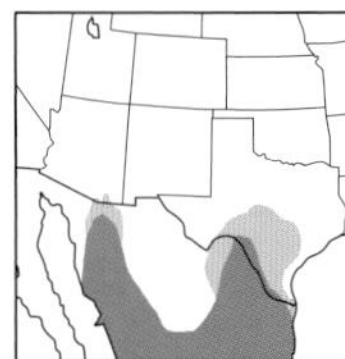

A lo largo de arroyos angostos en el sur de Texas (y muy localizado en el sur de Arizona), este pequeño martín pescador percha bajo y vuela bajo sobre el agua. ▶Muy pequeño con un pico extremadamente grande (como un gorrión con pico de garza). Más oscuro por encima, con una cresta menos obvia que otros martines pescadores. Las blancas plumas externas de la cola son obvias en vuelo. ♩ **Voz:** *tic, tic.*

TROGÓN ELEGANTE *Trogon elegans* (Elegant Trogon)

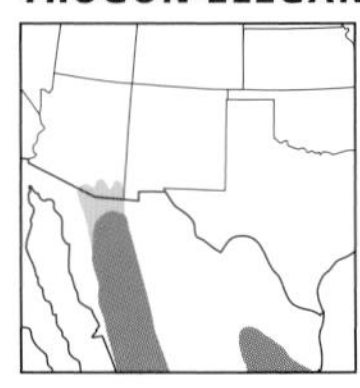

Un premio muy buscado por los observadores de aves, este trogón pasa el verano en Arizona, principalmente donde crecen sicomoros altos a lo largo de arroyos en cañones boscosos. Unos pocos permanecen durante el invierno. ▶ Forma característica, vientre rojo, *banda blanca en el pecho,* pico amarillo. La cola muestra un delgado barrado por debajo, cobrizo por encima. La cabeza y espalda son café (hembra y juvenil) o verde iridiscente (macho). ♩ **Voz:** ronco *coa, coa,coa* . . .

QUETZAL MEXICANO *Euptilotis neoxenus* (Eared Quetzal)

Un raro visitante en las montañas del sur de Arizona en cualquier temporada (ha anidado). ▶ Más grande que el Trogón Elegante. Carece de la banda blanca en el pecho, tiene un pico más oscuro. La cola es azulada por encima, gris y blanca por debajo (sin barrado). ♩ **Voz:** *cuÍÍÍÍ* (prolongado), terminando con un abrupto *chak!* También un fuerte *kikikiki.*

Hembra joven

Martín Pescador Norteño 13″

Macho

Hembra

Hembra

Martín Pescador Verde 9″

Macho

Macho

Hembra

Martín Pescador de Collar 16″

Macho

Trogón Elegante $12\frac{1}{2}$″

Hembra

Quetzal Mexicano (raro) 14″

Hembra

Macho

CARPINTEROS

(familia Picidae) trepan a los árboles agarrándose con sus fuertes dedos y sosteniéndose con las duras plumas de la cola, en su búsqueda de insectos en y debajo de la corteza. También comen nueces y bayas. Excavan en los árboles sus propios hoyos para anidar, por lo general en madera muerta. Para otras aves trepadoras de árboles, vea a las sitas y al trepador (p. 286).

CARPINTERO DE CABEZA ROJA ***Melanerpes erythrocephalus*** **(Red-headed Woodpecker)** La mayoría de los carpinteros tienen rojo en la cabeza, pero no tanto como éste. Común localmente (pero declinando) en el este, en bosques abiertos, huertos, bosquecillos aislados en áreas abiertas. Pasa el invierno donde las bellotas y otras nueces silvestres son abundantes. ► El adulto es inconfundible, negro, blanco y rojo, con unos enormes parches blancos en las alas. Las aves jóvenes tienen la cabeza café, barras oscuras a través del parche blanco del ala; el color café es reemplazado gradualmente por rojo durante el primer invierno. ♪ **Voz:** grito explosivo *juááá*, un tanto triste.

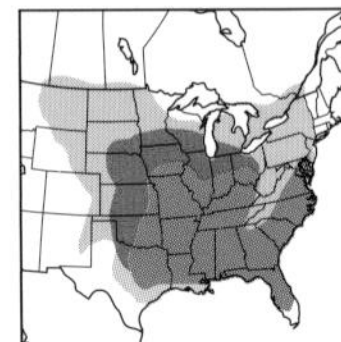

CARPINTERO ARLEQUÍN ***Melanerpes formicivorus*** **(Acorn Woodpecker)** Una ruidosa ave con cara de payaso de los bosques de encinos del oeste. Vive en grupos todo el año; las colonias cosechan las bellotas en otoño, almacenándolas en agujeros en madera muerta, se alimentan de ellas durante el invierno y la primavera. Rara vez se dispersa más allá de sus colonias. ► Negro en la parte superior y en el pecho, capucha roja, un fuerte patrón en la cara, ojos blancos. En vuelo, muestra una rabadilla blanca y un pequeño parche blanco en el ala. La hembra tiene una banda negra que separa la capucha roja de la frente blanca. ♪ **Voz:** *quejé, quejé, quejé* ronco y otros sonidos.

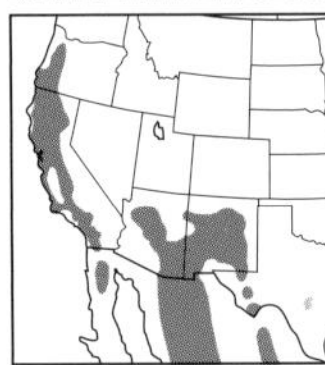

CARPINTERO DE LEWIS ***Melanerpes lewis*** **(Lewis's Woodpecker)** Un carpintero muy extraño, raro y localizado en el oeste, principalmente alrededor de bosquecillos de árboles altos en áreas abiertas. Lleva a cabo gran parte de su alimentación volando de su percha para cazar insectos en el aire. Las anchas alas lo hacen parecer un cuervo durante el vuelo. ► Colores extraños: espalda verde oscuro iridiscente (casi negro), cara guinda, vientre rosa, collar gris plateado. Las aves jóvenes son obscuras en un principio, con tan sólo una sugerencia de los colores del adulto. ♪ **Voz:** generalmente silencioso; en la época reproductiva, *chirí, chirí* quedito.

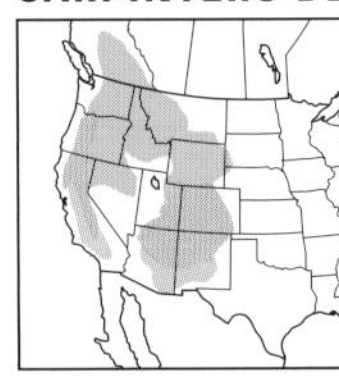

CARPINTERO DE CABEZA BLANCA ***Picoides albolarvatus*** **(White-headed Woodpecker)** Común pero localizado en bosques de pino de las montañas en los estados del Pacífico. ► El cuerpo negro y cabeza blanca son señas diagnósticas (pero el Carpintero Arlequín, visto a la distancia, puede ser similar). El macho tiene un parche rojo en la parte de atrás de la cabeza. Grandes parches blancos en la parte exterior del ala, muy obvios en vuelo. ♪ **Voz:** agudo *wic* o *wiquíc*, ultrarrápido *chichichi.*

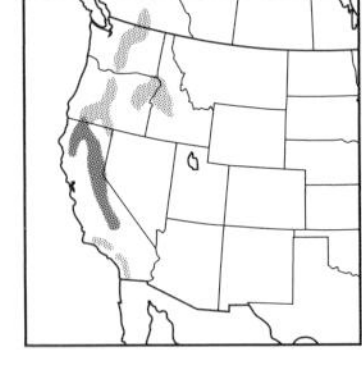

Adultos
Carpintero Arlequín
9″
Carpintero de Cabeza Roja
9¼″
Machos
Juvenil
Hembra
Hembra
Carpintero de Cabeza Blanca
9″
Adultos
Macho
Juvenil
Carpintero de Lewis
11″

CARPINTERO DE CAROLINA ***Melanerpes carolinus*** **(Red-bellied Woodp.)**

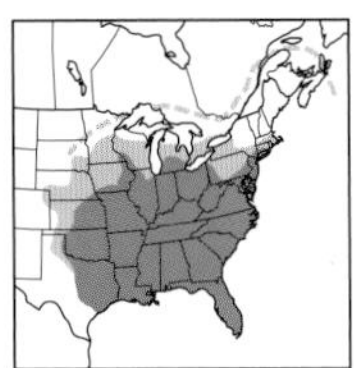

Numeroso, ruidoso y evidente en los bosques del sureste, el Carpintero de Carolina está extendiendo su distribución hacia el norte. Se encuentra en todos lados desde bosques densos y pantanos hasta parques en ciudades y suburbios. ▶ Delicadas barras negras y blancas en la espalda, pecho y cara café-beige, franja rojo brillante en la parte superior y atrás de la cabeza (la hembra tiene menos rojo). En vuelo muestra parches blancos en las alas y la rabadilla. ♩ **Voz:** *chej, chej* fuerte, *trrá, trrá.*

CARPINTERO DE FRENTE DORADA ***Melanerpes aurifrons*** **(Golden-fronted Woodpecker)**

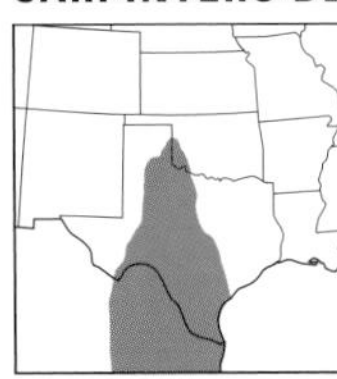

Una especialidad de Texas (también en el suroeste de Oklahoma), reemplaza al Carpintero de Carolina en los bosques secos. ▶ Barras blanco y negro en la espalda. Pecho y cabeza café-beige, con la nuca *naranja-amarilla,* amarillo sobre el pico; el macho tiene una gorra roja. (El carpintero de Carolina tiene algunas veces naranja en vez de rojo en la cabeza). En vuelo se observan los parches blancos de las alas y la rabadilla. ♩ **Voz:** *chej, chej* fuerte, *trrá, trrá.*

CARPINTERO DEL DESIERTO ***Melanerpes uropygialis*** **(Gila Woodpckr.)**

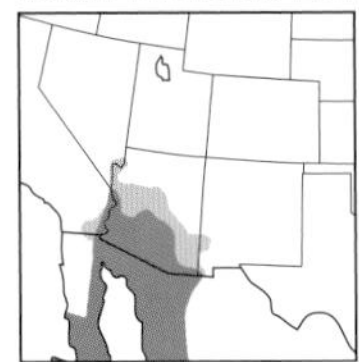

Un carpintero ruidoso de las regiones desérticas. Común en árboles a la orilla de ríos, saguaros gigantes, bosquecillos de palmas. Excavan los hoyos para sus nidos tanto en cactus como en árboles. ▶ Barras blanco y negro en la espalda, alas, cola; la cabeza y partes inferiores son café-beige. El macho tiene una pequeña mancha roja en la corona. ♩ **Voz:** muy ruidoso, *yá yá, yá* nasal, *trrá, trrá,* otros sonidos.

CARPINTERO CALIFORNIANO ***Picoides nuttallii*** **(Nuttall's Woodpecker)**

Esta especie y la siguiente están relacionadas con el Carpintero Velloso Menor (página siguiente), no con los tres anteriores. El Carpintero Californiano es muy común al oeste de las montañas en California, desde los bosquecillos de encinos y cañones en las estribaciones hasta los árboles grandes en la costa. ▶ Espalda negra con un delgado barrado blanco; delgadas franjas blancas en la cara negra. El macho tiene un parche rojo en la corona. ♩ **Voz:** rápido *kiríc, kiríc* agudo, también un rápido *yip! yip! yip! yip! . . .*

CARPINTERO MEXICANO ***Picoides scalaris*** **(Ladder-backed Woodpecker)**

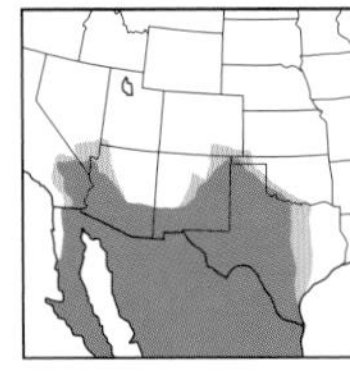

El Carpintero Mexicano sobrevive en zonas secas en el suroeste, dondequiera que haya árboles pequeños a lo largo de los ríos, arroyos secos en el desierto. ▶ Parecido al Carpintero Californiano pero con más blanco en la cara, barras blancas en la espalda más anchas (especialmente en la parte superior de la espalda). El hábitat más seco y las diferencias en la distribución son las mejores claves. Algunas veces estas dos especies se entrecruzan donde se encuentran sus distribuciones. ♩ **Voz:** *chik!* agudo, *chichichichichichichichichichi* descendente.

Hembra
Carpintero de
Carolina
9½"
Machos
Macho
Hembra
Carpintero
del Desierto
9¼"
Carpintero de
Frente Dorada
9½"
Macho
Hembra
Hembra
Macho
Carpintero
Mexicano
7¼"
Macho
Carpintero
Californiano
7½"
Hembra

CARPINTERO VELLOSO MENOR ***Picoides pubescens*** **(Downy Woodpecker)**

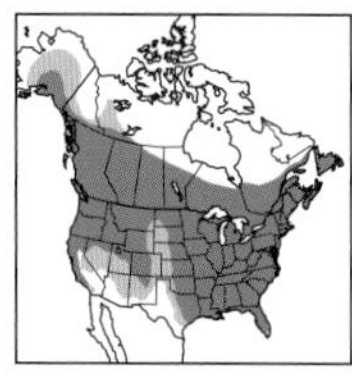

Común casi en todos los lugares donde haya árboles (excepto en el suroeste seco), aún en suburbios y parques en ciudades. Se alimentan en hierbas secas así como en los troncos de los árboles y puede visitar comederos para aves por sebo. ► Espalda blanca, cara rayada, pico muy corto. El macho tiene un parche rojo en la nuca. En las Rocosas, menos manchas blancas en las alas. ♪ **Voz:** *chik!, chik!,* agudo *chichichichichichi...* descendente. Martilla el pico contra madera muerta como otros pájaros carpinteros.

CARPINTERO VELLOSO MAYOR ***Picoides villosus*** **(Hairy Woodpecker)**

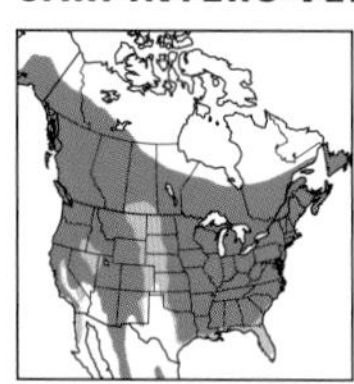

Como una versión grande del Carpintero Velloso Menor, por lo general menos común, ya que requiere árboles más grandes. ► Con la práctica, puede ser distinguido del Carpintero Velloso Menor por su pico mucho más largo y su tamaño más grande. Las blancas plumas externas de la cola suelen carecer de barras negras. Las aves en algunas regiones tienen el pecho más oscuro o menos manchas en las alas. ♪ **Voz:** *pik!, pik!* más fuerte que el de la especie anterior, agudo *chichichichichichi....* no descendente.

CARPINTERO DE TRES DEDOS ***Picoides dorsalis*** **(American Three-toed Woodpecker)**

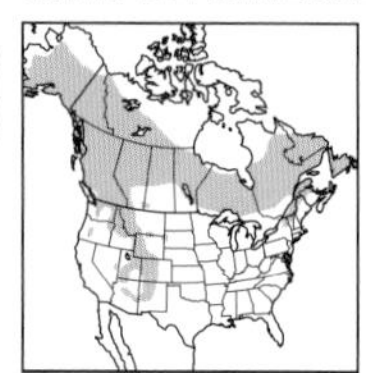

Ampliamente distribuido en el norte y las montañas pero por lo general raro o poco común, silencioso, difícil de encontrar. Puede ser más numeroso donde los árboles han muerto debido a un incendio. Quita pedazos de corteza para encontrar insectos. ► Barrado negro en los flancos; la espalda varía de muy blanca a negra muy barrada. El macho tiene una mancha amarilla en la corona. Algunos juveniles de Carpintero Velloso Mayor también tienen amarilla la corona, barras en los flancos. ♪ **Voz:** *pik!,* rara vez escuchado.

CARPINTERO ÁRTICO ***Picoides arcticus*** **(Black-backed Woodpecker)**

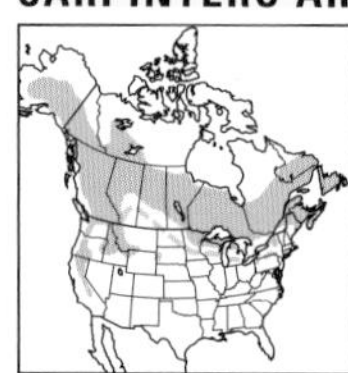

Como las especies anteriores, un carpintero escaso de bosques de coníferas, con sólo tres dedos en cada pata. Prefiere áreas quemadas, borde de bosques con árboles muertos en pie. A veces se dispersa al sur de su distribución en el este. ► Espalda completamente negra; barras en los flancos. Menos blanco en la cara que el Carpintero de Tres Dedos. El macho tiene amarilla la corona. ♪ **Voz:** *pik!,* rara vez escuchado.

CARPINTERO DE FLORIDA ***Picoides borealis*** **(Red-cockaded Woodpecker)**

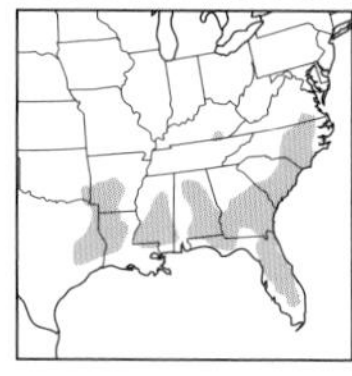

Raro y localizado, viven pequeñas colonias en bosques de pino maduros en el sureste; una especie en peligro. Los nidos pueden ser localizados por anillos de savia blanca que fluye en troncos de pinos. ► Espalda barrada con blanco y negro; parche blanco en la mejilla, gorra negra. La pequeña "escarapela" roja atrás del ojo de macho rara vez se puede observar. ♪ **Voz:** *chif!, chif!* (recuerda el llamado de un Estornino joven).

Macho
Hembra
Carpintero
Velloso
Menor
6½″
Hembra en
un tallo de
hierba
Hembra
Carpintero
Velloso
Mayor
9″
Macho
Hembra
Carpintero Ártico
9″
Macho
Macho
Carpintero de
Tres Dedos
9″
Hembra
Carpintero de
Florida
7½″
Macho
Hembra en hoyo
de un nido

CHUPASAVIAS Y CARPINTERO DE ARIZONA

Los chupasavias son extraños carpinteros que abren líneas de "pozos de savia" en la corteza, regresando después para beber la savia que fluye. Tienden a ser silenciosos, lentos y fácil de acercarse.

CHUPASAVIA DE VIENTRE AMARILLO ***Sphyrapicus varius*** **(Yellow-bellied Sapsucker)**

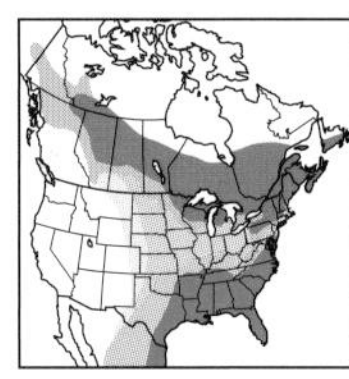

Común en los bosques del norte durante el verano, pasa el invierno en el sureste. ▶ *Franja blanca* en el ala plegada; espalda moteada, cara rayada. La garganta es roja en el macho, blanca en la hembra. Los juveniles tienen la cabeza café en otoño, mudando gradualmente hasta parecerse al adulto a fines del invierno. ♪ **Voz:** frecuentemente silencioso, puede emitir un maullido *chiííí.* Al martillar su pico contra madera, tiene un ritmo característico: una corta serie de martilleos rápidos. Los demás chupasavias suenan parecido.

CHUPASAVIA DE NUCA ROJA ***Sphyrapicus nuchalis*** **(Red-naped Sapsucker)**

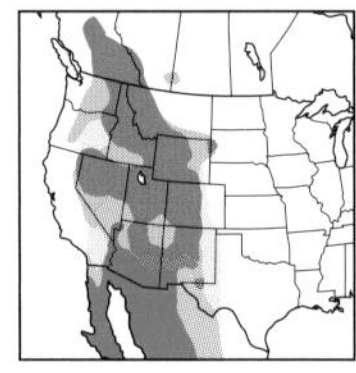

Reemplaza al Chupasavias de Vientre Amarillo en la región de las Montañas Rocosas. Común en verano en bosquecillos de álamos y de coníferas. ▶ Parecido al de Vientre Amarillo. Por lo general con algo de rojo en la parte superior de la nuca. El macho tiene *más rojo* en la garganta; la hembra tiene la garganta parcialmente roja (no toda blanca). A fines del otoño el juvenil se parece al adulto (sin la cabeza café).

CHUPASAVIA DE CABEZA ROJA ***Sphyrapicus ruber*** **(Red-breasted Sapsucker)**

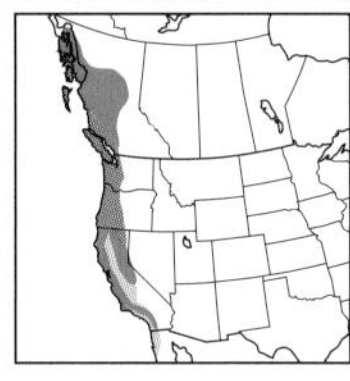

Una colorida ave, más numerosa en bosques húmedos del noroeste del Pacífico. ▶ Cuerpo y alas como las de otros chupasavias, pero la cabeza y el pecho son completamente rojos. Las aves en la parte norte tienden a ser más obscuras, con amarillo brillante en la parte inferior; más al sur, la cabeza es rojo pálido con un viso de rayas blancas. Puede entrecruzarse con los Chupasavias de Vientre Amarillo o de Nuca Roja donde sus distribuciones se encuentran.

CHUPASAVIA OSCURO ***Sphyrapicus thyroideus*** **(Williamson's Sapsucker)**

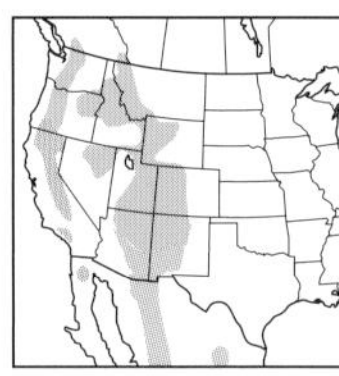

Ampliamente distribuido en las montañas del oeste, pero suele ser escaso, silencioso, difícil de encontrar. ▶ El macho y la hembra son marcadamente diferentes. El macho es casi completamente negro, con un parche blanco en el ala, rabadilla blanca, vientre amarillo, delgadas rayas en la cara. La hembra tiene la espalda barrada, cabeza café; sugiere al Carpintero del Desierto (p. 212), pero tiene negro en el pecho.

CARPINTERO DE ARIZONA ***Picoides arizonae*** **(Arizona Woodpecker)**

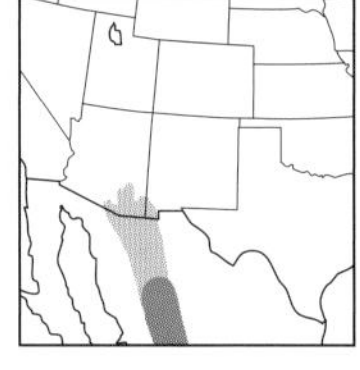

Un residente poco común en bosques de encino y pino-encino en cañones cerca de la frontera con México. Callado, fácilmente se pasa por alto. ▶ La *espalda café* (sin barrado) es diagnóstica. Patrón en la cara, manchas cafés en la parte inferior que es blanca. La hembra adulta carece de la mancha roja en la nuca. ♪ Voz: *pik!, pik!* fuerte, agudo *chichichichichichi...* más ronco que el de otros carpinteros.

Juvenil a
fines del
otoño
Chupasavia de
Vientre Amarillo
8½"
Macho
Hembra
Chupa-
savia de
Nuca Roja
8½"
Hembra
Macho
Forma
norteña
(no a
escala)
Chupasavia
de Cabeza Roja
8½"
Forma
sureña
Hembra
Chupasavia
Oscuro
9"
Macho
Macho
Hembra
Carpintero
de Arizona
7½"

CARPINTEROS GRANDES

Los Carpinteros de Pechera son comunes, suelen alimentarse en el suelo en áreas abiertas. El Carpintero Norteamericano prefiere los bosques densos.

CARPINTERO DE PECHERA COMÚN *Colaptes auratus* (Northern Flicker)

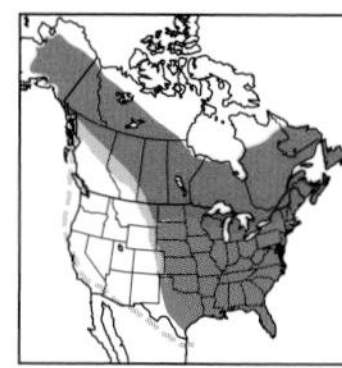

"de Ala Amarilla"

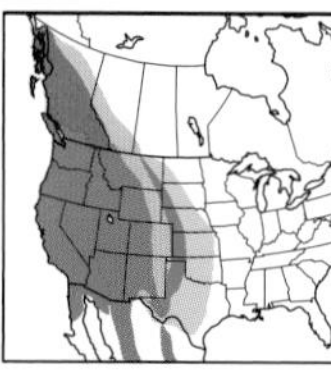

"de Ala Roja"

Es un carpintero café grande que suele alimentarse en el suelo, buscando hormigas. Cuando vuela, muestra los colores brillantes que tiene debajo del ala y la cola, así como la rabadilla blanca. Se encuentra en casi cualquier lugar desde bosques densos hasta parques en ciudades. Dos formas distintas, en el este/norte el "Carpintero de Pechera de Ala Amarilla" y en el oeste el "Carpintero de Pechera de Ala Roja", llamados así por el color de las plumas del ala. ▶ Espalda café, angostas barras negras, parche negro en el pecho, manchas en el vientre. El "Carpintero de Pechera de Ala Amarilla" tiene la parte de abajo del ala y la cola amarillo brillante, medialuna roja en la nuca, cara rojiza, corona gris; el macho tiene un bigote negro. El "Carpintero de Pechera de Ala Roja" tiene la parte de abajo del ala y la cola rosa-salmón, cara gris, corona café; el macho tiene un bigote rojo. Donde ambas formas se encuentran (suroeste de Canadá, oeste de las Grandes Planicies) se entrecruzan libremente, produciendo muchos intermedios. ♪ **Voz:** muy fuerte *klía*, rápido *pipipipipi*... de larga duración, particularmente en la primavera.

CARPINTERO DE PECHERA DE ARIZONA *Colaptes chrysoides* (Gilded Flicker)

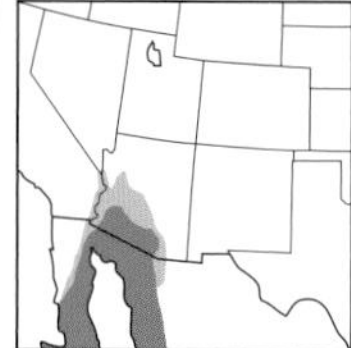

Común en el desierto de Arizona, excava sus nidos en saguaros gigantes o en árboles a la orilla de ríos. ▶ Amarillo brillante debajo de las alas y la cola, pero sin rojo en la nuca; cara gris, el macho tiene un bigote rojo. Algunos híbridos de "Carpintero de Pechera de Ala Roja" y "Carpintero de Pechera de Ala Amarilla" muestran combinaciones similares, pero los Carpinteros de Pechera de Arizona muestran mucho más negro en la parte inferior de la cola, con una corona canela más brillante. Nota: el de Arizona y el "Carpintero de Pechera de Ala Roja" se entrecruzan en elevaciones medias en Arizona, produciendo aves con marcas intermedias. ♪ **Voz:** muy parecido al Carpintero de Pechera, ligeramente más agudo.

CARPINTERO NORTEAMERICANO *Dryocopus pileatus* (Pileated Woodpecker)

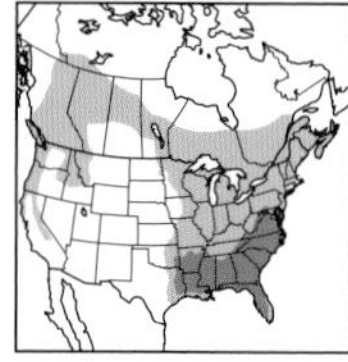

Nuestro carpintero de mayor tamaño (a excepción del Carpintero Pico de Marfil, ahora extinto en Norteamérica). Requiere árboles grandes, cava profundo en la madera muerta para encontrar hormigas carpinteras. El Carpintero Norteamericano se volvió escaso con la tala de los bosques pero se está recuperando, y ahora aparece incluso en los parques en ciudades. ▶ Muy grande, negro, con una cresta roja, franja blanca en el cuello. La parte blanca debajo de las alas se muestra en vuelo. La frente y el bigote son rojos en el macho, negros en la hembra. ♪ **Voz:** rápido *pipipipipi* . . . como el de Carpintero de Pechera, pero con más eco.

Macho
Hembra
Forma
"Carpintero de
Pechera de Ala
Amarilla"
Carpintero de
Pechera Común
13"
Macho
Forma
"Carpintero
de Pechera
de Ala Roja"
Hembra
Carpintero
Norteamericano
17"
Hembra
Macho
Macho
Carpintero
de Pechera
de Arizona
11½"
Hembra

COLIBRÍES

(familia Trochilidae) son joyas voladoras con increíbles poderes de vuelo. Sobrevuelan las flores para sorber el néctar, también visitan los bebederos con agua azucarada. La mayoría de las más de 300 especies habitan los trópicos americanos. Los machos puedan tener colores brillantes, especialmente en la garganta, pero las hembras pueden ser muy difíciles de identificar.

COLIBRÍ GARGANTA RUBÍ *Archilochus colubris* (Ruby-throated Hummingbird)

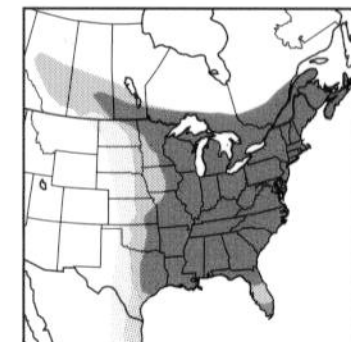

El único colibrí *del este* que se ve regularmente. Común en verano a la orilla de los bosques, parques, jardines. La mayoría pasan el invierno en los trópicos; unos cuantos permanecen en el sureste (pero un colibrí observado durante el invierno en la costa del Golfo puede ser uno que se dispersó desde el oeste). ▶ El macho adulto tiene una garganta rojo rubí iridiscente, que se ve negra al menos que le dé el sol de frente. El pecho blanco contrasta con la garganta oscura, flancos verdes; la cola es completamente negra, horquillada. La hembra es verde por encima, blanca por debajo, punta blanca de las plumas externas de la cola; mejor identificada por su distribución. ♩ **Voz:** *chu!, chu!* quedito y sonidos similares.

COLIBRÍ GARGANTA MORADA *Archilochus alexandri* (Black-chinned Hummingbird)

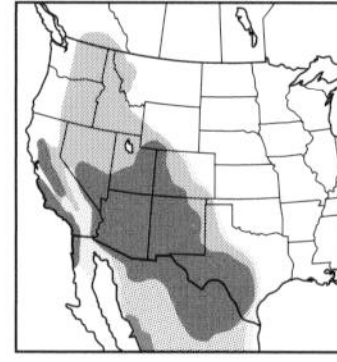

Es el colibrí común durante el verano en las tierras bajas en muchos lugares del oeste. Muy raro en invierno en el sureste. ▶ La banda morada debajo de la barba negra del macho es difícil de observar; es más conspicuo *el collar blanco* debajo de ésta. La hembra es casi idéntica a la hembra del Garganta Rubí; en el oeste, su largo pico, partes bajas claras y llamados lo diferencian de colibríes parecidos. Agita y extiende su cola activamente mientras revolotea. ♩ **Voz:** *chu!* quedito y sonidos similares, idénticos a los del Colibrí Garganta Rubí.

COLIBRÍ DE CABEZA ROJA *Calypte anna* (Anna's Hummingbird)

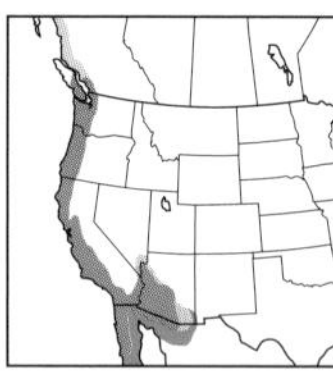

El familiar colibrí residente en la costa oeste, común en jardines, parques, bosques abiertos. ▶ El macho adulto tiene la garganta y corona roja-rosada (a veces se ven negras o doradas). La hembra es gris por debajo, con frecuencia con manchas rojas en la garganta. Más robusto que el Garganta Morada o el Cabeza Violeta; a diferencia de éstos, tiende a mantener la cola quieta mientras revolotea. ♩ **Llamado:** *chip!* **Canto:** el macho emite una farfulla rasposa desde su percha.

COLIBRÍ DE CABEZA VIOLETA *Calypte costae* (Costa's Hummingbird)

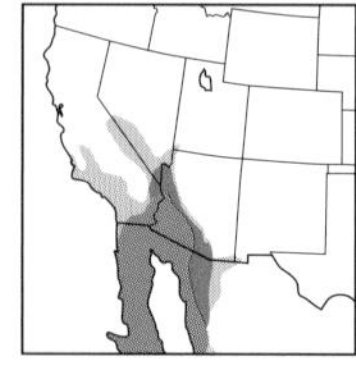

Un colibrí del desierto, más numeroso en áreas secas, acercándose a los bordes de los pueblos en California y Arizona. ▶ El macho adulto tiene corona y garganta moradas, las plumas de los lados de la gargantilla se extienden hacia atrás. La hembra es más pequeña y tiene pico más corto que el Cabeza Roja o el Garganta Morada, con cola más corta, vientre más claro, voz diferente. ♩ **Llamado:** *tic* quedito, a veces rápida serie de *tic*'s. **Canto:** un muy agudo seseo ascendente emitido desde una percha o al vuelo.

Hembras
Machos adultos
Colibrí Garganta Rubí 3³/₄″
Hembra en nido
Colibrí Garganta Morada 3³/₄″
Machos adultos
Colibrí de Cabeza Roja 4″
Hembras
Macho adulto
Macho joven de Cabeza Violeta
Hembra
Macho adulto
Colibrí de Cabeza Violeta 3¹/₂'

COLIBRÍES "ZUMBADORES"

Comunes en el oeste. Los machos adultos son muy distintivos, pero las hembras y los inmaduros son extremadamente similares.

ZUMBADOR DE COLA ANCHA *Selasphorus platycercus* (Broad-tailed Hummingbird)

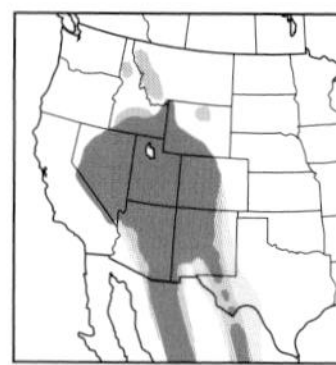

En las montañas del oeste, los machos del Cola Ancha suelen ser oídos antes de ser vistos: las alas producen un zumbido metálico al volar. Como otros colibríes de las montañas, aparecen regularmente en las tierras bajas durante la migración. ▶ El macho tiene garganta rosa, espalda y flancos verdes, un poco de rojo en la cola. Vea Colibrí de Garganta Rubí (este) y el macho joven del Colibrí de Cabeza Roja (oeste), página anterior. La hembra es como la hembra del Zumbador Rufo (abajo) pero tiene la cola más larga. ♪ **Voz:** *chip* y *chirip* melodioso. El *rrrrrr* agudo del batido de alas del macho es el sonido que más frecuentemente se escucha.

ZUMBADOR RUFO *Selasphorus rufus* (Rufous Hummingbird)

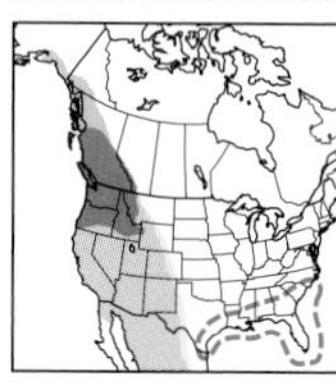

El colibrí más ampliamente distribuido en el oeste. Pequeño pero intrépido, con frecuencia persigue a otros colibríes. De todos los colibríes del oeste, éste es el que con frecuencia se dispersa al este; unos cuantos se encuentran a lo largo de la costa del Golfo cada invierno. ▶ El macho adulto es café cobrizo brillante por encima, con garganta oscura que con buena luz se ve rojo. La hembra y el juvenil tienen la espalda verde, garganta manchada, naranja-beige en los flancos y la base de la cola. ♪ **Voz:** *chip* y *chirip* melodioso. El batido de las alas del macho es un *rrrrrr* menos agudo y menos fuerte que en Zumbador de Cola Ancha.

ZUMBADOR DE ALLEN *Selasphorus sasin* (Allen's Hummingbird)

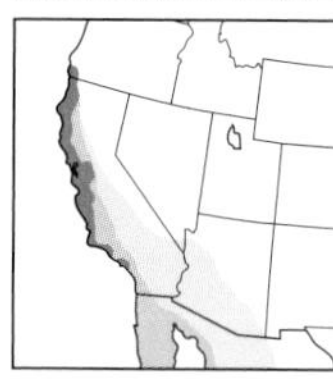

Común localmente en el chaparral, bosques abiertos, suburbios, a lo largo de la costa del Pacífico desde el sureste de Oregon hasta el sur de California (el Zumbador Rufo migra a través de esta región). Migra temprano, llega a finales del invierno. Aquellos en las Channel Islands y en la Península de Palo Verde, California, están presentes todo el año. ▶ El macho adulto es como el del Zumbador Rufo, pero con espalda verde. La hembra y el juvenil son idénticos a los del Rufo. Nota: algunos machos de Zumbador Rufo también tienen espalda verde, por lo que el de Allen no se puede identificar con seguridad fuera de su distribución normal.

COLIBRÍ DE GARGANTA RAYADA *Stellula calliope* (Calliope Hummingbird)

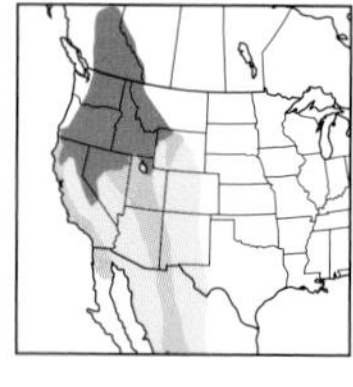

Nuestra ave más pequeña, común en pastizales en las montañas. Con frecuencia se alimenta en flores bajas, cerca del suelo, aún cuando los machos pueden perchar en la copa de árboles altos. ▶ El macho adulto tiene *franjas magenta en la garganta,* verde pálido en los flancos. La hembra y el juvenil son más pequeños que el Rufo, con *pico más corto;* cola redonda, corta, poco rojo óxido en la base; muestra un deslavado beige claro a través del pecho. ♪ **Voz:** *chep* agudo.

COLIBRÍES DEL OESTE

COLIBRÍ DE PICO ANCHO ***Cynanthus latirostris*** **(Broad-billed Hummingbird)**

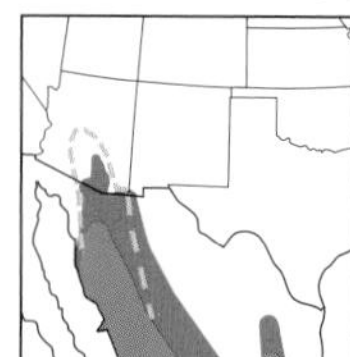

Principalmente en el sur de Arizona. Común localmente durante el verano en bosques a la orilla de ríos, estribaciones, cañones. Unos cuantos permanecen durante el invierno. Activos, mueve la cola mientras revolotea. ▶ El macho es azul-verde oscuro, con la base del pico roja. La cola es azul-negra, ligeramente horquillada; las cobertoras inferiores de la cola son blancas. La hembra tiene menos rojo en el pico, gris por debajo, franja blanca en la cara; note los movimientos y el patrón de la cola. Vea el Zafiro de Oreja Blanca (raro) en la página siguiente. ♪ **Voz:** *cheré, cheré* ultrarrápido.

COLIBRÍ YUCATECO ***Amazilia yucatanensis*** **(Buff-bellied Hummingbird)**

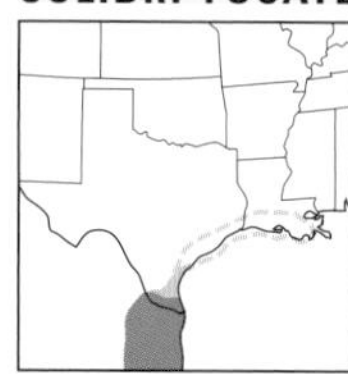

Principalmente en el sur de Texas: poco común alrededor de bordes de bosques, pueblos. En invierno, puede dispersarse al norte hacia la costa del Golfo, unos cuantos llegan a Luisiana o incluso más al este. ▶ Un colibrí robusto, principalmente verde (más brillante en la garganta), con cola castaño, pico rojo con la punta negra, vientre beige pálido. En Arizona vea al Colibrí Berilo (raro), página siguiente. ♪ **Voz:** *chip,* frecuentemente emitido en rápida serie.

COLIBRÍ MAGNÍFICO ***Eugenes fulgens*** **(Magnificent Hummingbird)**

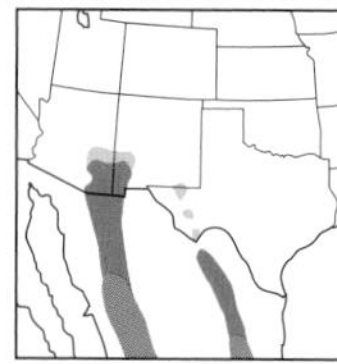

Un colibrí grande de pico largo de las montañas. Por lo común en bosques de pino abiertos. ▶ La garganta verde y la corona morada del macho centellean con buena luz, pero por lo general el ave se ve completamente oscura, con un punto blanco detrás del ojo. La hembra es más monótona; note el tamaño, pico largo, apariencia con cabeza plana, franja blanca detrás del ojo, flancos gris y verde moteados, punta de las plumas externas de la cola pequeñas y claras. ♪ **Voz:** *chup!* fuerte.

COLIBRÍ DE GARGANTA AZUL ***Lampornis clemenciae*** **(Blue-throated Hummingbird)**

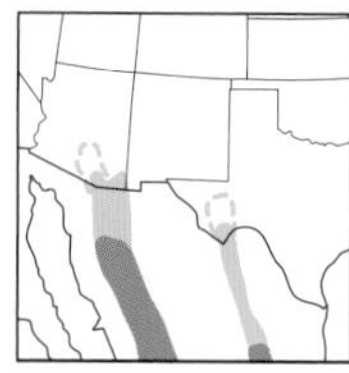

Este colibrí grande y llamativo es poco común, por lo general cerca de arroyos en cañones en las montañas. ▶ El azul de la garganta del macho es difícil de ver. Mejor identificado por el tamaño, franja blanca detrás del ojo y especialmente por *las esquinas blancas y grandes en la cola negra y grande.* La hembra del Colibrí Magnífico es parecida pero más moteada por debajo, la cola tiene las esquinas pálidas más pequeñas. ♪ **Voz:** muy agudo *si!...si!,* el macho puede percharse en la sombra y vocalizar repetidamente.

COLIBRÍ DE CORONA VIOLETA ***Amazilia violiceps*** **(Violet-crowned Hummingbird)**

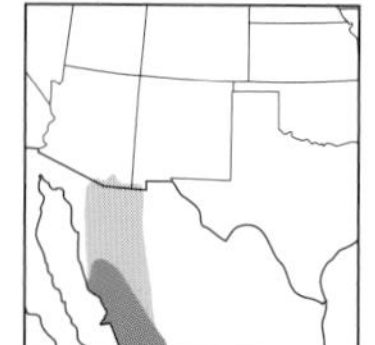

Raro y localizado en el sur de Arizona, extremo suroeste de Nuevo México. Principalmente cerca de arroyos, alrededor de sicómoros en cañones. ▶ Partes inferiores notoriamente *blancas,* base del pico *roja.* Bastante grande. Gris-verdoso pálido por encima, con reflejos violetas en la corona. La hembra es parecida al macho o ligeramente más pálida. ♪ **Voz:** *chup!,* a veces emitido en rápida serie.

Macho joven

Colibrí de Pico Ancho 4″

Hembra

Macho adulto

Colibrí Yucateco $4^1/_2$″

Hembra

Macho

Colibrí Magnífico $5^1/_4$″

Hembra

Colibrí de Garganta Azul 5″

Macho

Colibrí de Corona Violeta $4^1/_2$″

TIJERETA NORTEÑA ***Calothorax lucifer*** **(Lucifer Hummingbird)**

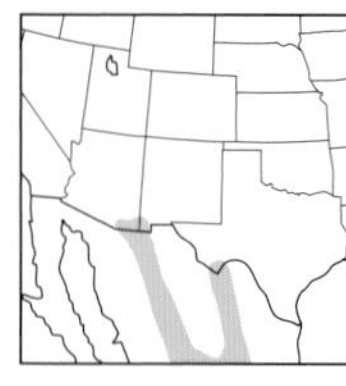

Un colibrí mexicano del desierto, escaso y local durante el verano en el oeste de Texas, sureste de Arizona, el extremo suroeste de Nuevo México. Principalmente en áreas desérticas con plantas de agave y ocotillo; se dispersa hacia el norte a la parte baja de los cañones en las montañas. ▶ Un colibrí pequeño con un pico largo y curvado. El macho tiene una larga cola negra (algunas veces se ve horquillada), garganta morado rojizo. La hembra beige claro por debajo y en la cara, con un parche oscuro en el oído. Note que varios colibríes del suroeste tienen picos ligeramente curvos. ♪ **Voz:** *chip.*

ZAFIRO DE OREJA BLANCA ***Hylocharis leucotis*** **(White-eared Hummingbird)** Este colibrí mexicano de las montañas llega al sureste de Arizona casi todos los veranos. Un visitante muy raro en el oeste de Texas. Prefiere bosques de coníferas en las montañas, cañones. ▶ Ancha franja blanca en el oído, parche negro en la mejilla. El macho tiene reflejos verdes y morados en la cabeza (pero generalmente se ve negra), gran parte del pico *rojo.* La hembra y el juvenil tienen pico más oscuro, partes inferiores pálidas con manchas verdes. Note que algunos otros colibríes tienen franjas blancas "en la oreja". El Colibrí de Pico Ancho (página anterior) puede ser parecido a la hembra pero tiene el pico más largo, más azul-negro en la cola; por lo general en hábitats más secos. ♪ **Voz:** *chetínk, chetínk.*

COLIBRÍ BERILO ***Amazilia beryllina*** **(Berylline Hummingbird)**
Casi todos los veranos unos pocos Berilos llegan al sureste de Arizona; han anidado ahí en algunas ocasiones. Prefiere las orillas de los arroyos con árboles altos, en elevaciones medias en cañones en las montañas. ▶ Verde brillante, con *castaño rojizo en la cola y las alas.* Un poco de rojo en el pico; el vientre puede ser beige o gris. El Colibrí Yucateco (página anterior), que se encuentra en Texas, carece del castaño en las alas. ♪ **Voz:** *chiquí, chiquí, chiquí* quedito, rasposo y agudo.

COLIBRÍ DE OREJA VIOLETA ***Colibri thalassinus*** **(Green Violet-ear)**
Ampliamente distribuido en los trópicos. Algunos se dispersan hacia Texas casi cada año, pero se han dispersado más lejos, llegando incluso a Canadá. ▶ Bastante grande, con pico recto. Verde oscuro con *parche azul-violeta en el oído* y el pecho. Cola azul-verdoso, cruzada por una banda negra. ♪ **Voz:** *chererere* ultrarrápido. **Canto:** interminable *chupí, chupí....*

COLIBRÍ PICUDO ***Heliomaster constantii*** **(Plain-capped Starthroat)**
Un raro vagabundo del sur de Arizona, principalmente en verano y a bajas elevaciones. ▶ Grande, pico largo, parduzco (el color rojo en la garganta rara vez es obvio). Tiene una *ancha marca blanca* en el bigote, manchón blanco cerca de la base de las alas. Notorio parche blanco en la rabadilla (pero esté alerta con los albinos parciales de otras especies de colibrí).

COLIBRÍ DE COLA GUINDA ***Anthracothorax prevostii*** **(Green-breasted Mango)** Un vagabundo muy raro en el sur de Texas. ▶ Grande y oscuro, con pico curvo y *cola morado-rojizo.* El macho adulto tiene el cuerpo completamente verde; la hembra tiene blanco abajo con una franja central oscura deslavada, manchas blancas en la punta de la cola. El inmaduro se parece a la hembra pero con un poco de color canela a los lados de la garganta.

Macho
Hembra
Tijereta
Norteña
$3^1/_2$"
Macho
Machos
Hembra
Zafiro de
Oreja Blanca
$3^3/_4$"
Colibrí de
Oreja
Violeta
$4^3/_4$"
Colibrí Berilo
$4^1/_4$"
Inmaduro
Colibrí
de Cola Guinda
$4^3/_4$"
Colibrí Picudo
5"

VENCEJOS

(familia Apodidae) se encuentran entre las más aéreas de todas las aves, se alimentan de insectos que capturan en el aire durante su rápido vuelo. A diferencia de las golondrinas (página siguiente), una familia no relacionada de aves canoras, nunca se ve a los vencejos perchando en cables, debido que no pueden: sus pequeñas patas sólo pueden agarrarse a superficies verticales.

VENCEJO DE CHIMENEA *Chaetura pelagica* (Chimney Swift)

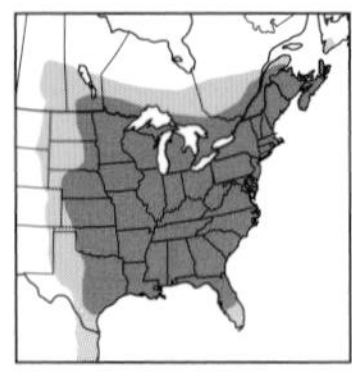

Sobre los pueblos del este durante el verano, parejas y tríos de Vencejos de Chimenea zumban con planeos y aleteos rígidos muy rápidos. Antes anidaban en árboles huecos, ahora anidan principalmente dentro de chimeneas, usando su pegajosa saliva para adherir el nido contra la pared. Pasan el invierno en Sudamérica. ▶ Gris, mejor conocido por su forma: grueso en ambos extremos, con alas en forma de hoz (como "un cigarro con alas"). ♪ **Voz:** *chip* o serie ultrarrápida de *chip*'s.

VENCEJO DE VAUX *Chaetura vauxi* (Vaux's Swift)

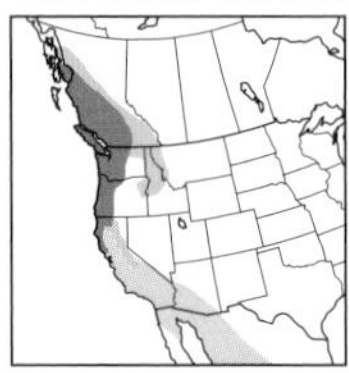

Muy común durante el verano en el noroeste, pero declinando, debido a que está perdiendo sus mayores sitios de anidación: árboles huecos en bosques maduros. Puede perchar durante la noche en chimeneas y algunas veces ha anidado ahí. Migra principalmente al oeste de las Rocosas. Muy raro a mediados del invierno en la costa del Golfo (pero más probable que el Vencejo de Chimenea durante esta temporada). ▶ Muy similar al Vencejo de Chimenea pero un poco más pequeño. Garganta y rabadilla ligeramente más claras, contrastan más con el plumaje del cuerpo (difícil de ver en aves voladoras). Mejor identificado por su distribución. ♪ **Voz:** *chi... chi,chi,chi,chichi* descendente, más quedita que la del Vencejo de Chimenea.

VENCEJO DE PECHO BLANCO *Aeronautes saxatalis* (White-throated Swift)

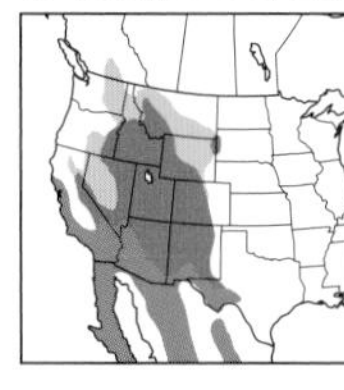

Una de nuestras aves más rápidas, este pequeño torpedo zumba a lo largo de acantilados y cañones en el oeste. Anida en grietas en acantilados, algunas veces en grietas en edificios. ▶ Nuestro único vencejo con *patrón blanco y negro.* La cola es más larga que la de otros vencejos. La Golondrina Verde Tornasol (página siguiente), que vuele en las mismas áreas, es parecida pero tiene las alas más cortas, sus batidos de ala no son rígidos, el vuelo es más lento, carece de la franja negra en los flancos. ♪ **Voz:** ronco y agudo *chi chichichichichi.*

VENCEJO NEGRO *Cypseloides niger* (Black Swift)

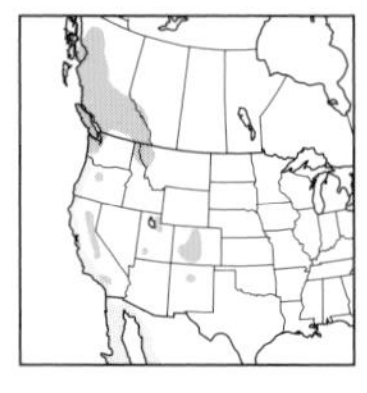

Este vencejo grande habita áreas silvestres en el oeste, anidando en acantilados cerca del mar o detrás de cascadas. Escaso y evasivo, nunca se ve en grandes números. ▶ Más grande que otros vencejos, cola moderadamente larga, ligeramente horquillada. Principalmente gris-negruzco; de cerca se puede observar un escarchado blanco en la frente. Cuando vuela alto puede sugerir a la Golondrina Azul-Negra (página siguiente) pero tiene las alas mucho más largas y angostas. ♪ **Voz:** *chip, chip-chip,* rara vez escuchado.

Vencejo de
Chimenea
5″
Vencejo de
Chimenea
agarrado de un
árbol
Vencejo
de Vaux
4 1/2″
Vencejo de
Pecho Blanco
6 1/2″
En el nido
Vencejo Negro
7 1/4″

GOLONDRINAS

(familia Hirundinidae) suelen ser vistas volando graciosamente; se alimentan principalmente de insectos que atrapan en el aire. Las parvadas de golondrinas suelen posarse en filas en los cables, especialmente cuando se reúnen para la migración de otoño. Las golondrinas se parecen a los vencejos (página anterior) pero están más cercanamente relacionadas a las aves canoras típicas.

GOLONDRINA AZUL-NEGRA *Progne subis* (Purple Martin)

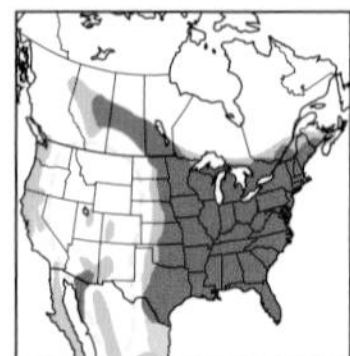

Ampliamente distribuida y popular en el este, donde la mayoría de las colonias anidan en casas construidas especialmente para ellas. Escasa en el oeste, donde aún utiliza sitios naturales para anidar: agujeros en árboles o en cactus gigantes. Pasa el invierno en Sudamérica, pero regresa a los estados del sureste muy temprano cada primavera. ▶ Nuestra golondrina de mayor tamaño. Alas puntiagudas y anguladas, cola horquillada. El macho es completamente azul-negro brillante, la hembra y el juvenil son grises por encima, con vientre blanco. Los estorninos (p. 330) son de alguna manera parecidos, pero tienen el pico más largo, alas más cafés, comportamiento diferente. ♪ **Voz:** melodioso *chur-chur-chur*..., frecuentemente emitido desde muy alto en el cielo al amanecer.

GOLONDRINA BICOLOR *Tachycineta bicolor* (Tree Swallow)

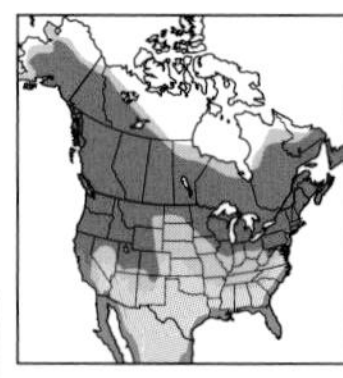

Común y ampliamente distribuida durante el verano, anida en agujeros en los árboles o en casas para aves (especialmente las de azulejos). A diferencia de la mayoría de las golondrinas, regularmente pasa el invierno en los estados del sur, alimentándose de bayas cuando los insectos escasean. Forman enormes parvadas en el otoño. ▶ Marcadamente bicolor, muy blanca por debajo. Los adultos son azul o verde brillante por encima, con una capucha que baja hasta el nivel del ojo. Los juveniles son café oscuro por encima, suelen tener un café-gris deslavado a través del pecho (la Golondrina Ribereña, página siguiente, tiene un marcado collar café en el pecho). ♪ **Voz:** *tididit*, o *chiríp, chiríp* . . . melodioso.

GOLONDRINA VERDE TORNASOL *Tachycineta thalassina* (Violet-green Swallow)

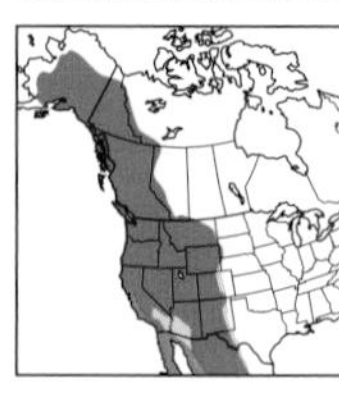

Sólo en el oeste, común durante el verano en los claros en los bosques, cañones, orilla de los arroyos. Anida en agujeros en los árboles o en acantilados. ▶ Un poco más pequeña que la Golondrina Bicolor. Oscura por encima (con brillo violeta y verde), con *parches blancos en la rabadilla* sobre la cola, *mucho blanco en la cara.* La hembra es más monótona, con la cara deslavada. El juvenil es gris-café por encima, cara oscura, puede ser difícil de diferenciar del juvenil de Golondrina Bicolor. ♪ **Voz:** *chipí, chipí* melodioso.

GOLONDRINA DE LAS BAHAMAS *Tachycineta cyaneoviridis* (Bahama Swallow)

Nativa de bosques de pino en las Bahamas. Un visitante muy raro en Florida. ▶ Se parece a la Golondrina Bicolor (muy blanca por debajo, oscura por encima), pero tiene una cola muy larga, horquillada, más blanco en la parte inferior de las alas. Vea la Golondrina Tijereta (página siguiente), similar y muy común.

Hembras
Golondrina
Azul-Negra
8″
Macho
adulto
Juvenil
Macho
adulto
Golondrina
Bicolor
5¾″
Macho
Hembra
Golondrina
Verde Tornasol
5¼″
Macho
Golondrina
de las Bahamas
6″
Adultos

GOLONDRINA TIJERETA *Hirundo rustica* (Barn Swallow)

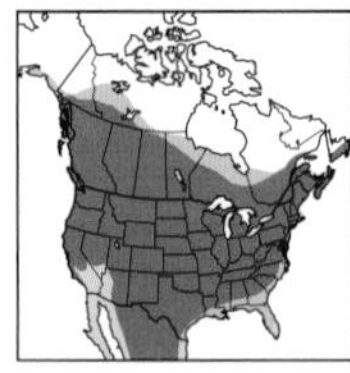

Una golondrina de áreas abiertas, anida en establos o cobertizos o bajo puentes, hace su nido de lodo en forma de taza. Graciosa al volar, su "cola de golondrina" horquillada suele estar plegada formando una larga punta. Como otras golondrinas, se reúne en parvadas grandes para migrar. ▶ Cola larga y horquillada (con manchas blancas, que pueden estar ocultas). Garganta castaño; el pecho y el vientre varían de un beige intenso a blanco. Las jóvenes tienen las colas más cortas. ♪ **Voz:** musical *chíchip?* o *chichichichuít?* y sonidos similares.

GOLONDRINA RISQUERA *Petrochelidon pyrrhonota* (Cliff Swallow)

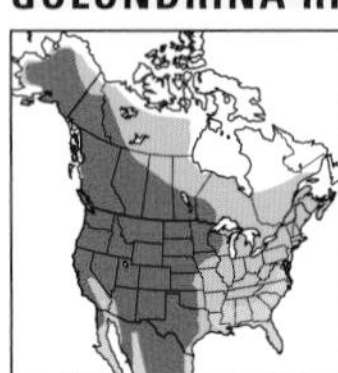

Muy común en el oeste, menos numerosa en el este, en áreas abiertas. Las colonias suelen anidar debajo de puentes o en los lados de los edificios, hacen nidos de lodo en forma de pera con una pequeña entrada en un extremo. ▶ Cola corta con las puntas cuadradas. Vista desde arriba, la rabadilla beige contrasta con la espalda y cola oscuras. La garganta es castaño subido, la frente por lo general es clara (algunas en el suroeste tienen frentes oscuras). ♪ **Voz:** *cjjj-cjjj,* rechinidos.

GOLONDRINA PUEBLERA *Petrochelidon fulva* (Cave Swallow)

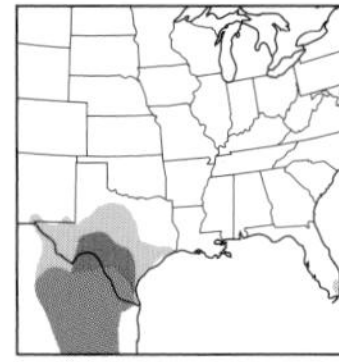

Antes sólo anidaba en cavernas, ahora anida debajo de puentes y alcantarillas, se ha vuelto común localmente en Texas y áreas cercanas. También es muy común localmente en el sur de Florida. Aves vagabundas aparecen de vez en cuando muy al norte, especialmente en la costa del Atlántico a fines del otoño. ▶ Como la Golondrina Risquera (rabadilla beige, cola cuadrada) pero tiene la garganta beige clara, gorra negra, frente oscura. ♪ **Voz:** claro *wit?,* otras notas.

GOLONDRINA RIBEREÑA *Riparia riparia* (Bank Swallow)

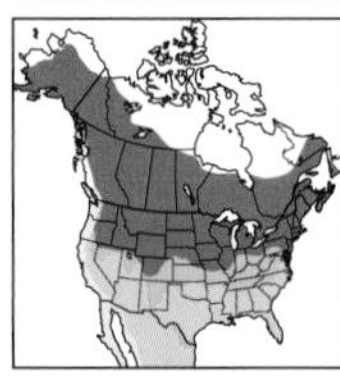

Esta pequeña golondrina café anida en agujeros excavados en el lodo de las riberas verticales de los ríos. Muy sociable, con muchos nidos amontonados juntos. ▶ Café por encima, blanca por debajo, con garganta blanca y una banda oscura en el pecho bien definida. (Compare con el juvenil de la Golondrina Bicolor, página anterior.) Más pequeña que la Golondrina de Ala Aserrada, con aleteos más rápidos. ♪ **Voz:** sonidos no melódicos como *bshshsh* y *bsh-bsh.*

GOLONDRINA DE ALA ASERRADA *Stelgidopteryx serripennis*

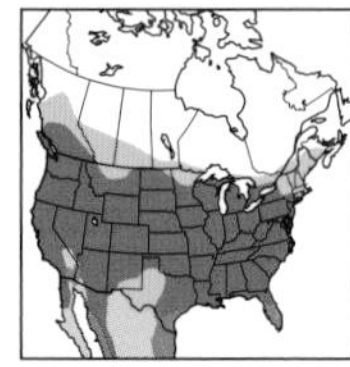

(Northern Rough-winged Swallow) No es tan social como la mayoría de las golondrinas, suele verse en parejas aisladas, rara vez se reúne en grandes parvadas. Anida en agujeros que cava en el lodo de las riberas de los ríos, o en agujeros en acantilados o edificios; no forma colonias como la Golondrina Ribereña. ▶ Café por encima, garganta café grisáceo sucio apagado, que se desvanece hacia blanco en el vientre. ♪ **Voz:** ronco *ruí,* frecuentemente repetido muchas veces.

Golondrina
Tijereta
7″
En nido
Golondrina
Risquera
5½″
Nidos de
Golondrina Risquera
Golondrina
Pueblera
5½″
En nido
Golondrina Ribereña
4¾″
Nido en
ribera lodosa
Golondrina de Ala Aserrada
5½″

MOSQUEROS TIRANOS

(**familia Tyrannidae**) se encuentran principalmente en los trópicos americanos, donde hay más de 350 especies. En Norteamérica, los mosqueros se conocen (y son nombrados) por su hábito de perchar en un lugar, observar un momento y entonces volar para atrapar un insecto en el aire. El término "tirano" que se aplica a las especies más grandes refleja el comportamiento agresivo.

Algunos grupos de mosqueros son muy difíciles de identificar. Los estudios han mostrado que reconocen a su propia especie principalmente por la voz. Los observadores de aves tendrán que reconocer algunos de ellos de esta misma manera. Incluso los expertos deben dejar algunos mosqueros sin identificar. A continuación se muestran algunos grupos bien definidos de mosqueros:

Tiranos suelen perchar en áreas abiertas, y pueden perseguir aves mucho más grandes que ellos.

Copetones, p. 242, suelen tener un poco de amarillo por debajo, rojo en las alas o en la cola y una tupida cresta. Se encuentran en bosques o desiertos.

TIRANOS

Estos dos tiranos de vientre blanco se presentan en el este.

TIRANO DE DORSO NEGRO *Tyrannus tyrannus* (Eastern Kingbird)

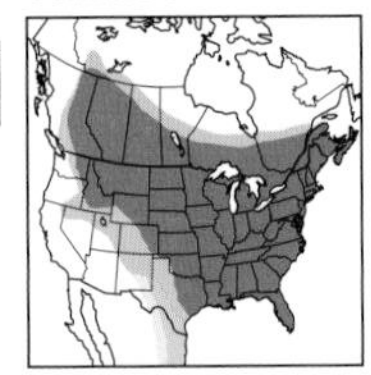

Común durante el verano en áreas abiertas, bordes de los bosques, granjas, orilla de los caminos, perchado en cercas o en la copa de los árboles. Muy llamativo debido a su intrépido comportamiento, ataca y persigue cuervos y aguilillas y otras aves grandes que se acercan a su nido. ▶ La *ancha banda blanca* en la punta de la cola negra es diagnóstica. Negro por encima, blanco por debajo, con un deslavado gris a través del pecho. La delgada franja de plumas rojas en la corona está comúnmente oculta. ♪ **Voz**: *pshíí* nasal, a veces repetido muchas veces.

TIRANO GRIS *Tyrannus dominicensis* (Gray Kingbird)

Principalmente en Florida (unos cuantos a lo largo de la costa del sureste), también ampliamente distribuido en el Caribe. Conspicuos durante el verano en pantanos, orilla de caminos, incluso en las ciudades cerca de la costa. Percha en áreas abiertas, dando fuertes llamados. ▶ Blanco por debajo, gris por encima, con una máscara oscura. La cola tiene una muesca en la punta, sin banda blanca. Pico negro y grueso. ♪ **Voz**: ultrarrápido *piririririri!*

MOSQUEROS TIRANOS

Papamoscas (izquierda), p. 240, perchan con postura erguida. Con frecuencia agitan o inclinan la larga cola con un suave movimiento.

Pibís (arriba), p. 238, tienen barras en las alas pero no tienen anillos oculares. Perchan erguidos en los árboles del bosque.

Mosqueros Empidonax (derecha), p. 244, pueden ser difíciles de identificar. Las 11 especies son pequeñas y monótonas, con barras en las alas y (por lo general) anillos oculares. Durante el verano en las áreas de anidación, el hábitat es una buena clave y los cantos son distintivos. Sus hábitos de alimentación (vuelan desde una percha para tomar un insecto en el aire), y su postura erguida, ayudan a distinguir a los mosqueros de otras aves pequeñas con barras en las alas y anillos oculares, incluyendo los reyezuelos, p. 294 y los vireos, p. 296.

Tirano de Dorso Negro $8^{1}/_{2}$"

Tirano Gris 9"

construyen nidos en forma de taza hechos con pasto y ramitas, alto en los árboles; pueden perseguir aves mucho más grandes que se acercan .

TIRANO DE BORDES BLANCOS *Tyrannus verticalis* (Western Kingbird)

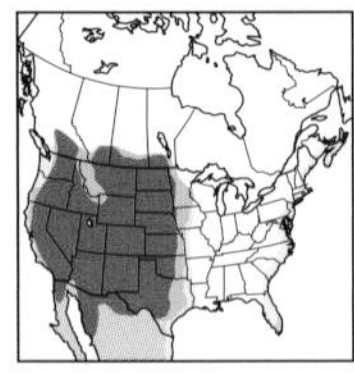

Un mosquero intrépido y valiente, común en el oeste, percha en cables o cercas en áreas abiertas, orillas de los caminos, incluso en ciudades. Puede anidar en postes y torres de energía eléctrica. Aves vagabundas llegan a la costa del Atlántico cada otoño; unos pocos pasan el invierno en Florida. ▶ Vientre amarillo, cabeza y pecho grises (con máscara oscura). Note la *cola negra* con delgados *bordes externos blancos.* Compare con otros tiranos de vientre amarillo (abajo), copetones (p. 242). ♩ **Voz:** *kip!, kip!...* También un exaltado *tididi...*

TIRANO GRITÓN *Tyrannus vociferans* (Cassin's Kingbird)

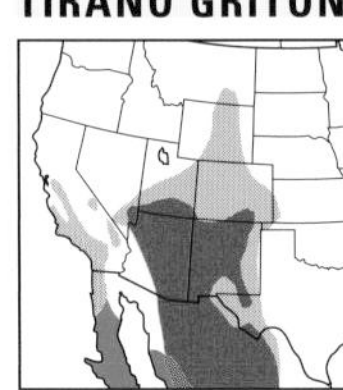

Muy común en el oeste, a la orilla de ríos y en cañones, prefiere áreas más arboladas que el Tirano de Bordes Blancos. Ruidoso. Suele perchar entre el follaje en árboles altos. ▶ Parecido al Tirano de Bordes Blancos, pero la cabeza y el pecho son *gris más oscuro* y contrastan más con la *barbilla blanca.* La punta de la cola es clara, pero los bordes no son blancos. Pico más grande, las alas tienen un patrón escamoso más obvio. ♩ **Voz:** breve *chuwír!* (dura un tercio de segundo), a veces prolongado en un exaltado *chuwír!, chuwír!, chuwiwiwi.* También variantes, principalmente en la madrugada.

TIRANO SILBADOR *Tyrannus couchii* (Couch's Kingbird)

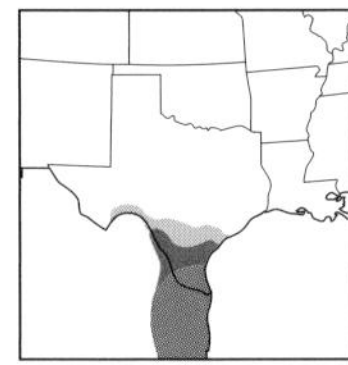

Sólo en el sur deTexas. Prefiere bosques nativos, árboles cerca de estanques y ríos. Menos numeroso en invierno. ▶ Como el de Bordes Blancos y el Gritón, pero la cola es *café oscura;* el amarillo se extiende hacia arriba hasta el pecho; pico más grueso. El Tirano Tropical, escaso en el sur de Texas, es casi idéntico pero con diferente voz. ♩ **Voz:** *chip* o *chip-chip,* un ronco *rugiir!* descendente (dura medio segundo), o un ronco *chuwír, chuwír, chuwír chuwiwichú* descendente.

TIRANO TROPICAL *Tyrannus melancholicus* (Tropical Kingbird)

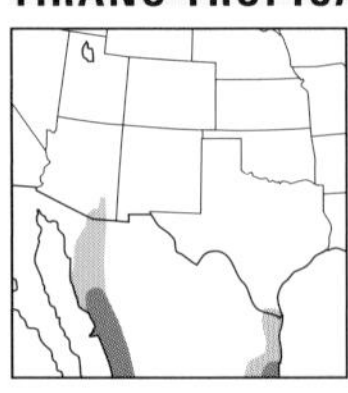

Sur de Arizona, escaso y local durante el invierno, en árboles grandes cerca de estanques y arroyos en tierras bajas. Recientemente, algunas parejas residentes en la punta sur de Texas. Un raro visitante en otoño a lo largo de la costa del Pacífico. ▶ Pecho amarillo (no gris), cola café pálido, con muesca en la punta. Casi idéntico al Tirano Silbador; mejor identificado por su distribución o (en Texas) por el sonido. ♩ **Voz:** ultrarrápido *chichichu!* y ascendente *chíriri? chíriri? chíriri?*

TIRANO DE PICO GRUESO *Tyrannus crassirostris* (Thick-billed Kingbird)

Sureste de Arizona, extremo suroeste de Nuevo México, escaso y local durante el verano. Percha alto en árboles grandes a lo largo de arroyos. ▶ Gris cenizo por encima con la cabeza negra, *blanco por debajo* con un deslavado amarillo pálido en el vientre. Pico negro muy grueso. ♩ **Voz:** fuerte *kaWIIP!* y *priiirrr* metálico.

Tirano de Bordes
Blancos
8″
Tirano Gritón
8½″
Tiranos
Silbador
y Tropical
9″
(Identifique
al Silbador
y al Tropical
por su
distribución
y voz)
Tirano
de Pico Grueso
9½″

PIBÍES Y MOSQUERO LAMPIÑO

Los cuatro pibíes son mosqueros pardos que perchan erguidos en los árboles.

PIBÍ ORIENTAL ***Contopus virens*** **(Eastern Wood-Pewee)**

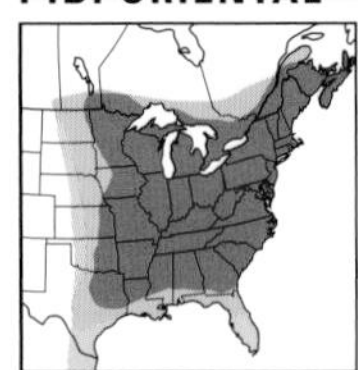

Común durante el verano en bosques del este, suele perchar alto entre el follaje; suele ser oído más que visto. ▶ Muy monótono, con ligeras barras en las alas, sin anillo ocular. Note la longitud de la punta de las alas. Los mosqueros Empidonax (p. 244) tienen la punta de las alas más corta, la mayoría tienen anillos oculares (pero vea Mosquero Saucero). El Pibí Occidental es casi idéntico, se reconoce por su distribución y voz. ♩ **Canto:** lento *piyiyííí?* ascendente o lento *píyuu* descendente. **Llamado:** *pwiii?* ascendente y melódico, *chip* simple.

PIBÍ OCCIDENTAL ***Contopus sordidulus*** **(Western Wood-Pewee)**

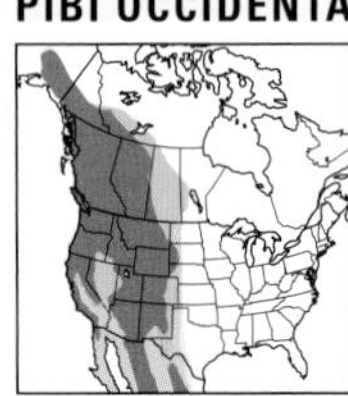

Común durante el verano en los bosques en cañones y a la orilla de los ríos. ▶ Confusamente monótono, con ligeras barras en las alas, sin anillo ocular. La mayoría de los mosqueros tienen anillos oculares, pero vea al Mosquero Saucero (p. 244). El Pibí Oriental es en promedio, ligeramente más claro, reconocido con mayor seguridad por su distribución y voz. ♩ **Canto:** rasposo y descendente *bshihi,* a veces precedido por notas melodiosas: *pi, tirít... bshihi.* **Llamado:** *chip.*

PIBÍ BOREAL ***Contopus cooperi*** **(Olive-sided Flycatcher)**

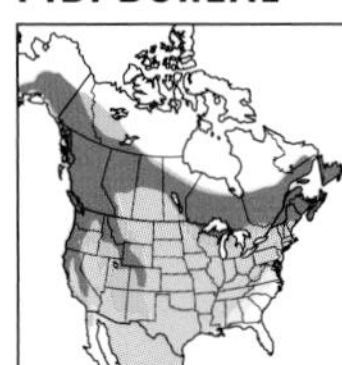

Poco común durante el verano en bosques de coníferas, por lo general cerca del agua. Es típico observarlo en una rama desnuda en la copa de un árbol, volando para capturar insectos, regresando a la misma percha. ▶ *Flancos oscuros y moteados* contrastan con la *franja blanca* en la parte central del pecho (como un chaleco sin abotonar). Tiene la cabeza grande, cola de apariencia pequeña. Un mechón blanco puede verse sobre el ala. ♩ **Canto:** *fwik!...fuíbiu.* **Llamado:** *pip-pip-pip.*

PIBÍ MAYOR ***Contopus pertinax*** **(Greater Pewee)**

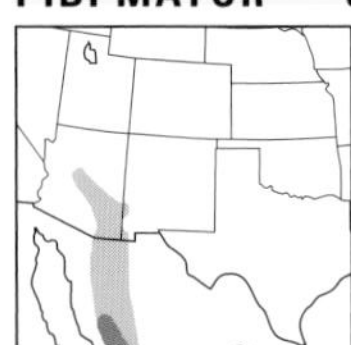

Poco común en verano en los bosques de pino en las montañas del suroeste. Suele perchar muy alto en áreas abiertas. Unos pocos se pueden quedar durante el invierno en tierras bajas. ▶ Gris uniforme con una cresta corta, mandíbula inferior notablemente *anaranjada.* Se ve oscuro, más crestado, pico más brillante y grande que el Pibí Occidental. ♩ **Canto:** *uwirí* y *ti, pi, puríu.* **Llamado:** *pip-pip.*

MOSQUERO LAMPIÑO ***Camptostoma imberbe*** **(Northern Beardless-Tyrannulet)**

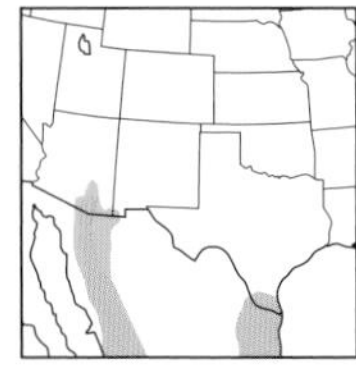

Poco común en Arizona, raro en Texas, en bosques a la orilla de arroyos. Un pequeño y raro mosquero tropical, fácilmente se pasa por alto. ▶ Sugiere a un mosquero Empidonax (p. 244) pero aún más pequeño, con cabeza de apariencia tupida, pico corto y pequeño. Tiene una línea ligeramente oscura a través del ojo pero *no anillo ocular obvio;* ligeras barras en las alas. Suele balancear la cola hacia arriba y abajo. ♩ **Voz:** rechinado *píyik!,* lento y descendente *pi,pi,pi,pi.*

Pibí Occidental
6½″
Pibí Oriental
6½″
(Identificar a estos dos pibíes por su distribución y voz)
Pibí Boreal
7½″
Pibí Mayor
8″
Mosquero Lampiño
4½″

PAPAMOSCAS Y MOSQUERO CARDENALITO

Los papamoscas son mosqueros delgados que perchan erguidos, menean o inclinan sus colas hacia abajo con un movimiento suave.

PAPAMOSCAS FIBÍ *Sayornis phoebe* (Eastern Phoebe)

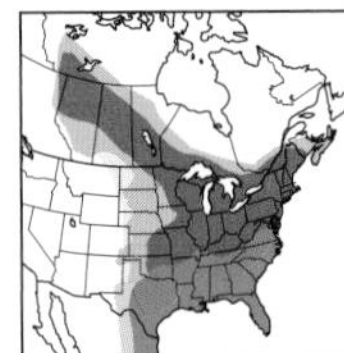

Uno de los primeros migrantes que regresa en el noreste, el Papamoscas Fibí canta su nombre mientras percha bajo a lo largo de los arroyos, meneando repetidamente su cola arriba y abajo. Su nido (con una base de lodo) está pegado a la pared de un arroyo, o colocado debajo de un puente o en los aleros de los edificios. ▶ Muestra un marcado *contraste* entre la *garganta blanca* y la cabeza café cenizo. Por lo demás, es muy monótono, blanco por debajo, gris-café por encima, sin marcas obvias. En el plumaje nuevo de principios del otoño, es amarillo deslavado por debajo y tiene ligeras barras en las alas. ♪ **Llamado:** *pip!* **Canto:** *PII-wii,* con sonido rasposo.

PAPAMOSCAS NEGRO *Sayornis nigricans* (Black Phoebe)

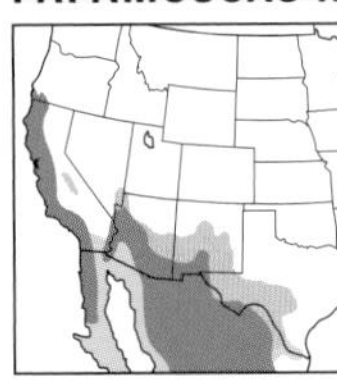

Un ave típica de las orillas de los arroyos en el oeste, rara vez se le encuentra lejos del agua. Percha en ramas bajas, inclina y abanica la cola, llamando con frecuencia. A menudo construye su nido en alcantarillas o debajo de puentes. ▶ En su mayor parte negro carbón, cabeza más negra, con vientre blanco. Note la forma delgada, postura erguida. Durante el verano los juveniles tienen el borde de las plumas de alas y espalda rojo óxido. ♪ **Llamado:** *pi.* **Canto:** *piWII* ascendente.

PAPAMOSCAS LLANERO *Sayornis saya* (Say's Phoebe)

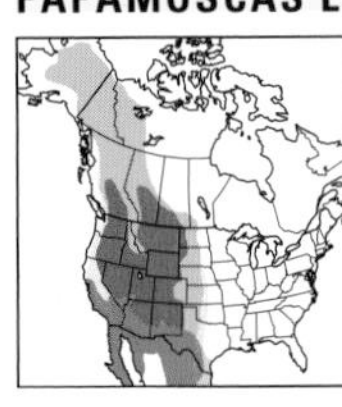

Un papamoscas de áreas secas, con frecuencia se observa perchado en cercas o revoloteando sobre campos yermos. Puede anidar alrededor de establos o casas en ranchos. ▶ Gris claro con *vientre beige-naranja claro,* cola negra. Menea la cola como otros papamoscas. (Nota: en regiones con suelo rojo, el Papamoscas Fibí puede tener el vientre manchado de anaranjado como el Llanero, pero muestra un mayor contraste en la cara.) ♪ **Llamado:** *piyú* descendente, *bshihi.* **Canto:** llamados repetidos en rápida serie.

MOSQUERO CARDENALITO *Pyrocephalus rubinus* (Vermilion Flycatcher)

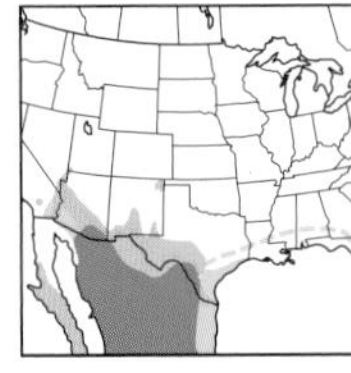

Una excepción brillante a la monotonía general de los mosqueros, común localmente cerca de arroyos y estanques en el suroeste. Durante el invierno unos pocos se dispersan hacia el este a lo largo de la costa del Golfo. Suele perchar bajo entre árboles dispersos, sacude la cola como un papamoscas. El macho ejecuta un vuelo de cortejo, hinchándose y revoloteando en lo alto mientras canta. ▶ El patrón del macho es inconfundible (compare con la Tangara Escarlata p. 328). La hembra y el juvenil son principalmente gris y blanco con ligeras rayas en el pecho, un deslavado rosa o amarillo en el vientre; note el hábito de inclinar la cola. ♪ **Llamado:** muy agudo *pik!* **Canto:** *pi pi pitirrí,* frecuentemente emitido al vuelo.

Juvenil
Papamoscas
Negro
7"
Adulto
Papamoscas
Fibí
7"
Papa-
moscas
Llanero
7½"
Mosquero
Cardenalito
6"
Macho
joven
Hembra
Macho
adulto

MOSQUEROS COPETONES

tienen copetes en la cabeza, vientre amarillo, por lo general cola y/o alas café rojizas. Todos anidan en agujeros en los árboles o en cactus (o en casas para aves). El color puede sugerir a un tirano (p. 236), pero estos son más típicos de áreas abiertas, perchan más horizontales y carecen de la cola y alas rojizas.

COPETÓN VIAJERO ***Myiarchus crinitus*** **(Great Crested Flycatcher)**

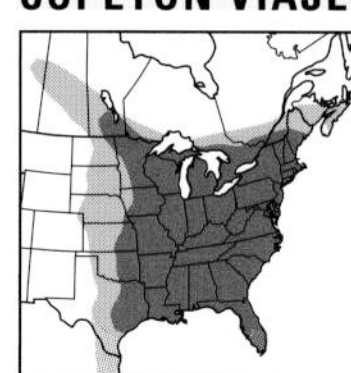

Común en los bosques del este durante el verano pero algunas veces puede ser pasado por alto, ya que permanece alto entre el denso follaje. Suele ser oído más que visto. Tiene el extraño hábito de añadir un pedazo de muda de piel de serpiente al material del nido. ▶ Cabeza y espalda café olivo, garganta y pecho gris claros, vientre amarillo brillante. *Café rojizo brillante* en la cola y alas, obvio cuando el ave vuela. La cresta tupida no es siempre aparente. ♪ **Voz:** *wíya* y *brrrk, brrk, brrk!*

COPETÓN CENIZO ***Myiarchus cinerascens*** **(Ash-throated Flycatcher)**

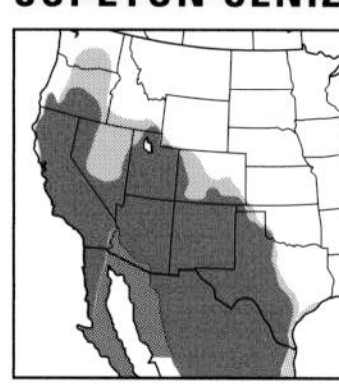

Un mosquero pálido de áreas secas en el oeste, suele ser común durante el verano. Donde se sobrepone su distribución con la de otros copetones, prefiere los hábitats más áridos y abiertos. A fines del otoño rara vez se ven aves errantes en la costa este. ▶ La garganta *gris muy claro* se va desvaneciendo hasta un pecho blanco, y luego a un vientre amarillo claro. Desde abajo, note el patrón rojo y café oscuro en la cola (con el café oscuro del borde exterior de las plumas extendiéndose más hacia el interior de la cola). ♪ **Voz:** serie de notas *wiríc, bic, pujú* (nasal, rasposo) o *purípriu;* muchas variantes.

COPETÓN TIRANO ***Myiarchus tyrannulus*** **(Brown-crested Flycatcher)**

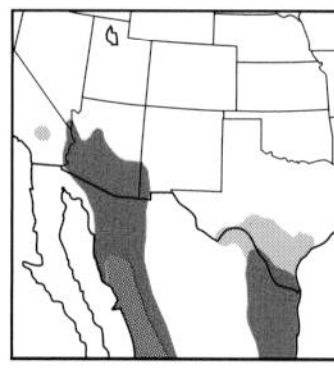

El mosquero copetón de mayor tamaño en el suroeste y sur de Texas, bastante común durante el verano alrededor de árboles en las orillas de los ríos, desiertos de saguaros, estribaciones, cañones. ▶ Parecido al Copetón Cenizo pero con el pico más largo, vientre amarillo más contrastante, cresta más tupida. El patrón de la cola es diferente (difícil de observar). El Copetón Viajero (migra a través de Texas) tiene el pecho gris más oscuro, espalda café-olivo, base de la mandíbula inferior anaranjada. ♪ **Voz:** rápido y fuerte *wíu,* o un nasal *ik!, ik!* De madrugada, un ultrarrápido *wirí piriríu* nasal.

COPETÓN TRISTE ***Myiarchus tuberculifer*** **(Dusky-capped Flycatcher)**

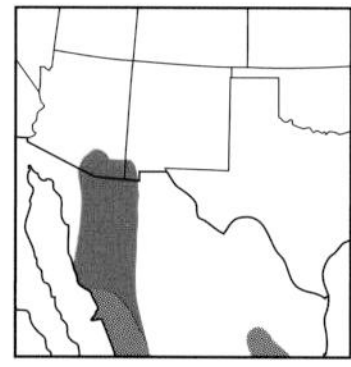

Un mosquero de voz triste de bosques de encino, pasa el verano en cañones y montañas cerca de la frontera con México. Casi nunca se adentra en el desierto. ▶ Pequeño, con pico relativamente grande; garganta y pecho grises que *contrastan* con el vientre amarillo. Más pequeño que el Copetón Tirano, más contrastante que el Copetón Cenizo y muestra menos rojo en la cola que cualquiera de ellos. ♪ **Voz:** largo y triste *wíuu* descendente. También un triste *piríu,* un lento *prrrrrr* con *i* sobrepuesta y rara vez un *wit* quedito.

Copetón Cenizo
en plumaje
gastado de
verano
Copetón Viajero
8½″
En el
nido
Copetón Cenizo
8″
Copetón
Tirano
9″
Copetón
Triste
7″

MOSQUEROS DEL GÉNERO EMPIDONAX

Once pequeñas y confusas aves, con barras en las alas y anillos oculares, todos se parecen mucho. Prefieren diferentes hábitats y tienen diferentes cantos, pero con frecuencia es necesario llamarlos solamente "mosquero Empidonax."

MOSQUERO MÍNIMO *Empidonax minimus* **(Least Flycatcher)**

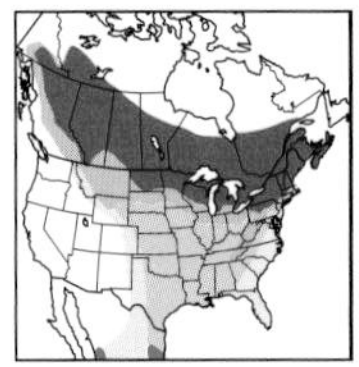

Común en el este, escaso en el oeste, alrededor de los bordes de los bosques. Permanece bajo en áreas parcialmente abiertas. Como otros mosqueros, sacude la cola hacia arriba con frecuencia y golpetea las alas. ► Gris o gris-café por encima, blanco en la garganta, con contrastantes barras en las alas y anillo ocular. Más pequeño que la mayoría de los mosqueros. ♩**Canto:** rápido *chibíc!, chibíc!* . . . **Llamado:** *pit!* simple.

MOSQUERO DE VIENTRE AMARILLO *Empidonax flaviventris* **(Yellow-bellied Flycatcher)**

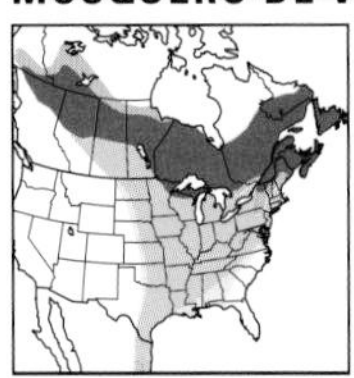

Común durante el verano en bosques de coníferas húmedos. Puede permanecer muy bajo en la cubierta densa. En primavera, migra al norte más tarde que la mayoría de los mosqueros. ► Todos los mosqueros Empidonax muestran un poco de amarillo en el vientre; éste también tiene un *deslavado amarillo en la garganta.* En el oeste, vea al Mosquero Occidental (siguiente página). ♩**Canto:** *chúic!, chúic!* nasal. **Llamado:** *pwiii?* ascendente. (En sus zonas de invernación, el llamado más frecuente es un explosivo *shri!*).

MOSQUERO VERDOSO *Empidonax virescens* **(Acadian Flycatcher)**

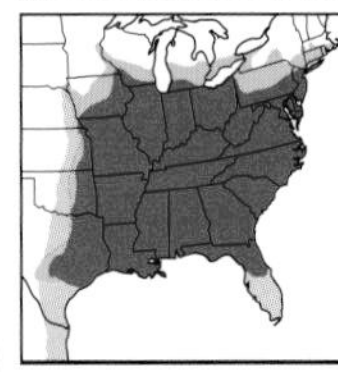

Principalmente en los estados del sureste, en pantanos, en los bosques a la orilla de los arroyos. Permanece en niveles medios dentro del bosque; con frecuencia se oye el fuerte llamado antes de ver al ave. ► Como otros mosqueros Empidonax, pero tiende a verse más pálido por debajo, verde por encima. Durante el otoño pueden ser muy amarillas por debajo; pico más grande y punta de las alas más larga que en el de Vientre Amarillo. ♩**Canto:** explosivo *pichí!* **Llamado:** fuerte *pik!*

MOSQUERO AILERO *Empidonax alnorum* **(Alder Flycatcher)**

Anida más al norte que la mayoría de los mosqueros Empidonax, prefiere ailes y abedules alrededor de pantanos, arroyos. Migra a través de los estados del este. Antes se agrupaba con la siguiente especie, bajo el nombre de Mosquero de Traill. ► Un mosquero grande con espalda gris verdosa, pico grande, garganta blanca. Muchas veces el anillo ocular no está bien definido. ♩**Canto:** *riBÍo* nasal. **Llamado:** *pip!* melodioso.

MOSQUERO SAUCERO *Empidonax traillii* **(Willow Flycatcher)**

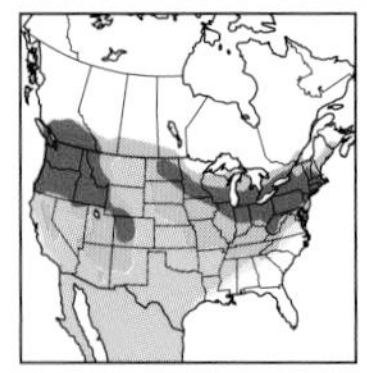

Prefiere bosquecillos de sauces y otros árboles bajos a lo largo de arroyos, estanques. La raza que anida a lo largo de los ríos del suroeste está en peligro. ► Casi idéntico al Mosquero Ailero (antes considerados la misma especie). Tiende a ser más café y a mostrar un anillo ocular menos obvio, sólo se puede identificar con seguridad por la voz. ♩**Canto:** *RÍbiu* nasal. **Llamado:** entre *pet* y *wit,* más simple que el del Mosquero Ailero.

MOSQUEROS EMPIDONAX
(MEJOR IDENTIFICADOS POR LA VOZ)

MOSQUEROS EMPIDONAX DEL OESTE

"MOSQUERO OCCIDENTAL" (Pacific-slope Flycatcher and Cordilleran Flycatcher)

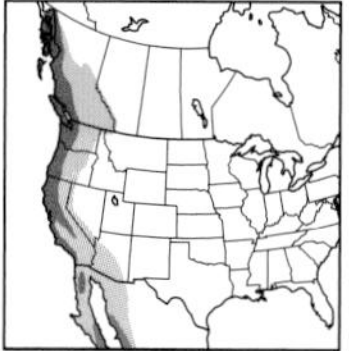

Californiano

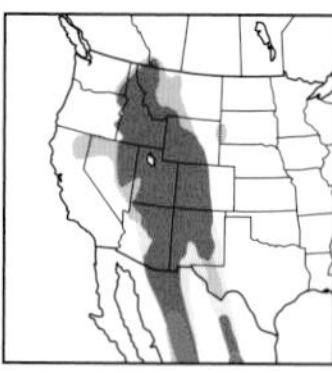

Barranqueño

Estas dos (**Mosquero Californiano,** *Empidonax difficilis,* y **Mosquero Barranqueño,** *Empidonax occidentalis*) son parientes muy cercanos, se ven idénticos, difieren sólo en la distribución y en detalles de la voz. Por lo general es mejor llamarlos solamente "Mosquero Occidental". Común durante el verano en bosques de coníferas húmedos, cañones sombreados. ► Tono verdoso por encima, con un distintivo tinte amarillo en la garganta. El anillo del ojo se extiende hacia atrás en forma de lágrima. Por debajo, el pico se ve ancho, la mandíbula inferior es anaranjada. ♩ **Voz:** ascendente *wiyít!* (Mosquero Californiano) o *wití* más bisilábico (Mosquero Barranqueño). También *wi!* muy agudo (ambas especies).

MOSQUERO DE HAMMOND *Empidonax hammondii* (Hammond's Flyctr.)

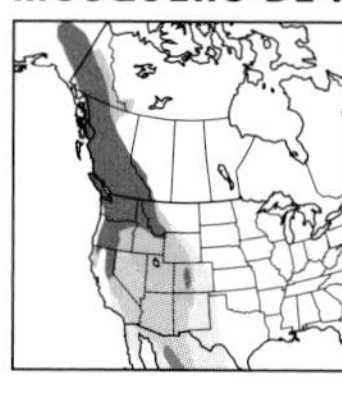

Un compacto mosquero de los bosques fríos del oeste. Por lo general anida en las montañas a mayores altitudes que el Mosquero Oscuro, en los bosques de piceas, abetos, álamos. ► Pico y cola cortos, suele mostrar contraste entre el gris de la cabeza y el olivo de la espalda, pero puede verse exactamente como el Mosquero Oscuro. ♩ **Canto:** serie pausada de notas (generalmente 1–3): *p-sit! . . . shwet . . . p-sit!,* más bajo que en el Mosquero Oscuro. **Llamado:** agudo *pip!* característico.

MOSQUERO OSCURO *Empidonax oberholseri* (Dusky Flycatcher)

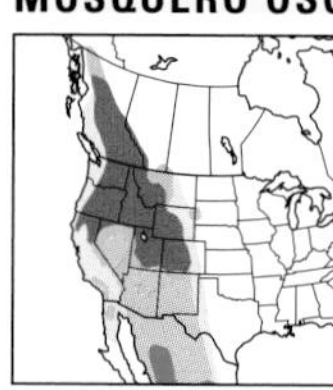

En muchos aspectos intermedio entre el Mosquero de Hammond y el Mosquero Gris. Pasa el verano en las montañas a elevaciones medias, donde las coníferas altas encuentran los bosquecillos frondosos. ► Tiene anillo ocular y barras en las alas, pero fuera de eso carece de marcas obvias. El pico y la cola son ligeramente más largos que en el de Hammond, más cortos que en el Gris. ♩ **Canto:** serie pausada de notas (generalmente 2–3): *p-tit! . . . shwep* (ronco) . . . *psii?* **Llamado:** *pet!* simple.

MOSQUERO GRIS *Empidonax wrightii* (Gray Flycatcher)

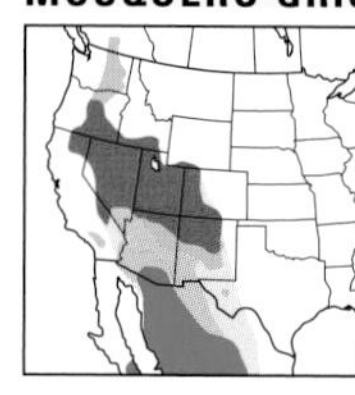

Prefiere áreas secas: llanos de artemisa y planicies con juníperos durante el verano, mezquites en el invierno. Suele perchar bajo, vuela al suelo para atrapar insectos. ► Su mejor marca es el comportamiento: en lugar de sacudir la cola hacia arriba como otros mosqueros Empidonax, *la inclina hacia abajo suavemente,* como los papamoscas. Más claro que otros Empidonax, cola y pico relativamente *largos.* ♩ **Canto:** serie de notas: *piwíp!*(ronco) . . . *pii.* **Llamado:** *pii?* y *pit!* simple.

MOSQUERO DE PECHO LEONADO *Empidonax fulvifrons* (Buff-breasted Flycatcher)

Escaso y local durante el verano en el sureste de Arizona (principalmente en las montañas Huachuca), en bosques de pino abiertos. ► Pequeño, claro y más café que la mayoría de los Empidonax. El *beige claro* en el pecho es único (puede ser difícil de ver en las aves con plumaje desgastado a mediados del verano). ♩ **Canto:** *chebú . . . pesú.* **Llamado:** *pit* simple.

MOSQUEROS EMPIDONAX DEL OESTE
(MEJOR IDENTIFICADOS POR LA VOZ)

TIRANO-TIJERETA ROSADO ***Tyrannus forficatus*** **(Scissor-tailed Flycatcher)**

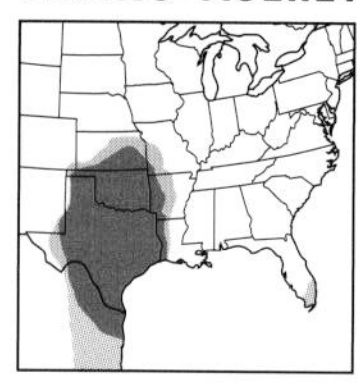

Una elegante ave de verano de las planicies del sur. Percha en cercas y alambradas; revolotea sobre campos abiertos, extendiendo ampliamente su cola. Algunas veces se dispersa muy lejos del distribución normal. Pequeños números pasan el invierno en Florida. ▶ Pálido con alas gris oscuras, cola blanco y negro (ligeramente más corta en la hembra), flancos y parte inferior de las alas naranja-rosado. El ave joven tiene la cola más corta; compare al Tirano de Bordes Blancos (p. 236). ♪ **Voz:** parecida a la de Tirano de Bordes Blancos.

TIRANO-TIJERETA GRIS ***Tyrannus savana*** **(Fork-tailed Flycatcher)**
Un visitante de los trópicos. Puede aparecer casi en cualquier lugar, pero la mayoría de los registros son de la costa atlántica durante el otoño. ▶ El adulto tiene una cola negra larga y flexible. La espalda gris contrasta con la *cabeza negra,* las alas son oscuras. (El Tirano-Tijereta Rosado tiene la cabeza más clara, mucho blanco en la cola.) Los juveniles (y los adultos en muda) tienen las colas más cortas, pero muestran el mismo patrón en la cabeza y la espalda.

LUIS GRANDE ***Pitangus sulphuratus*** **(Great Kiskadee)**

Una especialidad del sur de Texas, común en los bosques a la orilla de los ríos, árboles cerca de estanques. (También común en las Bermudas, donde fue introducido.) Insolente, ruidoso, puede perchar en zonas abiertas. Se alimenta de insectos y bayas, algunas veces se lanza sobre la superficie del agua para capturar peces pequeños. ▶ Cola y alas rojo óxido brillantes, vientre amarillo, cabeza con franjas blancas y negras. Inconfundible en nuestra área (pero otros mosqueros tropicales son similares). ♪ **Voz:** rasposo y penetrante *í,tibí,* rasposo *wii?*

PAPAMOSCAS ATIGRADO ***Myiodynastes luteiventris*** **(Sulphur-bellied Flycatcher)**

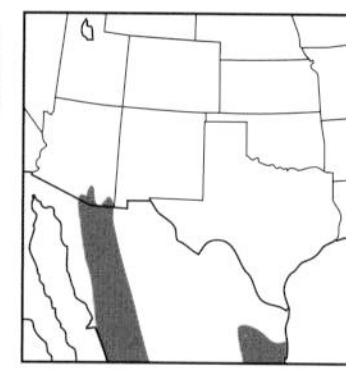

Poco común durante el verano en Arizona, en sicomoros grandes a lo largo de los arroyos. Un raro visitante en Texas, costa del Golfo. Tiene una voz fuerte pero con frecuencia se sienta silenciosamente entre el follaje, fácilmente se pasa por alto. Anida en agujeros de los árboles. ▶ Cola rojo óxido, pico largo y grueso, parche oscuro en la cara, muy rayado por encima y por debajo. Diferente de otros papamoscas en nuestra área (pero otros en los trópicos son parecidos). ♪ **Voz:** agudo y penetrante *kizíhi* como de un juguete de hule.

MOSQUERO CABEZÓN DEGOLLADO ***Pachyramphus aglaiae*** **(Rose-throated Becard)**

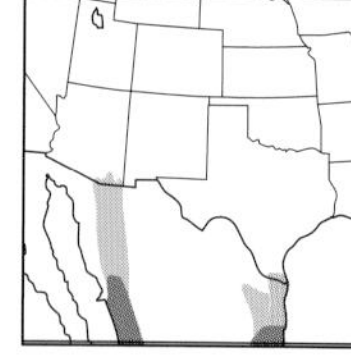

Raro durante el verano en el sureste de Arizona, raro durante cualquier temporada en el sur de Texas. Construye un complicado nido en forma de balón de fútbol, suspendido de una rama. ▶ Cabeza de apariencia grande. El macho adulto es gris, con una pequeña mancha rosa en la garganta. La hembra y el juvenil tienen la espalda café, gorra oscura, beige a blanco sucio por debajo. ♪ **Voz:** agudo y triste *tsííío;* también un ultrarrápido *chachachachachachachsuí.*

Tirano-Tijereta Rosado
13″

Tirano-Tijereta Gris
(visitante raro)
14″

Luis Grande
10″

Papamoscas Atigrado
8½″

Machos

Mosquero Cabezón Degollado
7″

Hembra

INTRODUCCIÓN A LAS AVES CANORAS

Casi la mitad de las aves en esta guía—a partir de las golondrinas (p. 230)—están clasificados en el **orden Passeriformes,** o aves que perchan. La mayoría de éstas (pero no los mosqueros, considerados un grupo más primitivo) son conocidos colectivamente como aves canoras. De ninguna manera todos ellos son buenos cantantes, pero suelen ser las aves comunes y familiares, que viven en nuestros vecindarios y parques. Las principales familias de aves canoras se presentan a continuación.

Alondras, p. 270. Caminan y corren en el suelo abierto desnudo.

Charas y cuervos, p. 272. Grandes omnívoros con fuertes picos, voces ásperas.

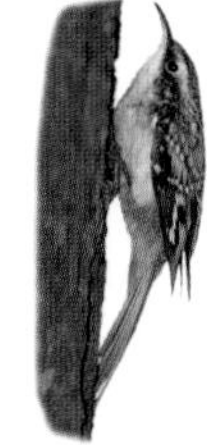

Carboneros, p. 280. Pequeños acróbatas de la copa de los árboles, en alegres parvadas durante tiempo frío.

Sitas, p. 286. Bajan los árboles con cabeza hacia el suelo.

Trepadores, p. 286. Como pedazos de corteza, trepando en los árboles.

Saltaparedes y matracas, p. 288. Pequeñas y activas aves cafés. Entrometidas y curiosas.

Perlitas, p. 292. Pequeñas y activas aves de cola larga. Vea también al Baloncillo y al Sastrecillo, p. 294.

Reyezuelos, p. 294. Aves pequeñas, hiperactivas, de cola corta.

Vireos, p. 296. Tenaces cantantes de las copas de los árboles y arbustos, buscan insectos entre el follaje denso.

Vea también otros grupos de aves canoras, que son lo suficientemente grandes para merecer su propia sección en el libro: Chipes (p. 302), Tangaras y Tordos (p. 328), Gorriones (p. 344) y Pinzones (p. 364).

MIRLOS

A continuación se muestran las primeras aves de la familia de los mirlos, zorzales y azulejos **(Turdidae)**. Sólo tenemos un mirlo que está ampliamente distribuido, pero otro par se dispersan desde México; especies emparentadas (página siguiente) se dispersan desde Europa y Asia.

MIRLO PRIMAVERA *Turdus migratorius* (American Robin)

Común y familiar casi en cualquier lugar, desde áreas silvestres hasta parques en las ciudades. Con frecuencia se le ve corriendo y saltando en los prados, cazando lombrices. Algunas veces coloca su nido en los bordes de las ventanas. Durante el invierno se reúne en parvadas que se alimentan de bayas, frutos silvestres. La distribución durante el invierno varía de año con año, algunas veces grandes parvadas invaden las áreas del sur. ▶ Pecho rojo ladrillo, espalda gris, rayas en la garganta blanca. Pequeñas manchas blancas alrededor de los ojos. El macho suele tener la cabeza más negra, colores más brillantes. En un principio el juvenil puede ser confuso: manchado en la parte de abajo, moteado en la espalda, marcas claras en la cara. Busque el tono rojizo en el pecho. ♪ **Canto:** gorjeo musical *piwío, pihi, piwó,* frecuentemente emitido desde antes del amanecer. **Llamados:** muy agudo *siii,* también *tu-tu-tu-tu-tu.*

MIRLO DE PECHO CINCHADO *Ixoreus naevius* (Varied Thrush)

Con forma parecida a un mirlo rechoncho, pero por lo general actúa de manera más tímida. Común pero evasivo, en bosques húmedos del noroeste. Con frecuencia en árboles o en el sotobosque, pero algunas veces sale a los prados, orillas de caminos. Muchos se dispersan ampliamente durante el invierno, alcanzando incluso la costa este. ▶ Garganta y cejas anaranjadas, banda oscura en el pecho, marcas anaranjadas en las alas. La hembra es más monótona que el macho. El juvenil tiene el pecho moteado, pero tiene el mismo patrón en las alas que el adulto. ♪ **Canto:** un largo rechinido *piiiiiiiiiii* como las notas agudas de un órgano. **Llamado:** *tok* quedito.

MIRLO PARDO *Turdus grayi* (Clay-colored Robin)

Un raro visitante durante cualquier temporada en el extremo sur de Texas, en los bosques, matorral nativo, suburbios. Ha anidado ahí en varias ocasiones y puede estar incrementándose. Suele ser un tanto tímido. ▶ Tiene la forma y las acciones de un Mirlo Primavera, pero es completamente café apagado, más pálido por debajo. Pico amarillo o amarillo verdoso apagado. ♪ **Canto:** melodioso *tuhí, tuhí, tuhi, tuwá, tuwá tuwá . . .* **Llamados:** maullido triste *twihihi?*

MIRLO DE DORSO RUFO *Turdus rufopalliatus* (Rufous-backed Robin)

Un raro visitante del oeste de México a Arizona durante el invierno, también llega a Texas, Nuevo México, California. Tímido, con frecuencia se esconde en matorrales densos. Como otros mirlos, es atraído hacia lugares con frutos silvestres. ▶ Parecido al Mirlo Primavera pero sin el blanco alrededor del ojo, un patrón más marcado en la garganta y pico amarillo brillante; deslavado *café rojizo* a través de la espalda y alas. ♪ **Llamados:** muy agudo *siii,* grave *chok!*

Machos
Hembra
Mirlo Primavera
10″
Los Mirlos
Primavera
jóvenes
tienen
manchas
Hembra
Mirlo de Pecho
Cinchado
9½″
Macho
Mirlo Pardo
10″
Mirlo de
Dorso Rufo
9½″

COLLALBA GRIS ***Oenanthe oenanthe*** **(Northern Wheatear)**

Poco común durante el verano en Alaska y en el noroeste y noreste de Canadá. Vive en el suelo rocoso de la tundra. Muy activo, balancea su cola, revolotea entre las rocas. Es común a través de Eurasia; casi todas nuestras Collabas regresan al Viejo Mundo en el invierno, pero unos pocos aparecen cada otoño en el noreste. ▶ *Patrón de la cola* llamativo (como una T invertida negra sobre fondo blanco) y *rabadilla blanca.* Durante el verano presenta máscara y alas oscuras (la hembra es más monótona). Durante el otoño los inmaduros son principalmente beige; note el patrón de la cola, el comportamiento animado. ♩ **Canto:** rápida serie de notas variadas como de un cuchicheo. **Llamados:** *wit* y *chak.*

GARGANTA AZUL ***Luscinia svecica*** **(Bluethroat)**

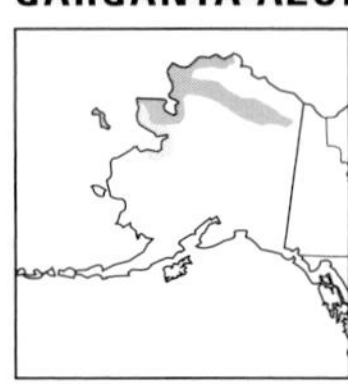

Poco común durante el verano en Alaska. Principalmente en bosquecillos de matorrales de sauce cercanos al agua, difícil de ver cuando no está cantando. Anidan a todo lo largo de Europa del norte y Asia; las aves de Alaska van más al sur de Asia para pasar el invierno. ▶ Principalmente pálido y parduzco excepto por la brillante *garganta azul* del macho (con una mancha central roja). La hembra y el juvenil tienen la garganta blanca con el borde oscuro; en todos, note los *parches rojo óxido* en la base de la cola. ♩ **Canto:** larga serie de notas variadas e imitaciones de otras especies. **Llamado:** *chak.*

ZORZAL REAL ***Turdus pilaris*** **(Fieldfare)**

Un visitante muy raro en el este de Canadá y noreste de E. U. Unos pocos registros en Alaska. (Común en Europa, también se encuentra en Groenlandia.) Puede estar asociado a Mirlos Primavera en bosques, pantanos. ▶ Como un mirlo rechoncho con cuello gris claro que contrastan con la cola negra, espalda y alas castaño oscuro. El tinte color durazno del pecho puede estar parcialmente oscurecido por la gran cantidad de manchas negras. ♩ **Llamado:** *chak-chak-chak* rasposo.

MIRLO CEJUDO ***Turdus obscurus*** **(Eyebrowed Thrush)**

Un raro visitante en las islas del oeste de Alaska, principalmente durante la migración. ▶ Parecido a un Mirlo Primavera deslavado pero con el pecho gris, ceja blanca. Aves similares vistas al sur de Alaska son con certeza una variante pálida del Mirlo Primavera, no Mirlos Cejudos errantes.

MIRLO DE ALA ROJA ***Turdus naumanni*** **(Dusky Thrush)**

Un visitante muy raro en Alaska, principalmente durante la migración. ▶ Con la forma de un mirlo pero con alas rojo óxido, moteado negro en cabeza y pecho.

MIRLO PINTO ***Ridgwayia pinicola*** **(Aztec Thrush)**

Un raro visitante desde México a los bosques en las montañas de Arizona y el oeste de Texas, principalmente a fines de verano. Tímido, callado, fácilmente se pasa por alto. ▶ El macho es negro con vientre blanco, un fuerte patrón blanco en las alas, cola negra con la punta ancha y blanca. La hembra tiene un patrón similar pero más café. El juvenil tiene un patrón similar en las alas y cola pero el cuerpo es café con rayas y manchas beige. ♩ **Llamado:** *shiiir* agudo y quedito.

PEQUEÑOS MIRLOS DEL NORTE
Macho
en
verano
Collalba Gris
6″
Inmaduros
en otoño
Hembra
en
verano
Garganta Azul
5½″
Hembra
Macho
VISITANTES RAROS
Zorzal
Real
10″
Mirlo de
Ala Roja
10″
Hembra
Mirlo Pinto
9″
Mirlo Cejudo
8½″
Macho

AZULEJOS Y CLARÍN NORTEÑO

Los azulejos son pequeños mirlos con colores hermosos y voces dulces. Viven en áreas abiertas, anidan en agujeros en los árboles o en casas para aves. En invierno, las parvadas vagan en busca de bayas y otros frutos silvestres. El Clarín Norteño es un mirlo delgado, esconde sus nidos en el suelo.

AZULEJO DE GARGANTA CANELA *Sialia sialis* (Eastern Bluebird)

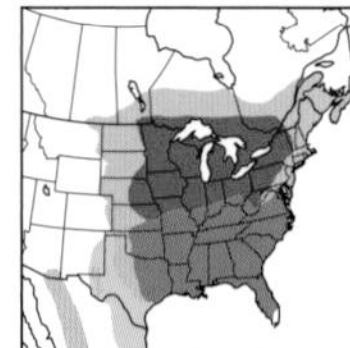

Muy común en granjas, parques, bordes de los bosques. Percha en áreas abiertas, revolotea al suelo buscando insectos, percha en árboles para comer bayas. Alguna vez sufrió por la carencia de sitios naturales para anidar, los azulejos se están recuperando bien, gracias en parte a las cajas nido que se ponen para ellos. ▶ Azul brillante por encima, garganta y pecho café rojizos, vientre blanco. La hembra es más pálida, más monótona que el macho. El juvenil está muy manchado, tiene algunas trazas de azul por encima. ♩ **Canto:** rápida serie de notas variadas. **Llamado:** *truli* melodioso.

AZULEJO DE GARGANTA AZUL *Sialia mexicana* (Western Bluebird)

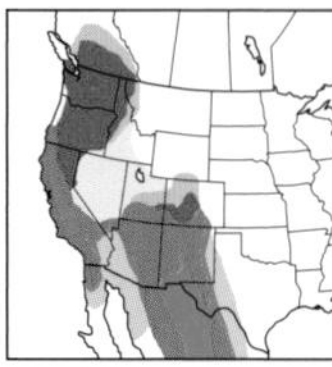

Ampliamente distribuido en el oeste, algunas veces es común en áreas abiertas. Grandes parvadas se reúnen en bosques de junípero durante el invierno. ▶ El macho es azul morado profundo en las partes superiores y garganta, café rojizo en el pecho y algunas veces en el centro de la espalda; vientre gris. La garganta azul y el vientre gris son lo que lo distingue del Azulejo de Garganta Canela. La hembra es mucho más monótona y gris que el macho, con garganta gris. El juvenil está manchado. ♩ **Canto:** rápida serie de notas variadas. **Llamado:** *tiú* quedito, frecuentemente emitido desde el aire, ultrarrápido *cho-cho-chop* ronco.

AZULEJO PÁLIDO *Sialia currucoides* (Mountain Bluebird)

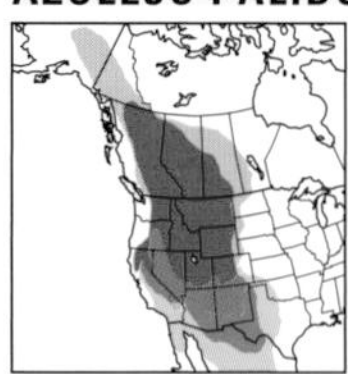

Esta etérea ave ronda amplios espacios abiertos: praderas montañosas, pastizales altos. En invierno, también en bosques de juníperos, desiertos, campos arados. Revolotea en el aire antes de bajar para atrapar insectos del suelo. Rara vez se dispersa al este durante el invierno. ▶ El macho azul cielo es casi inconfundible; vea colorines azules en p. 374. La hembra es gris con tintes azules; flancos grises contrastan con el vientre blanco; alas y cola más largas que otros azulejos. ♩ **Canto:** corta serie de notas variadas. **Llamado:** grave *che!* o *chu!*

CLARÍN NORTEÑO *Myadestes townsendi* (Townsend's Solitaire)

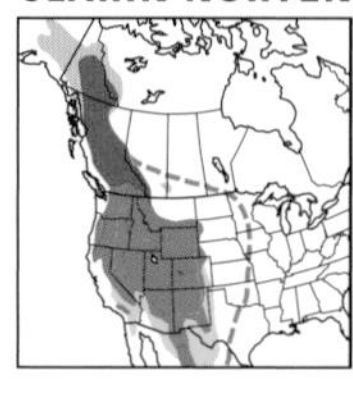

Común en el oeste, en las orillas de bosques en las montañas, bosques de juníperos. Pasa el invierno donde encuentra una buena dotación de bayas, incluyendo plantíos de juníperos en las planicies. Nunca se encuentra en parvadas. ▶ Delgado, con cola larga, percha erguido. Gris claro con blanco, plumas externas de la cola blancas. En vuelo se observa el parche beige en el ala. El cenzontle (p. 264) percha más horizontal, carece de anillo ocular. El juvenil es muy diferente, muy manchado. ♩ **Canto:** largo gorjeo melodioso. **Llamado:** nota metálica.

Hembra de Azulejo de Garganta Canela, raza sureña
Azulejo de Garganta Canela 7″
Hembra
Macho
Los azulejos jóvenes tienen manchas
Hembra
Azulejo de Garganta Azul 7″
Machos
Clarín Norteño 8½″
Adultos
Azulejo Pálido 7¼″
Hembra
Macho

ZORZALES CAFÉS

Estas tímidas aves de bosques son de nuestros mejores cantantes. Vea también al Zorzal Maculado (página siguiente).

ZORZAL DE COLA RUFA *Catharus guttatus* (Hermit Thrush)

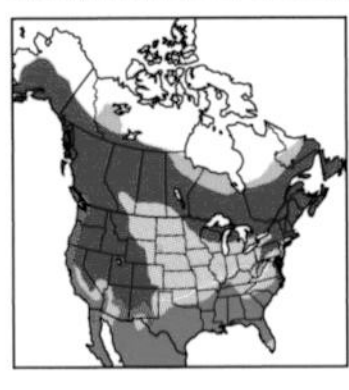

El único zorzal café que es probable encontrarlo en tiempo frío; migra más temprano en primavera, más tarde en otoño que otros zorzales. Cuando se espanta, golpetea las alas, levanta y baja la cola. ▶ La *cola café-rojiza* contrasta con la espalda parda (puede ser difícil de observar). El color general varía. Suele mostrar un marcado *anillo ocular.* ♪ **Canto:** muchas repeticiones a diferentes tonos de una nota *fiii* seguida de un rápido gorjeo quedito de notas "puras" con resonancia. **Llamados:** *chok;* también *friii?* nasal.

ZORZAL ROJIZO *Catharus fuscescens* (Veery)

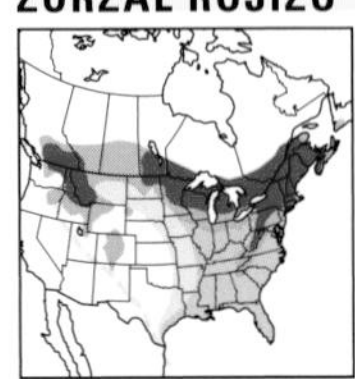

Un zorzal común durante el verano en bosques frondosos del noreste; escaso y local en el oeste. Pasa el invierno en Sudamérica. ▶ Café parduzco por encima, muy *pocas manchas* en el pecho; la cara se ve pálida y monótona. En el oeste es más monótono, ligeramente más manchado en el pecho. ♪ **Canto:** serie descendente de silbidos agudos, cada uno más grave que el anterior: *shrihi, shrihi, shío, shío.* **Llamado:** *viyu* quedito.

ZORZAL DE SWAINSON *Catharus ustulatus* (Swainson's Thrush)

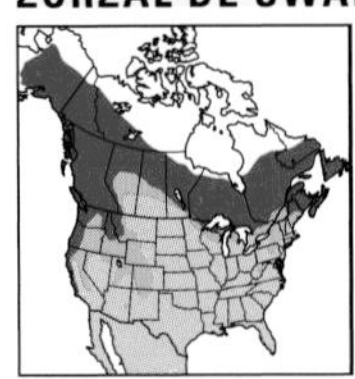

Común durante el verano en bosques húmedos del norte y oeste. En otros lugares, suele ser un migrante numeroso a finales de la primavera y principios del otoño. ▶ Suele mostrar un *anillo ocular beige* muy marcado, beige en los lados del pecho. La espalda es café-olivo (un poco más roja a lo largo de la costa del Pacífico). Pasa el invierno en los trópicos; aves parecidas vistas en invierno pueden ser Zorzales de Cola Rufa. ♪ **Canto:** serie ascendente de silbidos agudos: *pi, piwé, piwí, pihihihi.* **Llamado:** *wi* parecido al de una rana arbórea.

ZORZAL DE CARA GRIS *Catharus minimus* (Gray-cheeked Thrush)

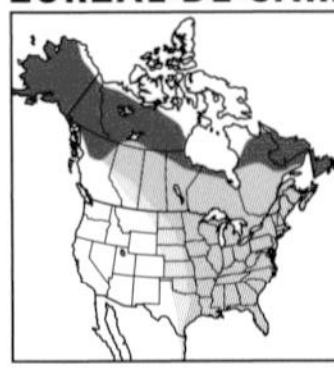

Este tímido zorzal pasa el verano en los bosques del norte, el invierno en Sudamérica, migra a través del este. Durante la migración, suele ser superado en número por el de Swainson. ▶ Espalda café parduzca, pecho manchado. Claro alrededor del ojo, pero no tiene un anillo ocular definido. Cara y cuello grises, carece de los fuertes tonos beige. ♪ **Canto:** serie descendente de notas *fir, fi-fi, fío fío.* **Llamado:** *friú* agudo.

ZORZAL DE BICKNELL *Catharus bicknelli* (Bicknell's Thrush)

Extremadamente parecido al Zorzal de Cara Gris, sólo se puede identificar con seguridad por su distribución. Anida en unos cuantos picos montañosos en Nueva Inglaterra, Nueva York, Québec y las Provincias Marítimas. ▶ Como el de Cara Gris pero tiende a presentar más amarillo en la mandíbula inferior, un tono más castaño en la cola. ♪ **Canto:** parecido a el de Cara Gris pero más agudo, la nota final puede ser ascendente.

Zorzal de
Cola Rufa
7″
Zorzal Rojizo
7″
Forma de la costa
del Pacífico
Zorzal de
Swainson
7″
Zorzal de
Bicknell
6¾″
Zorzal de
Cara Gris
7¼″

ZORZAL, CUITLACOCHES Y MAULLADOR GRIS

El Zorzal Maculado está relacionado a las aves de la página anterior. Los Cuitlacoches, Maullador y Cenzontles **(familia Mimidae)** son aves delgadas. Construyen un nido en forma de taza, escondido en arbustos o cactus.

ZORZAL MACULADO *Hylocichla mustelina* (Wood Thrush)

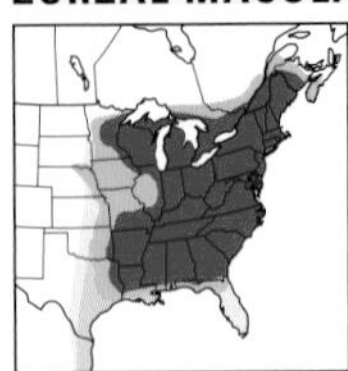

El zorzal café de mayor tamaño y más manchado. Pasa el verano en los bosques del este, algunas veces en los suburbios sombreados. Sus números han disminuido en años recientes. ▶ *Manchas negras redondas* en pecho blanco. Café por encima, desvaneciéndose a café rojizo en la cabeza; anillo ocular marcado. Más marcado que otros zorzales cafés. El Cuitlacoche Rojizo es rayado (no manchado) por debajo, tiene ojos amarillos, cola más larga. ♪ **Canto:** *tió-íe* o *tío lío tíhi* con notas "puras" con resonancia. **Llamados:** *fi-fi-fi-fi-fit* grave.

CUITLACOCHE ROJIZO *Toxostoma rufum* (Brown Thrasher)

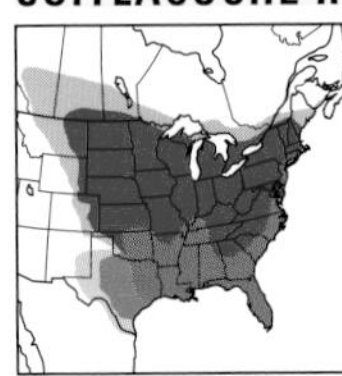

Un cuitlacoche café que ronda los bosquecillos en el este. Suele alimentarse en el suelo o en arbustos, pero puede cantar desde la copa de los árboles. Unos cuantos pasan el invierno en el norte y este de la distribución registrada en el mapa. Sus números están declinando en muchas áreas. ▶ Café rojizo por encima, rayado por debajo, con cola larga, ojos amarillos. En el sur de Texas, vea Cuitlacoche de Pico Largo. ♪ **Canto:** larga serie de frases agudas, cada frase generalmente emitida dos veces. **Llamados:** *chit* explosivo; también *cha* nasal.

CUITLACOCHE DE PICO LARGO *Toxostoma longirostre* (Long-billed Thrasher)

Sólo en Texas; rara vez más al norte. Principalmente en matorrales nativos densos, arbustos. ▶ Como el Cuitlacoche Rojizo pero tiene más gris en la cara, ojo anaranjado brillante, pico curvo ligeramente más largo. ♪ **Canto:** corta serie de frases agudas, muchas de las cuales pueden ser emitidas dos veces. **Llamados:** *chíup.*

CUITLACOCHE DE ARTEMISA *Oreoscoptes montanus* (Sage Thrasher)

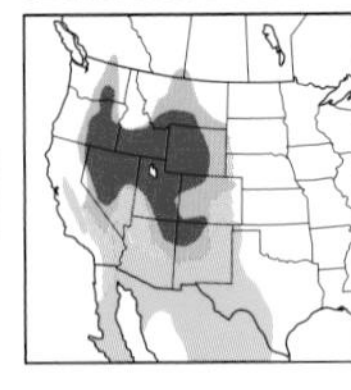

Un cuitlacoche parduzco de planicies con matorrales de artemisa en el oeste. Se mueve a otros hábitats durante el invierno, incluyendo bosques de juníperos. Rara vez se dispersa más al este. ▶ Pico y cola más cortas que la mayoría de los cuitlacoches. Gris oscuro por encima, rayado por debajo, con las esquinas de la cola blancas. Durante el verano las aves con plumaje apagado son menos rayadas. ♪ **Canto:** melodiosa serie de frases variadas sin mucha repetición. **Llamado:** *chok.*

MAULLADOR GRIS *Dumetella carolinensis* (Gray Catbird)

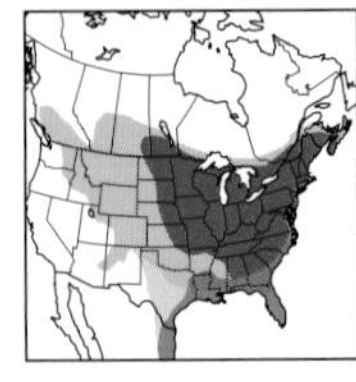

Algunas veces el maullador acecha en arbustos densos, haciendo extraños sonidos; algunas veces se alimenta en áreas abiertas, buscando insectos en el suelo o comiendo bayas. Muy común en el este, poco común y local en el oeste. Unos cuantos permanecen a lo largo del invierno en el norte. ▶ Delgado y con cola larga. Gris con gorra negra, cobertoras inferiores de la cola castañas. ♪ **Canto:** larga serie de notas melodiosas y rechinidos. **Llamado:** maullido rasposo.

ZORZAL MACULADO, CUITLACOCHES

CUITLACOCHES DEL OESTE

La mayoría usa su pico para picotear el suelo o recoger hojas en busca de insectos; también comen muchas bayas.

CUITLACOCHE DE PICO CURVO ***Toxostoma curvirostre*** **(Curve-billed Thrasher)** Común en desiertos y matorrales áridos, percha en áreas abiertas y llama a gritos. Puede prosperar en pueblos si encuentra chollas, su sitio de anidación favorito. ▶ Pico curvo; ojos amarillo-anaranjado. En la parte este de su distribución, las manchas en el pecho son más obvias. El juvenil tiene pico más corto, manchas más definidas en el pecho. ♩ **Canto:** larga serie de frases agudas que no se repiten, con "cortes" abruptos entre frase y frase. **Llamados:** fuerte y abrupto *fui-fuit!* o *fui fui-fuit!* (como queriendo llamar la atención).

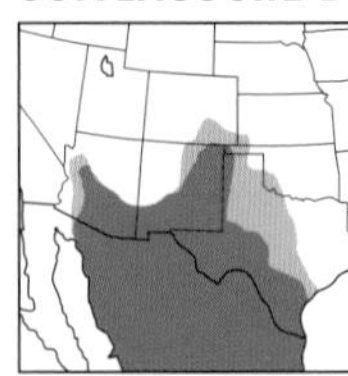

CUITLACOCHE DE PICO CORTO ***Toxostoma bendirei*** **(Bendire's Thrasher)** Poco común en los desiertos del suroeste. Suele ser superado en numero por el Cuitlacoche de Pico Curvo. ▶ Pico corto y recto ligeramente más claro en la base; ojos amarillos, manchas delgadas y bien definidas en la parte superior del pecho. El juvenil del de Pico Curvo puede verse casi idéntico. ♩ **Canto:** larga serie de notas agudas sin los "cortes" agudos entre frase y frase que presenta el Cuitlacoche de Pico Curvo. No emite un llamado fuerte como el Cuitlacoche de Pico Curvo.

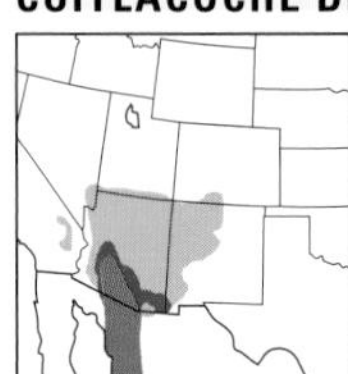

CUITLACOCHE CALIFORNIANO ***Toxostoma redivivum*** **(California Thrasher)** En chaparral y colinas con maleza cerca de la costa del Pacífico, este cuitlacoche grande es común pero difícil de observar, excepto cuando percha en lo alto de algún arbusto para cantar. ▶ Pico fuertemente curvado, café oscuro en general, con ceja pálida, ojos oscuros, deslavado beige en el pecho. ♩ **Canto:** larga serie de frases agudas, algunas más guturales que otras, con "cortes" abruptos entre frase y frase. **Llamado:** *chok.*

CUITLACOCHE CRISAL ***Toxostoma crissale*** **(Crissal Thrasher)** El cuitlacoche más grande del suroeste árido, y el más evasivo en cobertura densa. Común a lo largo de arroyos secos en el desierto, localmente en encinos en las colinas. ▶ Pico fuertemente curvado, cobertoras inferiores de la cola *castañas.* Bigote oscuro, pecho sin manchas oscuras, ojos dorado pálido a café. ♩ **Canto:** serie de frases agudas, algunas repetidas dos veces, como las de otros cuitlacoches. **Llamado:** ultrarrápido *chi-richi-chi,* particularmente al o justo antes del amanecer.

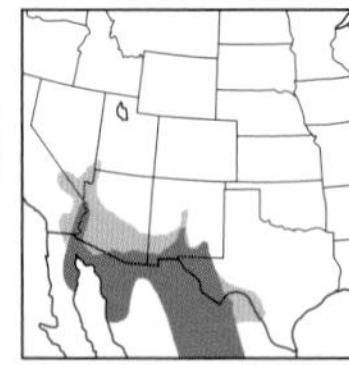

CUITLACOCHE PÁLIDO ***Toxostoma lecontei*** **(Le Conte's Thrasher)** Un pálido fantasma de desiertos yermos, poco común y local en matorrales salinos áridos. Tímido, difícil de aproximar; huye por el suelo con la cola levantada. ▶ Una apariencia general color arena claro con una contrastante cola oscura. Pico profundamente curvado pero más delgado que el del Cuitlacoche Crisal o el Californiano. ♩ **Canto:** serie de frases agudas, algunas repetidas dos veces. **Llamado:** *churip?* ascendente.

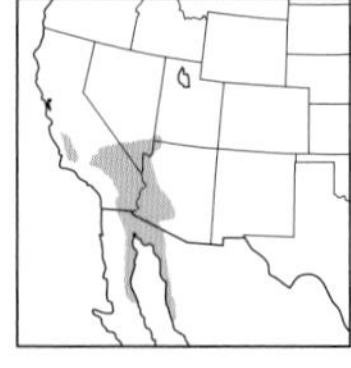

de Pico
Curvo
en cactus
Cuitlacoche de
Pico Curvo
11″
Cuitlacoche
de Pico Corto
10″
Cuitlacoche
Californiano
12″
Cuitlacoche
Crisal
11½″
Cuitlacoche
Pálido
Corriendo
Cuitlacoche
Pálido
11″

CENZONTLES Y ALCAUDONES

Los cenzontles están relacionados con los cuitlacoches y maullador (página anterior). Los alcaudones **(familia Laniidae)** son aves canoras que viven más como aves de presa, observando desde perchas altas y luego volando para capturar insectos grandes, roedores, lagartijas, aves pequeñas. Pueden clavar presas muertas en espinas o alambres de púas, de ahí el nombre de "verdugo". Sus nidos están bien escondidos en árboles espinosos.

CENZONTLE NORTEÑO *Mimus polyglottos* (Northern Mockingbird)

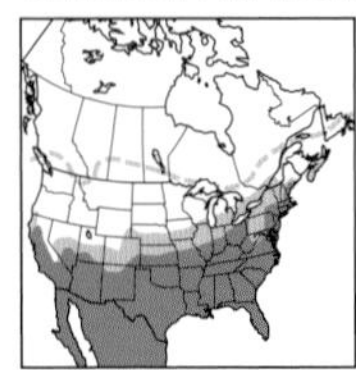

Familiar en climas cálidos, en ciudades, granjas, orilla de bosques, desiertos. Con frecuencia se le ve corriendo en prados, deteniéndose para extender las alas. Puede cantar toda la noche de luna. Más común en el sur, es llamado "Norteño" porque otros cenzontles viven en los trópicos. ▶ Delgado, cola larga. Gris claro con *parches blancos en las alas* (visibles principalmente en vuelo), plumas externas de la cola blancas. El juvenil tiene rayas oscuras en el pecho, ojos más oscuros que el adulto. ♪ **Canto**: interminable serie de frases agudas repetidas varias veces antes de cambiar de frase, muchas frases incluyen imitaciones de otras aves u otros sonidos. A veces da un brinco hacia arriba desde su rama, luego aletea para descender cantando. **Llamados:** *chak* fuerte, *si* nasal.

CENZONTLE DE LAS BAHAMAS *Mimus gundlachii* (Bahama Mockingbird)

Un raro visitante en el sureste de Florida. ▶ Más grande y de color más "sucio" que el Cenzontle Norteño. Carece de los parches blancos en las alas y las plumas blancas externas en la cola (tiene un poquito de blanco en la punta de la cola). Tiene un *fuerte rayado a lo largo de los flancos* (pero note que el juvenil de Cenzontle Norteño también tiene la parte de abajo rayada).

ALCAUDÓN VERDUGO *Lanius ludovicianus* (Loggerhead Shrike)

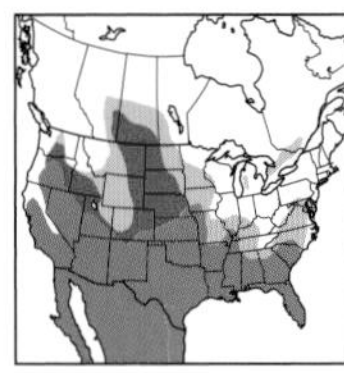

Un ave de áreas abiertas, percha en alambrados o sobre arbustos. Aún es muy común en el sur y oeste, pero está declinando; casi ha desaparecido en el noreste. ▶ Delgado, suele perchar horizontal o verticalmente. Máscara oscura, alas y cola negras con marcas blancas que se ven principalmente en vuelo. El juvenil tiene un delgado barrado gris. En climas fríos, vea al Alcaudón Norteño. ♪ **Canto**: frase rasposa o melodiosa, repetida varias veces tras una pausa de uno o dos segundos. **Llamados:** rasposo *shjak, shjak.*

ALCAUDÓN NORTEÑO *Lanius excubitor* (Northern Shrike)

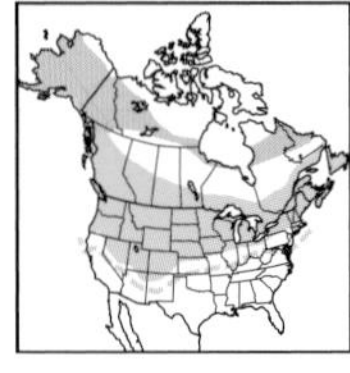

Pasa el verano muy al norte, en piceas o bosquecillos en el borde de la tundra. Durante el invierno, aparece en granjas, áreas abiertas más al sur. ▶El adulto es como el Alcaudón Verdugo pero más grande, con *la máscara reducida* al frente del ojo; un ligero barrado gris en las partes inferiores; la base de la mandíbula inferior suele ser pálida. Durante el primer invierno el juvenil tiene un marcado tinte café, con barrado en el pecho. ♪ **Canto**: sorprendentemente melodioso, a veces incluye imitaciones de otras aves. **Llamados:** sonidos rasposos.

Juvenil
Cenzontle Norteño 10½"
Adultos
Cenzontle de las Bahamas (raro) 11"
Alcaudón Verdugo 9"
Adulto
Juvenil
Alcaudón Norteño 10"
Juvenil en otoño (no a escala)
Inmaduro
Adulto

AVES CRESTADAS QUE COMEN BAYAS

Los ampelis **(familia Bombycillidae)**, en inglés llamados "alas de cera" debido a los puntos de "cera" roja en ciertas plumas del ala, tienen voces y colores suaves. Muy sociables, suelen ser vistos en parvadas, alimentándose de bayas o capturando pequeños insectos voladores. El Capulinero Gris pertenece a la familia **Ptilogonatidae**, principalmente aves de Centroamérica que se alimentan de muérdago y otras bayas. Los Bulbuls **(familia Pycnonotidae)** habita principalmente en África y el sur de Asia.

AMPELIS CHINITO *Bombycilla cedrorum* (Cedar Waxwing)

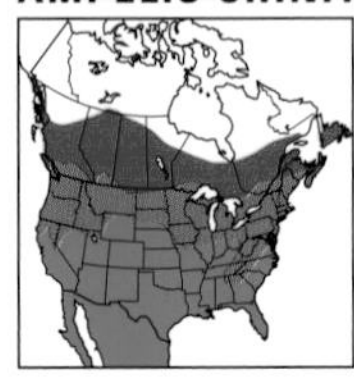

Estos elegantes nómadas pueden estar presentes por cientos durante un mes, ausentes el siguiente, ya que las parvadas vagan en busca de bayas silvestres. A mediados del verano, las parvadas se dispersan en parejas para anidar, pero fuera de eso están casi siempre en grupos—es raro ver a un ampelis solo. ▶ *Banda amarilla* en la punta de la cola, máscara y garganta delgada y oscura, vientre amarillo, cresta corta. Muy al norte o en invierno, compare con el Ampelis Europeo. El juvenil tiene rayas borrosas en el plumaje, pero ya muestra la distintiva banda amarilla en la cola. ♪ **Voz:** *sii* o *jii* muy agudos.

AMPELIS EUROPEO *Bombycilla garrulus* (Bohemian Waxwing)

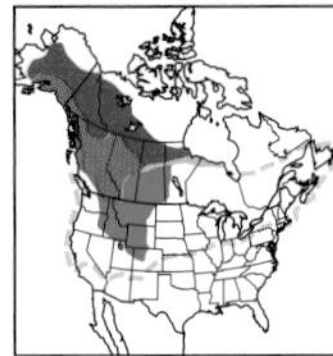

El Ampelis Europeo tiene su dominio en el lejano noroeste, pasa el verano en bosques de piceas y pantanos. Durante el invierno las parvadas visitan las praderas canadienses y el norte de las Rocosas, en algunas ocasiones se dispersan mucho más lejos, apareciendo en lugares impredecibles. Ampelis Europeos solitarios pueden asociarse a parvadas de Ampelis Chinito. ▶ Como el Ampelis Chinito pero más grande y gris, con *cobertoras inferiores de la cola castañas*, patrón *amarillo y blanco* en las alas. Los juveniles rayados difieren del juvenil de Chinito en el color de las cobertoras inferiores de la cola. ♪ **Voz:** más sonoro, menos agudo que la del Ampelis Chinito.

CAPULINERO NEGRO *Phainopepla nitens* (Phainopepla)

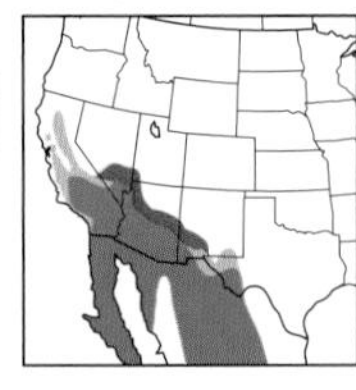

En el desierto, esta delgada ave percha erguida en los arbustos, protegiendo para sí los manojos de frutas de muérdago. Cuando otras bayas son abundantes, en ocasiones se reúnen en parvadas. Nómada, localmente puede ser numeroso en algunas temporadas, escaso en otras. ▶ Delgado y con cola larga, cresta puntiaguda, ojos rojos. El macho es negro brillante; *parches blancos en las alas* que se observan principalmente en vuelo. La hembra es gris con los bordes de las alas claros. ♪ **Canto:** serie "dispareja" de gorjeos, sonidos rasposos y silbidos, incluye *zri* rasposo. **Llamado:** *bop?* o *buep?* ascendente.

BULBUL DE BARBAS ROJAS *Pycnonotus jocosus* (Red-whiskered Bulbul)

Sólo en Florida (nativo del sur de Asia). Aves en cautiverio que escaparon establecieron poblaciones silvestres en los suburbios de Kendall en Miami en 1960, pero no se ha extendido lejos de ahí. ▶ Diferente de cualquier ave nativa, cresta negra, "bigote" blanco y rojo, cobertoras inferiores de la cola rojas.

Ampelis Chinito
7″
Juvenil
Hembra
Macho
Machos
Capulinero
Negro
8″
Ampelis Europeo
8″
Adulto
Hembra
Bulbul de
Barbas Rojas
7″
Adulto

MIRLO ACUÁTICO Y LAVANDERAS

Los Mirlos Acuáticos **(familia Cinclidae)** son extrañas aves canoras acuáticas. Las lavanderas se encuentran principalmente en el Viejo Mundo, alcanzando nuestras áreas principalmente en Alaska. Junto con las bisbitas (página siguiente), conforman la **familia Motacillidae.**

MIRLO ACUÁTICO AMERICANO *Cinclus mexicanus* (American Dipper)

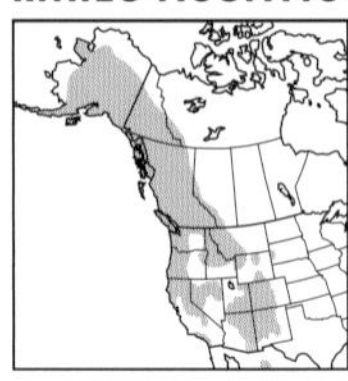

A lo largo de arroyos con corrientes en las montañas, esta rechoncha ave vuela bajo sobre el agua, se detiene para balancearse para arriba y para abajo sobre una roca, después brinca al agua, nadando y buceando, entonces camina a lo largo del fondo del arroyo. El Mirlo Acuático construye su nido de musgo y ramas en la orilla del río, debajo de un puente, etc. Solitario en casi todas las temporadas, nunca es visto en parvadas y casi nunca es visto lejos del agua. ▶ Rechoncho, cola corta, principalmente gris, aunque los párpados blancos brillan notoriamente en algunas ocasiones. El juvenil tiene el pico claro, borde del ala claro. ♪ **Canto:** serie de frases variadas, cada una repetida muchas veces. **Llamado:** *zip!* metálico, se oye bien a pesar del fuerte sonido del agua.

LAVANDERA AMARILLA *Motacilla tschutschensis* (Eastern Yellow Wagtail)

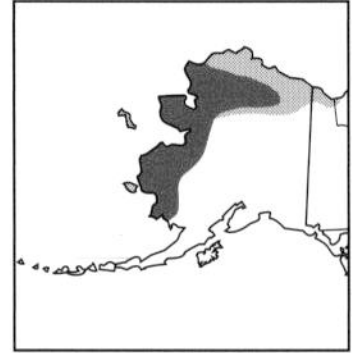

En la tundra en el oeste de Alaska durante el verano, esta delgada ave percha en lo alto de sauces bajos o camina sobre el suelo, meneando su larga cola de arriba y abajo. Las lavanderas son aves del Viejo Mundo, y las Lavanderas Amarillas que anidan en Alaska van al sur de Asia o más allá a pasar el invierno. ▶ Olivo pardo por encima, amarillo por debajo. Cola bastante larga, negra con bordes blancos. Las Lavanderas Amarillas que se reportan durante el verano en las Rocosas son probablemente Bisbitas Americanas (página siguiente), que pueden tener beige brillante por debajo y no tener rayas en el plumaje reproductivo. ♪ **Llamado:** *pssi!*

LAVANDERA BLANCA *Motacilla alba* (White Wagtail)

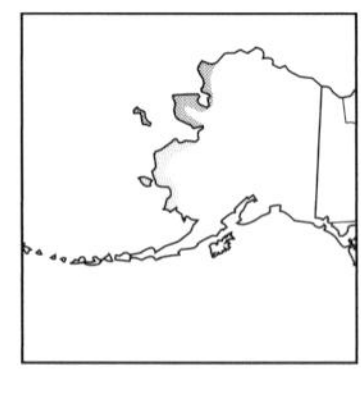

Escasa y local en el oeste de Alaska durante el verano. Prefiere bancos de grava, lechos de ríos rocosos; puede anidar debajo de escombros, en edificios abandonados, etc. Un visitante extremadamente raro más al sur sobre la costa oeste en otoño e invierno. ▶ Fuerte patrón negro y blanco en la cara, babero negro, espalda gris pálido, enormes parches blancos en las alas. La larga cola es especialmente obvia en vuelo. Los inmaduros y adultos durante el invierno tienen la garganta principalmente blanca. ♪ **Llamados:** *chizí* agudo.

LAVANDERA DE ESPALDA NEGRA *Motacilla lugens* (Black-backed Wagtail)

Un ave de las costas de Asia, muy rara durante la primavera en el oeste de Alaska. Ha sido encontrada en algunas ocasiones más al sur en la costa oeste en otoño e invierno. ▶ Muy parecida a la Lavandera Blanca, y cercanamente relacionada, pero en verano el adulto tiene la espalda más negra, por lo general más blanco en la barbilla. Los más grandes parches blancos en las alas son evidentes sólo en vuelo. El inmaduro es casi idéntico al juvenil de Lavandera Blanca.

Mirlo Acuático Americano
7½″

Juvenil

Lavandera Amarilla
6½″

Hembra

Macho

Adultos

Lavandera de Espalda Negra
7″

Macho

Lavandera Blanca
7″

caminan y corren en el suelo en áreas abiertas. La mayoría de las alondras **(familia Alaudidae)** se encuentran en el Viejo Mundo. Las bisbitas están relacionadas con las lavanderas (página anterior). Los machos de estas aves cantan mientras revolotean muy alto en el cielo.

ALONDRA CORNUDA *Eremophila alpestris* (Horned Lark)

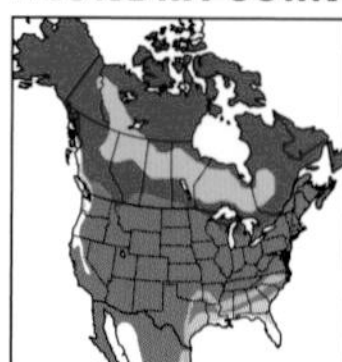

Las Alondras Cornudas aman los suelos desnudos. Viven en parvadas en campos arados, áreas sobrepastoreadas, tundra, costas. La temporada de anidación comienza temprano: los machos pueden ser oídos cantando en lo alto a fines del invierno. ▶ Pecho negro y marcas en las orejas (menos obvias en las hembras); pequeños "cuernos." La cara varía de blanco a amarillo. En vuelo, se ve pálida con negro en la cola. Los juveniles son monótonos, con manchas. ♩ **Canto:** rápido *tsi-tsi-tsi-tis-tsi-si-si* emitido desde el suelo o el aire. **Llamados:** *wíchi.*

ALONDRA EUROPEA *Alauda arvensis* (Sky Lark)

El ave canora más famosa de Europa, introducida hace muchos años en la isla de Vancouver, Columbia Británica, aún se encuentra en pequeños números alrededor de Victoria. Rara vez se dispersa desde Siberia a las islas de Alaska. ▶ Pico delgado, espalda y pecho muy rayados, cresta corta, plumas externas de la cola blancas. ♩ **Canto:** larga serie de gorjeos musicales, emitidos al volar en círculo en el aire.

BISBITA AMERICANA *Anthus rubescens* (American Pipit)

Durante los meses fríos, las parvadas de estas delgadas aves caminan en campos abiertos y lodazales, meneando la cola arriba y abajo. Si se les espanta, las parvadas se alejan con un vuelo ondulante y llamados agudos. Pasa el verano en la tundra del norte y en montañas altas. ▶ Gris-café por encima, blanco a beige por debajo, con pecho rayado. En verano, beige rosado por debajo con rayas a penas visibles. Borde blanco angosto en la cola; las patas son generalmente negras. ♩ **Canto:** contínuo *ti,ti,ti,ti,ti,ti* . . . emitido desde muy alto. **Llamados:** *chipi* o *chi chi-chi-chi,* frecuentemente emitido desde el aire.

BISBITA LLANERA *Anthus spragueii* (Sprague's Pipit)

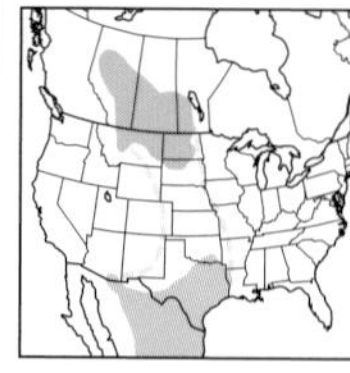

Esta bisbita de las praderas nunca se reúne en parvadas; las aves solitarias caminan en el suelo entre el pasto alto. ▶ La cola es más corta que en la Bisbita Americana, con *patas claras,* patrón de escamas o rayas en la espalda; rayas negras en la corona. Ojo negro que contrasta con la *cara pálida.* Las plumas externas de la cola blancas son obvias en vuelo. ♩ **Canto:** serie descendente de notas *tsúhi-tsuhi-tsuhi-tsuhi-tsío* repetida una y otra vez desde el aire. **Llamados:** abrupto *chip.*

BISBITA DE GARGANTA ROJA *Anthus cervinus* (Red-throated Pipit)

Una escasa ave de verano en el oeste de Alaska. Muy rara en el otoño más al sur a lo largo de la costa del Pacífico. ▶ Durante la primavera el macho tiene el pecho, garganta y cara rojizos. Las hembras y aves durante el otoño son parduzcas y durante el otoño los inmaduros carecen del color rojizo. Todos tienen franjas muy marcadas en la espalda, patas pálidas, patrón definido en la cara. **Llamado:** agudo *tsi.*

Juvenil
Hembra
Alondra Cornuda
7½″
Machos
Alondra
Europea
7¼″
Invierno
Bisbita
Americana
6½″
verano
Bisbita de
Garganta
Roja
6″
Inmaduro
en otoño
Macho en
Primavera
Bisbita Llanera
6½″

CHARAS

Las charas, cuervos, urracas y cascanueces **(familia Corvidae)** se piensa que están entre las aves más inteligentes. La mayoría tienen picos anchos y fuertes y comen una amplia variedad de alimentos. Las charas tienden a ser más coloridas que otros miembros de la familia.

CHARA AZUL *Cyanocitta cristata* (Blue Jay)

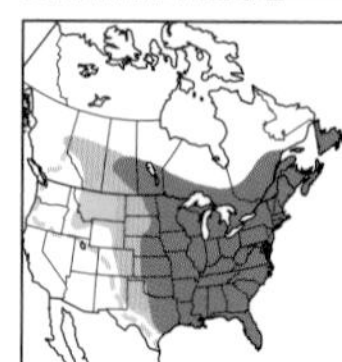

Un ave llamativa y descarada común en bosques, parques y jardines a través del este. Suele ser ruidosa, puede también moverse calladamente entre las copas de los árboles. La mayoría son residentes permanentes, pero algunos se mueven al sur en el otoño y grandes parvadas pueden cruzar algunos puntos en la costa o en las orillas de lagos. ▶ Note la cresta, collar negro, barras blancas en las alas y blanco en las esquinas de la cola. Otras charas de color azul carecen del patrón blanco en las alas y la cola. Los azulejos (p. 256) y colorines (p. 374) son *mucho más pequeños*. ♩ **Voz:** conocido grito nasal *chi! chi!* También *bíbibi* musical y otras notas, incluyendo una buena imitación del Aguililla Cola Roja.

CHARA CRESTADA *Cyanocitta stelleri* (Steller's Jay)

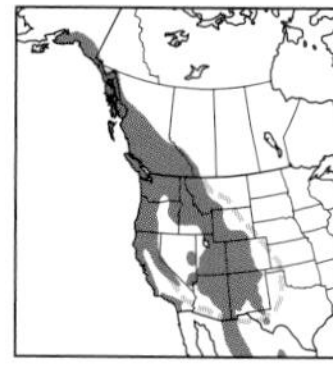

Esta chara es común en bosques sombreados de las montañas del oeste y la costa, suele acechar en áreas para picnic o visitar comederos para aves. Rara vez se dispersa a las planicies o desiertos durante el invierno. ▶ La única chara *completamente oscura* con *cresta*. Las pequeñas manchas en la frente y cerca del ojo pueden ser blancas (especialmente tierra adentro) o azules (cerca de la costa). Al este de las Rocosas, algunas veces se entrecruza con la Chara Azul, produciendo intermedios. ♩ **Voz:** rasposo *kjjj kjjj* con *e* superpuesta, también ultrarrápido *chu-chu-chu-chu-chu-chu-chu,* silbidos queditos, sonidos como de aguililla y otros sonidos.

CHARA VERDE *Cyanocorax yncas* (Green Jay)

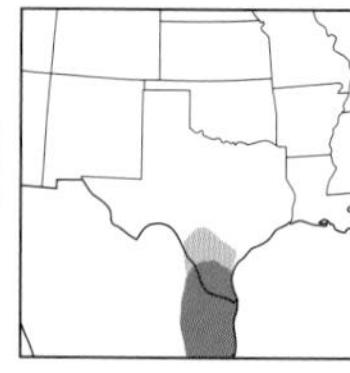

Sólo en Texas. Esta llamativa chara tropical es común en bosques a la orilla de ríos, parques, suburbios, plantaciones de encinos y matorrales secos del sur de Texas, a menudo viaja en pequeñas parvadas. ▶ Inconfundible. Principalmente verde, más clara y amarilla por debajo, con cabeza morada y negra, plumas externas de la cola amarillas. ♩ **Voz:** gran variedad de sonidos, incluyendo un fuerte *cha-cha-cha-cha-cha,* sonidos como de juego de video y un fuerte *jjjjj.*

CHARA PAPÁN *Cyanocorax morio* (Brown Jay)

Sólo en Texas. Una enorme chara de los trópicos, apenas cruza el Río Grande en el área de la Presa Falcon, donde vive en densos bosques a la orilla del río. En pequeñas parvadas, a menudo cauteloso y evasivo. ▶ Cola larga y grande. Café parduzco oscuro, aclarándose a blanco en el vientre. Los juveniles tienen pico amarillo. Compare con la Chachalaca Común (p. 148). ♩ **Voz:** fuerte *peá!* que frecuentemente se escucha cuando una bandada se está desplazando.

Chara
Azul
11″
Forma
costera
Forma
continental
Chara Crestada
11½″
Chara Verde
10½″
Juvenil
Adulto
Chara Papán
(rara, sólo en
Texas)
16″

CHARAS AZULES SIN CRESTA

Varias de estas charas tienen vidas sociales extrañas y complicadas, que han sido el objeto de continuos estudios de campo.

CHARA CALIFORNIANA ***Aphelocoma californica*** **(Western Scrub-Jay)**

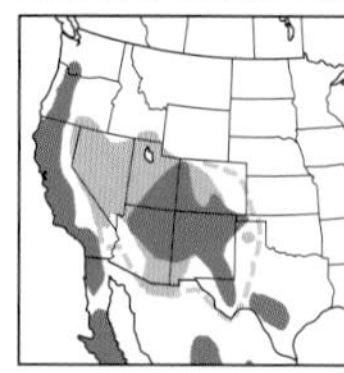

La "chara azul" común en parques, jardines y bosques de la costa de California. También ampliamente distribuida tierra adentro en el oeste, en matorrales de encino o bosques de junípero-pino piñonero. Suele observarse en pequeños grupos. Omnívora, pero prefiere las bellotas. ▶ *Garganta blanca* bordeada de un *collar rayado;* la espalda gris contrasta con la cabeza, alas y cola azules. Tierra adentro las aves son notoriamente más claras, monótonas y grises que aquellas en la costa. ♪ **Voz:** llamados fuertes, incluyendo *rip!* y *ri-ri-ri* rasposos.

CHARA DE PECHO RAYADO ***Aphelocoma coerulescens*** **(Florida Scrub-Jay)**

Sólo en Florida, donde está restringida a un hábitat de matorral nativo de encino. Este hábitat está en peligro, lo mismo que el ave; ambos son únicos y merecen protección. Esta chara vive en grupos sociales durante todas las temporadas, incluso el anidar es una actividad grupal. ▶ Parecida a la Chara Californiana, pero la frente más clara. Ninguna otra ave de Florida es parecida. La Chara Azul (página anterior) tiene cresta, manchas blancas en las alas y cola. ♪ **Voz:** fuerte *jj* con *i* sobrepuesta, varios otros sonidos.

CHARA INSULAR ***Aphelocoma insularis*** **(Island Scrub-Jay)**

Vive sólo en la isla de Santa Cruz, una de las Channel Islands mar adentro de la costa sur de California. ▶ Como la Chara Californiana pero mucho más grande, más colorida, pico más grueso. La única chara en las Channel Islands.

CHARA DE PECHO GRIS ***Aphelocoma ultramarina*** **(Mexican Jay)**

Esta chara es común localmente en cañones montañosos y bosques de encino cerca de la frontera con México. Se encuentra en parvadas durante todas las temporadas e incluso la anidación es una actividad grupal. ▶ Azul pálido por encima, gris parejo por debajo. En Arizona/Nuevo México los juveniles tienen el pico pálido en un principio, gradualmente se vuelve negro. Más robusta que la Chara Californiana y *carece del contraste* entre la garganta blanca y el collar oscuro. ♪ **Voz:** *juik-juik* nasal, más quedito que los llamados de otras charas.

CHARA PIÑONERA ***Gymnorhinus cyanocephalus*** **(Pinyon Jay)**

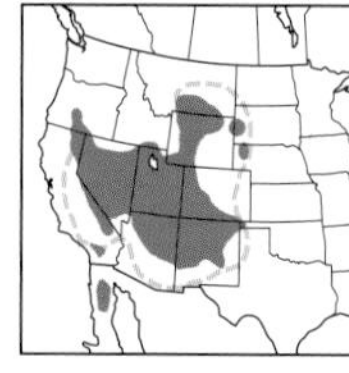

Esta chara de cola corta (más parecida a un pequeño cuervo azul) vaga en grandes parvadas en los pinos piñoneros y bosques áridos de pino amarillo del oeste. Muy sociable, casi nunca se ven aves solitarias. Bien nombrada, ya que se alimenta mucho de las semillas de los pinos piñoneros. ▶ Robusta, cola corta, pico puntiagudo, completamente azul pálido. El juvenil es más gris. Otras charas azules tienen forma diferente, son más claras por debajo. ♪ **Voz:** fuerte *wá wá wá* o *ay ay ay* nasal (gangoso), muchos otros sonidos.

Forma continental
Chara Californiana
11½″
Forma costera
Chara de Pecho Rayado
(Sólo en Florida)
11½″
Chara Insular
(Sólo en la Isla Santa Cruz)
13″
Juvenil
Chara de Pecho Gris
12″
Adulto
Subadulto
Juvenil
Adulto
Chara Piñonera
10½″

URRACA DE PICO NEGRO *Pica hudsonia* (Black-billed Magpie)

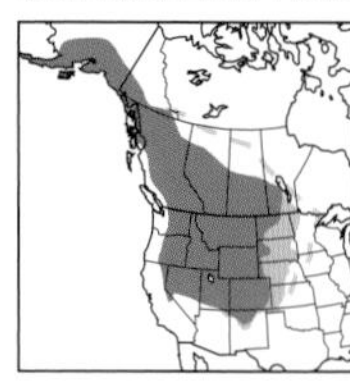

Esta llamativa ave de cola larga es común en gran parte del oeste, en áreas abiertas, ranchos, orillas de bosque, pueblos. Suele observarse en pares o en pequeñas parvadas, caminando por el suelo en campos abiertos. Construye un voluminoso nido de ramas en forma de domo en los árboles. Rara vez se dispersan ligeramente al este de su distribución durante el invierno; aquellos que se encuentren más lejos pueden ser aves que han escapado del cautiverio. ▶ Inconfundible en la mayor parte de su distribución. Brillo verde y azul en las alas y la larga cola. Un enorme parche blanco en las alas que se muestra durante el vuelo. En California, vea a la Urraca de Pico Amarillo. ♩ **Voz:** ultrarrápido *juik-juik-juik-juik-juik* rasposo; agudo *wic?*, varios otros sonidos.

URRACA DE PICO AMARILLO *Pica nuttalli* (Yellow-billed Magpie)

Sólo en California. Muy común en algunos valles centrales de la región (pero puede estar declinando), en áreas con pasturas abiertas o tierras de cultivo cerca de plantíos de encino o álamos. Omnívora, pero los insectos conforman una gran parte de su dieta; también come bellotas durante el invierno y se puede alimentar de carroña. ▶ Inconfundible dentro de su distribución. Como la Urraca de Pico Negro pero un poco más pequeña, con pico amarillo, piel amarilla variable cerca de los ojos. ♩ **Voz:** parecida a la de la Urraca de Pico Negro.

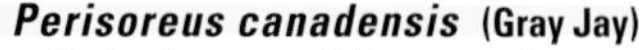

CHARA GRIS *Perisoreus canadensis* (Gray Jay)

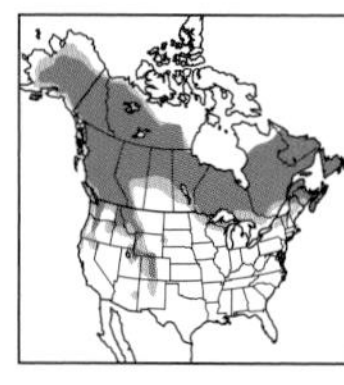

En los bosques del norte y de montañas altas, esta chara suele ser extrañamente no tímida, siguiendo a los excursionistas o visitando campamentos o áreas para picnic para pedir sobras. Suele estar en pequeños grupos familiares, pero no en parvadas grandes. Rara vez se dispersa de los densos bosques de coníferas. ▶ Gris y esponjosa, clara por debajo. El patrón de la cabeza y el parche negro en la nuca varía por región. El juvenil es casi completamente gris carbón, con un bigote claro. ♩ **Voz:** agudo *wou* quedito; *toc* grave; variedad de otros sonidos.

CASCANUECES AMERICANO *Nucifraga columbiana* (Clark's Nutcracker)

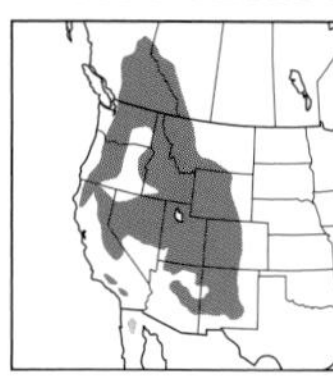

Un ave de las montañas, suele estar en elevaciones altas, cerca del límite superior del bosque. Intrépido alrededor de los campamentos y miradores, buscando dádivas. Reúnen y entierran un gran número de semillas de pinos durante el otoño, las encuentra para comerlas durante el invierno. En inviernos con sequía, unos pocos cascanueces pueden vagar y bajar de las montañas. ▶ Inconfundible. *Grandes parches blancos* en las alas y cola, que son muy notorios durante el vuelo. La Chara Gris carece del blanco en las alas y cola, tiene pico mucho más pequeño. ♩ **Voz:** variable, incluyendo un rasposo *ja-ja-ja-ja* y *jj-jj* fuerte, audible a gran distancia.

Urraca de
Pico Negro
19″
Urraca de
Pico Amarillo
17″
Adultos
Juvenil
Chara Gris
11½″
Cascanueces
Americano
12″
Juvenil
Adulto

CUERVO AMERICANO ***Corvus brachyrhynchos*** **(American Crow)**

Ampliamente distribuido y familiar, principalmente en áreas abiertas, pero también está incrementando sus números en ciudades. Por lo general en parvadas; durante el invierno puede reunirse en enormes concentraciones. ▶ Completamente negro, fuerte pico, cola relativamente corta y cuadrada en la punta. Compare con otros cuervos. Los miembros de la familia de los tordos (vea p. 332) son más pequeños, con diferentes voces y formas. ♪ **Voz:** *o, o, o* ronco y otros sonidos.

CUERVO PESCADOR ***Corvus ossifragus*** **(Fish Crow)**

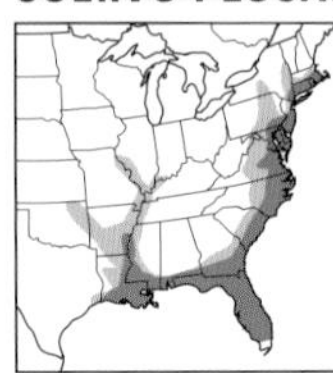

Común en el sureste, extendiendo su distribución hacia el norte en la costa y a lo largo de los ríos. Típicamente cerca del agua, alimentándose en playas y pantanos. ▶ Ligeramente más pequeño que el Cuervo Americano, pero sólo se puede reconocer por el sonido. ♪ **Voz:** *a-o* nasal, más agudo que el de Cuervo Americano; otros sonidos nasales (pero los Cuervos Americanos jóvenes también emiten llamados nasales).

CUERVO DEL NOROESTE ***Corvus caurinus*** **(Northwestern Crow)**

Sólo en la costa noroeste, en la costa inmediata e islas del sur de Alaska hasta el estado de Washington. Suele alimentarse en playas, en pozas formadas por la marea. ▶ Similar al Cuervo Americano (puede ser sólo una subespecie); ligeramente más pequeño, con una voz más ronca. Mejor reconocido por su distribución y hábitat.

CUERVO TAMAULIPECO ***Corvus imparatus*** **(Tamaulipas Crow)**

Sólo en el sur de Texas, un escaso visitante en el área de Brownsville. ▶ Pequeño para un cuervo, con brillo azul-negro. El Cuervo Llanero (común en el sur de Texas) es más grande, con cola en forma de cuña. El Zanate Mexicano (p. 336) tiene los ojos claros, cola generalmente más larga. ♪ **Voz:** *o* ronco y muy grave.

CUERVO COMÚN ***Corvus corax*** **(Common Raven)**

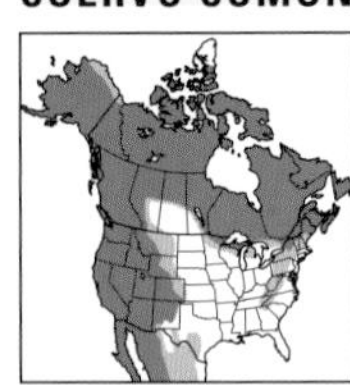

Un "ave canora" del tamaño de un aguilillla. Principalmente escasa (pero aumentando) en el este, común en el norte y oeste, en bosques, montañas, desiertos, y ahora también en ciudades. Depredador y carroñero oportunista. Las parejas suelen planear alto en el cielo. ▶ Más grande que otros cuervos pero mejor reconocido por la cola en *forma de cuña,* pico muy grueso, plumas de la garganta erizadas. ♪ **Voz:** muy grave y ronco *o,o,o* o *a,a,a;* también otros sonidos incluyendo silbidos melodiosos, gritos, gargareos.

CUERVO LLANERO ***Corvus cryptoleucus*** **(Chihuahuan Raven)**

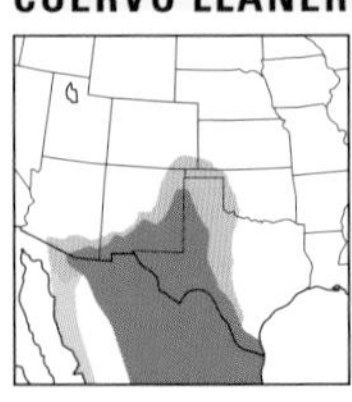

Común en los amplios pastizales del Desierto Chihuahuense. A diferencia del Cuervo Común en el suroeste, suele reunirse en grandes parvadas. ▶ Forma como la del Cuervo Común pero ligeramente más pequeño, con pico más pequeño, voz diferente. Por lo general en pastizales abiertos (en el suroeste, el Cuervo Común está principalmente en las montañas o en desiertos secos con cactus). ♪ **Voz:** *a,a,a* más agudo que la voz del Cuervo Común.

Cuervo Americano 19″
Cuervo del Noroeste 16″
Cuervo Pescador 17″
(identificados por voz, distribución)
Cuervo Tamaulipeco 15″
Cuervo Llanero 20″
Cuervo Común en vuelo
Cuervo Común 25″

CARBONEROS

Los carboneros **(familia Paridae)** son pequeños acróbatas de las copas de los árboles, revoloteando y subiendo por las ramas y ramitas, en busca de insectos. Todos anidan en agujeros en los árboles.

CARBONERO DE GORRA OSCURA *Poecile atricapillus* (Black-capped Chickadee)

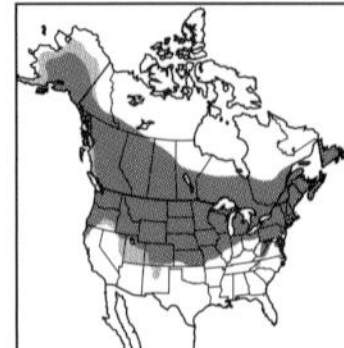

Pequeñas parvadas vagabundas de Carboneros son con frecuencia la chispa de vida de los bosques durante el frío invierno. Son también populares vistantes a los comederos para aves, llegando por las semillas de girasol o el sebo. A veces en el noroeste, muchas se va al sur durante el otoño, pero su vuelo sólo alcanza el borde sur de su distribución usual. ► Pequeño y vivaz, con babero y gorra negros, espalda gris, beige deslavado en los flancos. Casi idéntico al Carbonero de Carolina; vea a continuación (y a otros carboneros de la siguiente página). El macho del Gorrión Doméstico (p. 344) algunas veces es confundido con algún carbonero. ♩ **Canto:** silbido puro *fi bi* o *fi bi-bi,* la primera nota más aguda; fácil de imitar. **Llamado:** variado, incluyendo *chi-di-di-di-di* nasal.

CARBONERO DE CAROLINA *Poecile carolinensis* (Carolina Chickadee)

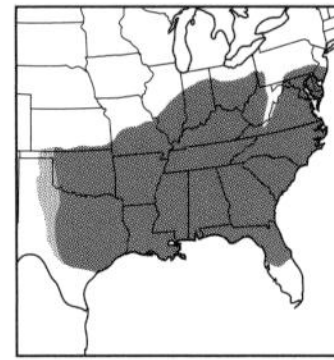

Muy común en bosques del sureste, reemplazando al Carbonero de Gorra Oscura bruscamente a lo largo de una línea que atraviesa por la mitad el continente. Al igual que otros carboneros visitan regularmente los comederos para aves por semillas y sebo. ► Extremadamente parecido al Carbonero de Gorra Oscura. En promedio es ligeramente más pequeño (la diferencia no es notoria en estado silvestre). En plumaje nuevo (fines de otoño e invierno), el de Gorra Oscura muestra plumas blancas en el borde de la parte delantera del ala, mientras que el de Carolina es uniformemente gris en esa zona, ambos pueden tener una apariencia gris en el ala cuando el plumaje de verano está desgastado. La distribución es la mejor clave (vea detalle en el mapa). ♩ **Canto:** generalmente de 4 notas: *sí bi sí be* con la primera y tercera nota muy agudas; donde se encuentran tanto esta especie como el Carbonero de Gorra Oscura, cada una puede imitar el canto de la otra. **Llamado:** variado, incluyendo *chi-di-di-di-di* nasal.

CARBONERO DE CEJA BLANCA *Poecile gambeli* (Mountain Chickadee)

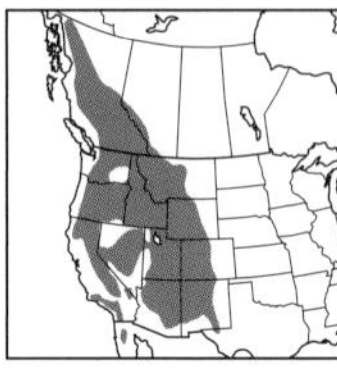

Este carbonero reemplaza a sus parientes en las montañas altas del oeste y con frecuencia es muy común en pinos altos y otros árboles de coníferas. A excepción de cuando anida, suele viajar en parvadas mixtas de otras aves pequeñas. En ocasiones unos cuantos vagan a tierras bajas durante el otoño y invierno. ► El típico patrón de carbonero, pero la gorra negra está partida por una distintiva *ceja blanca.* La ceja puede ser ancha o delgada; puede ser difícil de ver en las aves con plumaje desgastado de verano. ♩ **Canto:** *sí di di,* la primera nota más aguda. **Llamado:** variado, incluyendo *ps-du, si di di* nasal.

CARBONEROS

Ave joven

Carbonero de Gorra Oscura
5¼"

Adultos

Carbonero de Ceja Blanca
5¼"

Carbonero de Carolina
4¾"

Para identificar a los carboneros del este de E. U., revise el mapa: el Carbonero de Carolina al sur de la línea, el de Gorra Oscura al norte de la línea (excepto algunos pocos en el sur de las Apalaches, que en el mapa se muestran con color más claro).

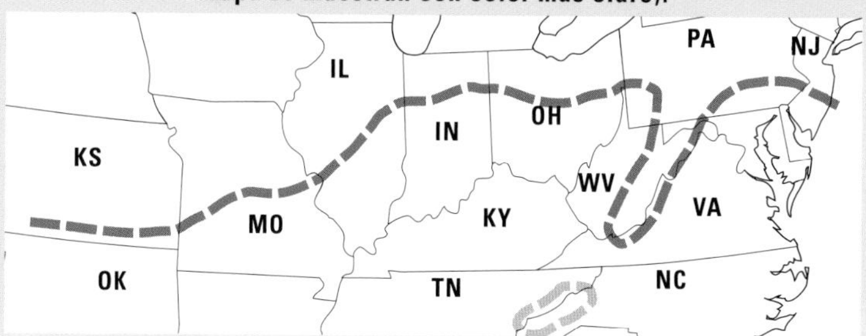

CARBONERO DE ESPALDA CASTAÑA ***Poecile rufescens*** **(Chestnut-backed Chickadee)** Un carbonero oscuro y colorado del noroeste. Por lo general en bosques de coníferas densos y húmedos; en California, también se distribuye en bosques de pino-encino y en sauces a la orilla de arroyos. ▶ Espalda y flancos *castaños* que contrastan con las alas grises, gorra café cenizo (puede verse negra). (En la forma que se encuentra en la costa del centro de California, los flancos son grises, no castaños.) En el noroeste donde se sobrepone con el Carbonero Boreal, el de Espalda Castaña tiene siempre colores más brillantes. ♩**Voz**: *chíka shi-shi;* otras notas variadas.

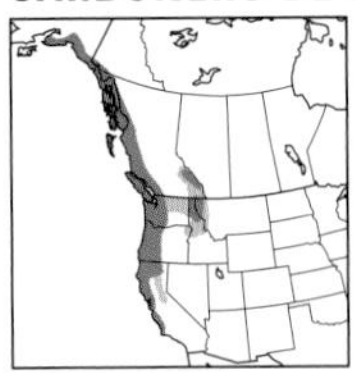

CARBONERO BOREAL ***Poecile hudsonica*** **(Boreal Chickadee)** Un carbonero café parduzco de los bosques del norte. Muy común pero fácilmente se pasa por alto ya que se alimenta en piceas densas. Al sur de su distribución registrada en mapas es tan sólo un raro errante, pero puede moverse un tanto al sur, por lo general en los mismos inviernos en los que hay grandes vuelos hacia el sur del de Gorra Oscura. ▶ Apariencia sucia con *gorra café, flancos cafés.* Las alas siempre son lisas, sin bordes claras obvias en las plumas. El color general varía de café a café grisáceo, pero siempre tiene *oscuro tiñiendo las mejillas,* mostrando menos blanco ahí que otros carboneros. ♩**Voz**: variada, incluyendo ronco *chíka-sé-sé* nasal.

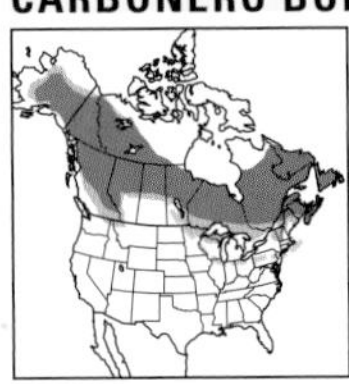

CARBONERO DE CABEZA GRIS ***Poecile cincta*** **(Gray-headed Chickadee)** Poco común y rara vez visto, un residente de matorrales de sauce en el norte de Alaska y noroeste de Canadá, principalmente en áreas lejos de los caminos. ▶ Por lo general más pálido y gris que el Carbonero Boreal, con la cola ligeramente más larga, plumas del borde de las alas claras. La mejor diferencia es el enorme y bien definido *parche blanco en la mejilla* del de Cabeza Gris. Muchos reportes de esta especie se basan en el juvenil de Carbonero Boreal durante el verano. ♩**Voz**: variada, incluye *lli-lli* "quejumbroso."

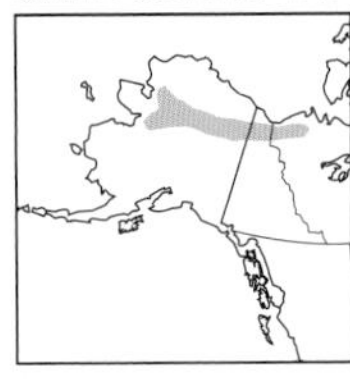

CARBONERO MEXICANO ***Poecile sclateri*** **(Mexican Chickadee)** Común en los bosques de las montañas de México, este carbonero llega a nuestra área sólo en las Montañas Chiricahua de Arizona y localmente en las Montañas Animas de Nuevo México. En esas zonas vive en bosques densos de coníferas en elevadas altitudes. ▶ Mejor conocido por su distribución, ya que es el único carbonero en esas montañas. (En otros lugares del suroeste, es reemplazado por el Carbonero de Ceja Blanca, p. 280.) Note el babero negro y grande, un gris deslavado extendido en los flancos. ♩**Voz**: rasposo *chíka shi-shi,* varias otras notas.

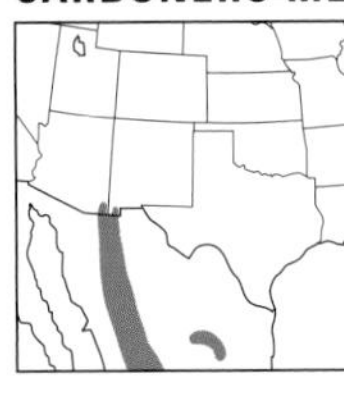

CARBONEROS

Costa del centro de California

Carbonero de Espalda Castaña 5″

Forma ampliamente distribuida

Carbonero Boreal 5¼″

Carbonero de Cabeza Gris 5½″

Carbonero Mexicano 5″

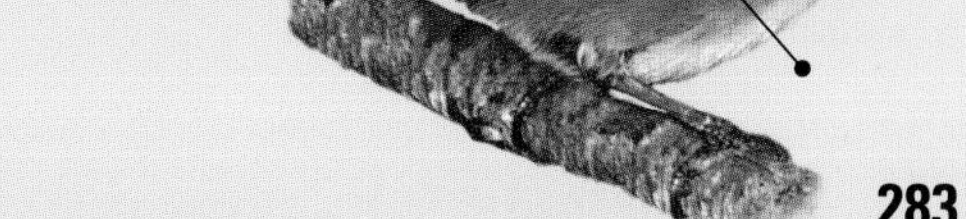

CARBONERO COPETÓN *Baeolophus bicolor* (Tufted Titmouse)

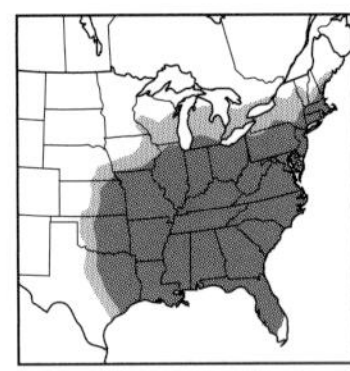

Activo y conspicuo en la copa de los árboles de bosques, también en parques en ciudades y suburbios donde existan árboles grandes, con frecuencia visita los comederos para aves. Viaja en parejas o pequeñas parvadas y puede unirse a parvadas mixtas de otras aves. Principalmente un ave del sur, ha extendido su distribución hacia el norte. ▶ Principalmente gris y blanco con cresta levantada, cara pálida, frente negra, tinte rojo óxido en los flancos. ♩ **Canto:** silbido *piú,piú,piú* y *pío-pío-pío-pío.* **Llamado:** variado, incluye *ts-ts-ts* quejumbroso.

CARBONERO DE CRESTA NEGRA *Baeolophus atricristatus* (Black-crested Titmouse)

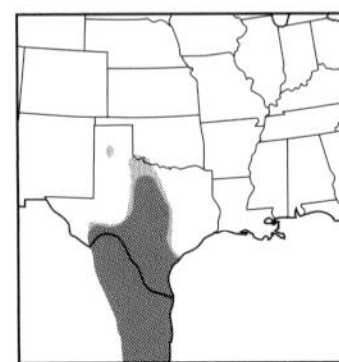

En partes de Texas y el extremo suroeste de Oklahoma reemplaza al Carbonero Copetón. Viaja en parejas o pequeñas parvadas en bosques, parques. ▶ Principalmente gris y blanco con f*rente blanca, cresta negra,* tinte rojo óxido en los flancos. Donde la distribución se encuentra la del Carbonero Copetón, se entrecruzan y algunas aves tienen marcas intermedias. ♩ **Voz:** como de Carbonero Copetón.

CARBONERO SENCILLO *Baeolophus inornatus* (Oak Titmouse)

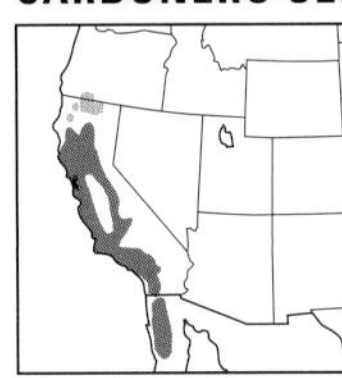

Pardo pero vivaz, en parejas durante todas las temporadas. Común en bosques de encino en California, también en suburbios muy arbolados. El Carbonero Piñonero y el Carbonero Sencillo eran considerados una sola especie. ▶ Café grisáceo con cara muy sencilla, más pálido en las partes inferiores. La corta cresta puede estar levantada o casi plana contra la cabeza. Compare con otras pequeñas aves grises como el Sastrecillo (p. 294), también con la siguiente especie. ♩ **Canto:** *piró-piró-piró-piró.* **Llamado:** *psh-psh psh-psh ch-ch.*

CARBONERO PIÑONERO *Baeolophus ridgwayi* (Juniper Titmouse)

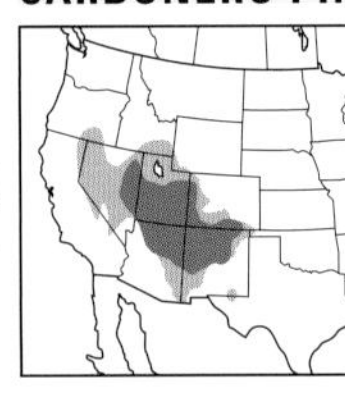

Ampliamente distribuido y en ocasiones común en bosques secos de junípero y pino-piñonero tierra adentro en el oeste. ▶ Muy parecido al Carbonero Sencillo, pero por lo general un poco más gris (menos café). Mejor identificado por su distribución (vea mapa), completamente separados excepto muy localmente en el noreste de California. ♩ **Canto:** *ti-ti-ti-ti-ti-ti* y *shruí-shruí-shruí-shruí,* cada nota de una sílaba a diferencia del Carbonero Sencillo. **Llamado:** ultrarrápido *ts-ts-ts-ts-sh.*

CARBONERO EMBRIDADO *Baeolophus wollweberi* (Bridled Titmouse)

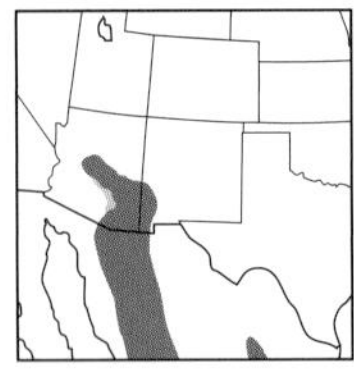

Común en su limitada distribución en E. U., principalmente en bosques de encino en las cañones cerca de la frontera. También se encuentra en grandes álamos a lo largo de arroyos en tierras bajas, especialmente en el invierno. ▶ Patrón "embridado" blanco y negro en la cara, cresta gris y negra. Algunas veces se confunde con el Carbonero de Ceja Blanca (p. 280). ♩ **Canto:** *chirí-chirí-chirí-chirí-chirí.* **Llamado:** variado, incluyendo ultrarrápido *chi-chi-chi-lli-ch-ch.*

Carbonero de
Cresta Negra
6 1/2"
Carbonero
Copetón
6 1/2"
Carbonero
Piñonero
5 3/4"
Carbonero
Sencillo
5 3/4"
Carbonero
Embridado
5 1/2"

SITAS Y TREPADOR AMERICANO

Las sitas **(familia Sittidae)** son aves de cola corta que caminan hacia arriba, hacia abajo o en espiral alrededor de troncos de los árboles. Anidan en agujeros. El trepador **(familia Certhiidae)** mete su nido debajo de corteza suelta.

SITA DE PECHO BLANCO *Sitta carolinensis* (White-breasted Nuthatch)

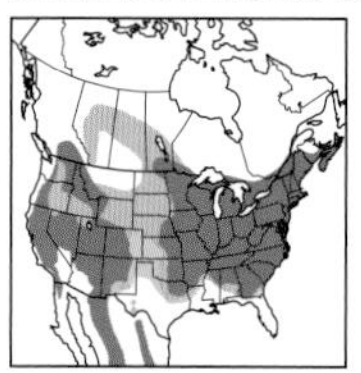

Común en bosques frondosos, también prospera en parques y suburbios con árboles grandes. Visita los comederos para aves por semillas o sebo. Durante el invierno, suele viajar en parvadas con carboneros y otras aves. ▶ *Cara y pecho blancos,* contrastando con la delgada franja negra (o gris oscuro) en la corona. Puede mostrar mucho café-anaranjado en la parte baja del vientre. ♩ **Voz:** *wa-wa-wa-wa-wa* y *ña, ña* nasales.

SITA CANADIENSE *Sitta canadensis* (Red-breasted Nuthatch)

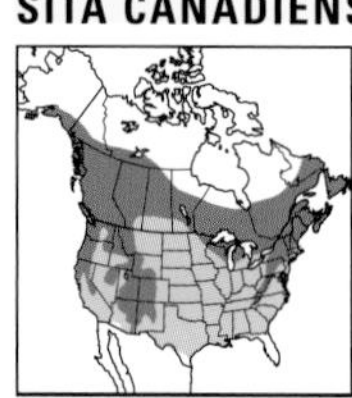

Prefiere densos bosques de coníferas en el norte y montañas altas en el verano, pero puede estar en otros árboles, especialmente durante la migración de otoño. En algunos años, grandes números se mueven al sur y a tierras bajas en el otoño. ▶ Típico comportamiento de sita trepando hacia abajo, *franja negra en el ojo,* ceja blanca. Beige anaranjado por debajo, espalda azul-gris. ♩ **Voz:** *wa, wa* nasal, más agudo, quedito y lento que en la Sita de Pecho Blanco.

SITA ENANA *Sitta pygmaea* (Pygmy Nuthatch)

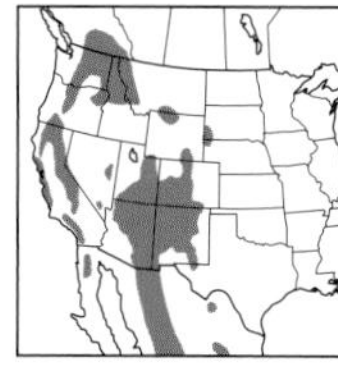

Común en bosques de pino en las montañas del oeste, también localmente a lo largo de la costa. Por lo general en pequeñas parvadas, trepando en ramas altas y conos de pino. Rara vez se dispersa a tierras bajas en invierno. ▶ Gorra gris-café que llega hasta los ojos, pálido por debajo, espalda gris, manchas blancas en la nuca. ♩ **Voz:** agudo *pi-pi, pi pi,* a veces repetido incesantemente dando la impresión del piar exaltado de un grupo de pollitos.

SITA DE CABEZA CAFÉ *Sitta pusilla* (Brown-headed Nuthatch)

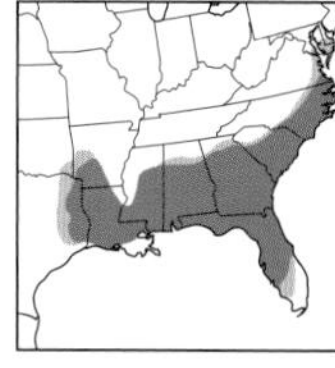

En bosques de pino del sureste, esta sita puede ser oída antes que vista. Viaja en parejas o grupos pequeños, con frecuencia permanecen en la copa de los árboles, alimentándose de insectos y semillas de pino. ▶ Gorra café que llega hasta los ojos, pálido por debajo, mancha blanca en la nuca. Casi idéntica a la Sita Enana, mejor identificada por su distribución. ♩ **Voz:** *chi!* y *chí-lli,* a veces repetidos en rápida serie exaltada.

TREPADOR AMERICANO *Certhia americana* (Brown Creeper)

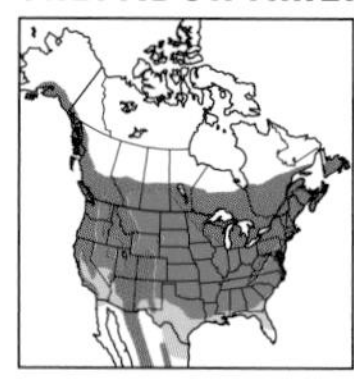

Como un pedazo de corteza con vida, el trepador trepa hacia arriba los troncos y ramas de los árboles, sosteniéndose con las rígidas plumas de la cola. Alcanza la copa de un árbol, vuela hacia abajo a la base del siguiente. Puede reunirse a parvadas de carboneros y sitas en el invierno. ▶ Espalda rayada, ceja clara, base de la cola rojo óxido. El comportamiento es inconfundible. ♩ **Llamado:** muy agudo *shii.* **Canto:** melodioso *tisí, tiyú* o *tsi-ll-ll-chi.*

Sita de
Pecho Blanco
5½"
Sita
Canadiense
4½"
Sita de Cabeza Café
4¼"
Sita Enana
4¼"
Trepador
Americano
5"

SALTAPAREDES

(familia Troglodytidae) son pequeñas aves muy activas, la mayoría con colores monótonos pero voces impresionantes. Las siguientes cuatro anidan en agujeros en los árboles o en casas para aves u otras cavidades.

SALTAPARED CONTINENTAL *Troglodytes aedon* (House Wren)

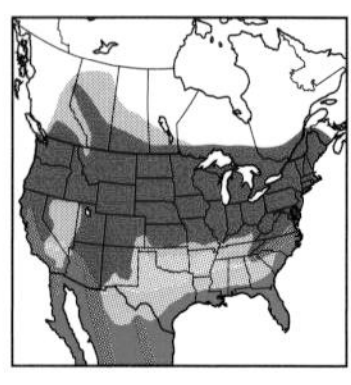

Se comporta de manera alborotada entre la maleza, cantando su burbujeante canción desde los árboles, el Saltapared Continental es un ave familiar que habita desde bosques profundos a jardines. Tímido pero curioso; aparece de repente en los claros, puede sostener la cola en alto. ▶ Pequeño, hiperactivo, con pico delgado. Más sencillo que la mayoría de los saltaparedes; muestra una ligera ceja, *anillo ocular delgado,* barras en las alas y cola. Algunos en las montañas de Arizona y del oeste de México tienen la garganta beige. ♩ **Canto:** muy rápido, terminando con una melodiosa serie de notas repetidas, como *chu-chu-chu-chu-chu* o *wi-wi-wi-wi-wi.* **Llamado:** *chíur* quejumbroso, *chak chak* nasal, cascabeleo, otras notas.

SALTAPARED INVERNAL *Troglodytes troglodytes* (Winter Wren)

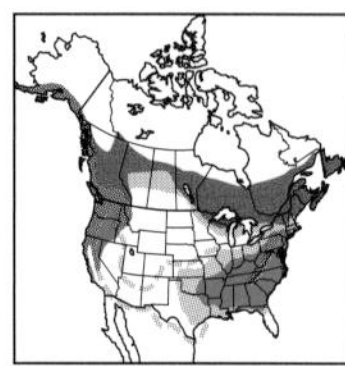

Un gnomo de cola corta que ronda los bosques de coníferas del norte durante el verano, moviéndose al sur en invierno. Con frecuencia es muy difícil de ver, arrastrándose como un roedor debajo de troncos caídos, a través de bosquecillos densos, a lo largo de la orilla de los arroyos. ▶ Pequeño y oscuro. Se parece al Saltapared Continental pero con la *cola más corta,* barrado oscuro más marcado en los flancos, llamado diferente. ♩ **Canto:** muy aguda y larga serie de notas melodiosas. **Llamado:** rápido *chep!* o *chep-chep!*

SALTAPARED DE BEWICK *Thryomanes bewickii* (Bewick's Wren)

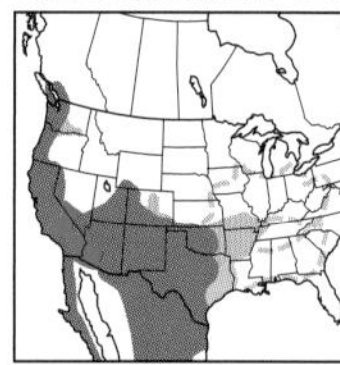

Común en partes del oeste, en bosques secos, bosquecillos. Ha desaparecido misteriosamente de la mayor parte del este. Las parejas se mueven activamente en el sotobosque y árboles bajos. ▶ *Ceja blanca;* cola larga que con frecuencia agita de lado a lado. Las aves del este son más coloridas, pueden sugerir al Saltapared de Carolina, pero note las *esquinas blancas de la cola,* partes inferiores más claras. ♩ **Canto:** varía. En el oeste, generalmente dos *trrrrr* seguidos, pueden ser melodiosos o "secos". Más complejo en el este, recuerda el canto de Gorrión Cantor. **Llamado:** *chir* nasal, *churup.*

SALTAPARED DE CAROLINA *Thryothorus ludovicianus* (Carolina Wren)

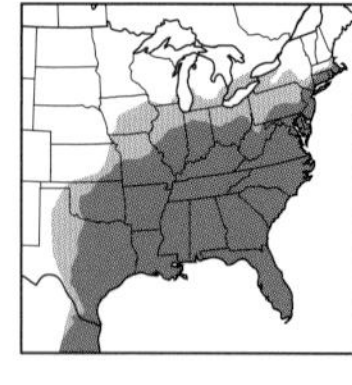

En el sotobosque de los bosques del sureste, este rechoncho saltapared vive en parejas en todas las temporadas. Más escaso en el norte, y sus números disminuyen después de inviernos muy fríos. ▶ Muy colorido: castaño por encima, crema por debajo, con *ceja blanca* muy marcada. Carece de las esquinas blancas en la cola del de Bewick. ♩ **Canto:** melodioso *piriú-piriú-piriú-piriú* o variantes. Ambos integrantes de la pareja pueden cantar en dueto. **Llamado:** fuerte *chirrrrr;* también *tink-tink* metálico, otras notas.

Saltapared Continental 4¾″

Saltapared Continental en casa para aves

Saltapared Invernal 4″

Saltapared de Bewick 5¼″

Saltapared de Carolina 5¾″

SALTAPARED PANTANERO ***Cistothorus palustris*** **(Marsh Wren)**

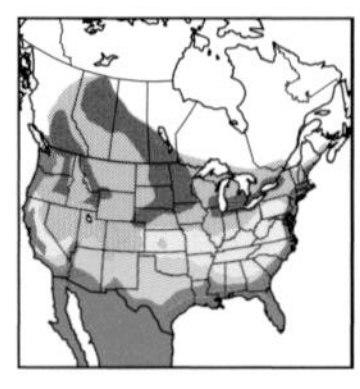

Es oído antes que visto, este saltapared revolotea furtivamente entre las espadañas de los pantanos. Algunas veces canta en áreas abiertas o aparece de repente para investigar los sonidos extraños. El nido es una masa en forma de globo adherida a tallos por encima del agua. ▶ Ceja blanca muy marcada, sólida corona café, franjas blancas en un triángulo negro que hay en el centro de la espalda. ♩ **Canto:** ultrarrápida serie de notas, generalmente rasposas, no melodiosas. **Llamado:** *chok-chok.*

SALTAPARED SABANERO ***Cistothorus platensis*** **(Sedge Wren)**

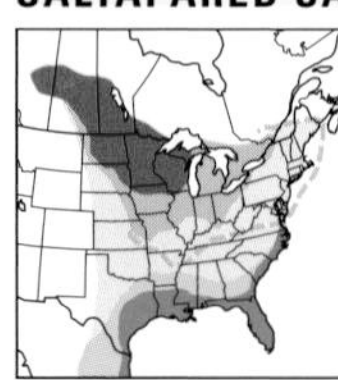

Algunas veces se encuentra con el Saltapared Pantanero pero con frecuencia está en pantanos de pastos cortos, praderas inundadas de juncias. Poco común, puede estar declinando. Por lo general muy sigiloso. ▶ Beige con delgadas franjas en la corona y espalda. Tiene una ceja mucho menos obvia, mayor patrón en las alas que el Saltapared Pantanero. Compare con los gorriones de pantano (p. 356). ♩ **Canto:** serie rápida que consiste de una nota repetida, las primeras notas claramente distintas unas de otras, luego abruptamente cambia a notas tan pegadas que se entrelazan. **Llamado:** *chip* melodioso, *llit.*

SALTAPARED ROQUERO ***Salpinctes obsoletus*** **(Rock Wren)**

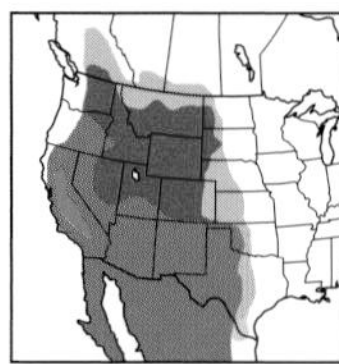

Un pálido saltapared de desiertos rocosos y pedregales. Por lo general en el suelo o balanceándose para arriba y abajo sobre una roca. Anida dentro de grietas rocosas. ▶ Apariencia clara; el rayado del pecho no siempre es aparente. Al alejarse volando, la corta cola muestra la base rojo óxido, esquinas beige. ♩ **Canto:** frases variadas, cada frase repetida muchas veces antes de cambiar a otra frase; como el canto de Cenzontle Norteño pero menos fuerte. **Llamado:** *tkiir* fuerte, con eco.

SALTAPARED BARRANQUEÑO ***Catherpes mexicanus*** **(Canyon Wren)**

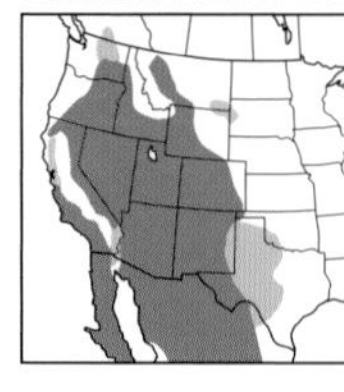

La clara canción de este saltapared parece perfecta para los cañones rocosos silvestres. Suele ser difícil de ver al andar rápidamente en las pilas de rocas en las paredes de los cañones, buscando insectos en las grietas con su largo pico. ▶ *Castaño oscuro* con garganta y pecho *blancos.* Barras negras en la corta cola rojiza. ♩ **Canto:** melodiosa serie descendente de notas que se vuelve más lenta hacia el final: *suí-suí-suí-suí-suí-suí, suí suí, suí, suí, suí lli, lli.* **Llamado:** *bzzzt* ronco.

MATRACA DEL DESIERTO ***Campylorhynchus brunneicapillus*** **(Cactus Wren)**

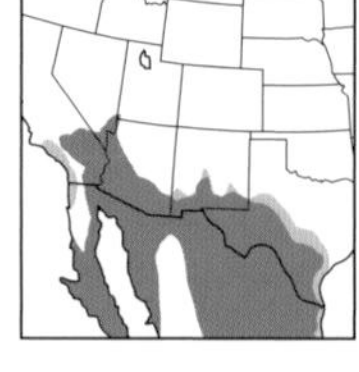

Descarada, ruidosa, suele estar en grupos familiares, las Matracas del Desierto son conspicuas en el desierto. También en matorrales secos, suburbios. Construye su nido en forma de balón de fútbol norteamericano en los cactus, matorrales espinosos. ▶ Marcadamente *más barrada, rayada y manchada* que otras aves del desierto, con una ceja blanca muy marcada. El juvenil tiene menos manchado el pecho. ♩ **Voz:** ronco *gorgorgorgororgorgorgorgor,* llamados rasposos.

Saltapared Sabanero $4^1/_2$"
Saltapared Pantanero 5"
Saltapared Roquero 6"
Salta-pared Barran-queño 6"
Adulto cantando
Matraca del Desierto $8^1/_2$"
Juvenil de Matraca del Desierto

PERLITAS Y CAMEA

Las perlitas **(familia Sylvidae)** son aves pequeñas que agitan sus colas largas. La parte inferior de la cola es marca de campo, pero suele ser difícil de ver.

PERLITA AZUL GRIS *Polioptila caerulea* (Blue-gray Gnatcatcher)

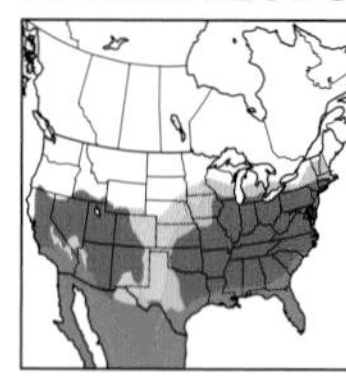

Común en los bosques del este, pero puede ser difícil de ver durante el verano ya que revolotea alto en árboles frondosos. Más fácil de observar en el oeste, donde vive en juníperos y encinos bajos. ▶ Azul-gris por encima, blanco por debajo, con *anillo ocular blanco*. Plumas externas de la cola *blancas* (la cola se ve completamente blanca por debajo). En primavera y verano, el macho presenta una delgada ceja negra. ♪ **Llamado:** quedito y agudo *psh!-psh!* **Canto:** un quedito cuchicheo melodioso, da la impresión de serie de notas al azar.

PERLITA DEL DESIERTO *Polioptila melanura* (Black-tailed Gnatcatcher)

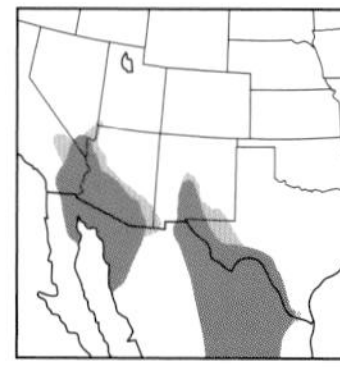

Un ave del desierto, prospera en matorral de mesquite. En parejas durante todas las temporadas. ▶ Las plumas externas de la cola (vistas por debajo) tienen borde y punta blancos, la mayor parte de la cola es *negra*. En primavera y verano, el macho tiene *gorra negra*. La Perlita Azul-gris (en hábitats más húmedos en verano) llega hasta el desierto en invierno. ♪ **Voz:** variada, incluyendo rasposo *kshshsh!* y un *chit-chit-chit-chit* parecido al del Baloncillo (página siguiente).

PERLITA CALIFORNIANA *Polioptila californica* (California Gnatcatcher)

Rara y local en la vertiente costera del sur de California; una especie en peligro. Restringida a áreas con una cubierta vegetal densa y baja de plantas nativas (especialmente matorral costero de artemisa). ▶ El macho tiene una gorra negra durante el verano. Parecida a la Perlita del Desierto (de los desiertos al este de las montañas de California) pero con *gris más oscuro* por debajo. ♪ **Voz:** variada, incluye quejumbroso *shiii* prolongado cuyo volumen sube, luego baja.

PERLITA SINALOENSE *Polioptila nigriceps* (Black-capped Gnatcatcher)

(No ilustrada.) Muy rara en el sur de Arizona, en cañones desérticos. ▶ La parte interna de la cola es principalmente blanca (como en la Perlita Azul-gris), pero el macho tiene gorra negra en primavera y verano. La hembra como la Perlita Azul-gris, pico ligeramente más largo. ♪ **Voz:** un prolongado *kshii* quejumbroso pero no rasposo, casi suena a maullido (parecido al de Perlita Californiana).

CAMEA *Chamaea fasciata* (Wrentit)

Un extraño pajarito que se esconde en bosquecillos densos y bajos y en chaparral cerca de la costa del Pacífico. Por lo general es difícil de ver, pero con frecuencia se puede escuchar su fuerte voz. Quizá está relacionada con las timalias (**familia Timaliidae**) del Viejo Mundo. ▶ Cola larga, pico rechoncho. Gris-café a café rojizo, con un llamativo *ojo pálido*, franjas borrosas en el pecho. ♪ **Voz:** fuerte repetición de una nota (rápido *pichup!* o *pip!*), generalmente después de dos o tres notas un poco pausadas, sigue una serie rápida de unas 20 notas.

Hembra
Perlita
Azul-gris
4 1/2"
Macho
Juvenil
Hembra
Perlita
del Desierto
4 1/2"
Macho en
verano
Perlita
Californiana
4 1/2"
Macho en
verano
Camea
6 1/4"

Los reyezuelos **(familia Regulidae)**, el Baloncillo **(familia Remizidae)** y el Sastrecillo **(familia Aegithalidae)** se encuentran entre las aves más pequeñas.

REYEZUELO DE CORONA ROJA *Regulus calendula* (Ruby-crowned Kinglet)

Una miniaturita hiperactiva, común durante el invierno en bosques y bosquecillos del sur. Más difícil de observar en el verano, cuando suele estar en grandes coníferas. Abre y cierra las alas con un movimiento rápido, especialmente cuando está exaltado. ▶ Diminuto, cola corta, abre y cierra rápidamente las alas, *anillo ocular blanco.* Las alas muestran una marcada franja blanca con una barra negra. La corona del macho sólo se levanta cuando está exaltado. Los mosqueros Empidonax (p. 244) son más erguidos, con cola más larga. ♩ **Llamado:** ultrarrápido *chirit* simple. **Canto:** comienza con notas queditas pero pronto se vuelve sorprendentemente fuerte: *si si siú siú siú sibidibidibidi!*

REYEZUELO DE CORONA DORADA *Regulus satrapa* (Golden-crowned Kinglet)

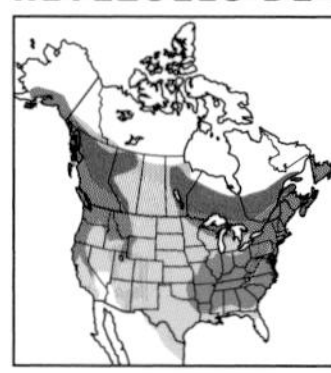

Este reyezuelo prefiere bosques perennes en todas las temporadas y suele ser difícil de observar en la densa cobertura de las coníferas altas. Abre y cierra las alas rápidamente mientras se alimenta. Migra a fines del otoño. ▶ Diminuto, cola corta, mueve las alas rápidamente, *franjas en la cara.* El centro de la corona es anaranjado en el macho, amarillo en la hembra. Patrón del ala como el del Corona Roja. ♩ **Llamado:** muy agudo y quedito *si-si-si.* **Canto:** parecido al llamado sólo que al final una serie rápida de *sí*'s muy agudas.

SASTRECILLO *Psaltriparus minimus* (Bushtit)

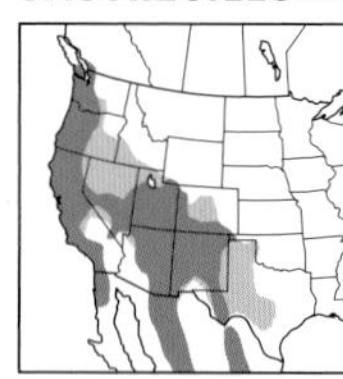

Avecillas del oeste, comunes en bosques de encino, juníperos, matorrales. En parvadas la mayor parte del año; las parvadas pueden pasar desapercibidas en árboles hasta que treinta o más vuelan alejándose en una sola fila. El nido es una pequeña bolsa colgante, tejida con materia vegetal. ▶ Diminuto, poco llamativo, con pico pequeño, cola larga. La hembra tiene ojos pálidos, el macho ojos oscuros. La cabeza de las aves de la costa es más café. Los machos jóvenes en el oeste de Texas pueden tener parches negros en el oído. ♩ **Voz:** quedito cuchicheo agudo emitido continuamente al moverse las bandadas.

BALONCILLO *Auriparus flaviceps* (Verdin)

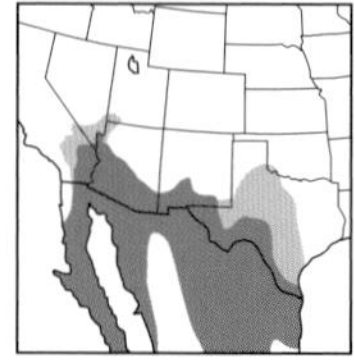

Esta pequeña ave prospera en el desierto, matorral árido, suburbios abiertos. Se alimenta de insectos, percha en flores para tomar néctar, visita bebederos para colibríes. En parejas o solitario en todas las temporadas. El nido es una voluminosa bola de ramas. ▶ Muy pequeño, principalmente gris, cola larga. Los adultos tienen algo de *amarillo en la cabeza, rojo en el hombro* (con frecuencia oculto). El juvenil es gris, sugiere al Sastrecillo, pero tiene hábitat y voz diferentes, nunca se encuentra en parvadas. ♩ **Voz:** variada, incluye explosivo *chi!*, melodioso *chit-chit-chit-chit* y más pausado *ti, tiú, te, te.*

Reyezuelo de Corona Roja
4"

Macho

Hembra

Reyezuelo de Corona Dorada
3¾"

Tierra adentro en el oeste

Hembra

Costa del Pacífico

Sastrecillo
4½"

Forma de "oído negro"

Macho

Adultos

Baloncillo
4½"

Juvenil

Los vireos **(familia Vireonidae)** buscan insectos entre el follaje de los árboles y bosquecillos y algunas veces también comen bayas. La mayoría son cantantes persistentes (y también tienen llamados ásperos y regañones). Comparados con los chipes (siguiente sección), los vireos son más grandes, con picos más gruesos y son menos activos.

VIREO DE GARGANTA AMARILLA *Vireo flavifrons* (Yellow-throated Vireo)

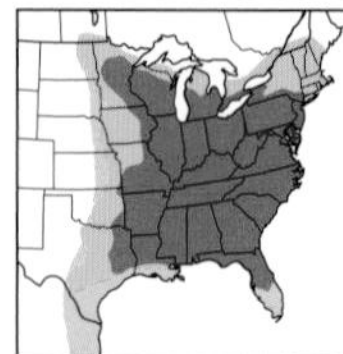

Muy común en los bosques del este, especialmente en encinos, pero suele permanecer sin ser visto entre el follaje. Muy lento y deliberado al forrajear, por lo general se mantiene en niveles altos en los árboles. ▶ "Anteojos" y garganta *amarillos,* barras blancas en las alas, rabadilla gris. Vea al Chipe Pinero (p. 314) y otros chipes. ♪ **Canto:** pausada serie de frases cortas un tanto roncas: *wíyo . . . wiyí . . .*

VIREO DE OJO BLANCO *Vireo griseus* (White-eyed Vireo)

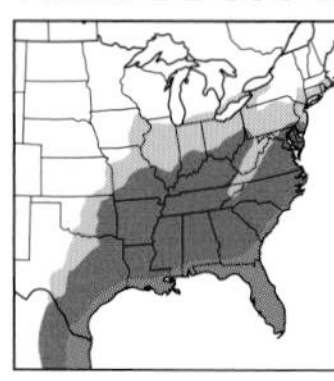

Su animada cancioncita suele escucharse en bosquecillos en el sureste, pero los Vireos de Ojo Blanco pueden ser difíciles de observar, ya que forrajean en el denso sotobosque. ▶ "Anteojos" amarillos alrededor de los *ojos blancos.* Gris-oliva por encima, blanco por debajo, con dos barras blancas en las alas y un tinte amarillo en los flancos. Durante el primer otoño e invierno los inmaduros tienen ojos gris-café oscuro. ♪ **Canto:** variable sucesión de notas melodiosas al azar, la primera y última nota de la frase generalmente más enfáticas.

VIREO REYEZUELO *Vireo huttoni* (Hutton's Vireo)

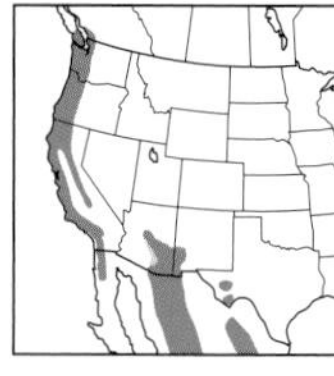

Un pequeño y activo vireo de los bosques de encino del oeste, común pero fácilmente se pasa por alto. Sorprendentemente parecido al Reyezuelo de Corona Roja, e incluso sacude las alas al estilo del reyezuelo. ▶ Compacto y robusto, con anillo ocular blanco y barras en las alas. Tiene un pico más grueso que el Reyezuelo de Corona Roja (página anterior) y el patrón del ala es diferente, carece de la barra negra detrás de la segunda barra blanca del ala. Vea también al Vireo de Cassin (página siguiente). ♪ **Canto:** nota mono o bisilábica repetida varias veces con pausas: *chwi . . . chwi . . . chwi* o *púi . . . púi . . . púi.*

VIREO DE GORRA NEGRA *Vireo atricapilla* (Black-capped Vireo)

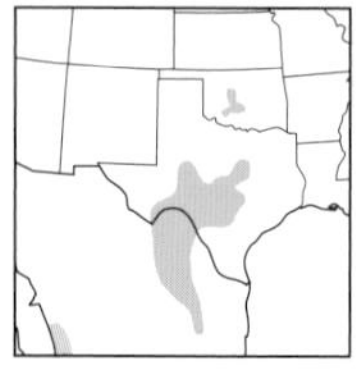

Raro y local en el centro de Texas y Oklahoma durante el verano, en manchones de encinos achaparrados en áreas con colinas rocosas; una especie en peligro. Más pequeño y activo que la mayoría de los vireos, con frecuencia es difícil de observar en los bosquecillos densos. ▶ La *gorra negra del macho* contrasta con la garganta y anteojos blancos, *ojos rojos.* Espalda verdosa, amarillo en los flancos, con dos barras en las alas. La hembra tiene la cabeza ceniza, no negra; sugiere al Vireo Solitario (página siguiente) pero más pequeño, con la cabeza mucho más oscura. ♪ **Canto:** frases agudas separadas por una pausa: *wíririt . . . che-chúwit . . . chirrrrrrrr,* etc.

Vireo de Garganta Amarilla
5 1/2"
Vireo de Ojo Blanco
5"
Reyezuelo de Corona Roja para comparación
Vireo Reyezuelo
4 3/4"
Vireo de Gorra Negra
4 1/2"
Hembra
Macho

VIREO SOLITARIO *Vireo solitarius* (Blue-headed Vireo)

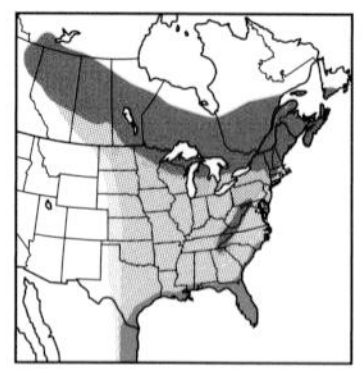

Común durante el verano en bosques mixtos del noreste y en las Apalaches; algunos pasan el invierno en el sureste. Se alimenta en los niveles medio a alto de los árboles. Esta y las siguientes dos especies eran consideradas una sola especie. ► *"Anteojos" blancos,* barras en las alas. Cabeza azul-gris que contrasta con la garganta blanca, espalda verde, flancos amarillos. ♩ **Canto:** pausada serie de frases cortas como las de Vireo de Ojo Rojo pero más agudas: *siyi . . . chíwi . . . chiá . . .*

VIREO DE CASSIN *Vireo cassinii* (Cassin's Vireo)

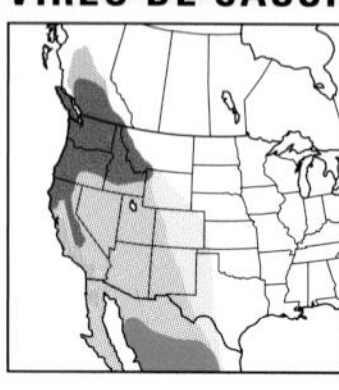

En la costa del Pacífico y el noroeste durante el verano, principalmente en bosques de encino y coníferas. Unos pocos pasan el invierno a lo largo de ríos en el suroeste. ► Como una versión más pálida del Vireo Solitario; mejor diferenciado por su distribución. Donde se sobreponen, algunos pueden no ser identificados. El Vireo Plomizo es de un gris más puro, ligeramente más grande, menos activo. El Cassin suele aletear nerviosamente, como el Vireo Reyezuelo (página anterior). ♩ **Canto:** como el del Vireo Solitario pero más ronco.

VIREO PLOMIZO *Vireo plumbeus* (Plumbeous Vireo)

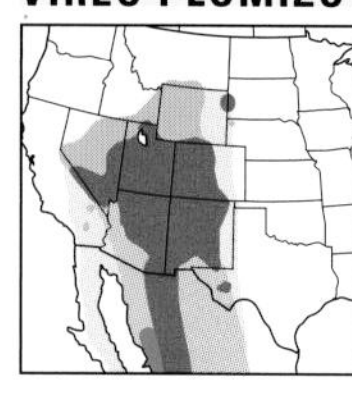

Tierra adentro en el oeste, esta ave color plomo es común en el verano en pinos y encinos en los cañones de las montañas. Unos pocos pasan el invierno a lo largo de los ríos en el suroeste. ► Gris y blanco, con tan sólo un toque de color en el plumaje nuevo (otoño). Garganta y "anteojos" blancos contrastantes, dos barras en las alas. En el plumaje desgastado de fines del verano, las barras en las alas son menos obvias, se parece al Vireo Gris. ♩ **Canto:** pausada serie de frases cortas muy parecida a la del Vireo de Cassin.

VIREO GRIS *Vireo vicinior* (Gray Vireo)

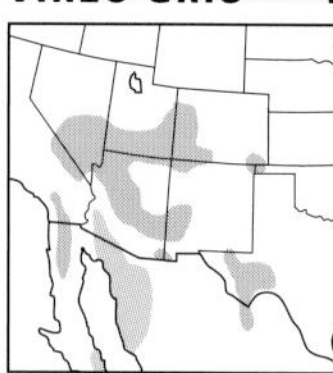

Común, pero puede pasar desapercibido para los observadores de aves ya que habita bosques de junípero achaparrados áridos en la región de Great Basin. ► Gris por encima, blanco por debajo, con un *delgado anillo ocular blanco,* por lo general una ligera barra en el ala. Tiene una ligera apariencia de cola larga, suele mover la cola para arriba y para abajo. ♩ **Canto:** frases cortas roncas emitidas pausadamente, parecidas a las de Vireo Plomizo: *chwí . . . chío . . .*

VIREO DE BELL *Vireo bellii* (Bell's Vireo)

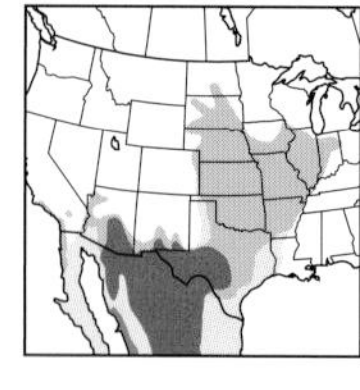

Suele ser escuchado antes de ser visto, un vireo tímido pero ruidoso de bosquecillos, orilla de arroyos. Común localmente en el suroeste, en peligro en California. ► Confusamente sencillo, con barras pálidas en las alas, anillo ocular indistinto. Note la forma del pico, cola un tanto larga. El Vireo Gris, aún menos colorido, tiene un anillo ocular más marcado. ♩ **Canto:** rápida serie de notas agudas: *chuwi chuwi chuwi chuwichu.*

Vireo de Cassin
5″
Vireo Solitario
5″
Vireo Plomizo
5¹/₄″
Vireo Gris
5¹/₂″
Vireo de Bell
4³/₄″

VIREOS

Estas cinco especies tienen alas sin marcas y contrastantes franjas pálidas en las cejas. Pasan el invierno en los trópicos.

VIREO GORJEADOR *Vireo gilvus* (Warbling Vireo)

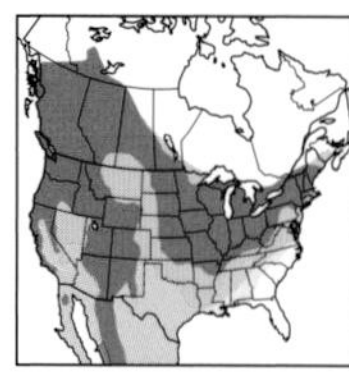

Sencillo pero musical, este vireo es común en bosques frondosos durante el verano, principalmente muy alto en los árboles. ▶ Gris y blanco, algunas veces con tintes amarillo y oliva. Sin barras en las alas. La ceja blanca es obvia, pero la línea a través del ojo es borrosa, de manera que el ojo oscuro es conspicuo en la cara pálida. El canto es una de las mejores claves. Vea el Chipe Peregrino (p. 310). ♪ **Canto:** rápido gorjeo melodioso, generalmente con una nota enfática a la mitad y otra al final.

VIREO DE FILADELFIA *Vireo philadelphicus* (Philadelphia Vireo)

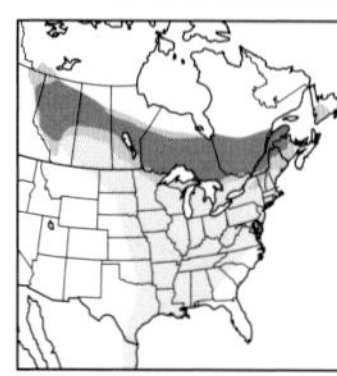

En general poco común, permanece oculto en árboles altos. Pasa el verano en bosques deciduos en el noroeste. ▶ Más pequeño que el Vireo Gorjeador, con un amarillo variable por debajo, *lores oscuros* distintivos (entre el ojo y el pico), canto diferente. El amarillo es más brillante en la parte central superior del pecho (el Vireo Gorjeador puede mostrar amarillo principalmente en los flancos). Vea al Chipe Peregrino (p. 310). ♪ **Canto:** pausada serie de frases cortas, muy parecido al Vireo de Ojo Rojo (no al Vireo Gorjeador).

VIREO DE OJO ROJO *Vireo olivaceus* (Red-eyed Vireo)

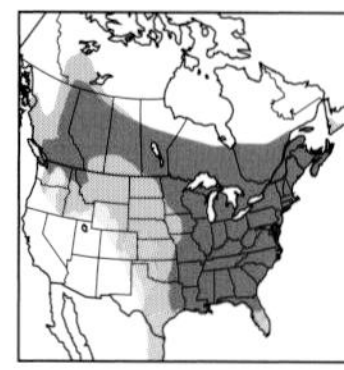

Muy común durante el verano en los bosques del este, pero suele ser escuchado con más frecuencia que visto, ya que canta mientras se alimenta alto en los árboles. ▶ Marcado *patrón en la cabeza,* con franjas negras que marcan la ceja blanca, corona gris. Blanco por debajo, con frecuencia con amarillo en los flancos. Pico más largo y grande que el Vireo Gorjeador. El ojo rojo (café en las aves jóvenes) es difícil de observar. ♪ **Canto:** pausada serie de frases cortas, como las de Mirlo Primavera pero más abruptas. Puede cantar por horas, inclusive a las horas más calientes del día.

VIREO BIGOTUDO *Vireo altiloquus* (Black-whiskered Vireo)

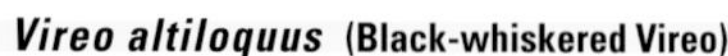

Una especialidad del sur de Florida, pasa el verano en los manglares y otros bosques cerca de la costa. Un raro visitante más al oeste a lo largo de la costa del Golfo. ▶ Parecido al Vireo de Ojo Rojo pero tiene un *bigote oscuro,* algunas veces borroso; también tiene un pico más grueso y largo, con frecuencia espalda y cabeza más oscuras. ♪ **Canto:** frases cortas, por ejemplo *chí chúwu chihi,* más enfáticas que las de Vireo de Ojo Rojo.

VIREO AMARILLO VERDOSO *Vireo flavoviridis* (Yellow-green Vireo)

Un raro residente de verano en el extremo sur de Texas. También es un raro visitante en Arizona en el verano y California en el otoño. ▶ Como el Vireo de Ojo Rojo pero la espalda es amarillo-verdoso brillante, amarillo brillante en los flancos y las cobertoras inferiores de la cola; pico más largo, patrón de la cara menos contrastante. ♪ **Canto:** frases cortas más abruptas que el canto de Vireo de Ojo Rojo.

Vireo de Filadelfia
4¾″
Vireo Gorjeador
5″
Adultos
Inmaduro en otoño
Vireo de Ojo Rojo
6″
Vireo Amarillo Verdoso
6″
Vireo Bigotudo
6″

Aves pequeñas y activas que suelen esconderse entre el follaje, los chipes (**familia Parulidae**) pueden pasar desapercibidos para muchas personas. Los observadores de aves más experimentados adoran a los chipes, y esperan con ansia su llegada en primavera como uno de los mejores momentos del año.

Los chipes ofrecen una maravillosa diversidad (con más de 50 especies en Norteamérica) y colores brillantes. También ofrecen interesantes retos. Durante la primavera los machos de la mayoría de las especies son fáciles de identificar, pero las hembras suelen ser monótonas y, durante el otoño, los juveniles pueden ser muy confusos. En algunas especies, los adultos tienen patrones completamente diferentes en primavera y otoño. Aprender a identificar a los chipes en otoño puede ser un reto muy absorbente.

Macho de Chipe de Pecho Castaño

Aún cuando muchos chipes tienen patrones brillantes y revolotean en los árboles, algunos (como los de la p. 324) tienen colores más crípticos y se esconden en la cubierta densa cerca del suelo. También hay algunos chipes cafés que caminan en el suelo, como los Chipes Charquero, Arroyero y Suelero (p. 322).

Los cantos de los chipes son generalmente agudos, con notas claras, zumbidos y gorjeos. (De hecho, sólo unos cuantos puede decirse que "gorjean".) Los chipes machos cantan más en sus territorios de verano, pero también cantan durante la migración de primavera, especialmente al acercarse a las zonas de anidación. Los chipes también tienen llamados, que con frecuencia son referidos como "chip's". La mayor parte pueden ser descritas como "chip" o "tsik". Se requiere de un oído entrenado para diferenciar a las especies a partir de estas notas; pero al escuchar los chip's, puede encontrar a los chipes que estén escondidos en el follaje.

Mascarita Común

Los chipes se alimentan principalmente de insectos pequeños, por lo que son generalmente aves de climas cálidos. La principal excepción es el Chipe de Rabadilla Amarilla (p. 300), que también come muchas bayas; en el norte permanece tarde en otoño y llega temprano en primavera, y pasa el invierno en las zonas cálidas de Norteamérica.

Plumaje de invierno

La mayoría de los chipes van a los trópicos para pasar el invierno: algunos a México y Centroamérica, otros al Caribe, otros incluso llegan a Sudamérica. Algunos de aquellos que anidan más al norte están entre los que pasan el invierno más al sur, migrando miles de millas. Algunos Chipes de Gorra Negra, por ejemplo, pueden volar de Alaska a Brasil y de regreso cada año.

Chipe de Gorra Negra

El este de Norteamérica tiene más especies de chipes que el oeste. Durante el pico de la migración de primavera en el este, un observador de aves puede encontrar más de 20 especies de hermosos y coloridos chipes en un solo día. En el oeste, se presentan pocas especies de chipes con regularidad. Sin embargo, casi todos los chipes del "este" aparecen ocasionalmente en el oeste, desviándose de su ruta y causando emoción a los observadores de aves del oeste.

Chipe de Flanco Castaño

Aquí se presentan otras aves pequeñas que pueden parecerse a los chipes:

OTRAS ACTIVAS AVES PEQUEÑAS

Mosquero

Los vireos (p. 296), derecha, son por lo general ligeramente más grandes y no tan activos como los chipes. Sus picos son más gruesos y suelen tener canciones ruidosas y repetitivas.

Vireos

Los mosqueros pequeños, arriba, p. 244. Suelen sentarse más erguidos, y regresan a la misma percha en repetidas ocasiones.

Los reyezuelos (p. 294), derecha, son aves muy diminutas y absurdamente activas, que con frecuencia mueven las alas nerviosamente.

Reyezuelo

Dominico

Los dominicos (p. 370), arriba, tienen picos más cortos y gruesos que los chipes. Suelen ser vistos alimentándose de semillas, no insectos.

Muchos chipes tienen amarillo brillante en su plumaje. Estos cuatro están entre los ejemplos más notables.

CHIPE AMARILLO ***Dendroica petechia*** **(Yellow Warbler)**

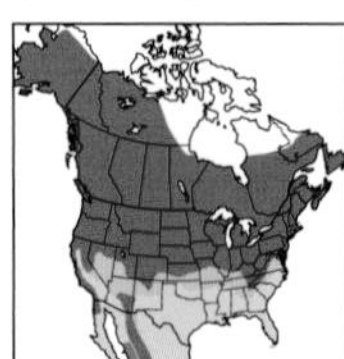

Muy común durante el verano en bosques abiertos, orillas de arroyos, huertos, bosquecillos de sauce. Revolotea en niveles medios en los árboles, buscando insectos. Su nido en forma de taza es colocado en una orquilla vertical de un arbusto o árbol. Pasa el invierno principalmente en los trópicos; raro en invierno en el suroeste. ▶ La cara amarilla hace que el ojo negro sea conspicuo; las oscuras plumas de las alas tienen bordes amarillos. *Manchas amarillas* en la cola (la mayoría de los chipes tienen manchas blancas). El macho adulto tiene *rayas rojas* en el pecho. En otoño algunas hembras jóvenes son muy monótonas y pálidas. Compare con otros chipes, otras aves amarillas pequeñas como los dominicos (p. 370). ♩ **Canto:** rápido y melodioso *swi swi swi shushu witawí* (patrón de notas variable). **Llamado:** *chep!*

CHIPE DORADO ***Protonotaria citrea*** **(Prothonotary Warbler)**

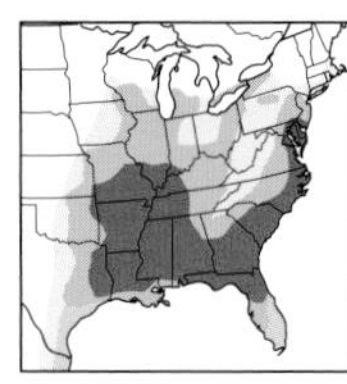

Un gnomo dorado de los bosques pantanosos. Suele cantar desde lo alto de los árboles. A diferencia de la mayoría de los chipes, coloca su nido en agujeros en los árboles, algunas veces en casas para aves. ▶ Cabeza y pecho *amarillo dorados*, alas y cola azul-grises con manchas blancas en la cola. Cola relativamente corta y pico largo para un chipe. La hembra es más opaca que el macho. ♩ **Canto:** *wi wi wi wi wi wi wi-wi* a un mismo tono, las notas abruptas. **Llamado:** *chip* fuerte.

CHIPE DE CORONA NEGRA ***Wilsonia pusilla*** **(Wilson's Warbler)**

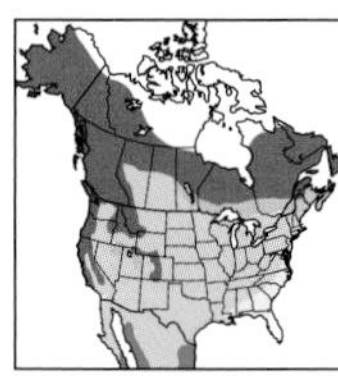

Común en el oeste, menos común en el este. Un chipe pequeño de cola relativamente larga que se mueve activamente en los bosquecillos de sauces, orillas de bosques. ▶ Completamente amarillo o amarillo-verdoso, sin blanco en la cola o alas. La redonda gorra negra del macho (y de algunas hembras) es diagnóstica. El color general varía de dorado brillante en la costa del Pacífico a amarillo verdoso opaco en el este. ♩ **Canto:** *chi-chi-chi-chi-chi-chi chichi* ligeramente ascendente al final. **Llamado:** *chet!* poco musical.

CHIPE ENCAPUCHADO ***Wilsonia citrina*** **(Hooded Warbler)**

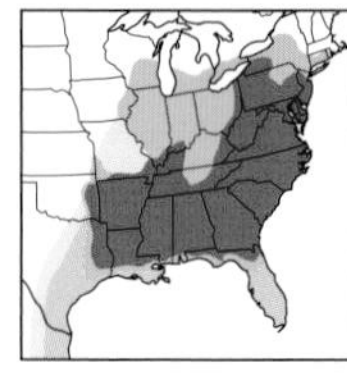

En bosques frondosos del sureste, este chipe habita en el sotobosque sombreado. El macho puede cantar de niveles medios en los árboles, pero se alimenta principalmente en niveles bajos, el nido es colocado cerca del suelo en los arbustos densos. ▶ La capucha y babero negros que rodean la cara amarilla en el macho es diagnóstica. Muchas hembras muestran señas de esta capucha, pero otras no. Note las plumas exteriores de la cola blancas, que con frecuencia son conspicuas. ♩ **Canto:** *chuwí chuwí chuwí chichú,* la penúltima sílaba más fuerte que las demás. **Llamado:** *chit!* metálico.

Hembras
Machos
Chipe Amarillo
5″
Chipe Dorado
5½″
Macho
Hembra
Hembra
joven
Macho de la
costa oeste
Macho
Chipe de Corona Negra
4¾″
Hembra
Macho
Chipe Encapuchado
5¼″

Los machos de estas cinco especies tienen espaldas azulosas, los primeros cuatro tienen canciones tipo zumbidos, pero sus hábitats varían ampliamente.

PARULA NORTEÑA ***Parula americana*** **(Northern Parula)**

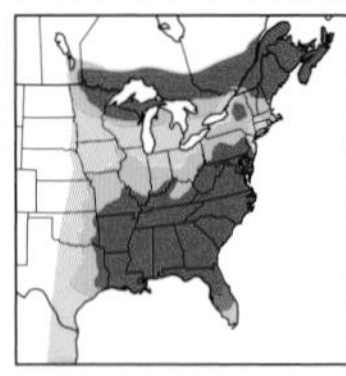

Este pequeño chipe suele permanecer en la copa de los árboles. Su distintiva canción puede ser escuchada más a menudo de lo que se observa al ave. Oculta su nido entre el heno, liquen, o materiales colgantes similares. Pasa el invierno en los trópicos; los migrantes pueden dispersarse hasta la costa oeste. ▶ Azul-gris por encima, barras blancas en las alas, amarillo *limitado* en la garganta, *medias lunas claras* alrededor del ojo. El macho adulto tiene bandas negras y rojizas en el pecho. ♩ **Canto:** muy agudo *rrrrrr-rrrrrchí.* **Llamado:** *tsip!*

PARULA TROPICAL ***Parula pitiayumi*** **(Tropical Parula)**

Sólo en el sur de Texas: poco común en verano, rara en invierno, en bosquecillos de encino al sur de Kingsville y en bosques a lo largo del Río Grande (Río Bravo). Ampliamente distribuido en los trópicos. ▶ Como la Parula Norteña, pero carece de las medias lunas claras; el amarillo en la garganta se extiende hacia arriba a los lados de la cara, más abajo en el pecho. ♩ **Voz:** igual a la de la Parula Norteña.

CHIPE AZUL NEGRO ***Dendroica caerulescens*** **(Black-throated Blue Warbler)**

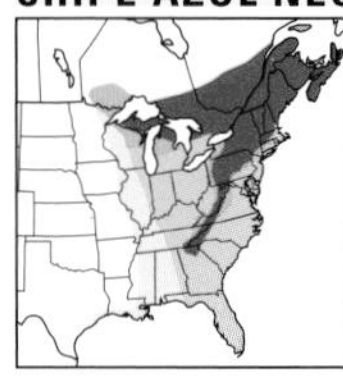

Este chipe oscuro prefiere el sotobosque en bosques frondosos. Suele ser menos activo que otros chipes. Pasa el invierno principalmente en el Caribe; rara vez se dispersa al oeste del Río Mississippi. ▶ Los machos pueden verse casi completamente negros en la sombra, pero tiene el vientre blanco, mancha blanca en el ala. La hembra es uniformemente café por arriba, beige por debajo, con *marca blanca en el ala* (borrosa en algunas hembras jóvenes), parche oscuro en la mejilla. ♩ **Canto:** un más bien lento *shu shu shu shu shwí* gangoso, la última sílaba ascendente. **Llamado:** *tip* quedito.

CHIPE CERÚLEO ***Dendroica cerulea*** **(Cerulean Warbler)**

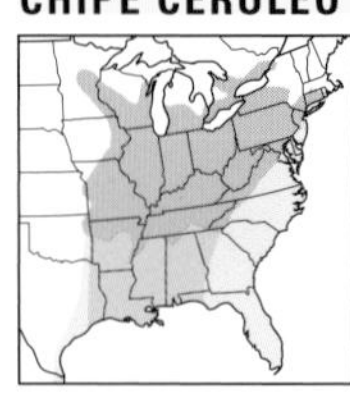

Un ave de la copa de los árboles, suele escucharse entre las hojas de los sicomoros y otros árboles a la orilla de ríos. Poco común y declinando. Pasa el invierno en Sudamérica. ▶ El macho adulto es la única ave diminuta que tiene la espalda azul, garganta blanca, collar negro. La hembra y el juvenil son monótonos; tienen marcadas barras blancas en las alas, ceja pálida, una insinuación de azul en la espalda. ♩ **Canto:** *wu wu-wu wu wu-wu wí* gangoso. **Llamado:** *chic!*

CHIPE DE COLLAR ***Wilsonia canadensis*** **(Canada Warbler)**

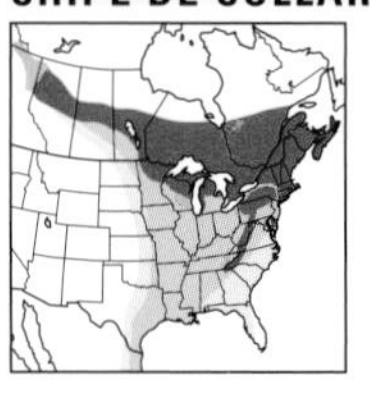

El sotobosque y los niveles medios de los bosques frondosos albergan a este chipe. Anida tan al sur como Georgia y pasa el invierno en Sudamérica. ▶ El *collar de marcadas rayas negras* en el pecho amarillo, más obvio en los machos adultos, borroso en algunas hembras jóvenes. Marcado *anillo ocular.* Azul-gris por encima, sin barras en las alas ni mancha en la cola. ♩ **Canto:** rápido *chik!-tsuwiwiwiwi-shishí.* **Llamado:** *tsec!*

Parula Norteña
4 1/2"
Macho
Macho
Hembra
Hembra joven
Parula Tropical
4 1/2"
Hembra monótona
Hembra
Chipe Azul Negro
5 1/4"
Macho
Hembra
Chipe Cerúleo
4 3/4"
Macho
Chipe de Collar
5 1/4"
Hembra
Macho

Todos estos tienen algo de amarillo sobre la base de la cola: obvio en el Chipe de Rabadilla Amarilla, algunas veces borroso en los otros dos.

CHIPE DE RABADILLA AMARILLA *Dendroica coronata* (Yellow-rumped Warbler)

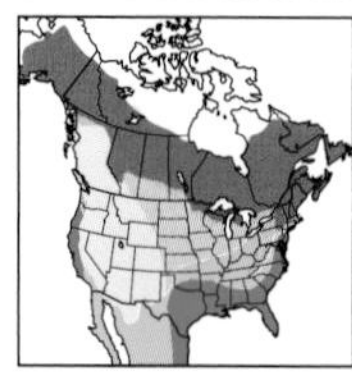

"Chipe de Mirtillo"

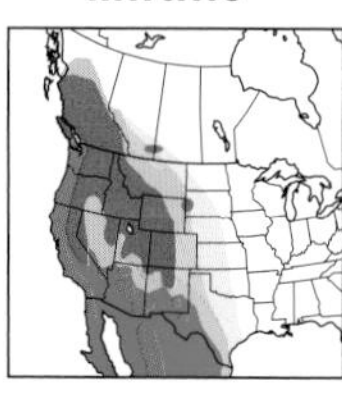

"Chipe de Audubon"

Uno de los chipes más fáciles de aprender. Migra más temprano en la primavera y más tarde en el otoño que otros chipes, permanece a lo largo del invierno en climas templados, sobreviviendo los frentes fríos (cuando los insectos son escasos) alimentándose de bayas. Pasa el verano en los bosques de coníferas del norte y las montañas, pasa el invierno en bosques, parques, orillas de ríos, bosquecillos. Puede ser muy numeroso a fines del otoño, especialmente a lo largo de las costas. Los dos tipos fueron considerados alguna vez como especies separadas. ▶ Ambos tipos tienen un parche amarillo en la rabadilla (obvio cuando el ave vuela alejándose), manchas blancas en la cola, pequeño parche amarillo en el lado del pecho. El "Chipe de Mirtillo" del este, tiene la garganta blanca (puede ser beige pálida en aves jóvenes) que arquea por detrás del bien definido parche de la mejilla. El "Chipe de Audubon" del oeste, tiene la garganta amarilla, cara más simple. En ambas formas, el patrón es más brillante en el macho durante la primavera, más opaco en las hembras jóvenes en otoño e invierno. ♪ **Canto:** rápido *shwishwi shwishwishwishwishwishwi shwi-shwí,* las dos últimas sílabas más fuertes. **Llamado:** *chek!,* más fuerte y abrupto en los del este ("de Mirtillo").

CHIPE ATIGRADO *Dendroica tigrina* (Cape May Warbler)

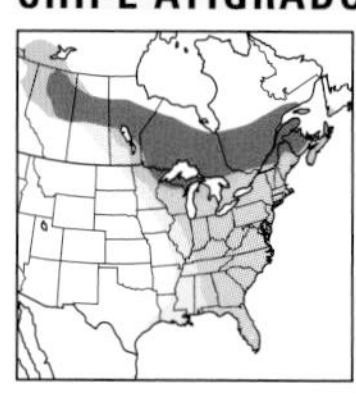

Un pequeño chipe que pasa el verano en los bosques de piceas en el norte, pasa el invierno principalmente en islas del Caribe. ▶ El macho adulto es notable con marcadas rayas negras en el pecho amarillo, parche castaño en el oído, mancha amarilla a un lado del cuello. La hembra es parecida pero más opaca, sin el parche castaño. Durante el otoño los inmaduros son variables; los más opacos carecen del amarillo, pueden ser desconcertantes. Pueden sugerir al "de Mirtillo", pero muestra más rayas finas en las partes inferiores, cola más corta, insinuación de la mancha pálida del cuello. ♪ **Canto:** muy agudo y un tanto lento *swí swí swí swí.* **Llamado:** *sip* muy agudo.

CHIPE DE MAGNOLIA *Dendroica magnolia* (Magnolia Warbler)

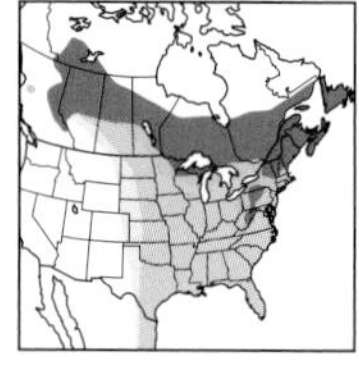

Un activo chipe que suele permanecer bajo en los árboles, revoloteando y mostrando su distintivo patrón en la cola. Prefiere bosques abiertos de coníferas durante el verano, otros árboles durante la migración (no tiene una conexión especial con las magnolias). ▶ Banda blanca cuadrada a través de las plumas externas de la cola (desde abajo, la cola se ve mitad blanca, mitad negra). Amarillo por debajo, con *rayas en los flancos;* cabeza gris, pequeño parche amarillo en la rabadilla. Durante la primavera el macho tiene una máscara negra, babero negro, mucho blanco en el ala. ♪ **Canto:** *we we we we wí.* **Llamado:** *shi!* nasal y metálico.

"de Mirtillo" en invierno
Macho en invierno
Macho en primavera
"Chipe de Mirtillo"
Chipe de Rabadilla Amarilla
(dos formas)
$5^1/_2$"
"Chipe de Audubon"
"Audubon" en invierno
Hembra de "Audubon" en primavera
Macho en primavera
Hembra inmadura en otoño
Hembra
Chipe Atigrado
5"
Macho en primavera
Chipe de Magnolia
5"
Macho en primavera
Hembra
Inmaduro

CHIPE PEREGRINO *Vermivora peregrina* (Tennessee Warbler)

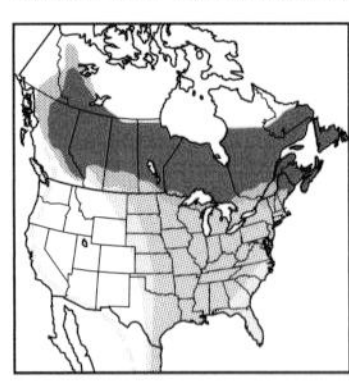

Simple, con un ruidoso y titubeante canto. Pasa el verano en pantanos y claros en los bosques del norte, el invierno principalmente en Centroamérica. ► En primavera el macho es blanco por debajo, verde en la espalda, con gorra gris, ceja blanca. (El Vireo Gorjeador, p. 300, tiene pico más grueso, espalda más gris.) La hembra es más monótona. En otoño las aves son principalmente amarillas por debajo; a diferencia del Chipe Oliváceo, tienen las cobertoras inferiores de la cola blancas, pecho amarillo. ♩ **Canto:** rápida serie de *chpit*'s seguida de aun más rápida serie de *ti*'s: *chpit-chpit-chpit-chpit tititttititititititititi.* **Llamado:** *si!* agudo y quedito.

CHIPE OLIVÁCEO *Vermivora celata* (Orange-crowned Warbler)

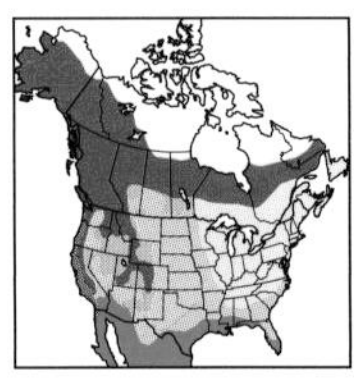

Común en el oeste, menos común en el este. Suele permanecer bajo en los bosquecillos frondosos pero también puede alimentarse en la copa de los árboles. A diferencia de la mayoría de los chipes, permanece regularmente durante el invierno en los estados del sur. ► Muy simple; más gris en el este, más amarillo-verdoso en el oeste. Sin barras en las alas. *Línea oscura* a través del ojo, anillo ocular borroso y fragmentado. Rayas borrosas en el pecho. Cobertoras inferiores de la cola *amarillas.* ♩ **Canto:** *rrrrrrrrrrr,* generalmente terminando en superrápido *chichichichi.* **Llamado:** *si!* agudo y quedito.

CHIPE DE ALA AZUL *Vermivora pinus* (Blue-winged Warbler)

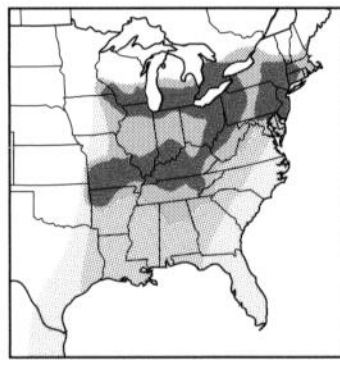

No es un ave de bosques como muchos otros chipes, el Chipe de Ala Azul prefiere matorrales, vegetación secundaria, borde de bosques. ► Cabeza y partes inferiores amarillas brillantes, con una marcada *línea negra* a través del ojo. Alas azul-gris con dos barras blancas. Cola corta, con manchas blancas en las plumas externas. La hembra es más monótona que el macho. ♩ **Canto:** sonido parecido al de una cigarra: *ll-ll prrrrrrr* (la segunda parte más grave). **Llamado:** *tsi* agudo.

CHIPE DE ALA DORADA *Vermivora chrysoptera* (Golden-winged Warbler)

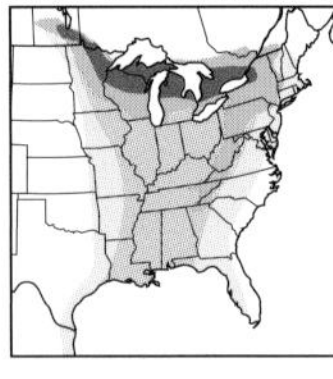

Poco común en el verano en bosques secundarios del noreste. Sus números están declinando al extenderse hacia el norte la distribución de su pariente, el Chipe de Ala Azul. ► Gris por encima, blanco por debajo, con *anchas barras amarillas* en las alas, frente amarilla. La garganta y la delgada máscara son negras en el macho, grises en la hembra. ♩ **Canto:** sonido parecido al de una cigarra: *llll bll-bll-bll.* **Llamado:** *tsi* agudo.

CHIPES HÍBRIDOS

A diferencia de muchas aves silvestres, los Chipes de Ala Azul y de Ala Dorada suelen entrecruzarse. Sus descendientes híbridos tienen nombres informales, como **Chipe "de Brewster"** y el raro **Chipe "de Lawrence".** Son muy variables; algunos ejemplos se muestran aquí. Pueden aparecer en cualquier lugar donde las dos especies parentales se encuentren.

Inmaduro
Macho en otoño
Macho en primavera
Hembra en primavera
Chipe Peregrino 4¾″
Montañas del oeste
Chipe Oliváceo 5″
Costa oeste
Este
Chipe de Ala Azul 4¾″
Macho
Hembra
Chipe de Ala Dorada 4¾″
Macho
Hembra
Chipe "de Brewster"
Híbridos
Chipe "de Lawrence"

Estas cinco tienen alas sencillas y carecen de marcas obvias en la cola.

CHIPE DE NASHVILLE *Vermivora ruficapilla* (Nashville Warbler)

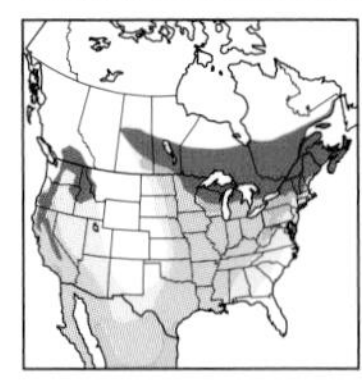

Común y ampliamente distribuido, suele observarse en vegetación secundaria o árboles bajos. Puede balancear la cola hacia arriba y abajo. Llamado así por casualidad, ya que aparece cerca de Nashville sólo durante la migración. ▶ La *cabeza gris* contrasta con la *garganta amarilla,* espalda oliva, *anillo ocular blanco.* Vea algunos chipes de la p. 324. ♩ **Canto:** un melodioso *síba síba síba síba riririri* rápido (especialmente la parte final). **Llamado:** enfático *tsec!*

CHIPE DE VIRGINIA *Vermivora virginiae* (Virginia's Warbler)

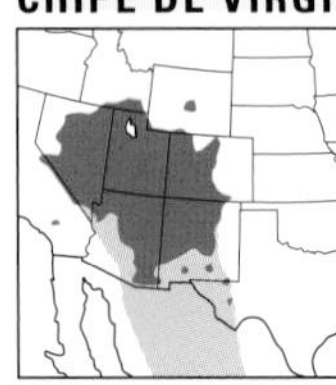

En estribaciones secas del oeste, este sencillo chipe es común durante el verano (algunas veces difícil de ver) en matorrales de encino y chaparral. Su nido está oculto en el suelo. Suele balancear la cola arriba y abajo. ▶ Gris, más pálido por debajo, con *anillo ocular blanco* y cobertoras inferiores de la cola amarillas. El amarillo del pecho es obvio en los machos adultos, puede ser borroso en las hembras jóvenes. ♩ **Canto:** melodioso *chi-chi-chi-chi-chí-chi,* a veces terminando por una ascendente *llillillillilli?* **Llamado:** enfático *tsec!*

CHIPE COLIMENSE *Vermivora crissalis* (Colima Warbler)

Sólo en el oeste de Texas en el Parque Nacional Big Bend, en los bosques secos de encino y pino sobre los 6,000 pies (1,830 m). Llega a mediados de abril, se va en agosto. ▶ Gris, con *anillo ocular blanco* y cobertoras *inferiores de la cola amarillas.* El Chipe de Virginia (migra a través del Big Bend) es más pequeño, *carece del café en los flancos.* ♩ **Canto:** superrápido *llillillillillilli-llillillillillichú.* **Llamado:** *tzec!* abrupto.

CHIPE DE RABADILLA RUFA *Vermivora luciae* (Lucy's Warbler)

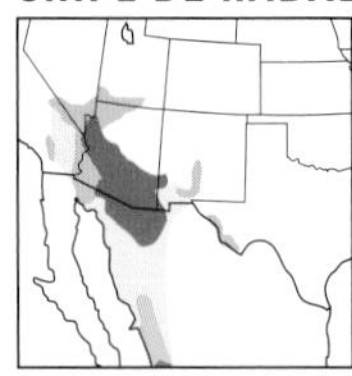

Una pálida ave de áreas secas, el único chipe adaptado al desierto. Anida en agujeros en ramas de mesquite muertas o debajo de pedazos de corteza sueltos. Llega a principios de la primavera, generalmente se va a fines del verano. Con frecuencia balancea la cola arriba y abajo. ▶ Gris claro por encima, crema por debajo, con *cara muy pálida.* El parche castaño en la rabadilla está oculto en algunas ocasiones (más opaco en aves jóvenes). El macho tiene corona castaña. En otoño las aves son beige por debajo. ♩ **Canto:** melodioso *tsuí-tsuí- tsuí- tsuí- wichi-wíchi.* **Llamado:** enfático *tsec!*

CURRUCA ÁRTICA *Phylloscopus borealis* (Arctic Warbler)

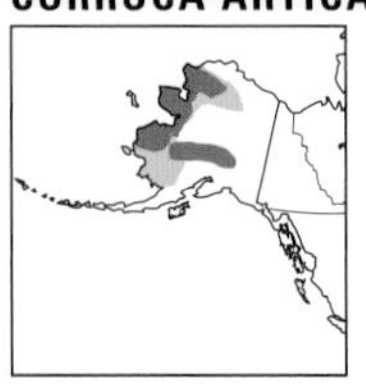

Sólo en Alaska. No está relacionado con los chipes americanos: pertenece a una familia del Viejo Mundo y regresa a "casa" cada otoño, para pasar el invierno en el sur de Asia. En Alaska, habita sauces densos a lo largo de los ríos. ▶ Simple por encima y por debajo, con una ceja blanca obvia. Ver al Chipe Peregrino (p. 310), raro en Alaska. ♩ **Canto:** rápido *llilli-llillillillillillillillilli.* **Llamado:** fuerte *tzzzk!* explosivo.

Chipe de Nashville
4 3/4"
Hembra
Macho
Chipe
de Virginia
4 3/4"
Chipe Colimense
5 3/4"
Otoño
Chipe de
Rabadilla
Rufa
4 1/4"
Macho en
primavera
Curruca Ártica
5"

CHIPE DE GORRA NEGRA *Dendroica striata* (Blackpoll Warbler)

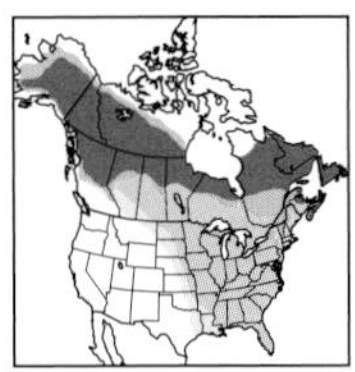

Común en verano en bosques de piceas del norte. Migrantes de largas distancias, algunos Chipes de Gorra Negra viajan de Alaska a Brasil cada año. Unos cuantos llegan a la costa oeste cada otoño. Los plumajes de primavera y otoño son notoriamente diferentes. ▶ En primavera el macho tiene gorra negra, mejillas blancas, flancos rayados. Vea al Chipe Negrogris (página siguiente), carboneros (p. 280). En primavera la hembra es opaca; note las patas amarillas. En otoño las aves son oliva por encima con franjas en la espalda, con rayas borrosas en el pecho, marcadas barras blancas en las alas. Compare con las dos especies siguientes. ♪ **Canto:** muy agudo *tsi-tsi-tsi-tsi-tsi-tsi-tsi-tsi*, rápido o lento. **Llamado:** *chip* musical.

CHIPE DE PECHO CASTAÑO *Dendroica castanea* (Bay-breasted Warbler)

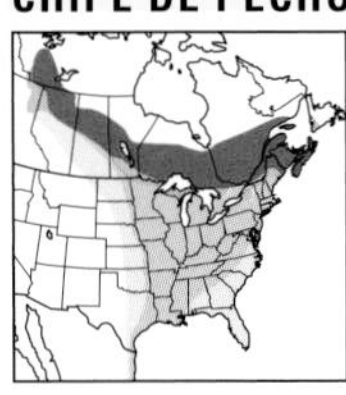

Otro chipe que anida en los bosques de coníferas del norte, pasa el invierno en los trópicos y cambia de color con la temporada. ▶ En primavera el macho tiene un patrón castaño, negro y beige en cabeza/pecho/flancos. En primavera la hembra es más pálida, por lo general tiene una insinuación del mismo patrón. En otoño las aves son muy parecidas al Chipe de Gorra Negra pero las cobertoras inferiores de la cola suelen ser beige (no blancas), el pecho carece del rayado borroso, las patas son siempre oscuras (algunos Chipes de Gorra Negra tienen patas amarillas). ♪ **Canto:** muy agudo, rápido *wi wíawíawíawía wiwiwiwi*. **Llamado:** *chip* musical.

CHIPE PINERO *Dendroica pinus* (Pine Warbler)

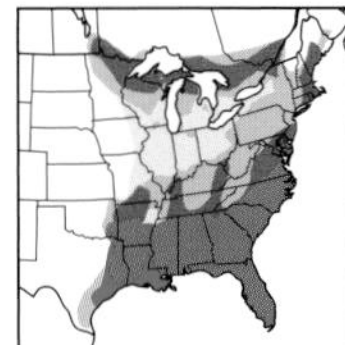

Un robusto y lento chipe que ama los pinos. No es un migrante de largas distancias como la mayoría de los chipes; pasa el invierno principalmente en el sureste. ▶ Los adultos son oliva por encima, amarillo en el pecho, con dos barras blancas en las alas; los machos tienen rayas borrosas en el pecho, las hembras son más sencillas. Vea al Vireo de Garganta Amarilla (p. 296). En otoño los inmaduros varían de amarillos a gris. Algunos se parecen al Chipe de Gorra Negra o al Chipe de Pecho Castaño en otoño, pero tienen las barras de las alas más opacas, sin rayas en la espalda, el parche de la mejilla es más contrastante. ♪ **Canto:** *wiwiwiwiwiwiwiwiwiwi*. **Llamado:** *tsec!*

CHIPE TREPADOR *Mniotilta varia* (Black-and-white Warbler)

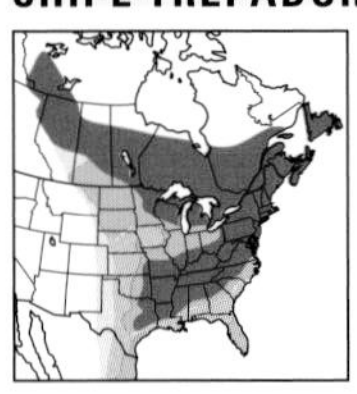

En los bosques, este chipe rayado trepa en los troncos y ramas grandes de los árboles, actuando con frecuencia como una sita. Principalmente en el este, pero aves errantes aparecen en el oeste. ▶ Franjas marcadas, incluyendo una *franja blanca central en la corona*, franjas negras en la espalda y los flancos. El macho adulto tiene la garganta y mejillas negras; la hembra y el juvenil son pálidos o blancos en esa parte. Compare con el Chipe Negrogris (página siguiente) y con el Chipe de Gorra Negra. El comportamiento trepador es la mejor clave. ♪ **Canto:** muy agudo *wílliwílliwílliwílli*. **Llamado:** *chik!*

Gorra Negra
opaco en
otoño
Gorra Negra
brillante en
otoño
Chipe de
Gorra Negra
5″
Macho en
primavera
Hembra en
primavera
Chipe de Pecho Castaño
5 1/4″
otoño
Macho en
primavera
Hembra en
primavera
Hembra joven
en otoño
Chipe Pinero
5 1/2″
Macho
Hembra
Hembra
Macho
en
otoño
Chipe Trepador
5 1/4″
Macho en
primavera

CHIPE NEGROGRIS ***Dendroica nigrescens*** **(Black-throated Gray Warbler)**

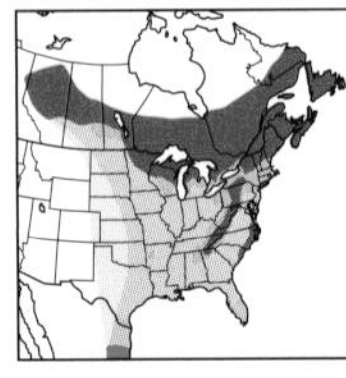

Las estribaciones secas con encinos y juníperos albergan a este chipe durante el verano. Unos cuantos pasan el invierno en el suroeste. Rara vez se dispersa al este. ▶ Marcado patrón en la cara con mejillas negras, corona negra uniforme. Vea la página anterior: el Chipe de Gorra Negra tiene mejillas blancas. El Chipe Trepador tiene la corona rayada. La hembra es más gris, puede tener la garganta casi completamente blanca. ♩ **Canto:** ascendente *llillillillillilliLLILLI!* o *tsúi-tsúi-tsúi-CHI-CHI!* (la última parte más fuerte). **Llamado:** *chet!*

CHIPE DE DORSO VERDE ***Dendroica virens*** **(Black-throated Green Warbler)**

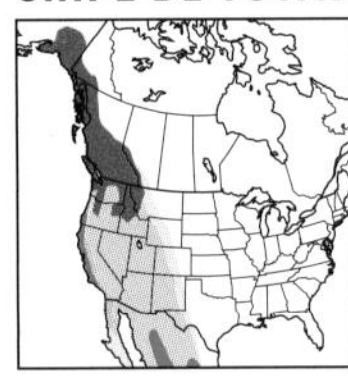

Este chipe prefiere los bosques de coníferas o mixtos del noroeste durante el verano; unos cuantos anidan en pantanos de cipreses a lo largo de la costa del Atlántico. Gusta de árboles altos, suele permanecer en lo alto. ▶ La *cara amarilla* contrasta con la garganta negra, espalda y corona verde musgo. Las barras blancas en las alas son obvias. La hembra y el juvenil tienen el negro de la garganta reemplazado parcialmente por blanco. ♩ **Canto:** *tzu-zi-zuzuzí* o rápido *zizizizi zuzí.* **Llamado:** *chet!*

CHIPE DE TOWNSEND ***Dendroica townsendi*** **(Townsend's Warbler)**

En bosques húmedos perennes del noroeste, el Chipe de Townsend es común durante el verano, suele permanecer alto en los árboles. Visto por todo el oeste durante la migración, rara vez se dispersa al este. ▶ Marcado patrón en la cara, con amarillo brillante rodeando las mejillas oscuras. Espalda verde, pecho amarillo, barras blancas en las alas, flancos rayados. La garganta es negra en el macho adulto, principalmente amarilla en la hembra y el juvenil. ♩ **Canto:** muy aguda y variable serie de *zí*'s y *zu*'s. **Llamado:** *chet!*

CHIPE DE CABEZA AMARILLA ***Dendroica occidentalis*** **(Hermit Warbler)**

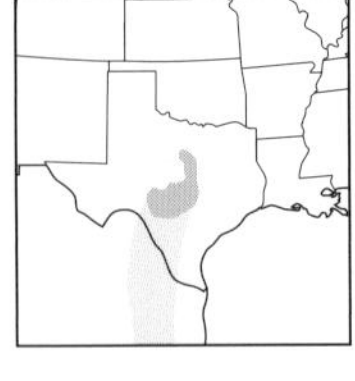

Común en verano en el Pacífico noroeste. La mayoría pasa el invierno en México, unos cuantos en California. El Chipe de Townsend y el de Cabeza Amarilla pueden entrecruzarse donde se encuentran sus distribuciones, produciendo híbridos. ▶ Sencilla cara amarilla, espalda gris, partes inferiores blancas. El parche de la garganta es negro en los machos adultos, puede estar ausente en las hembras jóvenes durante el otoño. ♩ **Canto:** superrápido *llillillillillillillillilli.* **Llamado:** *chet!*

CHIPE DE MEJILLA DORADA ***Dendroica chrysoparia*** **(Golden-cheeked Warbler)** Sólo en Texas; una especie en peligro. Un ave escasa de colinas cubiertas por juníperos en el centro de Texas. Pasa el invierno en México, Guatemala. ▶ Las mejillas doradas brillantes del macho contrastan con la espalda y corona negras, línea negra a través del ojo. La hembra es parecida a la del Chipe de Dorso Verde, puede mostrar una línea más oscura en el ojo, vientre más blanco. ♩ **Canto:** muy aguda serie de notas, las últimas más fuertes: *ziziziziZÍZU.* **Llamado:** *chet!*

Hembra
Chipe Negrogris
5″
Macho
Hembra
joven
en otoño
Chipe de Dorso
Verde
5″
Hembra
Macho
Macho
joven
Chipe de
Townsend
5″
Macho
Hembra
Chipe de Cabeza
Amarilla
5 1/4″
Chipe de Mejilla
Dorada
5 1/4″
Macho
adulto
Machos
Hembra
joven

CHIPE DE FLANCO CASTAÑO ***Dendroica pensylvanica*** **(Chestnut-sided Warbler)** Un pequeño y activo chipe de bosques secundarios frondosos, bordes de bosque. Salta entre el follaje, con frecuencia muy bajo, sosteniendo la cola arriba en un animado ángulo. ▶ Gorra amarilla, franja negra en la cara que rodea las mejillas blancas, *franjas castañas* desiguales en los flancos. En otoño, es muy diferente: verde limón por encima, blanco por debajo, con anillo ocular blanco en cara gris pálida, dos barras amarillas en las alas; puede o no mostrar algo de castaño en los flancos. ♩ **Canto:** *wiwiwiwiwiWÍCHU.* Muy parecido al canto de Chipe Amarillo pero generalmente más enfático al final. **Llamado:** *chic!* o *choc!*

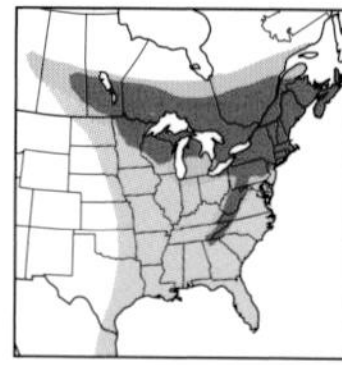

CHIPE DE GARGANTA NARANJA ***Dendroica fusca*** **(Blackburnian Warbler)** Una brillante flama de la copa de los árboles, muy común en el verano en bosques de piceas del noreste. Pasa el invierno principalmente en los Andes Sudamericanos. Migra a través de los estados del este, muy raro en el oeste. ▶ El macho adulto muestra una brillante garganta anaranjada, triángulo negro en la cara, parche blanco en el ala, espalda negra con franjas blancas. La hembra tiene el mismo patrón con la garganta anaranjada-amarilla más pálida, dos barras blancas en las alas negras. En otoño algunas aves jóvenes son muy opacas, con una sombra del patrón del adulto; note *las franjas pálidas en la espalda.* ♩ **Canto:** muy agudo, generalmente termina con una nota forzada. **Llamado:** *chip!*

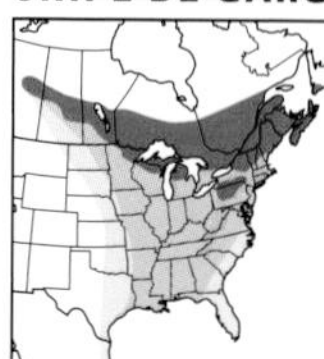

CHIPE DE GARGANTA AMARILLA ***Dendroica dominica*** **(Yellow-throated Warbler)** Un clásico chipe del sureste, llega a sus áreas de anidación muy temprano en la primavera. Durante el verano, prefiere bosques abiertos de pino, sicomoros altos a la orilla de ríos; en invierno se encuentra muy al sur, con frecuencia en palmas. Se alimenta lenta y deliberadamente en ramas altas. ▶ Garganta amarilla brillante que contrasta con la mancha blanca del cuello, cara negra, *franjas negras en los flancos.* Espalda gris, barras blancas en las alas. El Chipe de Ceja Amarilla (oeste) carece de la mancha blanca en el cuello. ♩ **Canto:** un musical *tu tu tu tu tu tu-tu tuí.* **Llamado:** *chep!* muy parecido al del Chipe Amarillo pero generalmente más fuerte.

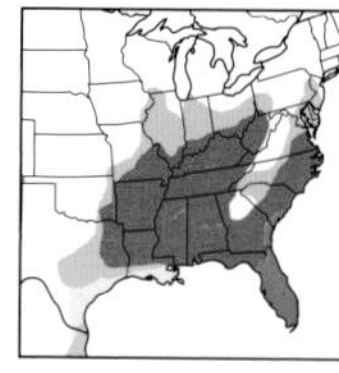

CHIPE DE CEJA AMARILLA ***Dendroica graciae*** **(Grace's Warbler)** Este chipe es común en bosques de pino abiertos de las montañas del suroeste durante el verano. Suele permanecer alto en los árboles. ▶ Gris por encima, blanco por debajo, con garganta amarilla y *corta ceja amarilla.* Delgadas franjas oscuras en los flancos. La hembra y el juvenil se parecen al macho adulto pero son más opacos. Compare con el Chipe de Rabadilla Amarilla "de Audubon" (p. 308). ♩ **Canto:** ascendente *chachachachachachachachachi.* **Llamado:** *chip!*

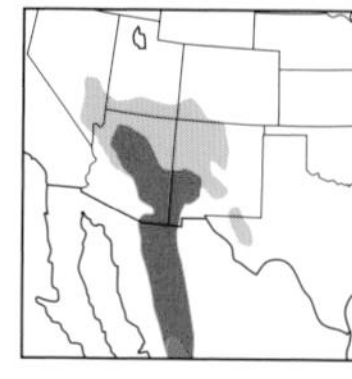

Hembra en primavera
Macho en primavera
Chipe de Flanco Castaño
5″
Hembra inmadura en otoño
Macho en primavera
Chipe de Garganta Naranja
5″
Hembra inmadura en otoño
Hembra en primavera
Chipe de Garganta Amarilla
5½″
Adultos
Hembra
Chipe de Ceja Amarilla
5″
Macho

Estas cuatro pueden subir a los árboles altos a veces, pero se encuentran generalmente en matorrales o árboles jóvenes, o cerca del suelo.

CHIPE PLAYERO *Dendroica palmarum* (Palm Warbler)

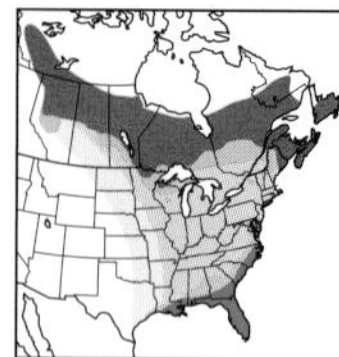

Pasa el verano en pantanos del norte, pero la mayoría de los observadores ven a este chipe en sus cuarteles de invernación en el sureste, donde suele alimentarse en el suelo en áreas abiertas. Su hábito de balancear la cola lo identifica. Migra más temprano en la primavera y más tarde en el otoño que la mayoría de los chipes; unos pocos pasan el invierno en la costa del Pacífico. ▶ Dos tipos: el "Chipe Playero Amarillo" es menos común, anida más al este. En todos los Chipes Playeros, note las *cobertoras inferiores de la cola amarillas,* la acción de balancear la cola, ceja pálida bien definida. ♪ **Canto:** *chuí chuí chuí chuí chuí chuí chuí chuí chuí chuí* ligeramente ronco (da impresión de tartamudeo). **Llamado:** *tsip!* metálico.

CHIPE DE PRADERA *Dendroica discolor* (Prairie Warbler)

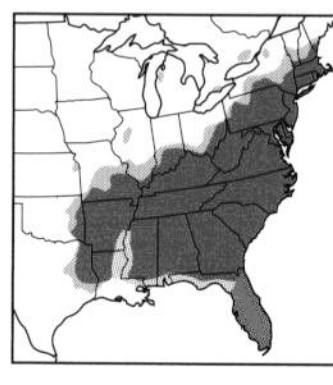

Mal llamado—ya que favorece vegetación secundaria densa y matorrales, no praderas. En Florida, también es común en manglares. ▶ Oliva por encima, amarillo brillante por debajo, con dos barras muy opacas en el ala. La mejor clave es el *patrón de la cara,* marcado en el macho adulto, borroso en la hembra y el juvenil. Balancea la cola arriba y abajo casi constantemente. ♪ **Canto:** muy agudo *shi shi shi shi shi shi shi* ascendente. **Llamado:** *chip!*

CHIPE DE KIRTLAND *Dendroica kirtlandii* (Kirtland's Warbler)

Muy raro, una especie en peligro. Anida casi exclusivamente en unos cuantos condados en la península baja de Michigan, en bosquecillos de "jackpines" jóvenes. Pasa el invierno en las Bahamas. Rara vez visto durante la migración. Grande para un chipe, permanece bajo y se mueve deliberadamente, con frecuencia balancea la cola arriba y abajo. ▶ Azul-gris por encima, amarillo por debajo, con *rayas negras* a lo largo de los flancos, *medias lunas delgadas* sobre y debajo del ojo. Esta rara ave debe ser identificada con precaución; compare con los Chipes Playero y de Pradera, también el Magnolia (p. 308), Pinero (p. 314) y de Collar (p. 306). ♪ **Canto:** *chop-chop-chop-chichiwíwi,* más grave que los cantos de otros chipes. **Llamado:** *choc!*

CHIPE DE PECHO AMARILLO *Icteria virens* (Yellow-breasted Chat)

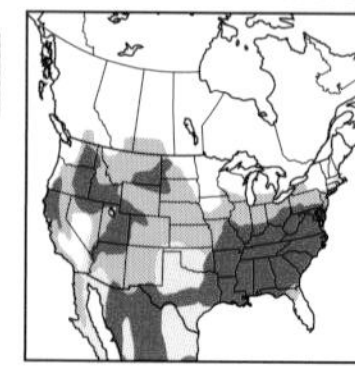

Este chipe grande actúa como un cuitlacoche o un maullador, escondiéndose en arbustos y haciendo extraños sonidos. Algunas veces el macho canta mientras revolotea sobre los matorrales con las patas balanceándose en el aire. ▶ Mucho más grande que la mayoría de los chipes, con pico grueso y cola larga. Garganta y pecho amarillo brillante (pueden incluso verse anaranjados) que contrastan con el vientre blanco. Marcados "anteojos" blancos en cara oscura. La Mascarita Común (p. 324) es más pequeña, con un patrón diferente en la cara. ♪ **Canto:** serie interminable de silbidos, cloqueos, gorjeos cortos y llamados rasposos, generalmente cada nota separada de la siguiente por una pausa de unos segundos.

Otoño o
invierno
Primavera
Chipe Playero
5″
tipo "Amarillo"
en primavera
tipo
"Amarillo"
en otoño
Chipe de
Pradera
5″
Macho
Hembra
Chipe de
Kirtland
6″
Macho
Hembra
Chipe de Pecho
Amarillo
7″
Adultos
Inmaduro
en otoño

CHIPES CÁFES DEL SUELO

Estas oscuras especies viven dentro del bosque en lugares muy sombreados, cerca del suelo, en el suelo, o cerca del agua.

CHIPE SUELERO *Seiurus aurocapilla* (Ovenbird)

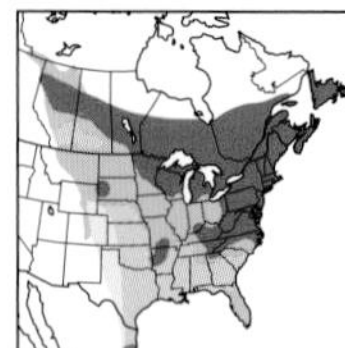

Común durante el verano en bosques del este pero fácilmente pasa desapercibido ya que camina por el suelo con un estilo lento y delicado, con la cola inclinada hacia arriba. El nido tipo domo, construido en el suelo, sugiere un horno antiguo. ► *Anillo ocular blanco* muy marcado, pecho rayado, espalda café-oliva. Franja anaranjada opaca en la corona bordeada por *franjas negras.* Los zorzales cafés (p. 258) carecen de las franjas en la corona. ♪ **Canto:** melodioso *chtí chtí chtí CHTI CHTI.* **Llamado:** *choc.*

CHIPE CHARQUERO *Seiurus noveboracensis* (Northern Waterthrush)

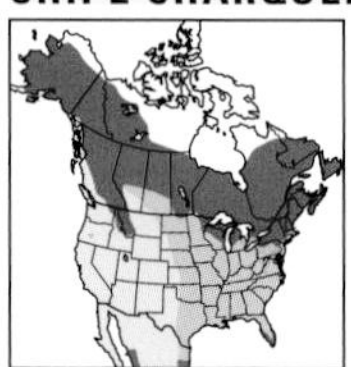

El Chipe Charquero balancea la cola arriba y abajo al caminar en las orillas de arroyos, estanques. Cuando se le molesta, vuela hacia los bosques, con un agudo llamado. ► Espalda café oscura, ceja clara, rayado por debajo. Las partes inferiores y la ceja suelen están teñidas de amarillo, pero no siempre; vea la siguiente especie, también a las bisbitas (p. 270). ♪ **Canto:** *chi chi chi chichichiwío.* **Llamado:** *chit!* metálico.

CHIPE ARROYERO *Seiurus motacilla* (Louisiana Waterthrush)

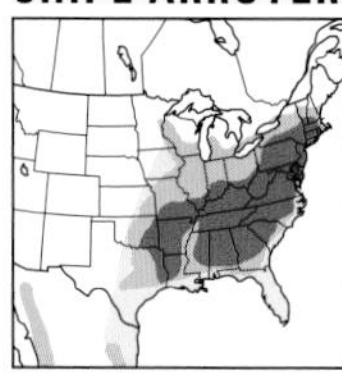

Un tímido chipe que ronda las riberas de los arroyos del sureste, balanceando la cola arriba y abajo. Llega a principios de la primavera. ► Como el Chipe Charquero, pero la ceja es siempre *blanca brillante;* blanco por debajo, con *un tono rosa-beige en los flancos;* el pico es por lo general más grande, la garganta sin rayas. ♪ **Canto:** *tsío tsío chwichichichío-tsiwí,* las últimas partes superrápidas. **Llamado:** *chit!* metálico.

CHIPE GUSANERO *Helmitheros vermivorum* (Worm-eating Warbler)

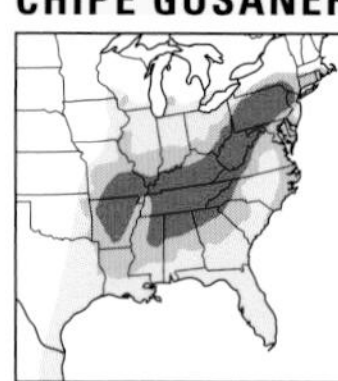

Muy común pero pasa desapercibido fácilmente, permaneciendo dentro del bosque, bajo entre los arbustos densos. A pesar del nombre, no se alimenta de gusanos. ► Marcadas *franjas negras* en la cabeza beige; espalda y alas café oliva. El pico es grande para un chipe, muy puntiagudo. ♪ **Canto:** *trrrrrrrrrr* prolongado, muy parecido al canto de Gorrión de Ceja Blanca (p. 350). **Llamado:** *chec!*

CHIPE DE CORONA CAFÉ *Limnothlypis swainsonii* (Swainson's Warbler)

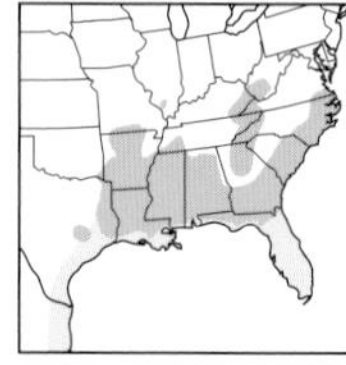

Poco común y evasivo, en bosques del sureste. Prefiere el sotobosque enmarañado y profundo de lugares pantanosos; también matorrales secos en los Apalaches. ► *Pico grande,* simple para un chipe. Espalda café oliva, corona café, ceja pálida. Tinte gris o amarillo por debajo. Compare con los saltaparedes (p. 288). ♪ **Canto:** agudo *wi wi wi wío tsupewí.* **Llamado:** *tsit!* abrupto.

CHIPES CÁFES DEL SUELO

Chipe Suelero
6″

Chipe Charquero
6″

Chipe Gusanero
$5^1/_2$″

Chipe Arroyero
6″

Chipe de Corona Café
$5^1/_2$″

Estas cinco especies viven cerca del suelo en la cubierta densa.

MASCARITA COMÚN *Geothlypis trichas* (Common Yellowthroat)

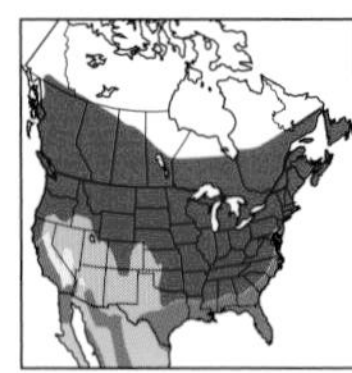

El único chipe que anida en ciénagas sin árboles. Activo, revoloteando entre las cañas, con frecuencia permanece oculto. También se distribuye en matorrales y bosques inundados, especialmente durante la migración. ▶ La *máscara de bandido* del macho contrasta con la garganta amarilla y está separada de la corona por una *franja pálida*. La hembra es más monótona, puede ser confusa, pero muestra el contraste entre la garganta amarilla y la cara oscura; oliva por encima con alas sencillas. Note el hábitat, llamados. ♪ **Canto**: rápido *witsiwi witsiwi witsiwi;* variable. **Llamado**: *choc.*

CHIPE PATILLUDO *Oporornis formosus* (Kentucky Warbler)

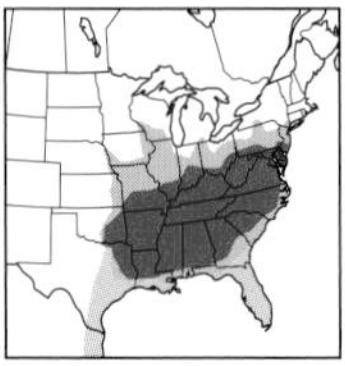

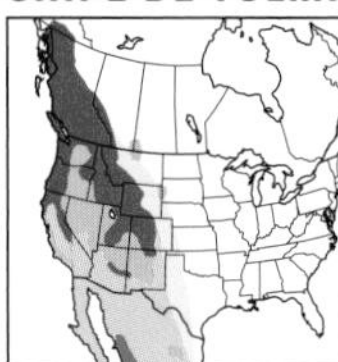

En bosques frondosos del sureste, este tímido chipe salta y corre en el suelo debajo de arbustos densos. ▶ Los *anteojos amarillo brillante* contrastan con la corona y las patillas negras. Oliva por encima, amarillo brillante por debajo. El macho joven de la Mascarita Común es parecido pero carece de los anteojos. También vea al Chipe de Collar (p. 306). ♪ **Canto**: fuerte *torí-torí-torí-torí.* **Llamado**: *choc.*

CHIPE DE TOLMIE *Oporornis tolmiei* (MacGillivray's Warbler)

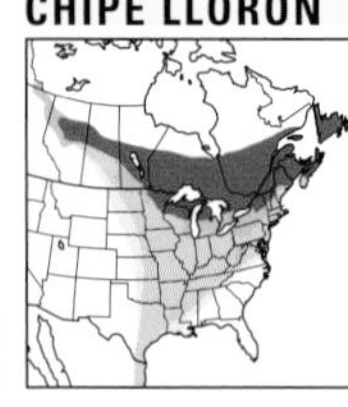

Un chipe pesado y lento, común en los arbustos densos en el oeste. ▶ Oliva por encima, amarillo por debajo, con gorra completa gris. Medias lunas blancas marcadas arriba y debajo del ojo, lo distingue de las dos especies siguientes. La parte baja de la garganta es negruzca en los machos adultos, gris en las hembras, gris-blancuzca en las aves jóvenes. ♪ **Canto**: variable, generalmente de dos secciones; por ejemplo: *chi chi chi llillillillí.* **Llamado**: abrupto *tset!* como chasquido.

CHIPE LLORÓN *Oporornis philadelphia* (Mourning Warbler)

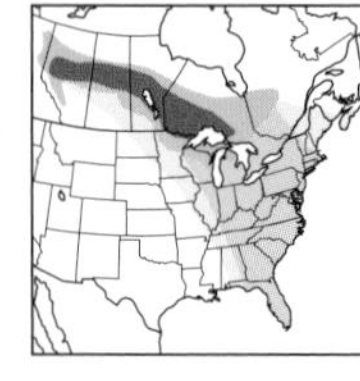

Una sigilosa ave de densos arbustos bajos en los bordes de bosques en el este. Migra relativamente tarde en la primavera. ▶ Amarillo por debajo, con capucha gris. El macho adulto tiene la garganta negra velada; la hembra es más pálida, puede mostrar un delgado anillo ocular. En otoño algunos inmaduros sugieren a la hembra de la Mascarita Común, pero muestran una insinuación de capucha. ♪ **Canto**: *tsuí tsuí tsuí tsío tsío,* similar del Chipe de Tolmie. **Llamado**: abrupto *djep!*

CHIPE DE CONNECTICUT *Oporornis agilis* (Connecticut Warbler)

Un chipe raro y evasivo del suelo del bosque. Anida en los pantanos del norte, pasa el invierno en Sudamérica; un raro migrante en Connecticut. ▶ En el suelo, camina deliberadamente (el Llorón y el de Tolmie saltan). Grande, opaco, con un *anillo ocular completo* en la capucha gris. El Chipe de Nashville (p. 312) está activo en lo alto de los árboles, tiene garganta amarilla. ♪ **Canto**: *tsichí tsichí chuí chuí.* **Llamado**: abrupto *tset!* como chasquido.

CHIPES QUE PERMANECEN ABAJO

CHIPE FLAMEANTE *Setophaga ruticilla* (American Redstart)

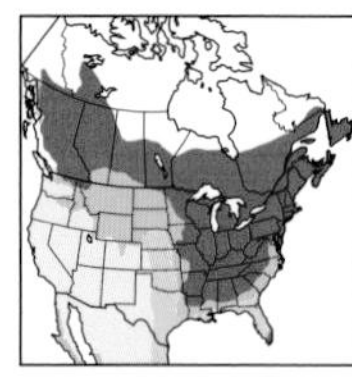

Activo y atractivo, el Chipe Flameante revolotea, medio abriendo las alas y la cola para mostrar los parches de color brillante. Común en verano en los bordes de bosques en el este, menos común en el oeste. ▶ El macho adulto es principalmente negro con parches rojo-anaranjado en las alas, cola, flancos. La hembra es gris y blanca, parece confusamente sencilla hasta que se le ven los *parches amarillos en las alas y cola*. Los machos jóvenes se parecen a la hembra pero con un moteado negro. ♩ **Canto**: bastante variable, cantos como *tsi tsi tsi tsi* o *wiwiwiwiwí*, generalmente alternados. **Llamado**: *chep!*

CHIPE DE CARA ROJA *Cardellina rubrifrons* (Red-faced Warbler)

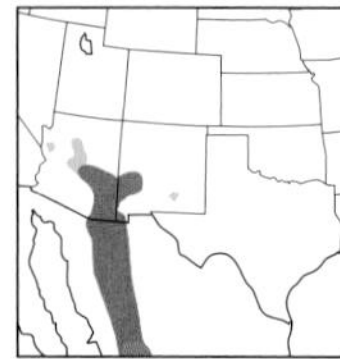

Este hermoso chipe es muy común durante el verano en bosques de montaña cerca de la frontera mexicana. Se alimenta alto en los árboles, pero esconde su nido en el suelo en una ribera inclinada. ▶ El *patrón rojo y negro de la cara* es diagnóstico; blanco por debajo y en la rabadilla, espalda gris. La hembra es ligeramente más opaca que el macho. ♩ **Canto**: alegre *tsíwi tsíwi tsíwi tuwichú* o variantes. **Llamado**: *chep!*

CHIPE DE ALA BLANCA *Myioborus pictus* (Painted Redstart)

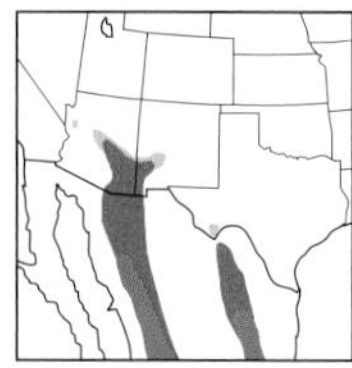

Atractivo, un chipe llamativo de cañones montañosos del suroeste, común en bosques de pino y encino. Posa con la cola y alas extendidas entre salto y salto entre las ramas y troncos de los árboles. Anida en el suelo. ▶ Plumas externas de la cola y parche de las alas blancos, pecho rojo, el resto negro. El juvenil puede carecer del rojo en un principio. ♩ **Canto**: alegre *wíyu wíyu wíyu chichichi*. **Llamado**: *chihi* o *chíe* descendente, parecido a algunas de las voces del Dominico Pinero.

OCOTERO ENMASCARADO *Peucedramus taeniatus* (Olive Warbler)

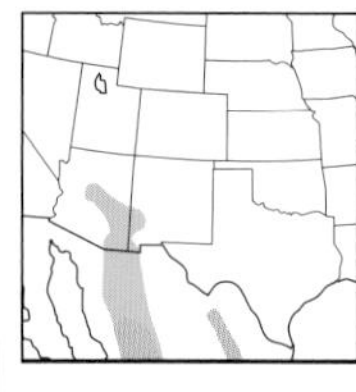

Poco común; alto en los pinos en las montañas del suroeste. Unos cuantos permanecen durante el invierno. Se clasifica en una familia separada de los chipes. ▶ El macho adulto tiene *la cabeza café cobriza* con un parche negro; barras blancas en las alas. En el macho joven el café cobrizo es reemplazado por amarillo. La hembra tiene cara amarillo pálido, parche en el oído más pálido; compare con la hembra del Chipe de Cabeza Amarilla (p. 308). ♩ **Canto**: frases variables: superrápido *chiwá chiwá chiwá chiwá* o *wi chiwí chiwí*. **Llamado**: triste *íu*.

CHIPE DE GORRA RUFA *Basileuterus rufifrons* (Rufous-capped Warbler)

Un raro visitante en Texas y Arizona (ha anidado), se encuentra en densos arbustos. ▶ Gorra rojiza, ceja blanca, garganta amarilla. Cola relativamente larga que suele estar levantada. ♩ **Canto**: superrápido *chuchuchuwiwiwi* o *tsitsitsitsitsitsi*.

REINITA-MIELERA *Coereba flaveola* (Bananaquit)

Un raro visitante desde las Bahamas en Florida. Suele trepar entre flores, alimentándose del néctar e insectos. ▶ Ceja blanca, rabadilla amarilla, pecho amarillo. La base del delgado y curvo pico es rosa. Los juveniles son más opacos.

CHIPES

Hembra
Chipe
Flameante
5 1/4"
Macho
adulto
Macho
inmaduro
Chipe de Cara
Roja
5 1/2"
Chipe de
Ala Blanca
5 3/4"
Ocotero
Enmascarado
5 1/4"
Macho
adulto
Hembra
VISITANTES RAROS
Reinita-mielera
4 1/2"
Chipe de
Gorra Rufa
5 1/2"

TANGARAS

(familia Thraupidae) son principalmente tropicales. Unas pocas especies llegan a las bosques de Norteamérica durante el verano.

TANGARA DE CAPUCHA ROJA *Piranga ludoviciana* (Western Tanager)

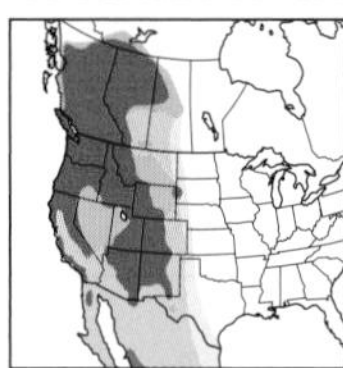

En el verano, esta tangara prefiere los bosques de coníferas del noroeste y las montañas altas. Durante las migraciones, puede aparecer en ciudades, granjas, desiertos. ▶ El macho adulto es amarillo con negro y con cara roja. La hembra y el juvenil son amarillo opaco con espalda y alas grises, dos barras en las alas. Sugiere a la hembra de los bolseros (p. 340) pero tiene el pico más grueso. ♩ **Canto**: como el de Mirlo Primavera pero más ronco *tsiuwí . . . piwío . . . piwí.* **Llamado**: rápido *prrirí* seco.

TANGARA ESCARLATA *Piranga olivacea* (Scarlet Tanager)

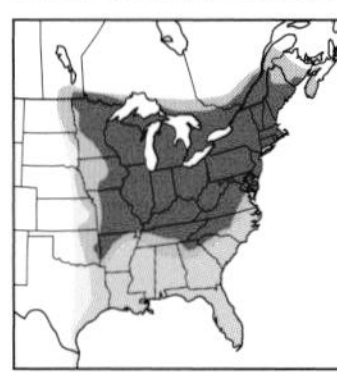

Un residente de verano en bosques del noreste. Por lo general en lo alto; puede alimentarse en lo bajo durante la migración. ▶ En verano el macho es nuestra única ave rojo brillante con alas y cola negras (compare con los picotuertos, p. 368). A fines de verano muda al plumaje de invierno, verdoso con alas negras. La hembra es amarillo-verdoso con alas oscuras; note el pico grueso. ♩ **Canto**: alegre serie de frases como las de un Mirlo Primavera ronco. **Llamado**: *chip* o *chip-br.*

TANGARA ROJA *Piranga rubra* (Summer Tanager)

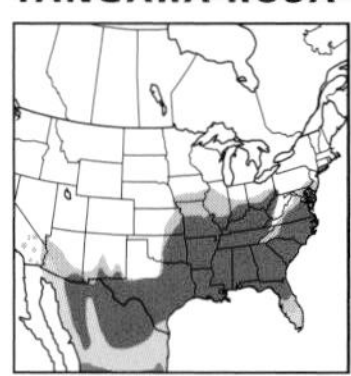

Un ave de la copa de los árboles. Principalmente en bosques de pino y encino en el sureste, álamos a lo largo de ríos en el suroeste. ▶ El macho adulto es rojo rosado brillante todo el año. Los machos jóvenes pueden tener parches amarillos y rojos. La hembra es amarilla, menos verdosa que la hembra de la Escarlata; note el pálido pico largo, alas sencillas. ♩ **Canto**: frases cortas como las de Mirlo Primavera, alegre, menos roncos que las de Tangara Escarlata. **Llamado**: rápido *prriro* seco.

TANGARA ENCINERA *Piranga flava* (Hepatic Tanager)

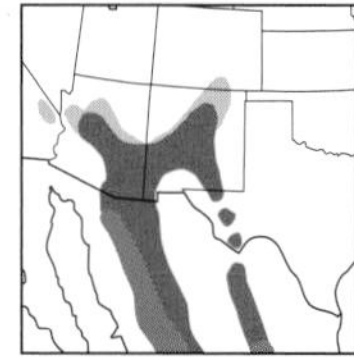

En las montañas del suroeste, esta tangara es un residente de verano poco común en bosques de pino-encino. Rara vez se dispersa en Arizona en invierno. ▶ Se parece a la Tangara Roja, pero tiene contrastantes *mejillas grises* y, por lo general, un pico más oscuro. El macho es rojo ladrillo o anaranjado-rojizo. ♩ **Canto**: muy parecido al de Picogordo Tigrillo, ligeramente más pausado. **Llamado**: *choc* grave.

TANGARA DE DORSO RAYADO *Piranga bidentata* (Flame-colored Tanager)

Un raro visitante de verano en los bosques de pino de las montañas de Arizona. ▶ El macho es anaranjado con un marcado patrón blanco y negro en las alas, franjas negras en la espalda. La hembra se parece a la hembra de la Tangara de Capucha Roja, pero puede mostrar franjas en la espalda, *parche oscuro en el oído.*

TANGARA DE CABEZA RAYADA *Spindalis zena* (Western Spindalis)

Un visitante muy raro de las Bahamas en Florida. ▶ El macho es inconfundible. La hembra es oliva-gris, ceja pálida y bigote, el patrón de las alas es igual al del macho.

TANGARAS

Macho
Tangara de
Capucha Roja
$7^1/4''$
Hembra
Macho en verano
Tangara
Escarlata
7″
Hembra
Macho
Hembra
Machos
Tangara
Encinera
8″
Hembra
Tangara
Roja
$7^3/4''$
TANGARAS RARAS
(no a escala)
Machos
Tangara de
Dorso Rayado
$7^3/4''$
Tangara de
Cabeza Rayada
$6^3/4''$
Macho

ESTORNINOS Y MYNAS

(familia Sturnidae) son nativos del Viejo Mundo. En Asia y África muchos estorninos son muy coloridos; la especie introducida en Norteamérica no lo es. Sin embargo, es fuerte y adaptable, notable por su habilidad para prosperar en este continente. Varias especies de mynas, aves que han escapado del cautiverio, han sobrevivido en vida libre en el continente americano, sin embargo ninguna está ampliamente distribuida.

ESTORNINO EUROPEO *Sturnus vulgaris* (European Starling)

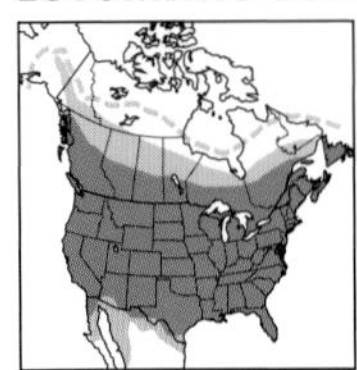

Un ave regordeta que se contonea en los prados. Traído a Norteamérica en 1890, el Estornino es una de las aves más abundantes en el continente. Con frecuencia en parvadas cuando no está anidando; puede reunirse a perchar en cantidades de decenas de miles. No está relacionado con los tordos de América pero suele asociarse a ellos, puede formar parvadas mixtas. Los Estorninos anidan en agujeros en árboles, casas para aves, grietas en edificios, etc.; agresivo, puede competir con aves nativas por los sitios para anidar, incluso desalojando a carpinteros de sus propios agujeros. ▶ *Cola corta, pico recto y delgado.* Plumaje negro, con un brillo morado y verde durante la primavera y el verano. El plumaje nuevo del otoño es muy marcado con *manchas blancas* que desaparecen gradualmente durante el invierno. Pico amarillo brillante durante la temporada reproductiva, opaco en otras temporadas. Los juveniles (vistos en parvadas durante el verano) son muy diferentes, gris cenizo con pico oscuro. ♪ **Canto:** serie contínua de sonidos muy variados, incluyendo silbidos, gorgoreos, imitaciones de otras aves. **Llamados:** silbidos queditos, cascabeleo. Los juveniles en las parvadas emiten un agudo *shrri.*

MYNA COMÚN *Acridotheres tristis* (Common Myna)

Aves que han escapado del cautiverio han sobrevivido en vida silvestre en Florida y en la actualidad están anidando en áreas urbanas desde los cayos y Homestead a Fort Pierce. Camina y corre en el suelo mientras se alimenta. Nativa al sur de Asia. ▶ Café oscura, con capucha negra, pico amarillo, piel desnuda amarilla en la cara. La parte inferior del ala y la punta de la cola son blancas, obvias en vuelo. ♪ **Voz:** variada, incluye silbidos y cascabeleos.

MYNA CRESTADA *Acridotheres cristatellus* (Crested Myna)

Introducida en Vancouver, Columbia Británica, en los 1890's, y prosperó en ese lugar por muchos años, pero las últimas desaparecieron en 2003. Aves que han escapado del cautiverio son vistas en algunos lugares ocasionalmente. Nativa al sur de Asia. ▶ Rechoncha y negra, con una cresta corta y erizada en la frente. Patas y pico amarillo, ojos pálidos. Parche blanco en el ala, más obvias en vuelo. ♪ **Voz:** silbidos melodiosos, cascabeleos, imitaciones de otras aves.

MYNA RELIGIOSA *Gracula religiosa* (Hill Myna)

Aves que han escapado del cautiverio han sobrevivido por años en Florida (principalmente en el área de Miami) y han sido vistas anidando ahí, pero aún es muy poco común. ▶ Grande, negro brillante con pico anaranjado y carnosidades amarillas en la cara. El parche blanco del ala es obvio en vuelo. ♪ **Voz:** variada, incluye silbidos y también croa. Muy hábil imitador.

Juvenil
Principios de primavera
Estornino Europeo 8½"
Macho en primavera
Juveniles cambiando al primer plumaje de invierno
Adulto en invierno
Myna Crestada 10"
Myna Común 10"
Myna Religiosa 11"

TORDOS DE PANTANOS

La familia de los tordos **(Icteridae)** incluye a los bolseros, praderos, vaqueros y otros, un grupo diverso que se encuentra sólo en América. Muchos (como los de esta página) son principalmente negros. Compare con otras aves negras como los estorninos (página anterior) y los cuervos (p. 278).

TORDO SARGENTO *Agelaius phoeniceus* (Red-winged Blackbird)

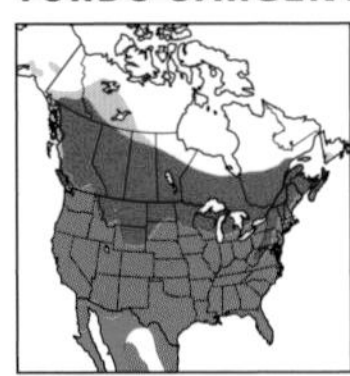

Abundante y familiar, el Tordo Sargento anida prácticamente en cualquier pantano y zanja con maleza en las zonas templadas de Norteamérica. Fuera de la temporada de anidación, vagan en parvadas a través de granjas, ciénagas, orilla de bosques, caminando en el suelo en campos abiertos. ▶ Los parches en el hombro del macho pueden ser obvios (especialmente al hacer su canto de exhibición) o pueden estar ocultos por las plumas del cuerpo. Los parches están por lo general bordeados de amarillo, pero en el centro de California (forma "Bicolor"), son completamente rojos. Las hembras y juveniles son café rayado con cejas beige. Parecen gorriones (siguiente sección), pero tienen diferente comportamiento, picos más puntiagudos, vientre bajo más oscuro. Vea al Tordo Arrocero (página siguiente). ♪ **Canto:** *on-tu RIIIIII* (las primeras notas queditas, la última nasal y rasposa). **Llamado:** *chak!* abrupto.

TORDO TRICOLOR *Agelaius tricolor* (Tricolored Blackbird)

Principalmente una especialidad de California. Aún ahí, suele ser más difícil de encontrar que el Tordo Sargento, pero cuando se le encuentra, es por lo general en grandes números. Los Tricolores son localizados pero sociables, anidando en colonias densas y viajando en parvadas. ▶ Parecido al Tordo Sargento. El hombro del macho es rojo fuerte, con borde blanco (no amarillo) (el borde puede verse blancuzco en el plumaje desgastado del Tordo Sargento a fines del verano). La hembra y el juvenil son casi idénticos a algunas hembras de Tordo Sargento pero más oscuras que la mayoría, con un rayado más oscuro y nunca tienen bordes rojizos en la espalda. ♪ **Canto:** *on-te weeen* nasal y más grave que el Tordo Sargento.

TORDO DE CABEZA AMARILLA *Xanthocephalus xanthocephalus*

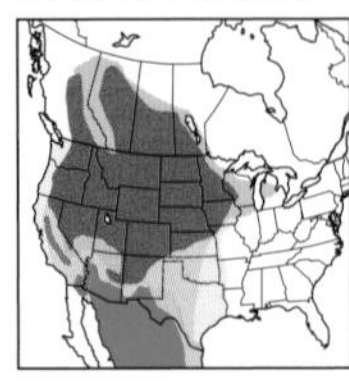

(Yellow-headed Blackbird) En pantanos del oeste durante el verano, este tordo llama la atención por sus colores y los horribles intentos del macho por cantar. Fuera de la temporada de anidación, las parvadas vagan a través de campos de cultivo, praderas, pasturas, con frecuencia se mezclan con otros tordos. ▶ El nombre describe al macho; también note el parche blanco en el ala, obvio en vuelo. La hembra es ligeramente más pequeña, café cenizo, con amarillo en la cara y pecho, sin parche blanco en el ala. Los inmaduros tienen algo de amarillo en la cabeza, los parches en el ala son pequeños o están ausentes. ♪ **Canto:** el macho se esfuerza para emitir unos gorgoreos seguidos de un extraño sonido mecánico o ronco. **Llamado:** *tloc* grave.

Macho de
Tordo Sargento
"Bicolor"
Macho
exhibiéndose
Tordo Sargento
9"
Hembras
Parvada de
Sargentos
en vuelo
Macho en
invierno
Hembra
Tordo Tricolor
9"
Machos
Hembras
Machos
Juvenil
Tordo de Cabeza Amarilla
10"

AVES DE CAMPOS ABIERTOS

Los praderos y el Tordo Arrocero pertenecen a la familia de los tordos; los otros dos en esta página están relacionados con los gorriones (p. 344).

PRADERO OCCIDENTAL *Sturnella neglecta* (Western Meadowlark)

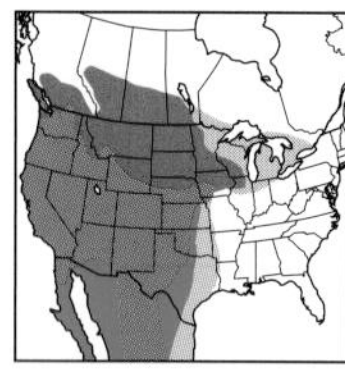

Común en pastizales, canta desde cercas, camina por el suelo. Un ave robusta de cola corta que vuela con rápidos aleteos y un rígido planeo. Se reúne en pequeñas parvadas en invierno. ▶ *V negra* en el pecho amarillo (parcialmente velada en otoño). Plumas externas de la cola blancas, más obvias al aterrizar. Se identifica del Pradero Tortilla con Chile por su voz y distribución. ♪ **Canto:** dos o tres silbidos breves seguidos de un ultrarrápido *wiririririí.* **Llamados:** rápido *chok!*, cascabeleo.

PRADERO TORTILLA CON CHILE *Sturnella magna* (Eastern Meadowlark)

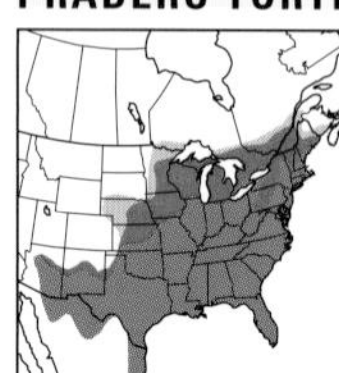

Ampliamente distribuido en el este y suroeste, declinando en algunas áreas. ▶ Se parece al Pradero Occidental; puede ser ligeramente más oscuro, con colores más marcados, pero un poco menos de amarillo en la cara. La raza del suroeste es más clara como el Occidental, pero muestra más blanco en la cola. Mejor identificado por su voz, distribución. ♪ **Canto:** agudos silbidos puros *si biyí, iyí* (o "tortilla chile"). **Llamados:** *djjrrrt* nasal, cascabeleo rasposo.

TORDO ARROCERO *Dolichonyx oryzivorus* (Bobolink)

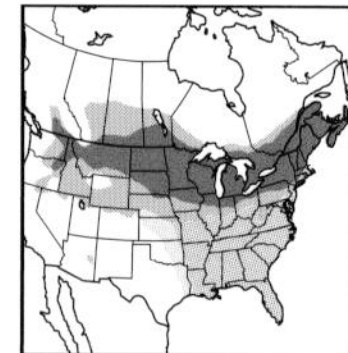

Común en el verano (pero declinando) en praderas húmedas, pasturas. El macho revolotea sobre el pasto mientras canta. Pasa el invierno en Sudamérica. ▶ El macho de primavera/verano es inconfundible. A fines del verano muda a un patrón como el de la hembra y el juvenil: beige, rayado, con franjas negras en la corona. Compare con gorriones (siguiente sección). ♪ **Canto:** gorgoreo melodioso. **Llamado:** *enk* nasal.

ARROCERO AMERICANO *Spiza americana* (Dickcissel)

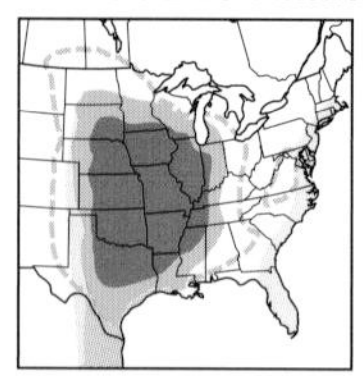

Puede ser abundante en verano en las praderas del medio oeste, pero los números varían. Migra en parvadas densas; la mayoría van a Sudamérica. ▶ El macho tiene babero negro en pecho amarillo, hombro rojo óxido. La hembra es como el Gorrión Doméstico (p. 344) pero con un tinte amarillo en el pecho, rojo en el hombro. ♪ **Canto:** *chik chik* rasposo seguido de *chi-chi-chi.* **Llamado:** *prr* abrupto emitido al vuelo.

GORRIÓN DE ALA BLANCA *Calamospiza melanocorys* (Lark Bunting)

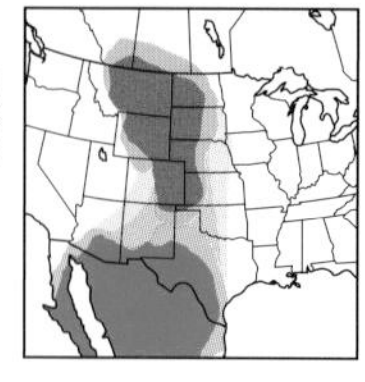

Numeroso en verano en praderas justo al este de las Rocosas. Pasa el invierno en estrechas parvadas en pastizales con maleza. ▶ En verano el macho es negro con parches blancos en las alas. La hembra y todas la aves en invierno parecen gorriones robustos, de cola corta, pico grande, con parches pálidos en las alas. En las parvadas de invierno, note el patrón contrastante, parte inferior de las alas oscura en vuelo. ♪ **Canto:** serie variada de notas melodiosas y cascabeleos repetidos varias veces seguidas. **Llamado:** suave *wit?*

Pradero Occidental y
Pradero Tortilla Con Chile
9½″
Hembra
en verano
Macho
en primavera
Otoño
Tordo
Arrocero
7″
Macho en
verano
Inmaduro
Arrocero
Americano
6¼″
Macho
Hembra
Machos en
invierno
Gorrión de
Ala Blanca
7″
Hembra
Macho en
verano

ZANATES Y GARRAPATEROS

Los zanates son tordos de cola larga con interesantes voces. Los Garrapateros son parecidos, pero pertenecen a la familia de los cucos (p. 200).

ZANATE NORTEÑO *Quiscalus quiscula* (Common Grackle)

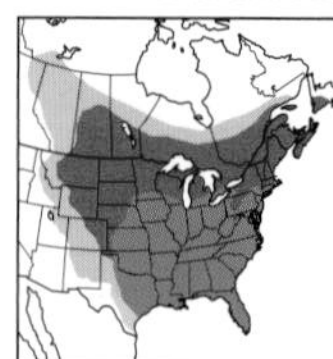

Común en casi cualquier lugar al este de las Rocosas (y localmente en el oeste) en pueblos, granjas, bosques. Con frecuencia se le observa caminando por los prados. Anida en colonias; en otoño e invierno puede viajar en enormes y ruidosas parvadas, algunas veces con otros tordos. ▶ *Cola larga* con un *pliegue en el medio* hacia abajo, *ojos amarillo-blancuzco,* pico fuerte. Dos formas: el ampliamente distribuido "Zanate Cobrizo", cuerpo cobrizo que contrasta con la cabeza azul-negra; el "Zanate Morado" del sureste tiene un brillo morado y verde, menos contraste. El juvenil tiene ojos oscuros. Las aves en muda a fines del verano pueden tener colas cortas o desgastadas. ♪ **Voz:** incluye gorgoreos y un rechinido como *klíia?*

ZANATE MEXICANO *Quiscalus mexicanus* (Great-tailed Grackle)

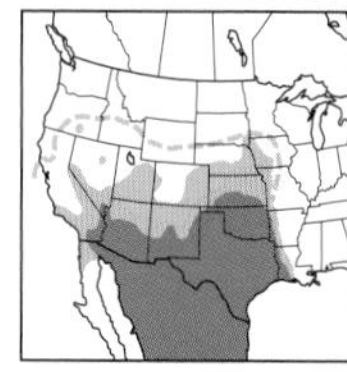

Abundante en el suroeste, expandiendo su distribución hacia el norte y oeste, en pueblos, granjas, a la orilla de ríos, ciénagas de agua dulce. Anida en colonias, viaja en parvadas. ▶ Cola muy larga, ojos amarillos. El macho es negro brillante, con un color más parejo que el del Zanate Norteño y mucho más grande. La hembra tiene ceja y partes inferiores beige, más pequeña que el macho. ♪ **Voz:** muy variada, incluye silbidos, cascabeleos y rechinidos.

ZANATE MAYOR *Quiscalus major* (Boat-tailed Grackle)

Un zanate grande de la costa sureste, por lo general cerca de agua salada, aunque va tierra adentro en Florida. ▶ Muy parecido al Zanate Mexicano; cola un poco más corta y cabeza más redondeada. Donde se sobreponen sus distribuciones (costa de Texas y Louisiana), el Zanate Mayor tiene *ojos oscuros* (pero el juvenil del Mexicano también). Más al este, muchos Mayores tienen ojos amarillos; vea el Zanate Norteño. ♪ **Voz:** variada serie de rechinidos, cascabeleos y silbidos; los machos en cortejo frecuentemente emiten un agudo *chi! chi! chi!* ronco.

GARRAPATERO PIJUI *Crotophaga sulcirostris* (Groove-billed Ani)

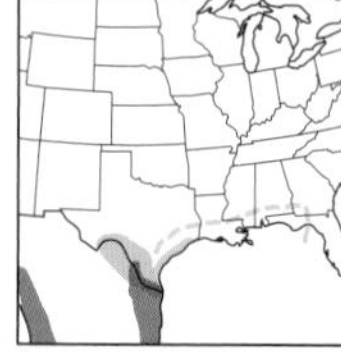

Un extraño cuco tropical que llega al sur de Texas, unos pocos se dispersan a la costa del Golfo y rara vez en otros lugares. Pequeños grupos saltan torpemente en el suelo (con frecuencia se alimentan cerca del ganado), perchan en áreas abiertas. ▶ Cola larga (con frecuencia la sostiene en ángulos extraños), pico alto y angosto. Los canales del pico son difíciles de ver. ♪ **Voz:** *pi! jué* (la primera nota aguda, chillona).

GARRAPATERO DE PICO LISO *Crotophaga ani* (Smooth-billed Ani)

Raro y declinando en el sur de Florida, en áreas con arbustos, orilla de pantanos. ▶ Como el Garrapatero Pijui pero con la cresta del pico más puntiaguda y alta (y carece de ranuras). ♪ **Voz:** quejumbroso *wiiip? . . . wiip?* agudo.

AVES NEGRAS DE COLA LARGA

VAQUEROS Y TORDOS DE TAMAÑO MEDIANO

Los vaqueros son parásitos de nido, colocando sus huevos en los nidos de otras aves de manera que sus pollos sean criados por estos "padres sustitutos." Las otras dos especies de tordos tienen hábitos más normales.

VAQUERO DE CABEZA CAFÉ *Molothrus ater* (Brown-headed Cowbird)

Esta ave de hábitats abiertos ha prosperado con el aclareo de los bosques, y es muy común. Su parasitismo de nidos amenaza poblaciones de algunas especies de aves más pequeñas. Nombrado por su hábito de alimentarse cerca del ganado y otros herbívoros que pastan, los vaqueros caminan en el piso con la cola hacia arriba. En invierno se encuentran en parvadas con otros tordos. ▶ El macho es negro brillante, con una contrastante cabeza café. La hembra es confusa, café sucio, con un pico como de gorrión. Los juveniles tienen barras al principio. ♪ **Canto:** un gorgoreo grave con resonancia, *iii* muy agudo. **Llamado:** cascabeleo, en vuelo *silí* agudo.

VAQUERO DE OJO ROJO *Molothrus aeneus* (Bronzed Cowbird)

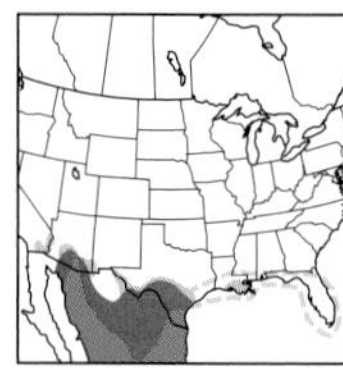

Un vaquero grande del suroeste. Se encuentra disperso en todos los hábitats en el verano, pero en invierno se localiza alrededor de granjas y pasturas. ▶ Más pesado que el Vaquero Cabeza Café, con un pico más largo, cola más corta, ojos rojos. El collar del cuello da una apariencia de hombros jorobados. Las hembras son de un negro apagado (Texas) o café-grisáceo (Arizona). ♪ **Voz:** silbidos muy agudos y rasposos.

VAQUERO BRILLANTE *Molothrus bonariensis* (Shiny Cowbird)

Un raro visitante del Caribe, principalmente en Florida, pero se ve en otras partes del sureste. ▶ Muy parecida al Vaquero de Cabeza Café (las hembras no son fáciles de identificar), pero el macho es completamente negro, con un brillo morado. Los demás tordos completamente negros son más grandes o tienen ojos pálidos.

TORDO DE BREWER *Euphagus cyanocephalus* (Brewer's Blackbird)

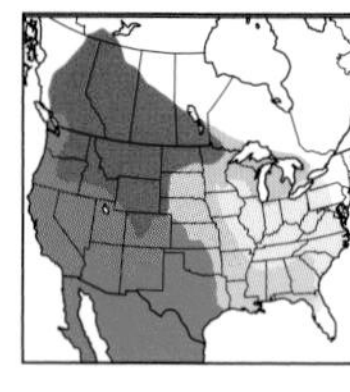

Una ave típica del oeste, con frecuencia muy común en áreas abiertas. Cerca de la costa del Pacífico también se encuentra en ciudades, donde camina en banquetas y calles. En invierno se reúnen en grandes parvadas. ▶ Cola más corta que los zanates (página anterior), un poco más grande que los vaqueros. Macho completamente negro brillante con los ojos blancuzcos. Hembra café grisáceo apagado, con ojos obscuros. ♪ **Canto:** *jjj-wi!* rasposo. **Llamado:** *chak!*

TORDO ROJIZO *Euphagus carolinus* (Rusty Blackbird)

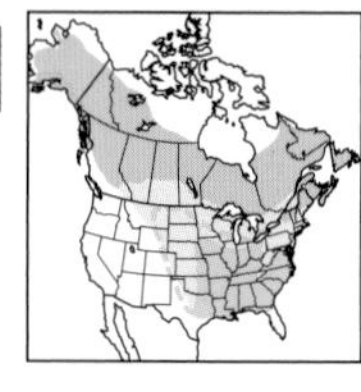

Poco común y declinando, pero ocasionalmente se ve en grandes parvadas. Anida alrededor de pantanos muy al norte, pasa el invierno en los pantanos del sureste. Casi siempre cerca del agua, no se junta con otros tordos en los campos. ▶ En la mayoría de las estaciones, negro apagado (macho) o cenizo (hembra), con ojos amarillos. Como el macho del de Brewer pero menos brillante, con pico más delgado. En otoño, son característicos los *borde de las plumas color óxido, cejas beige.* ♪ **Canto:** *ksh-liiii?* agudo y rasposo. **Llamado:** *chap!*

Hembras
Vaquero de Cabeza Café
7 1/2"
Machos
Juvenil
Vaquero de Ojo Rojo
8 1/2"
Hembras
Macho
Vaquero Brillante
(raro)
7 1/2"
Macho
Hembra
Macho
Tordo de Brewer
9"
Hembra
Tordo Rojizo
9"
Plumaje de otoño
Macho

se alimentan de insectos en los árboles, algunas veces sorbe el néctar de las flores (y puede visitar los bebederos de colibríes). Por lo general solo o en parejas, algunas veces en pequeñas parvadas cuando migran. Sus nidos son tazas o bolsas colgantes de fibras vegetales, suspendidas de ramas.

BOLSERO DE BALTIMORE ***Icterus galbula*** **(Baltimore Oriole)**

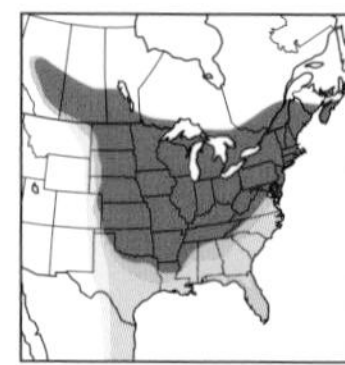

Su magnífico color y su canto silbante hacen de este bolsero un favorito del verano en el este, aunque suele permanecer escondido entre el follaje de olmos y otros árboles. Pasa el invierno en los trópicos, unos pocos en el sureste. ▶ Ninguna otra ave del este se parece al macho adulto. La hembra es café por encima, con un tinte anaranjado por debajo, con barras blancas en la alas. En las Grandes Planicies suele entrecruzarse con el Bolsero de Bullock, produciendo híbridos con patrones intermedios. ♪ **Canto:** serie rápida o lenta de notas melodiosas, a veces incluye sonidos rasposos. **Llamado:** cascabeleo.

BOLSERO DE BULLOCK ***Icterus bullockii*** **(Bullock's Oriole)**

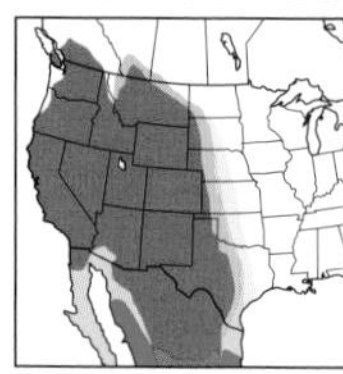

Desde las Grandes Planicies hasta la costa del Pacífico, este bolsero es común en verano en la copa de los árboles a lo largo de los ríos, bosques de tierras bajas. ▶ El macho se parece al de Baltimore pero tiene la cara anaranjada, más blanco en el ala, diferente patrón en la cola. La hembra no es tan anaranjada como la hembra del Baltimore, con la espalda más gris, vientre más blanco, línea del ojo más oscura, pero algunas no se pueden identificar con seguridad. ♪ **Canto:** sonidos melodiosos alternados con rechinidos. **Llamado:** cascabeleo rasposo.

BOLSERO ENMASCARADO ***Icterus cucullatus*** **(Hooded Oriole)**

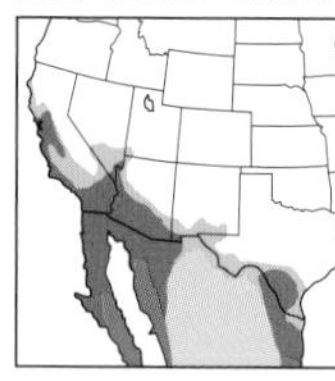

Común durante el verano en el suroeste, en bosques a la orilla de ríos, parques, suburbios. Prefiere especialmente las palmeras, con frecuencia suspende su nido debajo de las frondas. Unos cuantos permanecen en el invierno. ▶ El macho adulto tiene garganta y espalda negras, hombro blanco. En invierno, la espalda se ve barrada con beige. En la frontera mexicana y en Florida, vea los bolseros de la siguiente página. La hembra se reconoce por su apariencia amarillo-verdosa y pico delgado y curvo. ♪ **Canto:** secuencia de notas, cada una de las cuales termina abruptamente, variable. **Llamados:** *win?* nasal.

BOLSERO CASTAÑO ***Icterus spurius*** **(Orchard Oriole)**

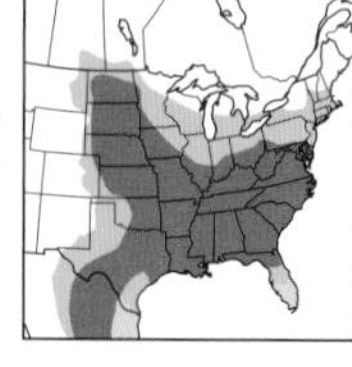

Un bolsero pequeño, común en partes del sureste y medio oeste, escaso más al norte. Prefiere los bordes de bosques bajos, suburbios, bosquecillos en áreas abiertas. Migra hacia el sur temprano, ya desde julio. ▶ El macho adulto es inconfundible. La hembra es pequeña, completamente amarillo-verdosa. Carece del tono anaranjado de la hembra del de Baltimore y el de Bullock; el pico es *más corto* que en el Enmascarado. El macho de un año se parece a la hembra pero con la *garganta negra.* ♪ **Canto:** serie rápida de silbidos melodiosos y notas rasposas. **Llamados:** *chok!* grave, cascabeleo.

Macho
joven
Hembra
joven
Bolsero de
Baltimore
8″
Macho
adulto
Hembra
adulta
Inmaduro
Hembra
Bolsero de
Bullock
8″
Macho
adulto
Macho joven
Bolsero
Enmascarado
7¾″
Macho en
invierno
Macho
en verano
Hembra
Macho
joven
Bolsero
Castaño
7″
Hembra
Macho
adulto

BOLSERO TUNERO *Icterus parisorum* (Scott's Oriole)

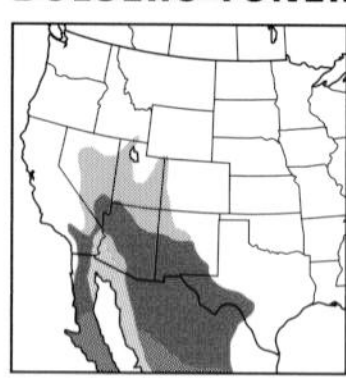

En las estribaciones del suroeste, este llamativo bolsero está ampliamente distribuido en verano, en juníperos, bosques de encino, pastizales con yucas dispersas. ▶ El macho brillante en amarillo y negro es inconfundible en su área de distribución. La hembra es amarillo-verdosa oscura, más grande y oscura que la hembra del Bolsero Enmascarado o el Castaño (página anterior). Las hembras viejas y los machos jóvenes pueden tener más negro en la cabeza. ♪ **Canto:** serie rápida de notas muy melodiosas, recuerda al canto del Pradero Occidental. **Llamado:** *chok!* rasposo, *wín?* nasal.

BOLSERO DE ALTAMIRA *Icterus gularis* (Altamira Oriole)

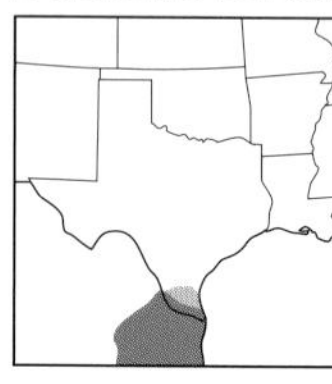

Sólo en el sur de Texas. Muy comunes en bosques nativos, árboles a la orilla de ríos. Construye nidos conspicuos, una bolsa colgante de más de 1 pie (30 cm) de largo, suspendido de una rama. ▶ Como el Bolsero Enmascarado (página anterior) pero tiene un *parche anaranjado* (no blanco) en el hombro. Más grande, con *pico más grueso y recto.* Los inmaduros son más opacos. ♪ **Canto:** serie de monosílabas melodiosas, por ejemplo *chi chi chi chu-chu-chu-chí.* **Llamado:** *in in in* rasposo.

BOLSERO DE CABEZA NEGRA *Icterus graduacauda* (Audubon's Oriole)

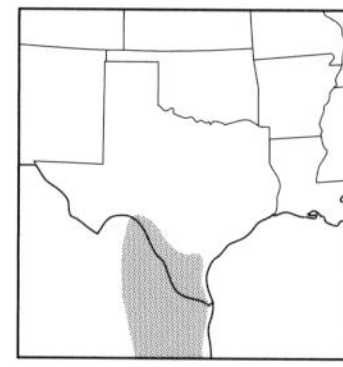

Sólo en el sur de Texas. Poco común en bosques a lo largo del Río Grande, alcanzando el matorral de mesquite y bosquecillos de encino, un poco más al norte. Callado, tímido, fácilmente se pasa por alto. ▶ Los adultos se reconocen por la *espalda amarillo-verdosa* que contrasta con la capucha negra, cola negra, alas negras. Las aves jóvenes son mucho más opacas, en un principio carecen del negro. ♪ **Canto:** lento, como una persona aprendiendo a silbar. **Llamado:** *en* nasal.

BOLSERO DE PECHO MANCHADO *Icterus pectoralis* (Spot-breasted Oriole)

Sólo en Florida. Nativo a México y Centroamérica, introducido accidentalmente en el área de Miami, donde es poco común y localizado en los suburbios. ▶ El único bolsero de Florida con *cabeza anaranjada brillante y garganta negra.* Manchas a los lados del pecho; mucho blanco en las alas. El inmaduro es más opaco, puede carecer de las manchas. En un principio el juvenil es amarillo opaco. ♪ **Canto:** silbidos melodiosos. **Llamado:** *nien* nasal.

BOLSERO DE DORSO RAYADO *Icterus pustulatus* (Streak-backed Oriole)

Un raro visitante en Arizona y California, principalmente en invierno, pero ha anidado en Arizona. Prefiere los árboles altos cerca del agua. ▶ El macho adulto es anaranjado con una garganta negra, blanco en las alas, *rayas negras delgadas en la espalda.* El Bolsero Enmascarado (página anterior) tiene un patrón escamoso en la espalda durante el invierno. La hembra es opaca; algunas hembras jóvenes no se pueden distinguir con seguridad de hembras de Bolsero de Bullock (que pueden tener la espalda rayada). ♪ **Canto:** silbidos melodiosos. **Llamados:** cascabeleo, *wik!* fuerte.

Bolsero Tunero
9″
Machos
Hembras
Bolsero de Altamira
10″
(Sólo en Texas)
Adulto
Adulto
Bolsero de
Pecho Manchado
9½″
(Sólo en
Florida)
Adulto
Bolsero de
Cabeza Negra
9½″
(Sólo en
Texas)
Inmaduro
Macho
Adulto
Bolsero de
Dorso Rayado
(visitante raro)
8½″

GORRIONES DEL VIEJO MUNDO

(familia Passeridae) están ampliamente distribuidos en Europa, Asia y África. Dos especies muy adaptables han sido introducidas a Norteamérica.

GORRIÓN DOMÉSTICO *Passer domesticus* (House Sparrow)

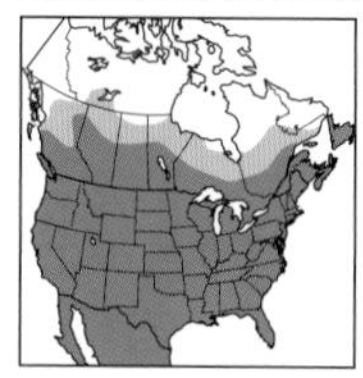

Esta ingeniosa y valiente ave, adaptada a vivir alrededor de los humanos, prospera aún en nuestras ciudades más grandes. Impopular entre algunas personas (debido a que compite con las aves nativas), este gorrión es indiscutiblemente interesante de observar y agrega una chispa de vida a los escenarios urbanos que no tendrían aves de no ser por ellos. ▶ El macho tiene un babero negro, mejillas blancas, corona gris, nuca castaña. La hembra también es atractiva si se le observa bien, con una ceja beige, pecho gris, espalda café rayada con negro y beige. ♪ **Voz:** multitud de notas como *chrii!*

GORRIÓN MOLINERO *Passer montanus* (Eurasian Tree Sparrow)

Introducido en St. Louis en 1870, este gorrión ha permanecido pero no ha logrado extenderse mucho. Pequeñas colonias viven alrededor de granjas, parques, suburbios en la región de St. Louis en Missouri e Illinois, localmente en el sureste de Iowa. ▶ Ambos sexos se parecen al macho del Gorrión Doméstico, pero la corona es café (no gris), mancha negra en el oído sobre mejilla blanca. ♪ **Voz:** parecida a la del Gorrión Doméstico, a veces más aguda.

GORRIONES AMERICANOS

(parte de la **familia Emberizidae**) incluyen una variedad de especies. Muchos de ellos tienen patrones de color atractivos (si bien sutiles) y algunos tienen hermosos cantos. Los gorriones pueden ser difíciles de identificar en un principio; a continuación se presentan unas claves para considerar.

Patrón de las partes inferiores: ¿está el ave rayada a través del pecho o hacia abajo en los flancos, tiene una mancha oscura en el pecho, o es simple por debajo?

Patrón de la cabeza: observe rasgos como franjas en la corona, bigotes oscuros (en ángulo hacia abajo desde el pico), anillo ocular o color contrastante en la garganta.

Forma: ¿la cola se ve relativamente corta (como en el Gorrión Sabanero) o larga (como en el Gorrión Cantor)? ¿La cabeza del ave se ve plana o con pico grande? Requiere experiencia ver estas pequeñeces, pero después de conocer unos cuantos gorriones, notará las diferencias en la forma cuando vea especies nuevas.

GORRIONES

Hembras

Macho en otoño

Gorrión Doméstico 6″

Macho en primavera

Gorrión Molinero 5¾″

MÁS CLAVES PARA IDENTIFICAR GORRIONES NATIVOS:

Hábitat: Los gorriones pueden detenerse en cualquier lugar durante la migración, pero la mayor parte del tiempo tienen claras elecciones de hábitat. Es poco probable que encuentre un Gorrión Pantanero en el desierto o un Zacatonero de Artemisa en el pantano.

Vida Social: Los gorriones (como la mayoría de las aves) están en parejas o en grupos familiares durante la temporada de anidación, pero en otras temporadas, algunas especies están en parvadas mientras otras son por lo general solitarias. Esta suele ser una clave muy útil y es mencionada en las siguientes descripciones.

Por último, ¿es el ave realmente un gorrión? Los gorriones tienen picos gruesos para abrir semillas, pero algunas otras aves tienen picos parecidos. Antes de darse por vencido con un gorrión misterioso, pregúntese si puede pertenecer a otro grupo.

Por lo general, estas cuatro especies permanecen a baja altura en lugares con maleza y pantanos; en ocasiones son difíciles de observar. Pueden estar en parejas o grupos familiares, pero no en parvadas.

GORRIÓN CANTOR *Melospiza melodia* (Song Sparrow)

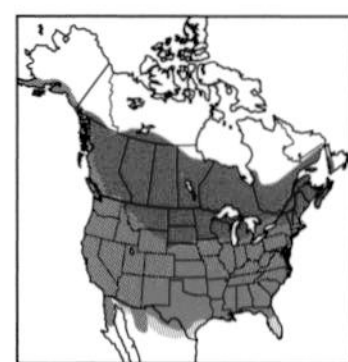

Común y ampliamente distribuido. Prefiere la cubierta vegetal densa y baja, pero se torna dócil alrededor de jardines, parques. El color general varía por región, desde el variante ampliamente distribuido al variante oscuro del noroeste, y el pálido y rojizo a lo largo de arroyos en el desierto. ▶ Cola muy larga, cara rayada, rayas en el pecho que con frecuencia se unen en una mancha central. Vea al Gorrión de Lincoln. El Gorrión Sabanero (p. 354) tiene la cola más corta, suele vivir en campos abiertos. ♩ **Canto:** notas breves seguidas de una rápida serie de notas melodiosas: *chué chué chué chichichichichichi.* **Llamado:** *chif* nasal.

GORRIÓN DE LINCOLN *Melospiza lincolnii* (Lincoln's Sparrow)

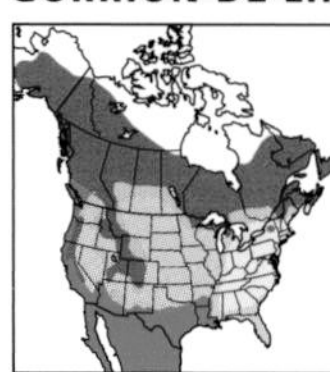

Común en el oeste, por lo general escaso en el este, en arbustos densos bajos. Suele ser tímido, pero (como otros gorriones) se acerca para investigar sonidos chillones, las plumas de la cabeza se levantan en una corta y animada cresta. ▶ Colores contrastantes en la cara: "bigotes" beige, ceja gris, mejillas y corona café. El *pecho beige* tiene *delgadas rayas negras.* (Cuidado: en verano el juvenil del Gorrión Cantor puede ser beige, con rayas delgadas.) ♩ **Canto:** serie de notas en dos tiempos, la segunda mitad más rápida: *chío chi chi chichichichichi.* **Llamados:** *chep* breve, *sit* agudo.

GORRIÓN PANTANERO *Melospiza georgiana* (Swamp Sparrow)

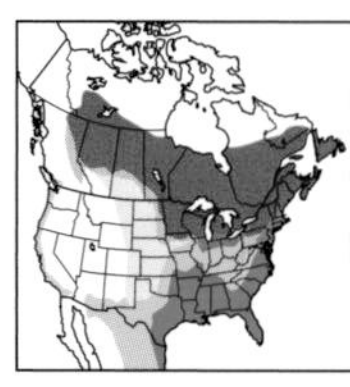

Un gorrión oscuro que acecha en lugares húmedos: pantanos, ciénagas, matorrales densos cerca del agua. Algunas veces es común, pero se le encuentra solo, no en parvadas. ▶ Apariencia muy oscura, por lo general con *castaño brillante* en la espalda y alas. La cara gris contrasta con la garganta blanca y gorra roja en verano; la gorra es mucho más opaca en invierno, café con franja central pálida. ♩ **Canto:** *chi-chi-chi-chi-chi-chi-chi-chi.* **Llamado:** *pik* agudo y resonante.

GORRIÓN RASCADOR *Passerella iliaca* (Fox Sparrow)

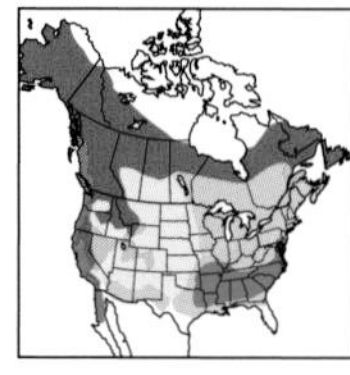

En el suelo debajo de arbustos densos, este gorrión grande rasca la hojarasca con las patas. Generalmente se ven pocos. El color varía de rojo (este), gris (montañas del oeste) a café oscuro (Noroeste del Pacífico); las diferentes formas podrían ser especies distintas. ▶ Tamaño grande, rasca el suelo. *Manchas triangulares* en la parte inferior; cara *sencilla.* La mayoría de las formas tienen *cola rojiza* (vea Zorzal de Cola Rufa, p. 258). Con frecuencia tienen pico de dos tonos. Algunos en California tienen pico muy robusto. ♩ **Canto:** muy melodioso, de un tono como del canto de un canario. **Llamado:** varía regionalmente, en algunos lados *chep,* en otros *tik* metálico.

Marismas (California)
Pacífico Noroeste
Forma típica
Ríos en desiertos
Gorrión Cantor
5½"–7"
Gorrión de Lincoln
5½"
Verano
Plumaje nuevo de otoño
Gorrión Pantanero
5¾"
Verano
Invierno
Inmaduro
Forma ceniza
Forma de pico robusto
Forma roja
Forma gris
Gorrión Rascador
7"

GORRIONES ZACATONEROS

Grandes y de cola larga, se esconden en la cubierta vegetal densa. Solo o en grupos familiares, no en parvadas. La voz es importante para la identificación.

ZACATONERO DE CORONA RUFA *Aimophila ruficeps* (Rufous-crowned Sparrow)

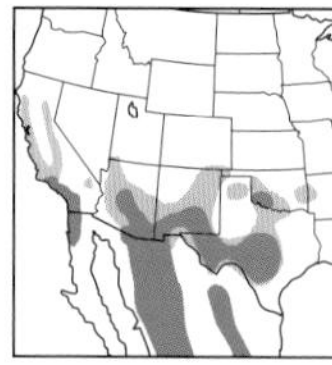

Una sigilosa ave de cola larga de estribaciones rocosas con maleza y cañones. Por lo general en parejas. Con frecuencia suele ser más oído que visto. ▶ Corona rojo óxido, anillo ocular blanco, *bigotes oscuros* muy marcados; el pico se ve grande, la cabeza plana. El Gorrión Pantanero (página anterior) se encuentra en un hábitat muy diferente; el Gorrión de Ceja Blanca y otros de gorra rojo óxido (página siguiente) son más pequeños, menos sigilosos. ♩ **Canto:** ultrarrápido *chipchipchuchuwí chichichi.* **Llamado:** una a tres *pí*'s nasales.

ZACATONERO DE CASSIN *Aimophila cassinii* (Cassin's Sparrow)

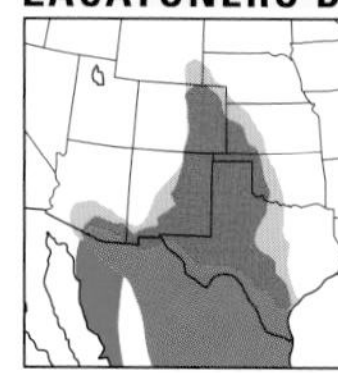

En pastizales con maleza, por lo general pasa desapercibido excepto durante su canto al vuelo. Bastante nómada, los números y su distribución varían de año en año. ▶ Cola larga, café-gris, confusamente simple. Las esquinas de la cola son blanco sucio; las marcas oscuras en la espalda y los flancos pueden ser oscuras en el plumaje desgastado del verano. Mejor reconocido por su hábito de revolotear en el aire y planear hacia abajo mientras canta. ♩ **Canto:** agudo *titi trrrrrrr . . . te te.*

ZACATONERO DE BOTTERI *Aimophila botterii* (Botteri's Sparrow)

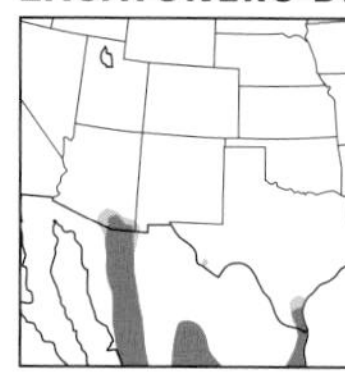

Poco común y local en los pastizales desérticos y praderas costeras cerca de la frontera mexicana. Sigiloso, difícil de observar cuando no está cantando. ▶ Grande, cola larga, carece de marcas obvias. El Gorrión de Cassin tiene un color menos uniforme, puede mostrar rayas en los flancos o marcas como escamas en la espalda, pero su canción es su mejor seña de campo. ♩ **Canto:** emitido desde una percha: *piwt-pwit-pyit* seguido de un superrápido *witwiwiwiwiwiwiwi.*

ZACATONERO DE BACHMAN *Aimophila aestivalis* (Bachman's Sparrow)

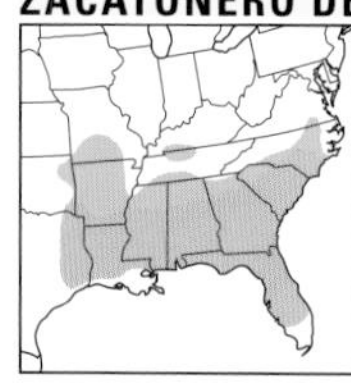

Un gorrión poco común y tímido de los bosques del pino del sur, matas de palma y campos con maleza, permaneciendo cerca del suelo. Rara vez visto excepto cuando canta. ▶ Grande y de cola larga, café relativamente simple. El Gorrión de Botteri es muy parecido, pero sus distribuciones no se sobreponen. ♩ **Canto:** silbidos melodiosos, generalmente un silbido prolongado seguido de serie de una nota repetida.

ZACATONERO DE ALA RUFA *Aimophila carpalis* (Rufous-winged Sparrow)

Sólo en el sur de Arizona. Muy localizado en desiertos con pastos altos y matorral de mesquite. Por lo general en parejas, escondiéndose en el pasto excepto cuando canta. ▶ Rayas rojo óxido en la corona, línea oscura en el ojo. *Dos bigotes cortos* distintivos. El rojo óxido en el ala es difícil de ver. El Gorrión de Ceja Blanca (página siguiente) es más pequeño, menos sigiloso, carece del doble bigote. ♩ **Canto:** dos o tres notas seguidas de un *chrrrrrrr* prolongado.

Zacatonero de
Corona Rufa
6″
Zacatonero de
Cassin
6″
Zacatonero
de Bachman
6″
Zacatonero
de Botteri
6″
Zacatonero de
Ala Rufa
5³/₄″

GORRIONES DEL GENERO "SPIZELLA"

son pequeños, colas medianas a largas. Por lo general se ven en parvadas pequeñas durante el invierno, suelen perchar en áreas abiertas con maleza.

GORRIÓN DE CEJA BLANCA *Spizella passerina* (Chipping Sparrow)

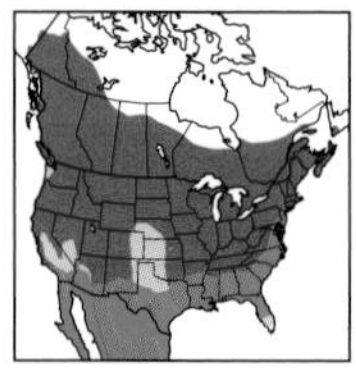

Un ave que se ve en el verano en los jardines en muchas áreas, saltando en los prados, anidando en las cercas de arbustos. En invierno las parvadas se alimentan en bordes de los bosques, matorrales. ► En verano, tiene gorra castaña, *ceja blanca,* línea negra a través del ojo. Menos contraste en invierno. El juvenil es rayado, retiene algunas rayas en el otoño. Las aves opacas del otoño pueden sugerir a las dos especies siguientes, pero tienen rabadilla gris, no café. ♪ **Canto:** *chip* fuerte, *sip* agudo.

GORRIÓN PÁLIDO *Spizella pallida* (Clay-colored Sparrow)

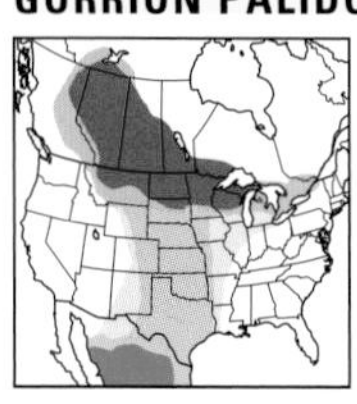

Común en las Grandes Planicies, un raro visitante a la costa este u oeste. Prefiere zonas con matorral en áreas abiertas. ► Parche café en el oído con línea oscura; franja central blanca en la corona. El *cuello gris* puede contrastar con el pecho beige. Durante el otoño los Gorriones de Ceja Blanca pueden ser parecidos, pero el Pálido carece de la línea oscura que va del ojo al pico, tiene rabadilla café. Vea Gorrión de Brewer. ♪ **Canto:** *drrrrrr, drrrrrr, drrrrrr, drrrrrr* prolongado.

GORRIÓN DE BREWER *Spizella breweri* (Brewer's Sparrow)

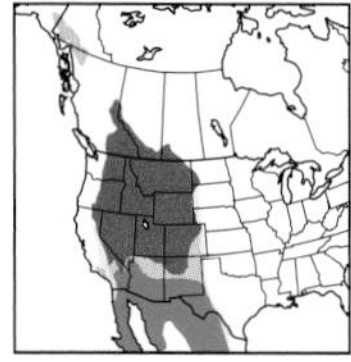

Un pequeño gorrión pálido con una expresión vaga. Común en planicies con artemisa en verano. En invierno, las parvadas se encuentran en desiertos, malezas. ► Carece de marcas obvias. Cara más simple que el Gorrión de Ceja Blanca o el Pálido. Aquellos que anidan en montañas altas desde Montana hasta Alaska pueden ser una especie distinta, el "Gorrión Alpino". ♪ **Canto:** interminable serie de *drrrrr*'s prolongados mezclados con notas melodiosas como de canario.

GORRIÓN ARBÓREO *Spizella arborea* (American Tree Sparrow)

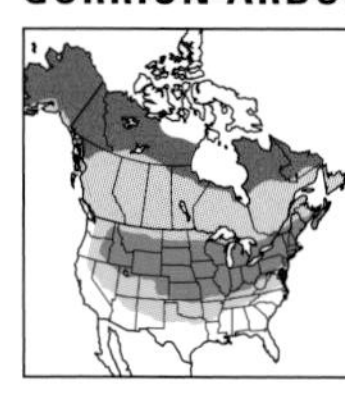

Un gorrión de clima frío. Se ven más al sur que Canadá sólo en el invierno, cuando las parvadas vagan por campos con maleza, bordes de bosque, jardines, con frecuencia con juncos y otros gorriones. ► Gorra rojo óxido, *pico con dos tonos,* mancha oscura en el pecho. Compare con el Gorrión de Ceja Blanca y el Llanero. El Gorrión Pantanero (p. 346) es más robusto y sigiloso, carece de barras en las alas. ♪ **Canto:** silbidos puros y gorjeos. **Llamado:** superrápido *chuírit.*

GORRIÓN LLANERO *Spizella pusilla* (Field Sparrow)

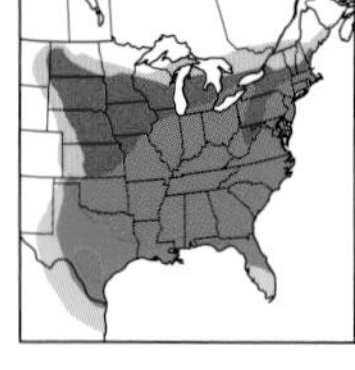

Un gorrión con cara de bebé, común en campos con maleza muy crecida, con frecuencia en pequeñas parvadas. ► Gorra rojo óxido, *pico rosa,* anillo ocular blanco borroso, línea rojo claro a través del ojo. La cola parece *larga* para su tamaño. En invierno el Gorrión de Ceja Blanca puede tener el pico rosa, pero tiene una línea más oscura en el ojo. ♪ **Canto:** serie de monosílabas agudas y melodiosas seguidos de un trino prolongado, como de canario. **Llamado:** seseos queditos.

Gorrión de
Ceja Blanca
5 1/2"
Adulto en
invierno
Juvenil
Adultos
en verano
Gorrión Pálido
5 1/2"
Gorrión de
Brewer
5 3/4"
Gorrión Llanero
5 3/4"
Verano
Invierno
Gorrión Arbóreo
6 1/4"

GORRIONES

Estas cinco especies viven en lugares abiertos y muy secos, principalmente en el oeste, aunque el Gorrión Arlequín se extiende más al este.

GORRIÓN ARLEQUÍN *Chondestes grammacus* (Lark Sparrow)

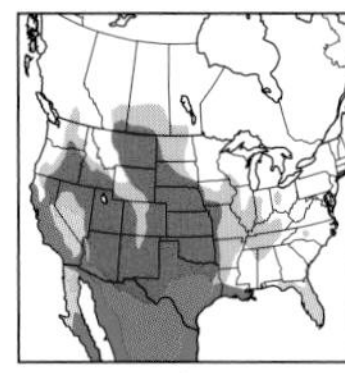

Un llamativo gorrión, común en el oeste, escaso en el este. Prefiere suelo desnudo cerca de áreas con maleza: granjas, corrales de caballos, borde de praderas. Con frecuencia en parvadas pequeñas, perchan conspicuamente en áreas abiertas. Rara vez se dispersan a la costa este en otoño. ▶ Marcado patrón en la cara, mancha oscura en el pecho. *Los bordes y esquinas* de la larga cola son *blancos*. El ave joven es opaca, con el reconocible patrón de la cara y cola. ♪ **Canto**: larga serie de notas variadas, como de canario. **Llamado**: *chip* metálico, frecuentemente emitido al vuelo.

GORRIÓN DE BARBA NEGRA *Spizella atrogularis* (Black-chinned Sparrow)

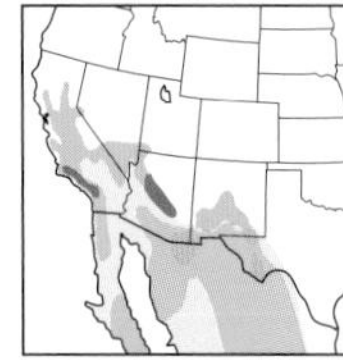

En chaparral y matorral en las estribaciones del oeste, este pequeño gorrión es bastante silencioso, fácilmente pasa desapercibido. ▶ Cabeza y pecho grises, el pico pálido sugiere a un junco (p. 360), pero la espalda y las alas tienen más patrón. Negro en la barbilla en los machos en verano. Cola larga para su pequeño tamaño. ♪ **Canto**: *piwt-pwit-pwit* seguido de un superrápido *witwiwiwiwiwiwi*. **Llamado**: *sit*.

GORRIÓN DE GARGANTA NEGRA *Amphispiza bilineata* (Black-throated Sparrow)

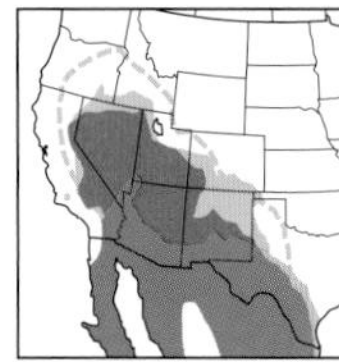

Un gorrión del desierto. No es tímido; las parejas o grupos se alimentan en el suelo, produciendo notas musicales tintineantes. ▶ La garganta y máscara negra separadas por una ceja blanca y franjas blancas como bigotes. Gris-café por encima, con delgados bordes y esquinas blancos en la cola. El juvenil tiene la garganta blanca, pecho rayado; sugiere al Zacatonero de Artemisa (abajo) pero tiene una ceja blanca más marcada. ♪ **Canto**: variable, recuerda al canto del Saltapared de Bewick. **Llamado**: notas muy agudas.

ZACATONERO DE ARTEMISA *Amphispiza belli* (Sage Sparrow)

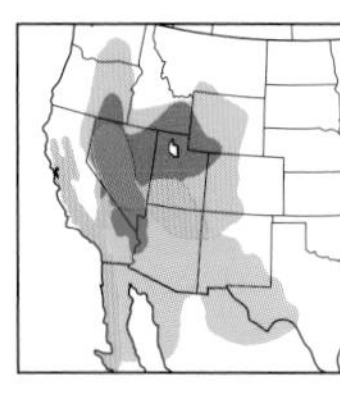

Prefiere áreas yermas: planicies de artemisa y chamizo, otros tipos de desierto en invierno. (La forma oscura de la costa del Pacífico vive en chaparrales densos.) Menea o baja la cola mientras está perchado. En áreas abiertas, corre sosteniendo la cola hacia arriba. ▶ La forma continental es pálida y parda con cabeza gris, franja blanca como bigote, mancha oscura en el pecho. Su comportamiento es la mejor clave. La forma costera es gris oscura, más contrastante. ♪ **Canto**: serie de notas melodiosas agudas. **Llamado**: notas muy agudas.

ZACATONERO DE CINCO RAYAS *Aimophila quinquestriata* (Five-striped Sparrow)

Sólo en Arizona. Un raro residente de verano de unos pocos cañones escabrosos cerca de la frontera; mayormente ausente en invierno. ▶ Parece oscuro, con espalda café, pecho gris, cinco rayas en la garganta (tres blancas, dos negras). ♪ **Canto**: variable serie de notas: *chep! chep! . . . ruí ruí . . . psssss . . . tsuí-tsuí . . .* etc.

Gorrión Arlequín
$6^1/_2$"
Inmaduro
Adultos
Gorrión de
Barba Negra
$5^3/_4$"
Hembra e
invierno
Macho
en verano
Juvenil
Adultos
Zacatonero de
Garganta Negra
$5^1/_2$"
Zacatonero
de Artemisa
$6^1/_4$"
Forma
continental
Gorrión de
Cinco Rayas
(raro)
6"
Forma
costera

GORRIONES DE ÁREAS ABIERTAS

Completamente marcados con muchas rayas. El Gorrión Sabanero y el de Cola Blanca con frecuencia son fáciles de observar; el de Henslow y el de Baird son más evasivos, escondiéndose en el pasto.

GORRIÓN SABANERO *Passerculus sandwichensis* (Savannah Sparrow)

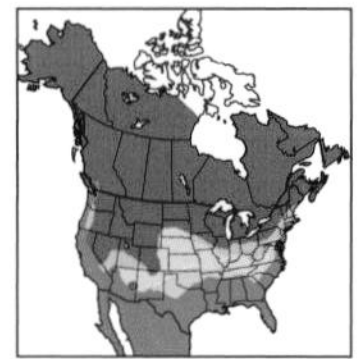

Alrededor de campos, pantanos, pastos de las playas, cualquier pequeño gorrión rayado que permanece en áreas abiertas es seguramente esta especie. Común y ampliamente distribuido, con frecuencia en pequeñas parvadas poco compactas. Vale la pena aprender a reconocerlo para poder comparar con otros gorriones. ► Pecho muy rayado, patrón en la cara muy marcado, delgada franja blanca central en la corona. Suele mostrar amarillo enfrente del ojo. Muchas variantes locales; los extremos son la forma negra de **"Belding"** (marismas de California) y la forma grande y pálida de **"Ipswich"** (playas del Atlántico en invierno). ♩ **Canto:** notas breves antes de y después de un prolongado *drrrrrrr.* **Llamados:** *tsip* y *sit.*

GORRIÓN DE COLA BLANCA *Pooecetes gramineus* (Vesper Sparrow)

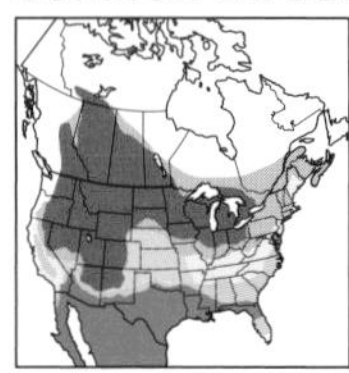

Este pálido gorrión rayado prefiere praderas abiertas, campos de cultivo, áreas secas, de manera que es más común en el oeste que en el este. Nunca en grandes parvadas, pero puede reunirse con otros gorriones en invierno. ► Plumas externas de la cola *blancas* (difícil de ver hasta que el ave vuela). El parche de la mejilla tiene un marcado delineado oscuro, *anillo ocular blanco,* delgadas franjas en la corona. La mancha castaña en el hombro suele estar oculta. ♩ **Canto:** dos notas agudas prolongadas seguidas de notas breves y *trrrr*'s prolongados. **Llamado:** *sip* abrupto.

GORRIÓN DE HENSLOW *Ammodramus henslowii* (Henslow's Sparrow)

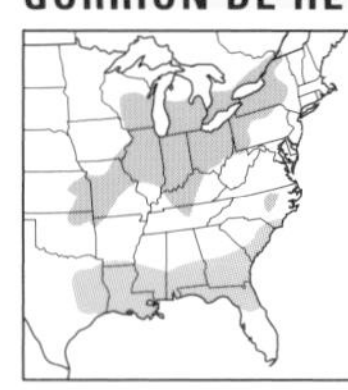

Poco común y muy localizado (y probablemente declinando), en campos con maleza muy crecida, praderas del este. Tímido, difícil de ver; rara vez percha en áreas abiertas excepto cuando canta. Cuando se le espanta, vuela bajo y se deja caer en el pasto nuevamente. ► Pequeño, con cola corta y apariencia de cabeza plana. El *verde oliva de la cabeza* contrasta con el rojo óxido-café de la espalda y alas. Rayas bien definidas en pecho y flancos blancos. ♩ **Canto:** sonido agudo casi monosilábico: *ch-si.* A veces, canta en la noche.

GORRIÓN DE BAIRD *Ammodramus bairdii* (Baird's Sparrow)

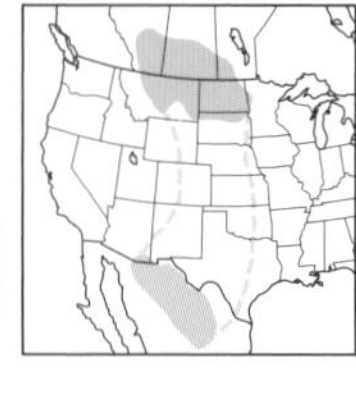

Las praderas secas de la parte media del continente albergan a este gorrión evasivo y poco común. Muy difícil de observar durante la migración y el invierno, cuando no canta; al espantarse vuela bajo, dejándose caer en el pasto nuevamente y luego corriendo desapercibido. ► Tinte *amarillo mostaza* en la cabeza, puede verse como una *franja ocre* en el centro de la corona. Blanco por debajo con un collar de rayas oscuras en el pecho. Rayado o con escamas en la espalda. ♩ **Canto:** de tres a cinco notas cortas seguidas de un *trrrrrr* musical.

Adultos típicos
Forma de "Belding"
Forma de "Ipswich"
Gorrión Sabanero 5 1/2"
Gorrión de Cola Blanca 6 1/4"
Gorrión de Henslow 5"
Gorrión de Baird 5 1/2"

GORRIONES DE CAMPOS Y CIÉNAGAS

Todos estos son aves tímidas y solitarias, nunca se encuentran en parvadas. Con frecuencia son difíciles de ver bien excepto cuando cantan.

GORRIÓN SALTAMONTES *Ammodramus savannarum* (Grasshopper Sparrow)

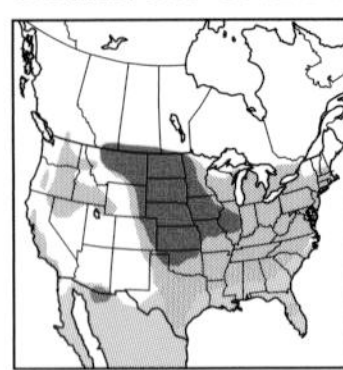

En campos secos con pasto, este gorrión es con frecuencia común pero fácilmente pasa desapercibido. Incluso su canto sugiere el zumbido de un chapulín o saltamontes. ▶ Cabeza grande, cola corta, con frente plana. La corona tiene una franja central blanca bordeada por anchas franjas oscuras, de otro modo es principalmente beige en la cara y pecho. Nuca gris con finas rayas rosas, espalda muy rayada. ♪ **Canto:** *chk-tk psssssssss,* la última nota como de un insecto.

GORRIÓN DE LE CONTE *Ammodramus leconteii* (Le Conte's Sparrow)

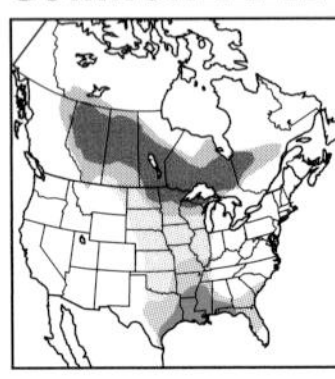

Los campos inundados o ciénagas poco profundas ocultan a este tímido, colorido y pequeño gorrión. Si se le molesta, vuela bajo y débilmente antes de dejarse caer nuevamente en el pasto. ▶ Franjas anaranjadas alrededor de las mejillas grises; franja central blanca en la corona negra. La nuca gris tiene finas franjas rosas. Sugiere al Gorrión Saltamontes, pero tiene franjas negras en los flancos. ♪ **Canto:** *tk kshshshsh-tk.*

GORRIÓN DE COLA AGUDA *Ammodramus caudacutus* (Saltmarsh Sharp-tailed Sparrow)

A lo largo de la costa central del Atlántico, esta ave y el Gorrión Marino son comunes donde aún existen marismas no perturbadas. ▶ Más pequeño que el Gorrión Marino, con más patrón en la cara. Parecido al Gorrión de Nelson (que ocurre en las mismas ciénagas en invierno), pero tiene el pecho más blanco (menos beige) con un marcado rayado. ♪ **Canto:** *tshshshsh,* a veces seguido por notas breves.

GORRIÓN DE NELSON *Ammodramus nelsoni* (Nelson's Sharp-tailed Sparrow)

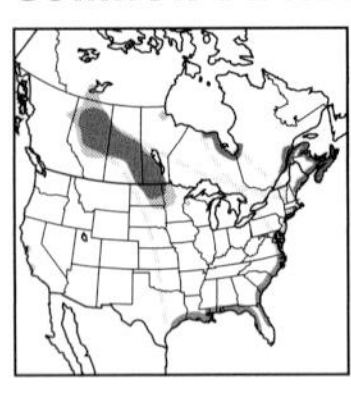

El Gorrión de Cola Aguda y el de Nelson fueron considerados con anterioridad una misma especie. El de Nelson es el único que puede ser visto lejos de la costa Atlántica. Anida en marismas desde el norte de Maine y en las ciénagas de las praderas. ▶ El parche gris de la mejilla está rodeado por un triángulo de rayas anaranjadas o beige. Sugiere al Gorrión de Le Conte pero tiene la franja central de la corona gris (no blanca), la nuca es gris (sin franjas). ♪ **Canto:** *t-shshshsh-tshíu.*

GORRIÓN MARINO *Ammodramus maritimus* (Seaside Sparrow)

Este desgarbado gorrión prefiere las marismas de las costas Atlántica y del Golfo. ▶ Con un pico largo para un gorrión, con cola corta y puntiaguda. Tiene una llamativa mancha pálida antes del ojo, bigote pálido. Con frecuencia se ve oscuro y pardo, pero el color general varía con la distribución. El hábitat es una de las mejores señas de campo. La raza del sur de Florida, el "Gorrión de Cabo Sable", está en peligro; es verdosa por arriba, muy rayada por debajo. ♪ **Canto:** *tsak!-tsak! tshshshshsh.* Recuerda el canto del Tordo Sargento.

GORRIONES DE CAMPOS Y CIÉNAGAS

pasan el verano en climas fríos, se mueven al sur en parvadas durante el invierno. El nido en forma de taza es colocado en el suelo o en un matorral.

GORRIÓN DE GARGANTA BLANCA ***Zonotrichia albicollis*** **(White-throated Sparrow)** Parvadas de Gorriones de Garganta Blanca vagan por el sotobosque de bosques, parques y jardines durante el invierno, alimentándose en el suelo, con frecuencia con otros gorriones o juncos. Muy común en el este, escaso en el oeste. Pasa el verano en los bosques del norte. ► Conspicua garganta blanca, pico oscuro, mancha amarilla frente al ojo. Los adultos tienen dos variantes; las aves de rayas blancas suelen aparearse con los de rayas cafés. Más opaca durante su primer invierno, con rayas borrosas por debajo. ♪ **Canto:** agudo y melodioso *fiiiii fiiii fi fi fi.* **Llamados:** *sit* y *chen.*

GORRIÓN DE CORONA BLANCA ***Zonotrichia leucophrys*** **(White-crowned Sparrow)** Este elegante gorrión es muy común en el oeste, poco común en el este. En invierno las parvadas viven en matorrales, bordes de bosque, desiertos y pueden cantar en un desordenado coro desde las arbustos en los días cálidos del invierno. La mayoría pasan el verano más al norte o en las montañas; algunos viven todo el año en la costa del Pacífico. ► Más gris que el de Garganta Blanca, con *pico rosa o amarillo.* Los adultos tienen franjas negras y blancas en la corona, en su primer invierno las franjas son castañas y grises. El patrón frente al ojo varía con la distribución. ♪ **Canto:** agudo *tsiiiii chewetsitsio.* Muy variable. **Llamados:** *tin* metálico, *sit* agudo.

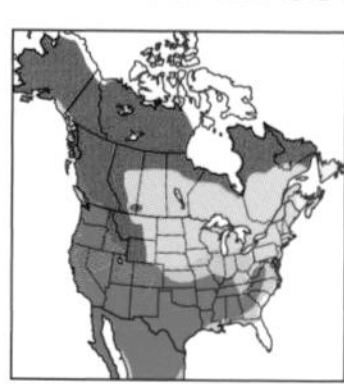

GORRIÓN DE CORONA DORADA ***Zonotrichia atricapilla*** **(Golden-crowned Sparrow)** En invierno en los estados del Pacífico, este gorrión grande se reúne en parvadas en el sotobosque de bosques y parques, con frecuencia con Gorriones de Corona Blanca. Más al este, son visitantes muy raros. En el verano, van al norte a matorrales y a tundra. ► Las notorias franjas negras en la cabeza del plumaje de verano dan paso a un opaco patrón en el invierno; algunas aves jóvenes parduscas sugieren a la hembra del Gorrión Doméstico (p. 344). A diferencia del de Corona Blanca, el pico es principalmente negro. ♪ **Canto:** *tsiiiii, do mi* descendente. **Llamados:** *chip* y *sit.*

GORRIÓN DE HARRIS ***Zonotrichia querula*** **(Harris's Sparrow)** En invierno en las planicies del sur, los Gorriones de Harris se reúnen en parvadas alrededor de matorrales y bordes de bosques. Las aves vagabundas pueden aparecer en otros lugares, con otros gorriones o juncos. En verano se retiran a bosques del centro de Canadá. ► Los adultos son distintivos (vea Gorrión de Garganta Negra p. 352, Gorrión Doméstico p. 344). El inmaduro carece de la garganta negra; note el tamaño grande, pico rosa, *vientre blanco brillante.* ♪ **Canto:** silbidos prolongados muy agudos: *siiiiii si-si.* **Llamados:** *pin* abrupto. Las parvadas producen un musical *chogó chogó.*

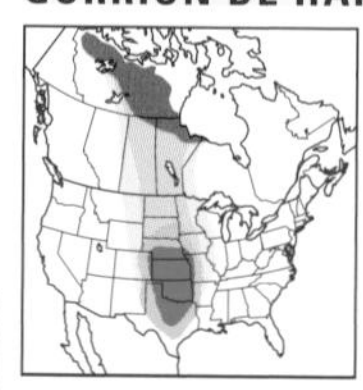

Gorrión de
Garganta Blanca
6 3/4"
Inmaduro
Rayas cafés
Rayas
blancas
Gorrión de
Corona Blanca
7"
Adultos
Adulto de la
costa oeste
Inmaduro
Ave opaca
en invierno
Adultos
Gorrión de
Corona Dorada
7 1/4"
Gorrión de
Harris
7 1/2"
Inmaduro
Adultos

son gorriones grises con plumas externas de la cola blancas. Aves de clima frío, anidan principalmente en el norte o en las montañas y se dispersan al sur en invierno, visitando los comederos de aves en los jardines.

JUNCO DE OJO OSCURO *Junco hyemalis* (Dark-eyed Junco)

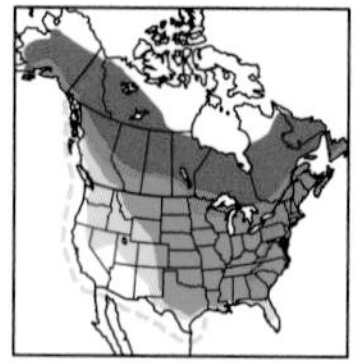

"Color Pizarra"

"de Oregon"

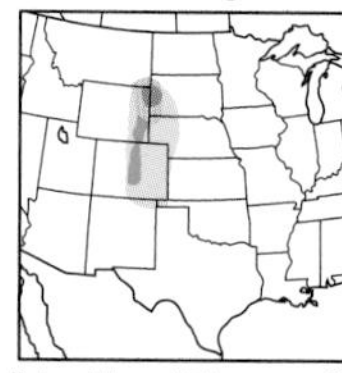

"de Alas Blancas"

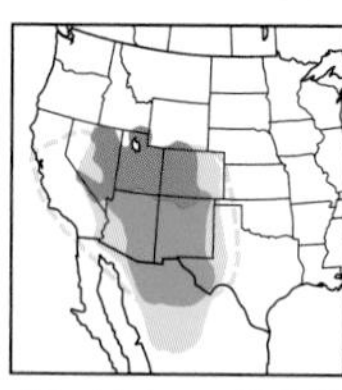

"de Cabeza Gris"

Para muchas regiones esta es un ave que llega sólo en invierno. Excepto cuando se emparejan para anidar, los juncos suelen estar en pequeñas parvadas, alimentándose en el suelo cerca de matorrales o bordes de bosques. Se pueden identificar varios tipos. Todas tienen distribuciones separadas en verano: pero en invierno, varios tipos pueden juntarse en una misma parvada. ▶ Todos tienen las plumas externas de la cola blancas y todas menos la última, tienen picos rosas. Los juveniles son completamente café rayado en un principio.

"Junco Color Pizarra" es la única forma que se suele ver en el este. Cabeza, espalda y flancos gris liso. Las hembras y las aves en su primer invierno son ligeramente más cafés que los machos adultos. **"Junco de Oregon"** ampliamente distribuido en el oeste, rara vez aparece en el este. El macho tiene una capucha negra lisa o gris pizarra, espalda castaña, flancos rojo óxido. La hembra es más pálida, con capucha gris. **"Junco de Flancos Rosas"** anida en la región norte-centro de las Rocosas, pasa el invierno más al sur (sin mapa). Un poco más grande que la mayoría de los juncos, con capucha azul-gris pálida, flancos rosas, espalda café. La hembra del "de Oregon" puede ser muy similar. **"Junco de Alas Blancas"** anida en la región de Black Hills en Dakota del Sur. Como el "Junco Color Pizarra" pero más grande y pálido, con *barras blancas en las alas,* más blanco en la cola. (Otros juncos rara vez pueden tener también barras en las alas). **"Junco de Cabeza Gris"** anida principalmente en el centro de las Rocosas y montañas del Great Basin. El parche rojo en la espalda contrasta con la capucha gris. A diferencia del "Junco de Oregon", los *flancos y lados son grises,* no café o bronce. **"Junco de Espalda Roja"** (sin mapa) es residente en las montañas del norte de Arizona y Nuevo México, rara vez se dispersa lejos de las áreas de anidación. Los flancos grises y la espalda rojiza como el "de Cabeza Gris", pero tiene garganta pálida, *pico principalmente oscuro.*

♪ **Canto:** *chuí suisuisuisuisui.* **Llamados:** *tic* y fuerte *tsac!* (Nota: el "de Espalda Roja" tiene canto y llamados más variados).

JUNCO OJO DE LUMBRE *Junco phaeonotus* (Yellow-eyed Junco)

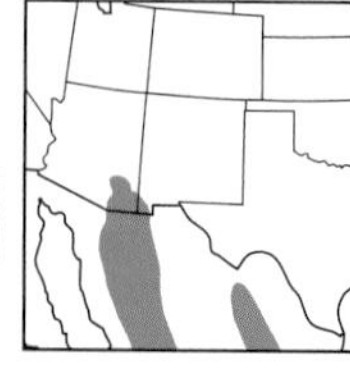

En bosques de las montañas cerca de la frontera mexicana, este junco se mueve a lo largo del suelo o canta desde los pinos. ▶ El *ojo anaranjado-amarillo brillante* le da una apariencia "feroz". Cabeza gris, garganta pálida, rojizo en la espalda y alas, pico de dos tonos. El juvenil es rayado y tiene los ojos oscuros en un principio. ♪ **Canto:** más variado que otros juncos, incluye notas más musicales. **Llamados:** *chip* y *tset!*

Junco de Ojo Oscuro
6"
"Junco Color Pizarra"
Los juncos juveniles son rayados
"Junco de Oregon"
"Junco de Flancos Rosas"
"Junco de Alas Blancas"
"Junco de Espalda Roja"
"Junco de Cabeza Gris"
Junco Ojo de Lumbre
6¼"
Adulto
Juvenil de Ojo de Lumbre

viven en el suelo y en parvadas la mayoría de las temporadas. En invierno las parvadas frecuentan los campos arados, planicies de pastos cortos, orilla de lagos. Si se les aproximan muy de cerca, la parvada se eleva y dan vueltas en un vuelo ondulante. Sus plumajes de invierno pueden ser pardos y confusos; enfóquese en el patrón de la cola (se ven mejor al despegar o aterrizar) y los llamados, a menudo los dan al volar.

ESCRIBANO ÁRTICO *Calcarius lapponicus* (Lapland Longspur)

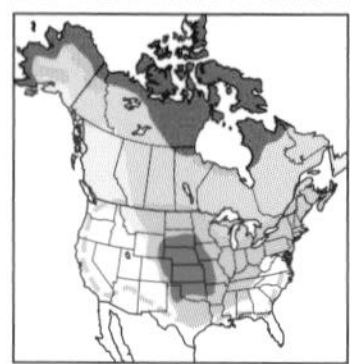

Típico de la tundra ártica en verano, el macho canta desde lo alto de las rocas o mientras vuela. En invierno, es abundante en las Grandes Planicies, común en otros lugares, con frecuencia en campos arados con Alondras Cornudas (p. 270). ► En verano el macho tiene la cara negra, nuca castaña. La hembra y las aves en invierno son variables, suelen mostrar un manchado o rayado negro en los lados del pecho, castaño rojizo en las alas. La cola tiene delgados bordes externos blancos. ♩ **Canto:** melodioso gorjeo breve, frecuentemente emitido al vuelo. **Llamados:** *tíriri* y *tíu*, frecuentemente alternados.

ESCRIBANO DE SMITH *Calcarius pictus* (Smith's Longspur)

Poco común, localizado, principalmente en el centro del continente. Anida en el borde de la tundra, áreas con piceas bajas dispersas; pasa el invierno en campos con pastos cortos de las Grandes Planicies. ► En verano el macho es anaranjado-beige por debajo, con patrón en la cara. Las hembras y las aves en invierno son más simples; más beige que otros escribanos, con una insinuación del patrón de la cara. La cola tiene delgados bordes blancos. ♩ **Canto:** agudo *wi wiwíuwi wiwíchu.* **Llamado:** *trrrrrr,* más agudo que en el Escribano de Collar Castaño.

ESCRIBANO DE COLLAR CASTAÑO *Calcarius ornatus* (Chestnut-collared Longspur)

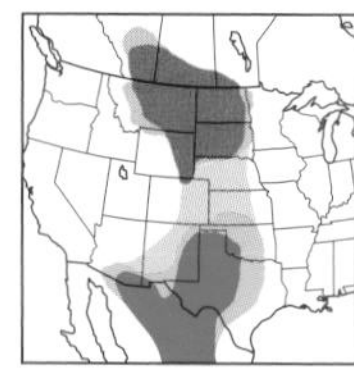

Prefiere pastos más altos que otros escribanos, esta especie anida en las planicies del norte, pasa el invierno en las planicies del suroeste. ► Marcado patrón en la cola (principalmente blanco, con un triángulo negro). En verano el macho es negro por debajo, con nuca castaña. La hembra y muchas aves en invierno parecen más como gorriones; el patrón de la cola y los llamados son la mejor clave. ♩ **Canto:** melodioso gorjeo breve, frecuentemente emitido al vuelo. **Llamado:** rechinido distintivo: superrápido *pwipichí.*

ESCRIBANO DE MCCOWN *Calcarius mccownii* (McCown's Longspur)

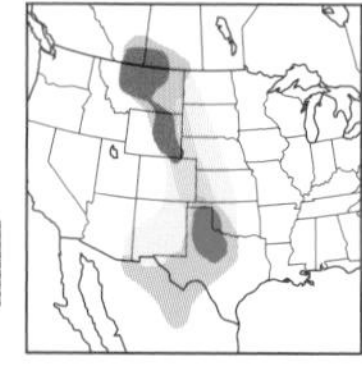

Se sobrepone con el Escribano de Collar Castaño, pero prefiere áreas con pastos más cortos o sin pasto; en invierno, con frecuencia están en campos arados, planicies yermas. ► Marcado patrón en la cola (blanco, con negro en forma de T invertida). En verano el macho tiene gorra y pecho negros, hombro rojo óxido; la hembra es más opaca. Las aves en invierno son más pálidas y regordetas que la mayoría de los escribanos, con picos más grandes. ♩ **Canto:** melodioso gorjeo breve, frecuentemente emitido al vuelo. **Llamados:** cascabeleo y *chuíp!*

Patrón de
la cola
Hembra
en verano
Macho en
verano
Invierno
(dos ejemplos)
Escribano Ártico
6¼"
Hembra y ave
en invierno
Macho
en verano
Patrón de
la cola
Escribano
de Smith
6"
Invierno
(dos
ejemplos)
Escribano de
Collar Castaño
5¾"
Macho
en verano
Patrón
de
la cola
Hembra
en verano
Invierno
Patrón de
la cola
Hembra en
verano
Macho
en verano
Escribano de McCown
6"

Estos dos escribanos están relacionados con los gorriones. El resto de las especies en esta página son verdaderos pinzones **(familia Fringillidae).**

ESCRIBANO NIVAL ***Plectrophenax nivalis*** **(Snow Bunting)**

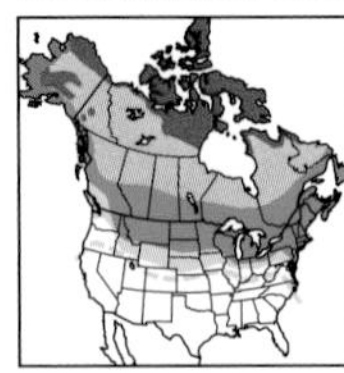

Durante el invierno en áreas frías, las parvadas de estos escribanos pálidos caminan en el suelo en campos yermos, playas. Van a la tundra ártica a pasar el verano. ▶ En invierno, café pálido y blanco, con *parches blancos en las alas,* negro en la cola y punta de las alas. En verano el macho blanco y negro, la hembra más opaca y gris. Cuidado con confundir con albinos parciales de otras especies. ♪ **Canto:** sólo en el verano, un gorjeo melodioso. **Llamado:** cascabeleo musical, *tiu* quedito.

ESCRIBANO DE MCKAY ***Plectrophenax hyperboreus*** **(McKay's Bunting)**

Una rara especialidad de Alaska, anida en las islas Hall y St. Matthews, rara vez en otras islas. Un visitante raro a la costa de Alaska. ▶ Mucho más blanco que el Escribano Nival. Aves parecidas lejos de Alaska probablemente son gorriones albinos.

PINZÓN ROSA DE GORRA CAFÉ ***Leucosticte australis*** **(Brown Rosy-Finch)**

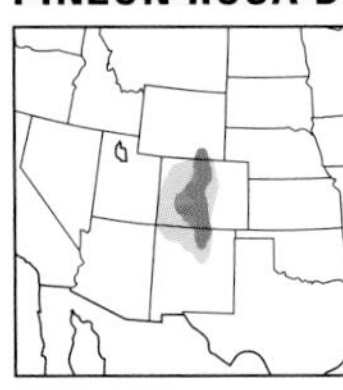

Los pinzones rosas anidan en lugares yermos rocosos en lo alto de montañas, pueden bajar durante el invierno. Por lo general en parvadas. Se alimentan en el borde de campos cubiertos de nieve, comiendo insectos congelados. ▶ Rosa en el vientre, rabadilla y alas, mucho menos obvio en las hembras. El macho de Gorra Café carece de la nuca gris de las dos especies siguientes. Note la distribución (Colorado y áreas vecinas). ♪ **Voz:** ronco *chá* (los tres Pinzones Rosas).

PINZÓN ROSA NEGRO ***Leucosticte atratus*** **(Black Rosy-Finch)**

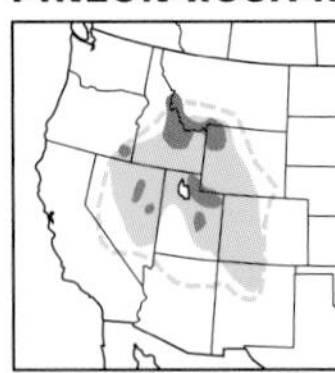

Los tres pinzones rosas estan separadas en verano, se mezclan en invierno. Se alimentan en el suelo, pero visitan comederos para aves tambien. ▶ El macho muestra mucho contraste entre el plumaje negro y la banda gris de la nuca, vientre y parches de las alas rosas. La hembra es más sencilla, puede ser más oscura que otras especies. Todos los pinzones rosas tienen pico negro en verano, amarillo en invierno.

PINZÓN ROSA DE CORONA GRIS ***Leucosticte tephrocotis*** **(Gray-crowned Rosy-Finch)**

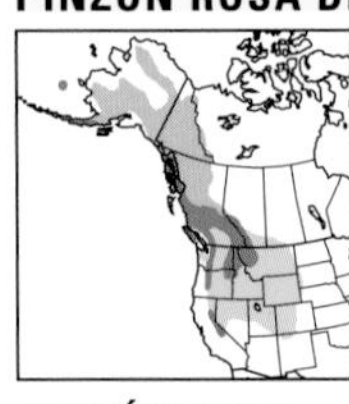

El pinzón rosa más ampliamente distribuido, alto en las montañas desde California a Alaska, también en las islas de Alaska (Pribilofs, Aleutianas). Por lo general los nidos están escondidos en grietas en acantilados rocosos. ▶ El macho tiene una *banda gris* a través de la nuca, más ancho en unas razas que en otras. Las hembras pueden ser muy parecidas a las hembras de otros pinzones rosas.

PINZÓN REAL ***Fringilla montifringilla*** **(Brambling)**

Un raro visitante de primavera y otoño en el oeste de Alaska; un visitante muy raro en la mayor parte de los E. U. y Canadá, algunas veces en comederos para aves. ▶ En primavera el macho tiene un marcado patrón, pero la hembra y las aves en invierno son más sencillas. Note la *rabadilla blanca,* pecho pardo, franjas en la nuca.

ESCRIBANOS Y PINZONES ROSAS

PINZÓN MEXICANO *Carpodacus mexicanus* (House Finch)

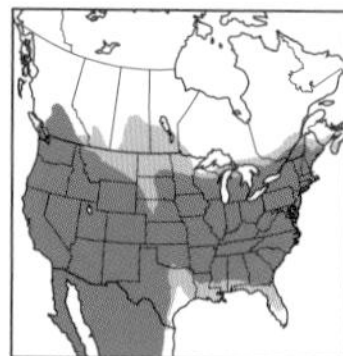

Un ave familiar y abundante en patios traseros, ciudades, bosques abiertos, desiertos, cañones. Nativo al oeste, fue introducido accidentalmente en el área de Nueva York en 1940 y se extendió de ahí para ocupar también el este. Visita comúnmente los comederos para aves, a menudo en parvadas. El nido está oculto en sitios como árboles densos, palmeras, enredaderas en paredes y macetas colgantes. ▶ La hembra y el juvenil tienen cara café simple, rayas borrosas en toda la parte inferior (las franjas están más marcadas en los juveniles). El Gorrión Doméstico (p. 344) carece de las rayas; los gorriones nativos (pp. 346–363) tienen todos diferentes patrones y la mayoría son más sigilosos. El macho del Pinzón Mexicano tiene ceja y frente rojas, las partes inferiores bajas son blancas, con *franjas oscuras en los flancos.* Compare con los dominicos (página siguiente). Algunos machos tienen anaranjado o amarillo reemplazando al rojo. ♩ **Canto:** gorjeo alegre, generalmente con una nota ronca al final. **Llamado:** *chep*'s musicales.

PINZÓN MORADO *Carpodacus purpureus* (Purple Finch)

Bastante común en el norte y noreste y a lo largo de la costa del Pacífico, pero suele ser más numeroso el Pinzón Mexicano, especialmente alrededor de ciudades. Se alimenta de semillas y bayas en lo alto de los árboles, también visita comederos para aves. Los números durante el invierno varían de año en año. ▶ Parecido al Pinzón Mexicano pero se ve más regordete, cola más corta. El macho adulto tiene un rojo opaco *más uniforme* en la cabeza y partes delanteras, *carece de rayas obvias en los flancos.* La hembra y el juvenil muestran un patrón mucho *más marcado* en la cara que el Pinzón Mexicano, incluyendo el bigote oscuro y ceja blanca. En las montañas del oeste, vea al Pinzón de Cassin. ♩ **Canto:** gorjeo musical sin notas roncas. **Llamado:** fuerte *pik!*, generalmente emitido al vuelo.

PINZÓN DE CASSIN *Carpodacus cassinii* (Cassin's Finch)

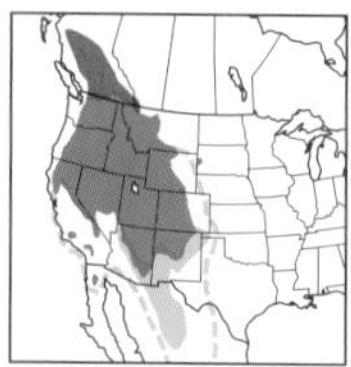

Bastante común en los bosques en montañas altas del oeste. Cuando no está anidando, vaga en parvadas pequeñas, alimentándose con frecuencia de brotes y semillas en la copa de los árboles. Algunos inviernos puede aparecer en tierras bajas en el suroeste. ▶ Muy parecido al Pinzón Morado. El de Cassin es ligeramente más grande, con pico ligeramente más largo. Note las *franjas oscuras en las blancas cobertoras inferiores de la cola.* El macho tiene una gorra roja bien definida. La hembra tiene cara más simple que la hembra del Morado; con frecuencia muestra un *anillo ocular pálido.* Compare también con el Pinzón Mexicano, con frecuencia en elevaciones más bajas. ♩ **Canto:** gorjeo agudo, a veces incluye imitaciones de otras aves. **Llamado:** *kiriáp* musical.

Hembras
Pinzón Mexicano
5 3/4"
Variante de color
Machos
Pinzón Morado
6"
Hembras
Machos
Hembras
Pinzón de Cassin
6 1/4"
Macho

anidan en el norte (o montañas), vagan en parvadas cuando no están anidando. Erráticos en invierno; pueden invadir grandes áreas a veces.

PICOTUERTO ROJO ***Loxia curvirostra*** **(Red Crossbill)**

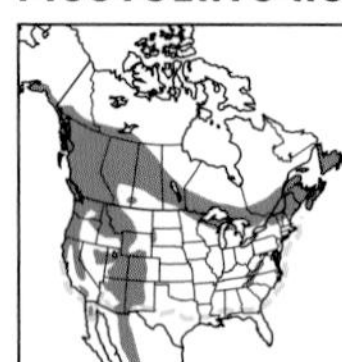

Nómadas regordetes de bosques perennes, abren los conos de los pinos con su pico de forma extraña para comer las semillas. Vaga en parvadas, puede anidar en casi cualquier temporada. ► Las hembras y algunos machos son amarillo opaco, la mayoría de los machos son rojo-ladrillo opaco, alas y cola más oscuras. El pico tuerto o torcido es difícil de ver a lo lejos. Puede representar hasta a ocho especies, difieren ligeramente tan sólo en los llamados y en la forma del pico. ♪ **Voz:** fuerte *kip!-kip!*, frecuentemente emitido al vuelo.

PICOTUERTO DE ALA BLANCA ***Loxia leucoptera*** **(White-winged Crossbill)**

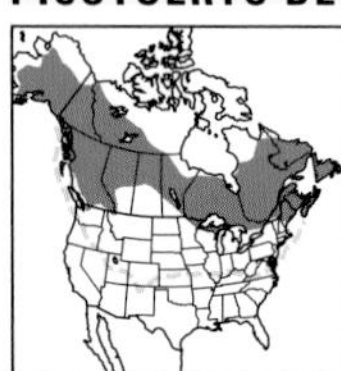

Con frecuencia más al norte que el Picotuerto Rojo, aunque se sobreponen ampliamente. Prefiere piceas, se alimenta de los conos. Vaga erráticamente, puede ser común o estar ausente en un lugar dado. ► *Anchas barras blancas* en alas negras (el Picotuerto Rojo algunas veces tiene barras delgadas). El macho adulto es casi completamente rosa-rojizo, la hembra es amarillo opaco con rayas borrosas. ♪ **Voz:** cascabeleo prolongado, frecuentemente emitido al vuelo.

PICOGORDO PINERO ***Pinicola enucleator*** **(Pine Grosbeak)**

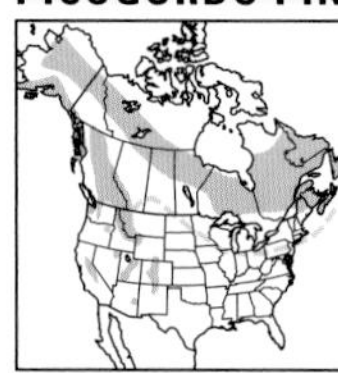

Un pinzón grande y de bosques de coníferas (principalmente piceas, no pinos). Poco común y callado. Algunas veces viaja al sur en invierno; pequeñas parvadas pueden alimentarse de bayas, brotes. Puede ser muy manso. ► Cola larga, pico negro, dos barras en las alas. El macho adulto es principalmente rosa y gris, la hembra es gris, con cabeza amarilla o anaranjada. ♪ **Canto:** gorjeo musical. **Llamado:** *chu-wi* musical, *tiu-tiu-tíu.*

DOMINICO COMÚN ***Carduelis flammea*** **(Common Redpoll)**

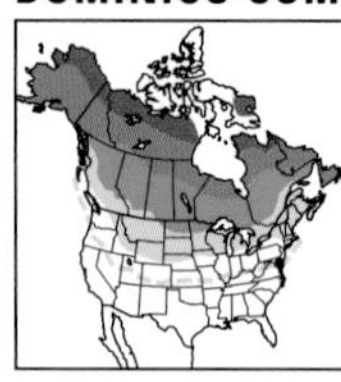

Un pequeño pinzón del ártico, anida en matorral de abedul o sauce alrededor de los bordes de bosque, tundra. En invierno las parvadas pueden viajar muy al sur, visitando campos con hierbas, comederos para aves. ► Tamaño pequeño, frente roja, *barbilla negra.* Más oscuro en verano. El macho tiene un tono variable de rosa en el pecho. Compare con los pinzones rojos de la página anterior. ♪ **Canto:** gorjeo rápido, variable. **Llamado:** *si-i?* como una pregunta. Al vuelo, superrápido *chuchuchi.*

DOMINICO CANO ***Carduelis hornemanni*** **(Hoary Redpoll)**

Pequeño pero fuerte, principalmente en el alto ártico todo el año. Raro al sur de Canadá, por lo general con parvadas de Dominico Común. ► Similar al Dominico Común, difícil de identificar. El Cano tiene una apariencia más pálida; el macho tiene rosa pálido en el pecho; por lo general rabadilla, flancos y cobertoras inferiores blancas sin marcas. El pico puede verse más grueso. ♪ **Voz:** similar a la del Dominico Común.

Picotuerto Rojo
6 1/2"
Hembra
Juvenil
Macho
Macho
joven
Picotuerto de Ala Blanca
6 1/2"
Macho
Juvenil
Hembra
Macho
Picogordo Pinero
9"
Hembra
Dominico
Cano
5 1/4"
Dominico
Común
5"

DOMINICOS

Pinzones diminutos y sociables, se alimentan de semillas y otra materia vegetal durante todo el año.

DOMINICO AMERICANO *Carduelis tristis* (American Goldfinch)

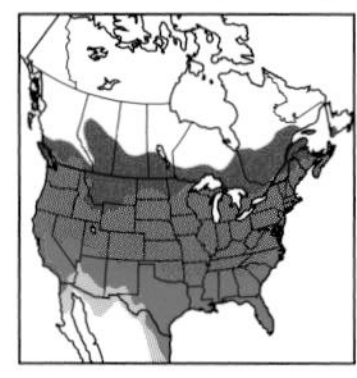

Vivaz, colorido, común alrededor de campos con hierba, borde de bosques, suburbios. Se reúne en parvadas en invierno, suele visitar los comederos para aves. ▶ En verano el macho es amarillo brillante con *alas, cola y frente negras.* En verano la hembra es amarillo-verdoso opaco. En invierno las aves varían de amarillo café a gris; note las marcadas barras (blancas o beige) en las alas negras, manchas blancas en la cola. ♪ **Canto:** gorjeo rápido de patrón variable. **Llamado:** Silbidos agudos. Al vuelo, rápido y melodioso *chuchichichi.*

DOMINICO PINERO *Carduelis pinus* (Pine Siskin)

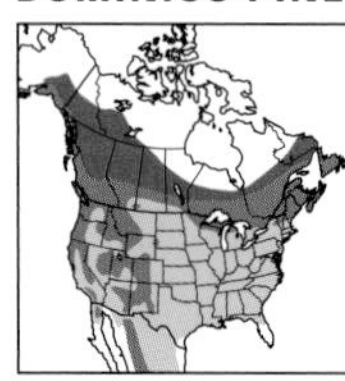

Como un dominico con camuflaje. El Dominico Pinero se comporta como el Dominico Americano y suele estar en parvadas con ellos durante el invierno. Algunas veces extrañamente dócil al alimentarse de las semillas de flores, comederos de aves. ▶ Café, por lo general con rayado muy marcado. Puede sugerir a un gorrión, pero note el *pico delgado y puntiagudo,* cara simple, *borde amarillo en las alas y cola,* más obvio en vuelo. ♪ **Voz:** variable, incluyendo rasposo *shrrrrrrrr* con *i* sobrepuesta, melodioso *tuí?,* superrápido *cococo.*

DOMINICO DE DORSO OSCURO *Carduelis psaltria* (Lesser Goldfinch)

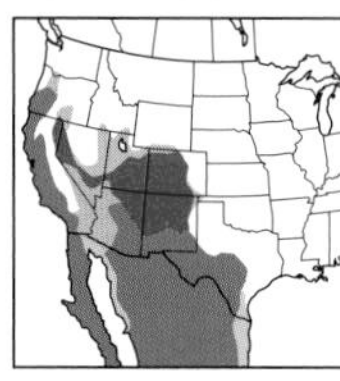

Bastante común en el suroeste, alrededor de la orilla de ríos, campos con hierba, bosques abiertos. Suelen estar en parejas o pequeñas parvadas. ▶ Muy pequeño, con *parches blancos en las alas y cola.* Desde Colorado a Texas, la mayoría de los machos tienen espalda negra; más al oeste, la mayoría tienen espalda verde. La hembra es más pequeña que el Dominico Americano, con las *cobertoras inferiores amarillas,* no blancas. ♪ **Canto:** gorjeo rápido, incluye breves imitaciones de otras aves. **Llamado:** *tii?,* al vuelo un cascabeleo quedito *tetetete.*

DOMINICO DE LAWRENCE *Carduelis lawrencei* (Lawrence's Goldfinch)

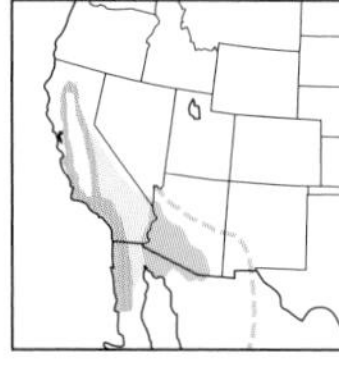

Principalmente en California. Poco común, evasivo, impredecible. En pequeños grupos en árboles a la orilla de ríos en regiones secas, campos con hierba. Durante algunos inviernos, puede invadir al este de Arizona. ▶ A diferencia de otros dominicos, *amarillo muy marcado en las alas.* Principalmente gris pálido o café, con amarillo en el pecho, manchas blancas en la cola. El macho tiene la cara negra. ♪ **Canto:** rápido, incluye breves imitaciones de otras aves. **Llamado:** agudo *tin-tin!*

DOMINICO EUROPEO *Carduelis carduelis* (European Goldfinch)

Introducido en Bermuda y muy común hoy en día. Aquellos vistos ocasionalmente en el este de los E. U. son probablemente aves que han escapado del cautiverio. ▶ Inconfundible. Borde blanco alrededor de la cara roja, ancha banda amarilla a través de las alas negras.

Dominico
Americano
5″
Invierno
(tres ejem-
plos)
Macho
en verano
Hembra
en verano
Dominico
Pinero
5″
Adultos
Variante pálida
En comedero
para aves
Dominico de
Dorso Oscuro
4½″
Hembra
Macho
joven
Macho
de espalda
oscura
Macho
de
espalda
verde
Dominico de
Lawrence
4½″
Dominico
Europeo
5½″
Adulto
Hembra en invierno
Macho
Hembra
en verano

PICOGORDOS

El Picogordo Norteño está relacionado con los pinzones de las páginas anteriores; otros a continuación forman parte de la familia **Cardinalidae** (con los colorines en la p. 374 y los picogordos de la p. 376).

CARDENAL NORTEÑO *Cardinalis cardinalis* (Northern Cardinal)

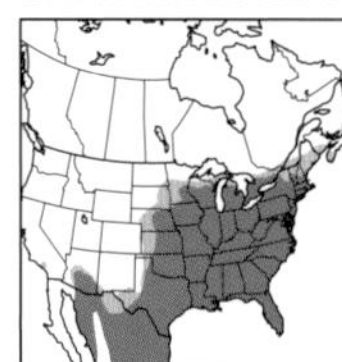

Una de las aves de jardín favoritas de Norteamérica, muy común en el este y en partes del suroeste. Habita en bosques, pantanos, desiertos, suburbios e incluso en parques en ciudades. Llega a comederos para aves para alimentarse de semillas de girasol y otras semillas. ▶ El macho es inconfundible, nuestra única ave roja con cresta. La hembra es más parda, pero comparte la cresta, enorme pico rosa, cola relativamente larga. En un principio los juveniles tienen pico negro. ♩ **Canto:** silbidos alegres, como *wadí, wadí* o *tiú tiú tiú tiú* y variantes. **Llamado:** *chik!* fuerte y agudo.

CARDENAL DESÉRTICO *Cardinalis sinuatus* (Pyrrhuloxia)

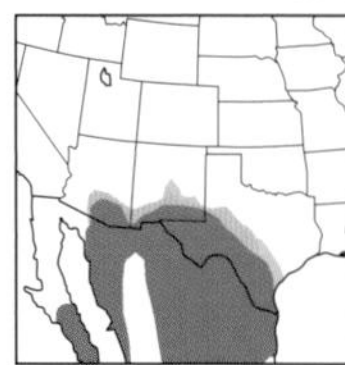

Este cardenal vive junto al Cardenal Norteño en regiones secas del suroeste, en bosquecillos, matorrales. Puede reunirse en parvadas pequeñas durante el invierno. ▶ El macho es gris y rojo, la hembra es beige con ligeros tintes rojos, con cresta delgada y puntiaguda. Separada de la hembra del Cardenal Norteño por *la forma y el color del pico:* el pico grueso, curvo, rechoncho es amarillo a amarillo–anaranjado opaco. ♩ **Canto:** silbidos melodiosos, puede parecerse al canto de Cardenal Norteño. También notas más agudas pero menos melodiosas. **Llamado:** *chik!* metálico.

PICOGORDO NORTEÑO *Coccothraustes vespertinus* (Evening Grosbeak)

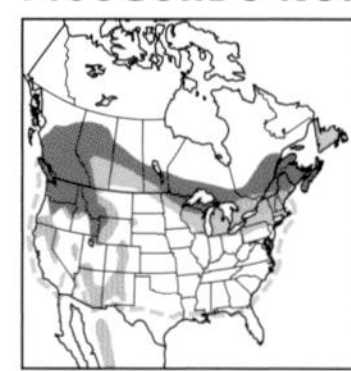

Un nómada del norte y las montañas. Vaga de manera impredecible, en parvadas, como los "pinzones invernales" en la p. 368 (y está relacionado con ellos). Puede ser común en una región un año, ausente el siguiente. Suele alimentarse alto en los árboles, de semillas, brotes, bayas. Las parvadas visitan los comederos para aves, consumiendo grandes cantidades de semillas de girasol. ▶ Gris y amarillo, con grandes *parches blancos* en las alas. *El pico grande y pálido* se vuelve verdoso en primavera. El macho tiene ceja amarilla en la cabeza negra. Los dominicos (página anterior) tienen picos mucho más pequeños. ♩ **Voz:** *pí* o *píu* fuerte, resonante.

PICOGORDO AZUL *Passerina caerulea* (Blue Grosbeak)

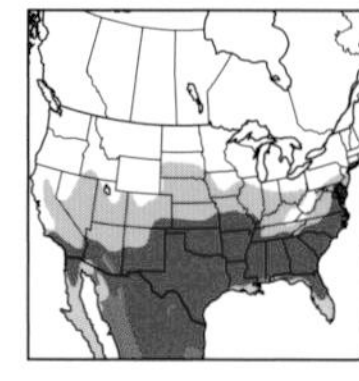

Un picogordo oscuro de verano, se encuentra principalmente en el sur. Prefiere lugares con maleza como las orillas de los ríos, bordes de bosques, arroyos en el desierto. ▶ Pico muy grueso, *anchas barras canela o beige* en las alas. El macho es azul oscuro, la hembra es café. El Colorín Azul (página siguiente) es más delgado, pico más pequeño, carece de las obvias barras en las alas; la hembra del Colorín Azul tiene rayas o manchas en el pecho. ♩ **Canto:** gorjeo rápido y ronco. **Llamado:** *tin* metálico, también *bll.*

Hembra
Machos
Juvenil
Cardenal
Norteño
9″
Cardenal
Desértico
9″
Macho
Hembra
Picogordo
Norteño
8″
Macho
Hembras
Macho joven
Hembra
Picogordo
Azul
7″
Macho

COLORÍN AZUL ***Passerina cyanea*** **(Indigo Bunting)**

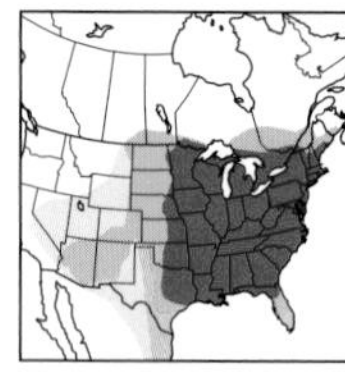

Una clásica ave de verano en las áreas rurales del este, en granjas, bordes de bosque. El macho canta desde alambradas, o desde lo alto de los arbustos. Escaso en el oeste. Las parvadas de migrantes se alimentan en el suelo cerca de bosques en primavera y otoño. ▶ El macho adulto es azul oscuro en primavera/verano (vea al Picogordo Azul, página anterior). La hembra y el macho en primavera son cafés, con rayas finas en el pecho, tinte azul en la cola. En verano el macho de un año de edad puede ser azul con el vientre blanco. ♩ **Canto:** melodiosas frases cortas, generalmente pareadas: *wi wi chu chu lli lli,* etc. **Llamado:** *tip!* abrupto, *bll.*

COLORÍN LÁZULI ***Passerina amoena*** **(Lazuli Bunting)**

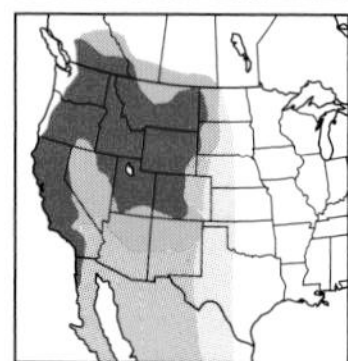

Bastante común en el oeste durante el verano, en lugares con maleza, con frecuencia cerca del agua. ▶ El macho azul cielo tiene *pecho rojo óxido,* vientre blanco, *barras blancas* en las alas. Los azulejos (p. 256) tienen picos delgados, carecen de barras en las alas. La hembra es café; suele mostrar un tinte canela en el pecho sin rayas, barras en las alas más obvias que en la hembra del Colorín Azul. El Lázuli y el Azul pueden entrecruzarse en las Grandes Planicies, produciendo intermedios. ♩ **Canto:** gorjeo lento, generalmente terminando en un superrápido *chuchuchi.* **Llamado:** *tip!* abrupto, *bll.*

COLORÍN DE SIETE COLORES ***Passerina ciris*** **(Painted Bunting)**

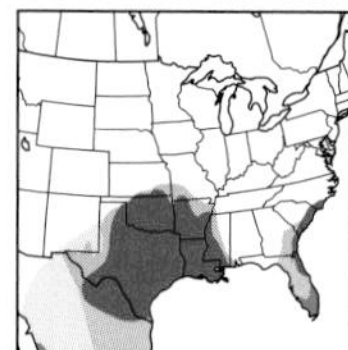

Hermoso pero tímido, el Colorín de Siete Colores puede ser difícil de ver en los bosquecillos del sureste. Los machos suelen cantar desde perchas bien escondidas entre el follaje de árboles bajos. ▶ El macho adulto es inconfundible. La hembra es verde, sin marcas. Otras aves pequeñas verdes tienen picos delgados, o muestran marcas como barras en las alas. En un principio los juveniles son mucho más grises que las hembras adultas. ♩ **Canto:** gorjeo alegre y agudo: *yílli yílli tsúi tsuí tsuí.* **Llamado:** *chip!* abrupto.

COLORÍN MORADO ***Passerina versicolor*** **(Varied Bunting)**

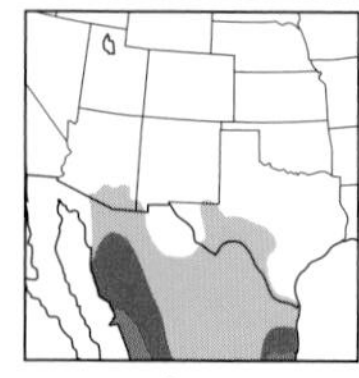

En cañones y orillas de arroyos cerca de la frontera mexicana, este colorín es poco común en el verano. ▶ El macho se ve negro a la distancia. Con buena luz, se ve morado opaco con nuca roja, frente azul. En otoño los colores están parcialmente cubiertos por un borde café. La hembra es café, sin barras en las alas o franjas en el pecho. ♩ **Canto:** rápido gorjeo ronco. **Llamado:** *tip!* abrupto.

COLORÍN AZUL NEGRO ***Cyanocompsa parellina*** **(Blue Bunting)**

Un raro visitante al sur de Texas, principalmente en invierno. ▶ Sugiere al Colorín Azul pero tiene el pico más grueso y rechoncho. El macho muestra parches contrastantes de azul oscuro y celeste; la hembra es completamente café. Sin barras en las alas (vea al Picogordo Azul, página anterior).

Hembra
Colorín Azul
5″
Machos
Juvenil de
Colorín
Azul o
Lázuli
Hembra
Colorín
Lázuli
5¼″
Macho
Macho
en otoño
Hembra
Colorín de
Siete Colores
5″
Juvenil
Macho
Macho
Hembra
Colorín
Morado
5″
Macho
Colorín Azul
Negro
(raro, Texas)
5¼″

PICOGORDOS, RASCADORES

Las aves en esta página tienen colores similares pero comportamientos distintos. Estos picogordos suelen permanecer entre el follaje de los árboles; los rascadores se alimentan principalmente en el suelo, rascando en la hojarasca con ambas patas. Los rascadores (y todas las aves en la página siguiente) pertenecen a la familia de los gorriones **(Emberizidae).**

PICOGORDO DE PECHO ROSA ***Pheucticus ludovicianus*** **(Rose-breasted Grosbeak)** Común durante el verano en bosques frondosos del este; un raro migrante en el oeste. Se mueve deliberadamente entre el follaje de los árboles; algunas veces baja al suelo o visita comederos para aves. ▶ El macho adulto tiene un *triángulo rosa en el pecho,* cabeza negra, grandes manchas blancas en las alas. La hembra y el juvenil café oscuro por arriba, rayados por debajo: pueden sugerir a un gorrión, pero note el pico fuerte, patrón en la cara, blanco en las alas. ♪ **Canto:** lento gorjeo melodioso, como el canto del Mirlo Primavera pero más rápido y generalmente más variado. **Llamado:** *pik!* metálico.

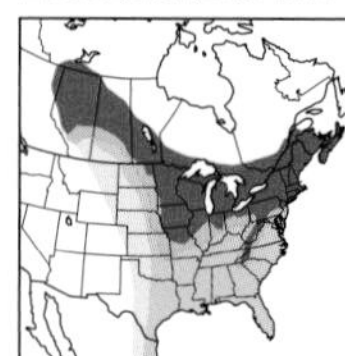

PICOGORDO TIGRILLO ***Pheucticus melanocephalus*** **(Black-headed Grosbeak)** Suele ser muy común durante el verano en bosques de encino, cañones, árboles a la orilla de ríos en el oeste. Algunas veces se cruza con el Picogordo de Pecho Rosa a lo largo de ríos en las Grandes Planicies. ▶ El macho es anaranjado pardo con cabeza negra, alas con marcado patrón blanco y negro. La hembra y el juvenil se parecen a los del Pecho Rosa, pero con un tinte *más anaranjado* por debajo, *menos rayado;* el pico suele ser más oscuro. ♪ **Canto:** lento gorjeo melodioso, como el del Picogordo de Pecho Rosa. **Llamado:** *pik!* abrupto.

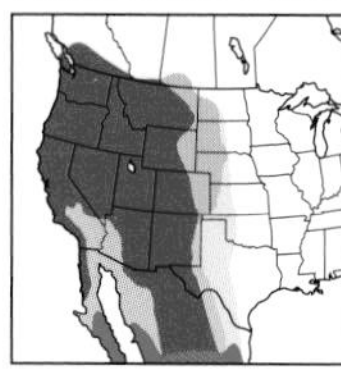

RASCADOR DE OJO ROJO ***Pipilo erythrophthalmus*** **(Eastern Towhee)** Común en el sotobosque de los bosques del este, rasca entre las hojas muertas del suelo debajo de matorrales densos. ▶ Capucha oscura y flancos rojo óxido enmarcados por una franja blanca a lo largo del centro del vientre. Las partes superiores son principalmente negras (macho) o café chocolate (hembra). La cola tiene grandes esquinas blancas. Compare con el Mirlo Primavera (p. 252). Los ojos suelen ser rojos; una forma de ojos blancos ocurre en Florida. ♪ **Canto:** generalmente dos notas breves seguidas por *TIIIIII.* **Callnote:** *chwén* nasal.

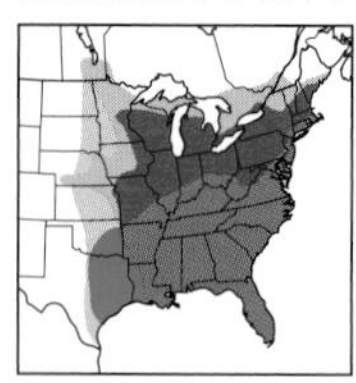

RASCADOR MANCHADO ***Pipilo maculatus*** **(Spotted Towhee)** Muy común en partes del oeste, en chaparral, bosques abiertos, estribaciones con maleza. Se alimenta en el suelo, pero el macho canta desde lo alto de los matorrales. Viaja hasta las Grandes Planicies en invierno, algunas veces se dispersa tan lejos como la costa este. ▶ Rojo óxido y blanco por debajo, capucha y espalda oscuras, con *manchas blancas marcadas* en la espalda, alas y esquinas de la cola. Las partes superiores y la capucha son negras en los machos y pueden ser negras o grises en las hembras. ♪ **Canto:** variable. *Triiii;* puede ser precedido por notas breves. **Llamado:** quejido rasposo *llllll!*

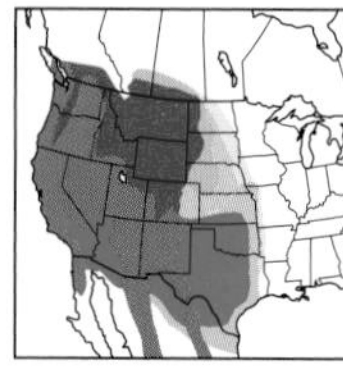

Macho joven
Picogordo de
Pecho Rosa
8″
Macho
Hembra
Picogordo
Tigrillo
8″
Hembras
Macho
Macho
Hembra
Macho de
ojo blanco
Rascador
de Ojo Rojo
8″
Rascador Manchado
8¼″
Juvenil
Hembra
Macho

RASCADOR CALIFORNIANO ***Pipilo crissalis*** **(California Towhee)**

En jardines, parques y chaparral en California y el suroeste de Oregon, este rascador pardusco acecha en los matorrales o se mueve en el suelo, con frecuencia en parejas, rascando la hojarasca con las patas. ▶ Cola relativamente larga. Café pardo, más beige debajo de la cola y en la garganta, con finas rayas alrededor de la garganta. ♪ **Canto:** rápida serie de notas agudas: *chi chichichichichi.* **Llamado:** metálico *chik!* También superrápido *chuchuchuchuchu* ronco.

RASCADOR PARDO ***Pipilo fuscus*** **(Canyon Towhee)**

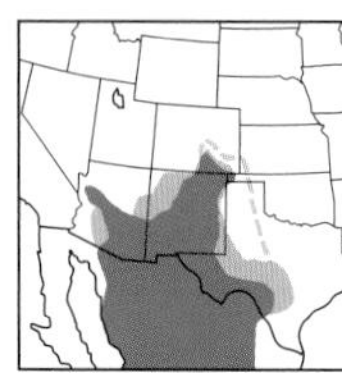

Los lugares con maleza y estribaciones secas en el interior del suroeste son el hogar de este rascador. ▶ Muy parecido al Rascador Californiano, pero fácilmente identificado por su distribución, ya que no se sobreponen. Por lo general pálido, gris, con una mancha negra en el centro del pecho, la gorra es más café rojiza, *voz* muy diferente. ♪ **Canto:** calmada serie de notas, variable. **Llamado:** *chiyep* desafinado y nasal. También superrápido *chuchuchuchuchu* ronco.

RASCADOR DE ABERT ***Pipilo aberti*** **(Abert's Towhee)**

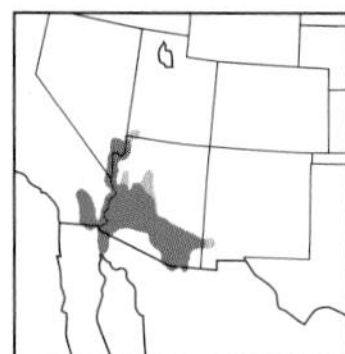

Común localmente en su limitada distribución a lo largo de los ríos del suroeste. Se esconde en el denso sotobosque, por lo general en parejas. También llega a los suburbios de algunas ciudades en elevaciones bajas (como en Phoenix y Yuma, Arizona). ▶ Delgado y con cola larga. Beige café con *cara negra,* pico gris pálido. ♪ **Voz:** agudo *pi chi chi chi chi;* también *pwik!* agudo y *cjejejejeje* rasposo.

RASCADOR DE COLA VERDE ***Pipilo chlorurus*** **(Green-tailed Towhee)**

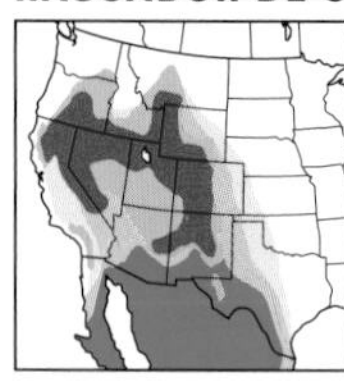

Común durante el verano en bosquecillos con maleza y chaparral en las montañas. Durante la migración y el invierno, prefiere cubierta vegetal baja y densa, especialmente cerca de arroyos. Rara vez se dispersa al este en invierno. ▶ La cara y pecho grises enmarcan la *garganta blanca, gorra roja.* La espalda y la cola son verde oliva. Las plumas de la cabeza suelen estar levantadas en una vivaz cresta. ♪ **Canto:** serie de notas melodiosas seguidas por *triiiii?* **Llamado:** maullido *peaa?*

GORRIÓN OLIVÁCEO ***Arremonops rufivirgatus*** **(Olive Sparrow)**

Sólo en el sur de Texas, de Corpus Christi y Del Río hacia el sur. Sigiloso, se alimenta en el suelo debajo de bosquecillos densos. ▶ Oliva opaco por encima, gris por debajo. Cabeza gris con rayas cafés en la corona. ♪ **Canto:** melodioso *tsi . . . tsi tsi tsitsitsitsitsitsi* que se acelera al final. **Llamado:** agudo *tsit!* abrupto.

SEMILLERO DE COLLAR ***Sporophila torqueola*** **(White-collared Seedeater)** Raro y local en el extremo sur de Texas. Campos con hierbas densas, matorrales cerca del agua. ▶ Diminuto, con un pico muy corto y rechoncho. El macho tiene gorra negra, collar parcial beige, mancha y barras blancas en las alas. La hembra y el juvenil son beige, con barras en las alas más borrosas. ♪ **Canto:** gorjeo melodioso como de canario: *si . . . si si si titititititi.* **Llamado:** *tiú* quedito.

Rascador de
California
9″
Rascador Pardo
8½″
Rascador
de Abert
9½″
Rascador de
Cola Verde
7½″
Gorrión
Oliváceo
6″
Semillero de
Collar
4¼″
Hembra
Macho

Fuentes adicionales de información: Si observar aves es un pasatiempo para usted, ésta puede ser la única guía de aves que llegue a necesitar. Si se involucra más, todavía no encontrará muchas referencias detalladas disponibles en español. Algunas publicaciones de México están disponibles: *Aves de México de Peterson* (Editorial Diana), *Aves comunes de México* de H. Ceballos Lascuráin, S. Howell, M. Ramos y B. Swift (Editorial Diana), *Aves rapaces de México* de F. Urbina Torres (Centro de Investigaciones Biológicas UAEM), *Aves de Coahuila* (A. Garza de León), *Las Aves de Chiapas* (Álvarez del Toro). Si está interesado en los cantos y sonidos de las aves, se recomienda consultar la Biblioteca de Sonidos de Aves de México, elaborada por F. Gonzalez García del Instituto de Ecología A. C. (www.ecologia.edu.mx/sonidos/menu.htm).

Agradecimientos: Tomaría un libro más extenso que éste el listar a todas las personas de las que he aprendido cosas sobre aves. Muchos de los que me han ayudado fueron reconocidos en mi *Guía de Campo Avanzada* (1990) y mi deuda a esos individuos continúa.

Existe una gran diferencia entre conocer un tema y saber cómo enseñarlo. En años recientes me he obsesionado con cuestiones acerca de cómo enseñar a la gente sobre la naturaleza. Gracias a la Asociación Americana de Observadores de Aves (American Birding Association, ABA) y los Tours de la Naturaleza Victor Emanuel (VENT), tuve la oportunidad de impartir talleres sobre observación de aves en muchas regiones, y estos fueron mucho más educativos para mí que para los estudiantes. Estoy particularmente agradecido a Victor Emanuel y David Wolf de VENT con quienes enseñé en muchas sesiones y de quienes aprendí mucho. Otros que me han ayudado a entender los conceptos de la enseñanza son Capt. Ted Appell, Susan Roney Drennan, Kim Eckert, Scott Edwards, Jeff Gordon, P. J. Grant, Steve Hilty, Jeri Langham, Will Russell, Rich Stallcup y Judy Toups.

Cada guía de campo en el mundo está fundamentalmente basada en especímenes de museo. Al investigar detalles, utilicé muchas de esas colecciones, especialmente las de la Universidad de Arizona, Tucson; Universidad Estatal de Louisiana, Baton Rouge; Museo Americano de Historia Natural, Nueva York y el Museo Nacional de Historia Natural, Washington.

Las personas que ayudaron de manera específica con este libro son muchas. Gracias a Dick y Joan Bowers, Edward Lacambra, Greg Lasley, Linda Lucz, J. V. Remsen Jr., Andy Richford, Don Roberson, Brian E. Small y Dale y Marian Zimmerman por hacer todo lo posible por ayudarme.

Fue un placer trabajar nuevamente con profesionales en Houghton Mifflin. El editor y naturalista Harry Foster ha sido la columna vertebral del programa de naturaleza de la compañía por años; él fue fundamental en iniciar el proyecto de este libro y mejoró cada aspecto del mismo. La super diseñadora Anne Chalmers, además de llevarme a través de muchos temas de diseño, desarrolló el diseño general del libro y Anne maneja esto mejor que nadie. Lisa White me ayudó una vez más a no perderme en materia de texto y brindó claridad y orden al conjunto. Michaela Sullivan diseñó una portada hermosa, y Liz Duvall detectó muchas inconsistencias. Gracias también a Nancy Grant, Becky Saikia-Wilson, Lori Glazer, Terry McAweeney, Deborah DeLosa, Bridget Marmion, Rux Martin, Debbie Applefield-Milley, Julie Burns, Katie Dillin y Beth Ineson, así como Jim Allen y Meredith Oberfrank de Thomas Allen & Son. Un agradecimiento especial a Wendy Strothman, quien tuvo la imaginación para ver el potencial del nuevo enfoque de este libro.

Más de ochenta y cinco magníficos fotógrafos nos dieron permiso para utilizar su trabajo para nuestras ilustraciones y estoy particularmente agradecido por esta enorme contribución. La fotografía de aves es un reto y es rara la persona que logra tomar una gran fotografía de un ave y luego permite que sea modificada. Todas las fotos eran excelentes para empezar; mis cambios se hicieron para mantener la consistencia en las ilustraciones, no la calidad. Los créditos fotográficos comienzan en la siguiente página, pero la enorme contribución de estos fotógrafos es evidente a lo largo del libro.

En la producción de los materiales en Tucson, tuve la buena fortuna de ser parte de un magnífico equipo y no puedo decir suficientes cosas buenas sobre mis colegas. Lynn Hassler trabajó en el diseño de las láminas a color, reacomodando las aves para lograr una composición más atractiva. (Si alguna lámina no se ve bien, significa que yo arruiné el diseño para colocar los nombres.) Lynn trabajó virtualmente en cada aspecto del libro, desde las decisiones de texto y color hasta el índice. Rick y Nora Bowers, de Bowers Photo, manejaron la exhaustiva correspondencia para localizar las decenas de miles de transparencias de las cuales escogí las más de 2,000 que se usaron en el libro. También operaron el escáner profesional, necesario para producir las imágenes digitales con suficiente detalle para ser editadas, mantuvieron en buen estado al escáner y varias computadoras poderosas, además de brindar comentarios críticos basados en su amplia experiencia con aves. Sin embargo, lo más impresionante es el hecho de que casi la mitad de las imágenes utilizadas en esta guía provienen de la Colección de Fotografías de los Bowers, lo que refleja su magnífica habilidad como fotógrafos.

Para este edición en español, las personas que ayudaron de manera específica son muchas. Un agradecimiento especial a Patricia Manzano Fischer por la enorme contribución de traduciendo este libro desde la edición en inglés. Las voces de la mayoría de las aves son descritas en español por el ornitológo Héctor Gómez de Silva. Gracias también a Stacy M. Fobar, quien trabajó en poniendo el texto español en las páginas nuevas. Otras que ayudaron particularmente con esta edición incluye Paul J. Baicich, Megan Butler, Amanda Chatterton, Jennie Duberstein, Kim Fredritz, Jean Iron, Dan O'Connell, Shawn Patterson, Martin Reid, Roy J. Rodriguez, Connie Sandlin, Lynne Taylor, y Ric Zarwell. Muchas gracias a todos.

La traductora desea agradecer a Hermann List y Héctor Gómez de Silva por la revisión general y corrección de los textos. A Rurik y Erin gracias por su enorme paciencia y comprensión. Fue un placer traducir esta guía y he aprendido mucho en el proceso, por lo cual agradezco a Kenn Kaufman por la oportunidad de trabajar en este proyecto.

CRÉDITOS FOTOGRÁFICOS

Este libro no hubiera sido posible sin la cooperación de muchos destacados fotógrafos, quienes no solo nos permitieron usar sus fotos, sino que permitieron alterar esas fotos por el bien de la ilustración. Una abreviatura (debajo) ha sido asignada a cada fotógrafo y/o banco de imágenes consiste en las primeras iniciales del nombre, apellido y en algunos casos segundos nombres. En el caso de duplicación de iniciales, se utilizan la primera y segunda letra del apellido. Las laminas son enlistadas por número de página (en negritas). Lea los créditos de izquierda o derecha y de arriba abajo. Donde se necesita aclaración se utilizan el nombre de la especie y las siguientes abreviaturas: Macho = m, hembra = h, adulto = ad, juvenil = j, inmaduro = in, juvenil = jv, híbrido = h, volando = vo, otoño = o, verano/primavera = vp, invierno = i, nido = n, y reproductivo = r. Nombre del fotógrafo y abreviaturas: **AB/WR** Arnaud van den Berg/Windrush; **AC** Al Cornell; **AM** Anthony Mercieca; **AM/PP** Anthony Mercieca/Photophile; **AM/RR** Anthony Mercieca/Root Resources; **AMO/VU** ArthurMorris/Visuals Unlimited; **AMU** Alan Murphy; **AN/RR** Alan G. Nelson/Root Resources; **AS** Arnold Small; **BG/VU** Barbara Gerlach/Visuals Unlimited; **BH/WR** Barry Hughes/Windrush; **BHA** Bruce Hallett; **BM** Bruce Mactavish; **BP** Rick & Nora Bowers/Bowers Photo; **BPA** Brian Patteson; **BS** Brian E. Small; **BW** Bing Wong; **BZ** Barry Zimmer; **CAM** C. Allan Morgan; **CGI** Cathy & Gordon Illg; **CM** Charles W. Melton; **DE/RW** Dudley Edmondson/Raptor Works; **DR** Don Roberson; **DMZ** Dale and Marian Zimmerman; **DT/WR** David Tipling/Windrush; **DW** Donald E. Waite; **ES** Ervio Sian; **GE/WR** Göran Ekström/Windrush; **GJ** George M. Jett; **GK** Gary Kramer; **GL** Greg W. Lasley; **GLA/WR** Gordon Langsbury/Windrush; **GV** Gordon Vickrey; **GVE/VU** Gustav Verderber/Visuals Unlimited; **HB/VU** Hal Beral/Visuals Unlimited; **HC** Herbert Clarke; **HS** Hugh P. Smith, Jr.; **IJ** Ian L. Jones; **JB/NI** Jim Burns/Natural Impacts; **JBL** James D. Bland; **JH/WR** J. Hollis/Windrush; **JHO** John H. Hoffman; **JI** Jean Iron; **JM/VU** Joe McDonald/Visuals Unlimited; **JN** Jan Kare Ness; **JP** John Pogacnik; **JS** John Sorensen; **JW/VU** Jan L. Wassink/Visuals Unlimited; **KTK** Kevin T. Karlson; **KK** Kenn Kaufman; **KZ** Kevin Zimmer; **LB** Lance Beeny; **LD** Larry Ditto; **LM** Larry Manfredi; **MB** Mark Bittner; **MD** Mike Danzenbaker; **MG/WR** Michael Gore/Windrush; **MT** Monte M. Taylor; **M/VU** Maslowski/Visuals Unlimited; **MW/WW** Mark Wallner/Wing It Wildlife; **NH** Ned Harris; **NS** Nancy L. Strand; **PB/WR** Peter Basterfield/Windrush; **PD/WR** Paul Doherty/Windrush; **PL** Peter LaTourrette; **PP** www.petpix.com; **RA** Ron Austing; **RAS** Rob & Anne Simpson; **RAS/VU** Rob & Ann Simpson/Visuals Unlimited; **RB/WR** Richard Brooks/Windrush; **RC/EB** Rob Curtis/The Early Birder; **RD** R.H. Day; **RDI** Richard Ditch; **RH** Russell C. Hansen; **RK** Russ Kerr; **RL/VU** Robert Lindholm/Visuals Unlimited; **RS/VU** Rob Simpson/Visuals Unlimited; **RT/WR** Roger Tidman/Windrush; **SB** Steve Bentsen; **SS/NI** Scot Stewart/Nature's Images; **SVU/VU** Science VU/Visuals Unlimited; **SY/WR** Steve Young/Windrush; **TE/VU** Tom Edwards/Visuals Unlimited; **TL/WR** Tim Loreby/Windrush; **TV** Tom Vezo; **TW/VU** Tom Walker/Visuals Unlimited; **WB** William Bolte; **WC** W.S. Clark; **WG/VU** William Grenfell/Visuals Unlimited; **WM** William H. Mullins; **WT/VU** Will Troyer/Visuals Unlimited

9 *arriba:* JHO, PL, BP, BP *izquierda centro:* BP *derecha centro:* BS *abajo:* KTK, BP, BP, DMZ **27** *Pato de Collar:* todos vo TV, m KK, h & j BP, h BP, "Mexicano" BP, h GK, eclipse RAS/VU *Pato Sombrío:* BP todos *Pato Tejano:* KK, BS **29** *N. Pato Golondrino:* BP todos *Pato Frisco:* BP, BP, vo MD, BP *Pato Chalcúan:* KK, BP, BP, vo RK *Pato Silbón:* BP **31** *Cerceta de Ala Verde:* vo RK, GL, MD, ad h BS *Cerceta de Ala Azul:* vo RK, BP, BP, BP *Cerceta Canela:* vo RK, BP, BP *Cerceta de Ceja Blanca:* PD/WR *Pato Cucharón Norteño:* vo KK, BP, KK **33** *Pato Boludo Menor:* BP, BP, BP, vo HB/VU *Pato Boludo Mayor:* BP, BP, BS, vo TV *resto:* BP **35** *Pato Común Eurasiático:* MD *Pato de Cola Larga:* vo BP, vp h BP, i h BS, vp m BP, i m KTK *resto:* BP **37** *Negreta de Nuca Blanca:* j m KTK, BS, BS *Negreta de Ala Blanca:* DMZ, BS, BS *Negreta Negra:* KTK, MD *Pato Arlequín:* BP todos **39** KTK, TV, KTK, KTK, TV, AS, KTK, KTK, KTK, KTK, MD, MD **41** BS, BS, BS, BP, BS, BS, BP, BP, BP, vo BS, BP, JHO, BS, BS, GL **43** CM, MD, vo BP, BS, BS, BP, BP, BP, BP, MD **45** *Pato Arco Iris:* BP, BP, BP, vo MW/WW *resto:* BP **47** vo RK, BP, KK, BP *Ganso Cascareador,* JI, NS *Ganso Careto Mayor:* BP todos *Ganso de Collar:* TV, CAM, BP **49** *Ganso Blanco:* KK, KK, vo BP, BS, BP *resto:* BP **51** *Cisne Vulgar:* ad KK, jv KK, vo BP, KK *Cisne de Tundra:* KTK, AM *Cisne Trompetero:* BP todos *Cabezas de Cisnes:* BP, *Tundra* KTK, *Vulgar* TV, *Cantor* GL **52** *Doméstico:* KK, BP, KK, KK, BP *Ansar Cisnal:* KK *resto:* BP **53** *Cerceta Pechipuntada:* AM/PP, GK *resto:* BP **55** KK, BP, jv JS, KK, GL, BP, JHO, BP, jv BP, jv BP, BS, BP, GL, GL **57** KTK, BP, BS, BP, BS, BS, BP, TV, BP, KK, BS **59** BPA, TV, BZ, TV, BP, BP, JS, i ad MD, vo BP, BP, BP, SVU/VU, MD **61** BS, vo RD, BP, BP, BP, BP, KTK, KTK, MD *Arao de Ala Blanca:* RT/WR, TV *Arao Paloma:* RA, JHO **63** *Alcuela Oscura:* vo DR, MD, CAM *Mérgulo Antiguo:* MD, vo DW, JB/NI *Mérgulo Marmoleado:* MD, ES, GL, GL *Mérgulo de Pico Corto:* RD todos *Mérgulo de Xantus:* AM/PP, MD, MD *Mérgulo de Craveri:* vo MD, DR, MD **65** *Mérgulo Marino:* AS, BPA, MD *Mérgulo Bigotudo:* IJ *resto:* BP **67** BS, KTK, BS, GL, TW/VU, KTK, BS, TV, JS, KTK, TL/WR **69** *Colimbo Pacífico:* vo MD todos *Cormorán Grande:* DT/WR, JH/WR *resto:* BP **71** *Cormorán Pelágico:* BS, BP *Anhinga Americana:* m GL *resto:* BP **73** *Pelícano Blanco* BP todos *Pelícano Pardo:* vo KK, *resto:* BP *Bobo Norteño:* DMZ, vo BM, vo TV, vo BPA, vo BP *Fragata Magnífica:* ad h KK, ad m BP, in BP, h BS *resto:* BP **75** *Bobo Café:* BP, BP, JHO *Bobo de Patas Rojas:* BP, BP, KK *Rabijunco de Pico Rojo:* TV todos *Rabijunco de Cola Blanca:* vo KTK, MG/WR *resto:* KK **76** *Cabezas:* KK, KK, TV, TV *Gaviota Plateada:* KK, TV, KTK, KK, MD, TV **77** BP **79** *Gaviota Plateada:* in BS, i ad BP, vp ad TV, vo in RC/EB *Gaviota de Pico Anillado:* vo BM, BP, vo KTK, i ad KK, BP *Gaviota Californiana:* in KK, i ad BS, *abajo* in DR, vp ad BP *Gaviota Cana:* BP, vo JP, vo MD, BP **81** *Gaviota Occidental:* arriba in KK, vo MD, en medio in MD, ad BS, abajo in KK *Gaviota Atlántica:* in KK, vo AMO/VU, ad MD, abajo in KK *Gaviota Sombría:* BM, GL *Gaviota de Kamchatka:* MD, vo BP *Gaviota de Patas Amarillas:* BP todos **83** *Gaviota de Ala Glauca:* arriba in BP, vo ad MD, en medio in KK, abajo vo in MD, h BP, ad BP *Gaviota Blanca:* in KTK, vo MD, ad MD, in GL *Gaviota de Groenlandia:* AS, vo PL, KTK *Gaviota de Thayer:* MD todos **85** *Gaviota Reidora:* vo RDI, KK, KK, BP, in KTK, vo KTK *Gaviota de Franklin:* BS, BP, vo AM/PP, BS *Gaviota de Bonaparte:* vo KTK, vo BP, in BS, BP, BP *Gaviota Encapuchada:* MD, BS, vo MD, MD *Gaviota Mínima:* SY/WR, AB/WR, vo AS, PL **87** *Gaviota de Patas Negras:* n BP, vo MD, vo MD, i DMZ *Gaviota de Patas Rojas:* MD todos *Gaviota de Cola Hendida:* vo jv CAM, vo KK, BS *Gaviota de Rosada:* GL *Gaviota Color Marfil:* vo AS, DT/WR *Gaviota Ploma:* BP, BP, BP, co RK **89** *Charrán de Forster:* BP, BP, i KK, vp BS, vo jv RK, vp BS *Charrán Común:* vo TV, vo KTK, jv TV, BP, BP *Charrán Ártico:* jv PB/WR, BP, BP, BP *Charrán Rosado:* vo TV, jv AMP/VU, vp TV, TV **91** *Charrán Caspia:* BP, BP, BP, BP, i KK *Charrán Real:* BP todos *Charrán Elegante:* KTK,

BS, BS *Charrán de Sandwich:* BP, KK, BP, BP **93** *Charrán Sombrío:* BS, vo BS, vo GL, vo jv BPA *Charrán Aleutiano:* vo BP, AM/PP *Charrán Embridado:* BPA *Charrán-Bobo Negro:* GL *Charrán-Bobo Café:* GL, vo KTK, vo KTK **95** *Charrán Negro:* vo jv BPA, i BH/WR, vo vp BS, vo ad GL, BS *Charrán de Ala Blanca:* PD/WR *Charrán Mínimo:* vo TV, jv GL, BP, BP *Charrán Pico de Gaviota:* vo BP, vo BP, GL, GL *Rayador Americano:* vo BP, vo BP, jv BS, BP **97** *Salteador Parásito:* jv JS, vo in JS, vo ad KTK, TV, KTK *Salteador de Cola Larga:* jv BPA, BP, BP *Salteador Pomarino:* vo in MD, KTK, vo ad MD (pequeño), vo ad BPA (grande) *Págalo Grande:* BPA *Págalo Sureño:* BP todos **99** *Cabeza:* BP *pardela:* MD *paiños:* CAM *Albatros de Laysan:* BP todos *Albatros de Patas Negras:* MD todos **101** *Pardela Gris:* todos vo MD, JS *Pardela de Patas Pálidas:* MD *Pardela de Pico Corto:* MD todos *Fulmar Norteño:* vo BP, vo JS, vo BP, BP **103** *Pardela Mayor:* BZ, todos vo BP *Pardela de Cory:* BPA, MD *Pardela Pichoneta:* MD *Pardela de Audubon:* MD todos *Petrel Antillano:* BPA todos **105** *Pardela de Patas Rosadas:* JS, todos vo GL *Pardela de Buller:* MD todos *Petrel de Cook:* MT *Pardela Mexicana:* MD todos **107** *Paiño de Wilson:* MD, BP, CAM *Paiño de Leach:* arriba DB, izquierda DR, derecha BPA *Paiño Ceniciento:* MD, CAM *Paiño de Madeira:* BPA *Paiño Negro:* CAM, AS, n CAM *Paiño Menor:* JB/NI *Paiño de Cara Blanca:* BPA *Paiño Rabihorcado:* vo RD, JS, vo MD **111** *Aguililla Cola Roja:* BP, BP, vo típica ad RK, BP, vo claro ad WC, vo oscuro WC, vo jv RK, ad TV *Aguililla Ártica:* vo WC, vo WC, vo WC, BP, WC *abajo* vo BP *Aguililla Real:* vo BS, vo WC, GL, BP **113** *Aguililla de Ala Ancha:* vo KTK, vo KTK, vo WC, WC, WC *Aguililla de Pecho Rojo:* vo jv RK, vo ad BP, vo ad BP, jv WC, ad WC, *abajo* vo ad WC *Milano de Pico Ganchudo:* WC, vo j m KTK, vo m BZ, vo h MD *Aguililla Gris:* BP, vo jv WC, vo ad BS **115** *Aguililla de Swainson:* BP, BP, vo ad RK, vo BS, vo jv RK, BP *Aguililla de Cola Blanca:* GL, vo BS, WC *Aguilialla de Cola Corta:* KTK, NH **117** *Aguililla Aura:* vo BP, vo BP, JB/NI Com. *Aguililla Negra Menor:* vo KK, KK, vo jv WC *resto:* BP **119** *Gavilán Pescador:* BS, BS, BS n BP *Águila de Cabeza Blanca:* BP todos *Águila Real:* vo in WC, BP, BP **121** *Gavilán Rastrero:* vo h DMZ, vo m RK, vo m WC, vo jv BS, vo h BS, vo m RK, jv DMZ *Zopilote Aura:* jv BP, vo BP, vo BS, vo JHO, ad BP *Condor Californiano:* GK, vo AS *Zopilote Común:* vo BS, BP, vo BS **123** *Milano de Mississippi:* BS, vo WC, vo WC, vo WC *Milano de Cola Blanca:* vo BS, vo BP, BS, BS *Milano Tijereta:* vo BP, KTK, vo BP *Milano Caracolero:* WC, vo KTK, vo KTK, WC **125** *Gavilán de Pecho Rufo:* vo TV, vo WC, vo WC, DMZ, DMZ, DMZ *Gavilán de Cooper:* vo jv KTK, vo ad RK, WC, DMZ, vo KTK *Gavilán Azor:* vo jv DE/RW, vo ad MD, DE/RW, TV **127** *Cernícalo Americano:* WC, RK, BS, BP *Halcón Esmerejón:* vo h KTK, vo m WC, h TV, m JS, pradera WC, negro JS *Halcón Aplomado:* WC, DMZ **129** *Halcón Peregrino:* WC, DMZ, vo BP, vo jv WC, vo ad BP *Halcón Mexicano:* BP, vo superficie superior del ala BP, vo WC, vo CM, vo RK *Halcón Gerifalte:* AN/RR, JM/VU, vo BS, BS **131** *Búho Cornudo de Cara Café:* BS, BP, WM *resto:* BP **133** *Tecolote Oriental :* café TE/VU, rojo TV *resto:* BP **135** *Búho Nival:* JHO, BP *resto:* BP **137** *Tecolote Boreal:* jv WG/VU, BP *Tecolote Afilador:* AN/RR, BP *Tecolote Serrano:* BP, BP, GL *Tecolote Llanero:* jv JHO, BP, BP *Tecolotito Común:* BS, BP **139** AC, AC, AC, BP, BP, BP, BP, BS, GL, GL **141** BP, BP, BP, BP, BP, KTK, KTK, BP, JBL, CM, BP **143** BS, BS, BS, LB, LB, GL, CM, GL, BP, MD, BS **145** DMZ, BS, BP, GK, JHO, BP, GK, BP 147 BP, BP, JHO, BP, BP, BP, MD **149** TV, TV, *resto:* BP **151** *Ibis de Cara Oscura:* BS, KTK *Ibis de Cara Blanca:* i KTK *Ibis Blanco:* vo BS *Espátula Rosada:* in TV *resto:* BP **153** *Garzón Cenizo:* "Wurdemann" GL, vo BS *Grulla Blanca:* jv GL *resto:* BP **155** BP, BP, KK, BP, BP, BP, BP, BP, KK, BP, KK, BP, GL, BS, BP **157** *Garza Rojiza:* morfo blanco TV, cabeza KTK *resto:* BP **159** KTK, JHO, BP, vo KTK, BP, BP, vo KTK, BP, vo KTK, BP, BP, BP **161** *Rascón Picudo:* BP, BS, BS *resto:* BP **163** *Polluela Sora:* BP, BP, ad BS *Rascón Limícola:* jv AS, BP, BP *Polluela Amarilla:* GVE/VU *Polluela Negra:* BS **167** *Chorlo Tildío:* TV, BP, TV, KK *Chorlo Gris:* ad BP, jv BS, vp ad BP, arriba vo KTK, i ad BP, abajo vo BS (3) *Chorlo Dorado Asiático:* BS todos *Chorlo Dorado Dominico:* BS, vo BM, DMZ, BP **169** *Chorlito Semipalmeado:* GL, BS, BP *Chorlito de Pico Grueso:* BP todos *Chorlito Chiflador:* BS, BS, BP *Chorlito Nevado:* BP, BS *Chorlito Llanero:* vp DMZ, i BP **171** *Chorlo Dorado Europeo:* vo BM, MD, MD *Avefría Europea:* vo MD, GLA/WR *Chorlito Mongol Menor:* MD *Chorlo Anillado Común:* MD *Chorlo Carambolo:* PL, MD **173** *Candelero Americano:* todos vo TV, BP, BP *Avoceta Americana:* BS, BP, vo BP *Ostrero Americano:* GL, BP, vo TV *Ostrero Negro:* BP **175** *Playero Blanco:* vp ad TV, i ad BP, vo BP (2), vp ad BP, o jv BS, i ad GL *Playero do Dorso Rojo:* BS, KTK, BP, BS, BP, BS *Playero Canuto:* BS, vp ad BP, BS **177** *Playerito Chichicuilote:* i JHO, o jv BP, vp ad BP, o jv KTK, vp ad BS *Playerito Semipalmeado:* BS, BS, BS, BP *Playerito Occidental:* BP, BP, BS, BP *Playerito de Cuello Rojo:* BS **179** *Playero Pectoral:* BS, BP, BP *Playero Acuminado:* MD *Playerito de Rabadilla Blanca:* o ad KTK, vo MD, o jv AS, vp MD *Playerito de Baird:* BP, KTK *Playero Leonada:* BS, KTK **181** BS, BP, JHO, BP, BP, BP, BS *Playero Roquero:* BS, BP *Playero Oscuro:* BS, MD **183** *Playero Alzacolita:* TV, i BP, TV, TV *Playero Solitario:* BP, BZ *Patamarilla Menor:* BS, BP *Patamarilla Mayor:* vp ad BP, o jv TV, i ad BS, vo BP *Playero Vagabundo:* BP todos **185** *Chocha Americana:* KTK todos *Agachona Común:* BP todos *Costurero do Pico Largo:* i KTK, BP, vo MD *Costurero de Pico Corto:* i KTK, BP, o jv KTK, BP *Playero Zancón:* BP, KTK, BP, TV **187** *Playero Pihuihui:* BP todos *Picopando Canelo:* BP, BP, vo BS *Picopando Ornamentado:* o ad KTK, vp ad KTK, o jv TV, vo KTK *Picopando de Cola Pinta:* MD, BS **189** vo MD, BP, BP, vo KZ, BW, BW, BP, BP, vo BP, BP, BP, BG/VU **191** BS, AS, BS, AS, BS, BS, RK, BP, BS, KTK, BP, BP, BP, BP, BP **193** *Combatiente:* o jv MD, h AM/PP, m DT/WR, m DT/WR *Playero Zarapito:* MD, DT/WR, RB/WR *Playero Andarríos:* MD *Playero Siberiano:* KZ *Achibebe Oscuro:* MD *Playero Chico:* DT/WR *Playero Picopando:* PD/WR **195** vo MD *resto:* BP **197** *Paloma Huilota:* JS, KTK, BP, BP, vo RH *Paloma de Ala Blanca:* DMZ, BP, GL, vo RH *Paloma Turca:* KTK todos *resto:* BP **199** vo RH, BP, BP, BS, BS, BP, BP, BP, BP **201** *Cuco de Pico Amarillo:* KTK todos *Cuco Manglero:* BS *Cuco de Pico Negro:* KTK, M/VU *Cuco Común:* IJ, MT *Garrapatero Pijuy:* DMZ *Correcaminos Norteño:* BP **202** *Perico Ñanday:* PP *Perico Monje:* BS *Perico Chirrí:* MT *Perico Versicolor:* BHA *Agapornis de Namibia:* JHO *resto:* BP **203** *Loro Tamaulipeco:* AM/RR *Perico de Kramer:* DMZ *Perico Mexicano:* GL *Perico de Cabeza Azul:* MB *Perico Mitrado:* BS *Perico de Máscara Roja:* MB *resto:* BP **205** *Chotacabras Zumbón:* BP, BP, BP, vo TV, vo TV, vo TV *Chotacabras Menor:* m CAM, h AM/PP, vo GV, vo MD *Chotacabras Antillano:* KTK, vo BHA *Chotacabras Pauraque:* BP, MD, vo JHO **207** *Tapacaminos Cuerporruin:* h KTK *Tapacaminos de Carolina:* KTK, KTK, cola BP *resto:* BP **209** *Martin Pescador Norteño:* TV, BS, SB *Martín Pescador Verde:* BP todos *Martín Pescador de Collar:* BS todos *Quetzal Mexicano:* h BS, m BP *Trogón Elegante:* h BS, m BP **211** *Carpintero Arlequín :* BP todos *Carpintero de Cabeza Roja:* KTK, vo GJ, KTK *Carpintero de Lewis:* BS, vo HS, BS *Carpintero de Cabeza Blanca:* BS todos **213** *Carpintero de Frente Dorada:* h GL, BP *Carpintero Mexicano:* BS todos *Carpintero Californiano:* BS todos *resto:* BP **215** *Carpintero Velloso Menor:* BP, h BS, h TV *Carpintero Velloso Mayor:* BS todos *Carpintero Ártico:* BS todos *Carpintero de Tres Dedos:* BS, BP *Carpintero de Florida:* RAS/VU, GL **217** *Chupasavia de Nuca Roja:* BS, DMZ *Chupasavia de Vientre Amarillo:* jv TV, BP, m BS *Chupasavia de Cabeza Roja:* GL, BS *Carpintero de Arizona:* BP, BS *Chupasavia Oscuro:* BS todos **219** *Carpintero de Pechera:* Ala Roja BS todos, Ala Amarilla DMZ, TV *Carpintero de Pechera de Arizona:* DMZ, BP *Carpintero Norteamericano:* BP, h BS, vo BP **221** BP todos **223** *Zumbador de Cola Ancha:* BP, DMZ, DMZ *Zumbador de Allen:* MD todos *resto:* BP **225** *Colibrí Yucateca:* BS *Colibrí Magnífico:* BS, BP *resto:* BP **227** *Colibrí de Cola Guinda:* GL *resto:* BP **229** *Vencejo de Chimenea:* BP, todos vo MD *Vencejo de Vaux:* MD todos *Vencejo de Pecho Blanco:* AN/RR, todos vo MD *Vencejo Negro:* MD todos **231** *Golondrina Azul-Negra:* n KTK, vo KTK, vo KTK, BP, BP *Golondrina Bicolor:* BP, TV, KTK, BP *Golondrina Verde Tornasol:* AM/PP, BP, BP *Golondria de las Bahamas:* MD, KTK, KTK **233** *Golondrina Tijereta:* BP, RH *Golondrina Risquera:* n BP, vo MD, BP, AM/PP *Golondrina Pueblera:* BP todos *Golondrina de Ala Aserrada:* MD, BP *Golondrina Ribereña:* AS, n TV(2) **235** *Tirano de Dorso Negro:* BP todos *Tirano Gris:* GL todos **237** DMZ, GL, BP, BP, BS, BP, BP, RC/EB, BS **239** *Pibí Occidental:* BS todos *Pibí Oriental:* GL, KTK *Pibí Boreal:* DMZ, RAS *resto:* BP **241** BP todos **243** *Copetón Cenizo:* DMZ, KTK, BP *Copetón Viajero:* KTK, TV *Copetón Triste:* BP, BS *Copetón Tirano:* SB, BS **245** *Mosquero de Vientre Amarillo:* BP, RAS *Mosquero Verdoso:* BS, GL *resto:* BP **247** *Mosquero de Hammond:* BS, MD *resto:* BP **249** *Tirano-tijereta Rosado:* TV, BS *Tirano-tijereta Gris:* KTK *Papamoscas Atigrado:* BS todos *Luis Grande:* BP todos *Mosquero Cabezón Degollado:* RC/EB, KZ, RC/EB **253** BS, BP, KTK, BP, BS, BS, BS, BS, BS, BP **255** KTK, BS, BS, KTK, TV, BS, DT/WR, MD, DT/WR, SB, DMZ **257** *Azulejo de Garganta Canela:* JHO, TV, TV *Azulejo de Garganta Azul:* jv BP, BP, BS, GL *Clarín Norteño:* BS, BP *Azulejo Pálido:* BS, TV **259** TV, BS, BS, KTK, BP, BP, RAS/VU, BS, KTK **261** *Cuitlacoche de Artemisa:* BS, DMZ *Maullador Gris:* GL, BP *resto:* BP **263** *Cuitlacoche Pálido:* MD, BS *resto:* BP 265 RH, BS, BP, BS, KTK, BS, BS, KTK, RA, MD **267** *Ampelis Chinito:* KTK, BP, BP *Capulinero Negro:* BP, vo MD, BP *Ampelis Europeo:* PD/WR *Bulbul de Barbas Rojas:* WB **269** BP, BP, BP, BS, BS, MD, BP, BP **271** *Alondra Cornuda:* LB, BS, BS, BS *Alondra Europea:* MD *Bisbita Americana:* BS, BS, RC/EB *Bisbita de Garganta Roja:* HC, BS *Bisbita Llanera:* BP todos **273** *Chara Papán:* BS, BS, *resto:* BP **275** *Chara Californiana:* BP, BP, BS *Chara de Pecho Rayado:* BP *Chara Insular:* PL *Chara de Pecho Gris:* BP todos *Chara Piñonera:* BS todos **277** CM, CGI, BS, BP, BP, BP, GL, BP, BP **279** KK, BP, BP, BP, KTK, GL, CGI, DMZ, BP, BP, BP **281** *Carbonero de Gorra Oscura:* BP, GL, TV *Carbonero de Ceja Blanca:* BP todos *Carbonero de Carolina:* BS, BP **283** BS, BP, WT/VU, BP, BM, JN, DT/WR, BP **285** BP, BP, BP, BP, BP, DMZ, BP, BS **287** *Sita de Pecho Blanco:* BP todos *Sita de Cabeza Café:* RAS *Sita Canadiense:* BP, BS *Trepador Americano:* KTK, BS *Sita Enana:* BP todos **289** CM, BP, KTK, BS, TV, JHO, BP, BP, BP **291** *Saltaparedes Sabanero:* KTK, BS *Saltaparedes Pantanero:* BS, TV *Saltaparedes Barranqueño:* BS, BP *resto:* BP **293** BS, TV, BP, AS, JHO, BS, BP, BP **295** BS, JHO, KTK, TV, BP, JHO, BS, BP, BS, BP, BP, BP **297** *Reyezuelo de Corona Roja:* BS *resto:* BP **299** BS, KTK, DMZ, MD, BP, BP, BP **301** *Vireo de Filadelfia:* BS todos *Vireo Gorjeador:* BP todos *Vireo de Ojo Rojo:* KTK, BS, BP *Vireo Amarillo Verdoso:* AS *Vireo Bigotudo:* BS **305** *Chipe Amarillo:* Abajo h BS *Chipe Dorado:* BS todos *resto:* BP **307** BS, BS, BS, j h TV, BS, BS, BP, BS, BS, BS, BP **309** TV, TV, GL, RL/VU, BS, BS, DMZ, KTK, BS, BS, BS, BP, BS **311** *Chipe Peregrino:* MD, RAS/VU, vp m BS, BP *Chipe de Corona Naranja:* BS, KTK, BP, BP *Chipe de Ala Azul:* BP, BS *Chipe de Ala Dorada:* BS todos *Cipe de Brewster:* BP *Chipe de Lawrence:* AMU **313** *Chipe de Virginia:* DMZ, DMZ *resto:* BP **315** *Chipe de Gorra Negra:* opaco TV, KTK, KTK, KTK *Chipe de Pecho Castaño:* KTK, KTK, KTK, vp h BS *Chipe Pinero:* RAS/VU, KTK, TV *Chipe Trepador:* h BP, BS, vp m KTK **317** BP, BP, KTK, BS, BP, BP, BS, DMZ, HC, BS, BS, BS **319** *Chipe de Flanco Castaño:* BS, BS, m BP *Chipe de Garganta Naranja:* RAS/VU, vp m BS, MW/WW *Chipe de Garganta Amarilla:* BS, BP *Chipe de Ceja Amarilla:* BP todos **321** *Chipe Playero:* KTK, KTK, vp BS *"Chipe Playero Amarillo":* vp SS/NI, o RAS/VU *Chipe de Pradera:* KTK, TV *Chipe de Kirtland:* RA todos *Gritón de Pecho Amarillo:* BP todos **323** BP, BP, KK, BP, KTK, BS, BS, KTK **325** *Mascarita Común:* BP, h KTK, BP, BP *Chipe de Tolmie:* BP, BS *Chipe Patilludo:* BS, KTK *Chipe Llorón:* RC/EB, BP, BP *Chipe de Connecticut:* M/VU, RS/VU **327** *Chipe Flameante:* in m BS *Ocotero Enmascarado:* h BS *Reinita-Mielera:* KTK *resto:* BP **329** *Tángara de Capucha Roja:* BS, BP *Tangará Escarlata:* BP, BS *Tangará Encinera:* BP todos *Tangará Roja:* BS, BP *Tangará de Dorso Rayado:* HC, JB/NI *Tangará de Cabeza Rayada:* BHA **331** *Estornino Europeo:* TL/WR, BP, BP, vo RT/WR, KTK, TV, JHO *Myna Crestada:* ES *Myna Común:* BP *Myna Religiosa:* AM/PP **333** *Tordo Sargento:* h TV, "Bicolor" JHO, m TV, h DMZ, vo BP, i m BP *resto:* BP **335** DMZ, BS, DMZ, BP, BS, TV, BS, BS, BS, RS/VU, BS, BP, vo RH, BP, JW/VU 337 jv KTK, "púrpura" KTK, TV, AC, BP, BP, BP, BP, BS, BP, BP, BP, DMZ **339** *Vaquero de Cabeza Café:* BP, BP, BP, BP, jv BS *Vaquero Brillante:* BS *Vaquero de Ojo Rojo:* DMZ, BP, BS *Tordo Rojizo* AM/PP, MD, o BS *Tordo de Brewer:* TV, BP **341** *Bolsero de Baltimore:* BS, KTK, TV, TV *Bolsero de Bullock:* BP, BP, DMZ *Bolsero Encapuchado:* BS, BS, i m BP, BS *Bolsero Castaño:* BS todos **343** *Bolsero de Pecho Manchado:* LM *Bolsero de Dorso Rayado* CAM *Bolsero de Cabeza Negra* MD, GL *resto:* BP **345** *Gorrión Doméstico:* BP todos *Gorrión Molinero:* MD **347** *Gorrión Cantor:* BS, TV, KTK, TV, desierto BP *Gorrión de Lincoln:* BP todos *Gorrión Pantanero:* BP, KTK, BS *Gorrión Rascador:* MD, MD, rojo TV, gris BS, KTK **349** *Zacatonero de Bachman:* RC/EB, GL *resto:* BP **351** *Gorrión Arbóreo:* i MD, BS *resto:* BP **353** *Gorrión Arlequín:* BP, GL, BP *Gorrión de Barba Negra:* m DMZ, JHO *Gorrión de Garganta Negra:* in DMZ, BP, BP *Zacatonero de Cinco Rayas:* BP todos *Zacatonero de Artemisa:* BS, BP **355** *Gorrión Sabanero:* "Ipswich" KTK *resto:* BP **357** MD, BP, BP, MD, KTK, MD, MD, BS, BS, BS, KTK **359** *Gorrión de Garganta Blanca:* BP todos *Gorrión de Corona Blanca:* MD, BP, BS, in JHO *Gorrión de Corona Dorada:* MD, TV, BP *Gorrión de Harris:* RC/EB, BP, BP **361** *Junco de Ojo Oscuro:* TV, KTK, BS, BS, BP, DMZ, JHO, MT, BP, BP *Junco Ojo de Lumbre:* BP todos **363** *Todos los patrones de la cola:* KK *Escribano Ártico:* TV, TV, BP, MD *Escribano de Smith:* TV, KTK *Escribano de Collar Castaño:* i HC, i MD, vp h AM/PP, vp m BS *Escribano de McCown:* MD, BS, BS **365** *Escribano Nival:* vo GE/WR, TV, BS, BS, MD *Escribano de McKay:* PL todos *Pinzón Rosa de Gorra Café:* CM, BP *Pinzón Rosa Negro:* BS *Pinzón Real:* MD todos *Pinzón Rosa de Corona Gris:* BS todos **367** *Pinzón Mexicano:* BP, BP, BP, BS, BP *Pinzón Purpúreo:* h BS, h KTK m BS, m BS *Pinzón de Cassin:* DMZ, BS, DMZ **369** BS, BS, GL, DMZ, RC/EB, CGI, TW/VU, BS, BS *Pinzón Cano:* DT/WR todos *Dominico Común:* AN/RR, AN/RR, RS/VU **371** *Dominico Americano:* BS, TV, KTK, vp m BP, vp h CGI *Dominico Pinero:* KK todos *Dominico de Dorso Oscuro:* BP todos *Dominico Europeo:* DT/WR *Dominico de Lawrence:* CM, BS, BS **373** *Picogordo Norteño:* BP, DMZ, DMZ *Picogordo Azul:* BP, BS, BP *resto:* BP **375** KTK *resto:* BP **377** BS, BS, BS, DMZ, BP, BS, KTK, BS, KTK, PL, JHO, BP 379 BP, BP, BP, BP, BP, DMZ, KTK, KTK, BS

ÍNDICE A LOS NOMBRES DE LAS AVES EN ESPAÑOL

Puede dar seguimiento a su "lista de vida" aquí, marcando las casillas frente a los nombres de las aves que ha visto. Aquí se proporciona una casilla para cada especie nativa a norteamérica o naturalizada.

ÍNDICE CORTO PARA LA GUÍA KAUFMAN A LAS AVES DE NORTEAMÉRICA

(Algunas aves raras o difíciles de observar, son excluidas aquí pero incluidas en el índice regular